Maria Wirth

Ein Fenster zur Welt

Maria Wirth

Ein Fenster zur Welt

Das Europäische Forum Alpbach 1945–2015

StudienVerlag
Innsbruck
Wien
Bozen

Herausgegeben vom Europäischen Forum Alpbach.

Gefördert mit Unterstützung von:

 Gefördert von

Auflage:
4   3   2   1
2018 2017 2016 2015

© 2015 by Studienverlag Ges.m.b.H., Erlerstraße 10, A-6020 Innsbruck
E-Mail: order@studienverlag.at
Internet: www.studienverlag.at

ISBN 978-3-7065-5481-7

Umschlag- und Buchgestaltung nach Entwürfen von hœretzeder grafische gestaltung, Scheffau/Tirol
Umschlag: hœretzeder grafische gestaltung, Scheffau/Tirol
Satz: Studienverlag/Karin Berner
Umschlagfotos: Archiv des Europäischen Forum Alpbach; „Alpbach heute": Philipp Naderer
Registererstellung durch die Autorin

Bibliografische Information Der Deutschen Bibliothek
Die Deutsche Bibliothek verzeichnet diese Publikation in der Deutschen Nationalbibliografie; detaillierte bibliografische Daten sind im Internet über <http://dnb.ddb.de> abrufbar.

Alle Rechte vorbehalten. Kein Teil des Werkes darf in irgendeiner Form (Druck, Fotokopie, Mikrofilm oder in einem anderen Verfahren) ohne schriftliche Genehmigung des Verlages reproduziert oder unter Verwendung elektronischer Systeme verarbeitet, vervielfältigt oder verbreitet werden.

Gedruckt auf umweltfreundlichem, chlor- und säurefrei gebleichtem Papier.

Inhaltsverzeichnis

Vorwort   7

Einleitung   9

1. Die Entstehung des Europäischen Forum Alpbach als
   Internationale Hochschulwochen des Österreichischen Colleges   13
   1.1 Die Gründer: Otto Molden und Simon Moser   13
   1.2 Unterschiedliche Konzepte   21
   1.3 „College-Wochen bei Innsbruck"   22
   1.4 Die ersten Internationalen Hochschulwochen
       des Österreichischen Colleges   26

2. Von den Internationalen Hochschulwochen
   zum Europäischen Forum Alpbach   33
   2.1 Fortsetzung der Internationalen Hochschulwochen   33
   2.2 Das Österreichische College   39
   2.3 Collegegemeinschaften im In- und Ausland   45
   2.4 Transformation zum Europäischen Forum Alpbach   49
   2.5 Erste Finanzierungsgrundlagen   55

3. Das Europäische Forum Alpbach in den 1950er Jahren –
   „Goldene Jahre"   59
   3.1 Wissenschaft, Kunst, Politik und Wirtschaft in einem Rahmen   60
       3.1.1 Das wissenschaftliche Programm   61
       3.1.2 Politik, Wirtschaft und Kultur   72
       3.1.3 Lesungen, Ausstellungen, Konzerte und Film   79
   3.2 Teilnehmer   88
   3.3 Ein eigenes Kongresshaus – das Paula von Preradovic-Haus   90
   3.4 Bildung von Nationalkomitees   92
   3.5 Transatlantische Beziehungen und das
       Forschungsinstitut für europäische Gegenwartskunde   94
   3.6 Beziehungen zum Kongress für kulturelle Freiheit
       und zum Free Europe Committee   103

4. Das Europäische Forum Alpbach in den 1960er Jahren –
   auf dem Weg in die Krise   109
   4.1 Otto Molden und die Europäische Föderalistische Partei   109
   4.2 Die Präsidentschaft von Alexander Auer   112
   4.3 Die Präsidentschaft von Felix Pronay   121
   4.4 Das Europäische Forum Alpbach am Ende?   128

5. **Das Europäische Forum Alpbach in den 1970er und 1980er Jahren – von einem neuen Aufschwung in eine neue Krise**   133
   5.1 Eine „neue alte" Führung und die Wiederbelebung historischer Strukturen – der „Club Alpbach für europäische Kultur – International"   133
   5.2 Programm und Teilnehmer der 1970er Jahre   138
      5.2.1 Wissenschaft, Politik, Wirtschaft und Recht   138
      5.2.2 Das Kunst- und Kulturprogramm und der Aufreger „Artopia" – ein Künstlerfreistaat in Alpbach   152
   5.3 Dialogkongresse zur Förderung des Austausches von Westeuropa mit anderen Kulturräumen   161
   5.4 Programm und Teilnehmer bis 1992   168
      5.4.1 Wissenschaft, Politik, Recht, Kunst und Wirtschaft   168
      5.4.2 Alpbach-Portraits, Kurzveranstaltungen und die Alpbacher Technologiegespräche   183
      5.4.3 Finanzkrise und mediale Kritik   193

6. **Das Europäische Forum Alpbach von 1992 bis 2000 – Jahre des Übergangs**   197
   6.1 Ein neuer Präsident: Heinrich Pfusterschmid-Hardtenstein   197
   6.2 Die Sanierung – Neuerungen im Programm und den Organisationsstrukturen sowie eine Revolte der Jugend   198
   6.3 Ein neues Kongresshaus   206

7. **Das Europäische Forum Alpbach im neuen Jahrtausend – eine neue Blüte**   211
   7.1 Die Präsidentschaft von Erhard Busek   211
      7.1.1 Programm und Teilnehmer   213
      7.1.2 Initiativgruppen, Clubs und Sommerschulen im Ausland – das Alpbach-Netzwerk   218
   7.2 Die Präsidentschaft von Franz Fischler – aktuelle Entwicklungen …   221
   7.3 … und ein Blick in die Zukunft   227

Literatur   231

Filmdokumente   248

Interviews   248

Archive/Institutionen/Private Sammlungen   249

Bildnachweis   250

Personenregister   251

Vorwort

70 Jahre nach seiner Gründung wird das Europäische Forum Alpbach erstmals selbst zum Objekt wissenschaftlichen Interesses. Die Historikerin Maria Wirth näherte sich dem Phänomen „Alpbach" mit wissenschaftlicher Akribie: Sie durchkämmte gut gefüllte Archive, führte lange Gespräche und sammelte hunderte zeithistorische Belege. Am Ende verknüpfte sie diese einzelnen Puzzlesteine zu einem facettenreichen Bild, das die 70-jährige Geschichte des Forums in neuem Licht erscheinen lässt und in den ideengeschichtlichen Kontext der zweiten Hälfte des 20. Jahrhunderts einbettet. Das Buch schlägt gleich mehrere Brücken: zwischen Vergangenheit und Gegenwart, zwischen persönlichen Erinnerungen und objektiver Analyse, zwischen zeithistorischen Dokumenten und den Geschichten, die darin erzählt werden. Es lädt seine Leserinnen und Leser ein, sich durch 70 bewegte Jahre Europäisches Forum Alpbach führen zu lassen. Für ein geschichtswissenschaftliches Werk mag es ungewöhnlich sein, dass dieses Buch einen Blick in die Zukunft wagt. Für den Geist von Alpbach ist diese Perspektive zentral. Auf die Diskussion über das Europa von morgen legen wir angesichts der inneren und äußeren Instabilitäten einen besonderen Wert.

Das Europäische Forum Alpbach ist heute eine Plattform von Weltformat, weil seit 70 Jahren hunderte Menschen den „Spirit of Alpbach" leben. Alleine das Personenregister dieses Buches umfasst 600 Namen und lässt erahnen, wie viele Menschen von der Idee, die Otto Molden und Simon Moser 1945 in die Welt setzten, noch immer fasziniert sind. Bei ihnen allen möchten wir uns bedanken – wir sind stolz auf die vielen Menschen, die das Europäische Forum Alpbach begleiten und es fördern.

Unser Dank gilt an dieser Stelle dem Austrian Institute of Technology (AIT), dem Bundesministerium für Verkehr, Innovation und Technologie (BMVIT), dem Bundesministerium für Wissenschaft, Forschung und Wirtschaft (BMWFW), der Kulturabteilung der Stadt Wien (MA7), dem Land Tirol/Abteilung Kultur und dem Zukunftsfonds der Republik Österreich. Ohne die finanzielle Unterstützung unserer Partner wäre dieses Buchprojekt nicht möglich gewesen.

Darüber hinaus gilt unser Dank allen Fotografinnen und Fotografen, deren Bilder diese Dokumentation maßgeblich bereichern.

Ganz besonders möchten wir uns bei Maria Wirth und Oliver Rathkolb vom Institut für Zeitgeschichte der Universität Wien bedanken. Das vorliegende Buch nimmt dem Europäischen Forum Alpbach ein Stück Vergänglichkeit. Es ist gelungen, einen Pflock einzuschlagen, an dem sich noch viele Generationen orientieren können. Nehmen Sie sich die Zeit und erlesen Sie sich ein spannendes Stück europäischer und österreichischer Vergangenheit, Gegenwart und Zukunft!

Das Präsidium des Europäischen Forums Alpbach im Mai 2015

Franz Fischler, Caspar Einem, Sonja Puntscher Riekmann,
Claus J. Raidl, Ursula Schmidt-Erfurth

Einleitung

Das Europäische Forum Alpbach stellt das renommierteste Dialogforum in Österreich dar. Gegenwärtig versammelt es jedes Jahr mehrere tausend Teilnehmer und Teilnehmerinnen, die über zweieinhalb Wochen verteilt in die Tiroler Berge kommen, um in seinen verschiedenen Programmschienen aktuelle Fragen der Zeit zu diskutieren. Mit der Intention gegründet, ein erster intellektueller Treffpunkt nach dem Ende des Zweiten Weltkrieges zu sein und das „Fenster zur Welt aufzustoßen", blickt es mittlerweile auf eine siebzigjährige Geschichte zurück. In dieser ist es ihm nicht nur gelungen, zu einer fixen Instanz im geistigen Leben Österreichs und – ähnlich wie die Salzburger Festspiele – zu einer Visitenkarte nach außen zu werden, sondern auch einen festen Platz in der europäischen Konferenzlandschaft zu erobern. In der Medienberichterstattung nimmt es alljährlich ebenso einen breiten Raum ein wie in der Literatur zur Zweiten Republik und vielen (Auto-) Biographien, die darauf hinweisen, dass es eine wichtige Schnittstelle in der Nachkriegsentwicklung darstellt. Durch seinen Anspruch, verschiedene Themenfelder – von der Wissenschaft und Kunst bis hin zur Politik, Wirtschaft und Technologie – zu bespielen, hat es eine Vielzahl an Personen anziehen können und für diese als Ort der Begegnung, Präsentationsplattform, Experimentierfeld und Ideenlieferant gedient.

In einem deutlichen Gegensatz dazu steht, dass eine wissenschaftliche Auseinandersetzung mit seiner Geschichte bis dato ausständig war. Bereits bestehende Publikationen stammen entweder noch von seinen Gründern – wie „Der andere Zauberberg", in dem Otto Molden Alpbach als Gegenpol zur geschlossenen Gesellschaft des Mann'schen Zauberbergs positioniert hat[1] – oder sind als Dokumentationen im Rahmen von Jubiläen erschienen.[2]

Das vorliegende Buch versucht, diese Lücke zu schließen und unterzieht die Geschichte des Europäischen Forum Alpbach erstmals einer quellenbasierten Untersuchung. Es gibt einerseits einen Überblick über die institutionelle Entwicklung von der Entstehung als Internationale Hochschulwochen im Sommer 1945 bis hin zur modernen Plattform für Dialog und Ideenfindung. Es beleuchtet damit seine Gründung und Etablierung ebenso wie Krisen- und Reformzeiten und die Ausbildung eines eigenen Netzwerkes, mit dem sich das Österreichische College als Träger der Alpbacher Veranstaltungen schon früh davon verabschiedet hat, „nur" ein Kongressveranstalter zu sein. Andererseits zeichnet es die thematischen Schwerpunkte und Programmlinien im Laufe der Jahre nach und fragt in diesem Zusammenhang nicht nur nach den selbstgewählten Zielen und tragenden Ideen – darunter vor allem die für das Forum so zentrale Auseinandersetzung mit Europa –, sondern auch nach der Finanzierung und inwiefern davon die Tätig-

---

[1] Otto Molden, Der andere Zauberberg. Das Phänomen Alpbach. Persönlichkeiten und Probleme Europas im Spiegelbild geistiger Auseinandersetzung, Wien/München/Zürich/New York 1981.
[2] Alexander Auer (Hg.), Das Forum Alpbach 1945–1994. Die Darstellung einer europäischen Zusammenarbeit. Eine Dokumentation anlässlich des 50. „Europäischen Forum Alpbach", veranstaltet vom Österreichischen College, Wien 1994.

keitsfelder des Forums beeinflusst wurden. Ein breiter Raum wird ferner – da vieles von dem, was in Alpbach passiert oder nicht geschieht, von den handelnden Personen abhängt – den prägenden Persönlichkeiten geschenkt: von den Gründern im Jahr 1945 bis zu den Gestaltern des Programms in der Gegenwart. Gleichfalls wird immer wieder nach den Referenten und Referentinnen und der Zusammensetzung des anwesenden Personenkreises gefragt und in diesem Zusammenhang nicht nur beleuchtet, woher diese kamen bzw. wie international das Forum im Lauf der Jahre war, sondern auch thematisiert, wie die Anwesenden das Forum geprägt und durch ihr Engagement verändert haben. Neben einem institutionen- und ideengeschichtlichen Ansatz und der Frage nach den wichtigen Themen in Alpbach verfolgt das Buch somit auch einen biographischen Zugang. Es endet in der Gegenwart und gibt einen Ausblick auf die Zukunft, da sich das Forum besonders in den letzten Jahren durch eine hohe Dynamik ausgezeichnet hat.

Die vorliegende Studie stützt sich in erster Linie auf das Archiv des Europäischen Forum Alpbach bzw. die hier vorhandenen Programmhefte, Sitzungsprotokolle und Medienberichte sowie eine Reihe von Interviews, die verschiedene Organisationsebenen, Themenbereiche und Phasen in der Geschichte des Forums abdecken. Ergänzend hierzu wurden Quellen aus weiteren Archiven im In- und Ausland – darunter insbesondere die Nachlässe von Otto Molden und Simon Moser als Gründer und langjährige Leiter des Europäischen Forum Alpbach – ausgewertet und in die Untersuchung einbezogen.

Was die Form der Darstellung betrifft, wurde eine chronologische Erzählweise gewählt, die durch einzelne Längsschnitte unterbrochen wird. So werden neben den „Alpbacher Technologiegesprächen" insbesondere die Geschichte des Forschungsinstituts für europäische Gegenwartskunde und jene der „Dialogkongresse" außerhalb der Chronologie erzählt, um auf deren besonderen Status hinzuweisen – handelt es sich beim Forschungsinstitut für europäische Gegenwartskunde doch um ein neben dem Österreichischen College in den 1950er Jahren bestehendes Institut und bei den Dialogkongressen um eine eigenständige Veranstaltungsserie, die es von den späten 1970er bis in die frühen 1990er Jahre gab.

Auf eine gendergerechte Schreibweise wurde nicht deshalb verzichtet, um – wie es häufig der Fall ist – „Frauen mitzudenken". Vielmehr soll hierdurch zum Ausdruck gebracht werden, dass Frauen in der Geschichte des Forums – sowohl was die Führungsgremien als auch die Zusammensetzung der Arbeitskreise und Podien betrifft – lange Zeit nicht oder nur vereinzelt vorkamen. Im Text selbst wird sowohl auf das Fehlen der Frauen aufmerksam gemacht, als auch auf ihre Präsenz und Leistungen verwiesen.

Gleichfalls wurde der Text durch zahlreiche Abbildungen angereichert, um die Geschichte des Europäischen Forum Alpbach auch in Bildern erzählen und damit „plastischer" machen zu können. Viele der verwendeten Fotos haben sich nicht nur zu wahren „Ikonen" des Forums entwickelt und Eingang in sein „Bildgedächtnis", sondern auch in jenes der Zweiten Republik gefunden.[3] Ihre Verwen-

---

[3] Vgl. hierzu besonders: Wolfgang Pfaundler, Das ist Alpbach, Wien/München 1964.

dung im Buch soll damit auch zu ihrer Einordnung im historischen Kontext beitragen.

Für die wissenschaftliche Begleitung der Studie möchte ich Oliver Rathkolb vom Institut für Zeitgeschichte der Universität Wien danken. Gleichfalls gilt mein Dank dem Team des Europäischen Forum Alpbach, das mit großem Interesse und Engagement die Entstehung dieses Buches begleitet und unterstützt hat, allen Archiven und Institutionen, die Unterlagen zur Verfügung gestellt haben, und meinen Interviewpartnern und -partnerinnen, die bereit waren, mit mir ihr Wissen und ihre Erinnerungen zu teilen. Für inhaltliche Anregungen, den Austausch von Unterlagen und eine technische Unterstützung möchte ich besonders Christoph Mentschl, Berthold Molden, Michael Neider, Gerald Patsch, Peter Pirker und Rudolf Schönwald danken.

1. Die Entstehung des Europäischen Forum Alpbach als Internationale Hochschulwochen des Österreichischen Colleges

Das Europäische Forum Alpbach wurde 1945 als „Internationale Hochschulwochen" des Österreichischen Colleges von Otto Molden und Simon Moser gegründet. Es fand unter diesem Namen erstmals im Spätsommer desselben Jahres als eines der ersten Projekte zu einer Erneuerung des geistigen Lebens nach Nationalsozialismus und Zweitem Weltkrieg statt. Wie Otto Molden in zahlreichen Texten ausgeführt hat, reichen seine Wurzeln jedoch bis in die Jahre vor 1938 zurück und waren seinerseits – aber wohl auch von Seiten Mosers – von biographischen Erfahrungen geprägt.

1.1 Die Gründer: Otto Molden und Simon Moser

Otto Molden wurde am 13. März 1918 als erstes Kind von Ernst Molden und Paula von Preradovic geboren und stammte aus einer weit über die Gebiete der ehemaligen Donau-Monarchie verzweigten „altösterreichischen" Familie,[4] was – so sein um sechs Jahre jüngerer Bruder Fritz – dazu beigetragen hat, dass er schon früh ein transnationales Denken entwickelte.[5] Ernst Molden war zunächst als Historiker und Diplomat tätig und stieß 1921 zur traditionsreichen „Neuen Freien Presse", wo er bis zum Chefredakteur aufstieg und diese Funktion bis 1939 bekleidete. Paula von Preradovic war Schriftstellerin und wurde vor allem durch ihr Gedicht „Land der Berge, Land am Strome", das 1947 zum Text der österreichischen Bundeshymne wurde,[6] bekannt.[7] Otto Molden ist in wohlhabenden Verhältnissen in einem Elternhaus, das aufgrund der Berufe der Eltern gut ins Bildungsbürgertum integriert war, in Wien aufgewachsen.[8] Er besuchte hier die Volksschule und das Gymnasium und begann nach der Matura im Wintersemester 1937/1938 ein Studium an der Rechts- und Staatswissenschaftlichen Fakultät der Universität Wien, das er auch nach einer ersten Verhaftung im Sommersemester 1938 und während seines Diensts bei der

---

[4] Die Vorfahren von Ernst Molden stammten väterlicherseits aus Moldau (woher auch der Familienname „Moldauer" herrührt) bzw. Österreichisch-Schlesien und mütterlicherseits aus Tirol und Oberösterreich. Die Vorfahren von Paula von Preradovic kamen väterlicherseits aus Kroatien, Dalmatien und Venetien, mütterlicherseits aus Ungarn und der Krain.
[5] Interview mit Prof. Fritz Molden am 18.4.2013.
[6] Vgl. zur Entstehung der Bundeshymne: Oliver Rathkolb, Vom Freimaurerlied zur Bundeshymne, in: Gert Kerschbaumer/Karl Müller (Hg.), Begnadet für das Schöne. Der rot-weiß-rote Kulturkampf gegen die Moderne, Wien 1992, 22–29; Johannes Steinmauer, Land der Hymnen. Eine Geschichte der Bundeshymnen Österreichs, Wien 1997.
[7] Vgl. zur Familiengeschichte: Otto Molden, Odyssee meines Lebens und die Gründung Europas in Alpbach, Wien/München 2001; Fritz Molden, Fepolinski & Waschlapski auf dem berstenden Stern. Bericht einer unruhigen Jugend, München 1991.
[8] Molden, Odyssee meines Lebens, 38ff.; Molden, Fepolinski & Waschlapski, 33 und 60.

Wehrmacht im Rahmen eines Studienurlaubs im Wintersemester 1942/1943 fortsetzte.[9] Nach 1945 inskribierte er – zunächst an der Universität Innsbruck, später an der Universität Wien – wiederum an der Rechts- und Staatswissenschaftlichen Fakultät und begann in Wien ein Geschichte-Studium an der Philosophischen Fakultät.[10] Er schloss jedoch keines seiner Studien ab,[11] obwohl er in Geschichte sogar eine Dissertation über den österreichischen Freiheitskampf verfasste,[12] die eine der ersten Arbeiten über den Widerstand war, aus ideologischen Gründen aber den kommunistischen Anteil minimierte.[13] Wie Otto Molden in seinen Memoiren schreibt, ist er wie viele seiner Zeitgenossen schon früh politisiert worden und war schon als Jugendlicher strikt antimarxistisch (antikommunistisch und antisozialistisch) eingestellt. Durch das Elternhaus wurde er „aus allgemein geistigen, weltanschaulichen, religiösen[14] und politischen Gründen" zu einem Gegner des Nationalsozialismus und hat im Regime von Dollfuß und Schuschnigg eine „Verteidigungsform gegen den Nationalsozialismus" gesehen.[15] Er war seit 21. November 1934 Mitglied der Vaterländischen Front (VF)[16] sowie seit 1. Dezember 1936 Mitglied des Österreichischen Jungvolks, der Staatsjugendorganisation des Dollfuß-Schuschnigg-Regimes, und hat eine führende Funktion im Studentenfreikorps von Döbling ausgeübt.[17] Gleichfalls war er Mitglied des Heimatschutzes[18] und – wie aus seinem Nachlass hervorgeht – sowohl „zum Tragen des Erinnerungszeichens an die Kampftage 12.–15. März 1934 berechtigt"[19] als auch im Besitz einer Bestätigung, dass er nach dem nationalsozialistischen Putschversuch vom Juli 1934 in Zell am See „mit der Waffe in der Hand" Dienst versehen hatte.[20]

---

[9] Unterlagen, die eine genaue Rekonstruktion seiner Tätigkeit in der Deutschen Wehrmacht erlauben würden, sind im Österreichischen Staatsarchiv nicht vorhanden. Hier befindet sich lediglich eine „Gebührniskarte."

[10] Studienunterlagen von Otto Molden. Wienbibliothek, Handschriftensammlung, Nachlass Otto Molden, 3.1.3.

[11] Otto Molden schloss zwar die von Hugo Hantsch und Adolf Lhotsky betreute Dissertation ab, legte aber nicht mehr die für den Studienabschluss erforderlichen Rigorosen ab.

[12] Otto Molden, Der Ruf des Gewissens. Der österreichische Freiheitskampf 1938–1945. Beiträge zur Geschichte der österreichischen Widerstandsbewegung, Wien 1958.

[13] Wolfgang Neugebauer, Der österreichische Widerstand 1938–1945, Wien 2008, 13.

[14] Ernst Molden war ebenso wie die beiden Kinder ursprünglich Protestant; Paula von Preradovic war katholisch. Wie auch Otto und Fritz Molden konvertierte er später zum katholischen Glauben.

[15] Molden, Odyssee meines Lebens, 44ff.; Otto Molden, Österreich sollte das Zentrum werden, in: Dokumentationsarchiv des österreichischen Widerstandes (Hg.), Erzählte Geschichte. Berichte von Männern und Frauen in Widerstand und Verfolgung, Band 2: Katholiken, Konservative, Legitimisten, Wien 1992, 55.

[16] Mitgliedskarte der Vaterländischen Front. Wienbibliothek, Nachlass Otto Molden, 3.1.4.1.

[17] Ausweis des Österreichischen Jungvolk. Wienbibliothek, Nachlass Otto Molden, 3.1.4.6.

[18] Ausweis des Österreichischen Heimatschutz. Wienbibliothek, Nachlass Otto Molden, 3.1.4.2; ÖStA, AdR, Zivilakten NS-Zeit, „Gauakt" Otto Molden (290.189).

[19] Ebenda, Bestätigung der Vaterländischen Front vom 20.5.1935. Wienbibliothek, Nachlass Otto Molden, 3.1.4.4. Die Memoiren von Otto Molden vermitteln hingegen den Eindruck, als wäre er nur ein Beobachter gewesen.

[20] Bestätigung des Heimatschutzes von Zell am See vom 14.5.1935. Wienbibliothek, Nachlass Otto Molden, 3.1.4.3. Vgl. hierzu auch: Molden, Odyssee meines Leben, 45ff.; Molden, Fepolinski & Waschlapski, 33.

Große biographische Bedeutung hatte das von ihm mitbegründete „Graue Freikorps", in dem er zwei Fähnlein (Gruppen) in Döbling leitete und für die gesamte „weltanschauliche Schulung" verantwortlich war. Das „Graue Freikorps", dem auch der spätere Historiker Klemens von Klemperer angehörte,[21] war – wie Otto Molden ausführte – eine unabhängige Sektion im Österreichischen Jungvolk, dessen Tätigkeit darin bestand, kulturelle und politische Fragen zu diskutieren, Mitglieder der Nazis abzuwerben und „große Kriegsspiele" durchzuführen, „um die Einsatzbereitschaft und den persönlichen Mut des Einzelnen zu entwickeln".[22] Prügeleien mit der Hitler-Jugend und der illegalen SA waren keine Seltenheit.[23] Zugleich wurde das Freikorps – so Fritz Molden – vor dem „Anschluss" auch dem Sturmkorps, einer von Schuschnigg persönlich ins Leben gerufenen, militanten Truppe zur Bekämpfung nationalsozialistischer Untergrund- und Terrororganisationen, unterstellt.[24] Ideengeschichtlich stand es in der Tradition der deutschen Jugendbewegung, die ausgehend von der Gründung des deutschnationalen Wandervogels im Jahr 1900 zur Bildung verschiedener Jugendgruppen – wie dem katholischen Bund „Neuland", aber auch sozialistischer und zionistischer Jugendgruppen – führte. Geprägt waren diese vom Anspruch auf eine Erneuerung des jungen Menschen. Hierzu gehörte nicht nur, dass Bescheidenheit, ein Leben in Gemeinschaft, Sport und körperliche Betätigung propagiert wurden, sondern Alkohol und Rauchen verpönt waren und sich eine Wanderbewegung nach dem Motto „Hinaus aus der Stadt" entwickelte. Zudem waren die verschiedenen Jugendgruppen – je nach Ausrichtung – mit politischen Utopien verbunden, militärähnlich organisiert und von charismatischen Führern geleitet.[25]

Nach dem „Anschluss" wurde Otto Molden in Schutzhaft genommen, aber nach 14 Tagen wieder frei gelassen. Nach einer neuerlichen Festnahme[26] meldete er sich freiwillig zur Wehrmacht, um weiteren Verhaftungen zu entgehen und ist am 1. Dezember 1938 eingerückt. In Folge nahm er am Einmarsch in die Tschechoslowakei, Polen und Frankreich und dem Feldzug gegen die Sowjetunion teil und wurde sogar mit dem Eisernen Kreuz ausgezeichnet. Mitte März 1945 desertierte er aus der Wehrmacht, nachdem er – wie er später ausgesagt hat – auch in der Wehrmacht am Aufbau von Widerstandsgruppen gearbeitet hatte bzw. mit Vertretern des Widerstands in Verbindung war.[27] Von besonderer Bedeutung waren seine

---

[21] Klemens von Klemperer, Voyage Through the Twentieth Century: A Historian's Recollections and Reflections, New York 2009.
[22] Laut Otto Molden war das „Graue Freikorps" jedoch unbewaffnet.
[23] Molden, Odyssee meines Lebens, 54ff.; Molden, Österreich sollte das Zentrum werden, 54ff.; Otto Molden, Der Ruf des Gewissens, 3. Auflage, Wien/München 1958, 55ff.
[24] Molden, Fepolinski & Waschlapski, 60.
[25] Wolfgang Kos (Hg.), Kampf um die Stadt. Politik, Kunst und Alltag um 1930 (361. Sonderausstellung des Wien Museums, 19. November 2009–28.März 2010), Wien 2010, 349ff.; Tamara Ehs, Neue Österreicher. Die austrofaschistischen Hochschullager der Jahre 1936 und 1937, in: Christoph Jahr/Jens Thiel (Hg.), Lager vor Auschwitz. Gewalt und Integration im 20. Jahrhundert, Berlin 2013, 266.
[26] Verhörprotokoll. Privatarchiv Koschka Hetzer-Molden.
[27] Den Machthabern des NS-Staates war 1944 „nichts Nachteiliges" über Otto Molden bekannt. Auf Grund der jüdischen Herkunft seines Vaters wurde er als „Mischling II" eingestuft und ein aus-

Verbindungen zur O5,[28] einer von bürgerlich-konservativen Kräften getragenen Widerstandsgruppe, die auch Kontakte zu Sozialdemokraten und Kommunisten knüpfte. Wie Wolfgang Neugebauer als langjähriger Leiter des Dokumentationsarchiv des Österreichischen Widerstandes ausführt, handelte es sich dabei um eine Gruppe, die in verschiedenen Zeitzeugenberichten vorkommt, jedoch kaum in den Gestapo- und NS-Justizdokumenten Niederschlag gefunden hat. Zu einer der größten und bekanntesten Widerstandsgruppen der Jahre 1944/1945 wurde sie durch den mit der Bildung des Provisorischen Österreichischen Nationalkomitee (POEN) verbundenen politischen Anspruch und die durch Fritz Molden hergestellten Verbindungen zu den Westalliierten.[29]

Fritz Molden, der 1935 dem Bund „Neuland" beigetreten war,[30] war bereits ab 1938 im katholisch-konservativen Jugendwiderstand tätig und wurde im Herbst desselben Jahres erstmals nach der Teilnahme an einer Jugendandacht im Stephansdom, die zu einer antinazistischen Kundgebung wurde, festgenommen. 1940 folgte eine zweite Verhaftung im Zuge einer Demonstration der verbotenen Bündischen Jugend nach einem Konzert der Schwarzmeerkosaken. Als er im Sommer 1941 versuchte, über die Niederlande illegal nach Großbritannien zu gelangen, wurde er ein drittes Mal festgenommen und meldete sich – wie zuvor sein Bruder –, um einer längeren Haftstrafe zu entgehen, freiwillig zur Deutschen Wehrmacht. Dort wurde er zuerst in eine Strafeinheit, die in der Sowjetunion kämpfte, versetzt und nach einer Verwundung nach Paris und Italien verlegt. Im Sommer 1944 desertierte er zu italienischen Partisanen und flüchtete dann in die Schweiz, wo er nicht nur das Vertrauen von Allan W. Dulles, dem Abgesandten des US-Kriegsgeheimdienstes OSS (Office of Strategic Services) in Bern, gewinnen konnte, sondern auch Kontakt zu Exilösterreichern knüpfte. In der Folge pendelte er mit gefälschten Papieren mehrfach zwischen Wien, Tirol, Italien, der Schweiz und Frankreich, um die Widerstandsarbeit der O5 zu aktivieren und Kontakte zwischen der O5 und den Westalliierten herzustellen.[31]

Otto Molden war, nachdem er aus der Deutschen Wehrmacht desertiert war, ebenfalls damit beschäftigt, die verschiedenen Widerstandskräfte vor allem in Wien, Salzburg und Tirol unter der Leitung der O5 zusammenzuführen und regio-

---

führliches politisches Gutachten verlangt. ÖStA, AdR, Zivilakten NS-Zeit, „Gauakt" Otto Molden (290.189).

[28] Molden, Odyssee meines Lebens, 70ff.; Otto Molden, Ich glaub', ich hab' dann die Angst dadurch verloren, in: Dokumentationsarchiv des österreichischen Widerstandes (Hg.), Erzählte Geschichte, Band 2, Wien 1992, 109f.; Otto Molden, Fast alle Gruppierungen waren da dabei, in: Dokumentationsarchiv des österreichischen Widerstandes (Hg.), Erzählte Geschichte, Band 2, Wien 1992, 418–422.

[29] Neugebauer, Der österreichische Widerstand 1938–1945, 196ff. Vgl. zur O5 ebenfalls: Oliver Rathkolb, Raoul Bumballa, ein politischer Nonkonformist 1945, in: Rudolf A. Ardelt/Wolfgang J. A. Huber/Anton Staudinger (Hg.), Unterdrückung und Emanzipation. Festschrift für Erika Weinzierl, Wien/Salzburg 1985, 295–317.

[30] Molden, Fepolinski & Waschlapski, 38f. und 60f.

[31] Molden, Fepolinski & Waschlapski, 62ff.; Fritz Molden, Explodiert vor Tatentrieb, in: Dokumentationsarchiv des österreichischen Widerstandes (Hg.), Erzählte Geschichte, Band 2, 413ff.

Otto Molden 1945 in Alpbach (in Vorbereitung der ersten Internationalen Hochschulwochen des Österreichischen Colleges)

nale Nationalkomitees zu bilden. Das brachte ihn – wie zuvor bereits seinen Bruder Fritz – in Kontakt mit verschiedenen Tiroler Widerstandsgruppen und führte ihn über Oberitalien auch nach Zürich. Als er Mitte Mai 1945 nach Innsbruck zurückkehrte, war dieses noch vor dem Einmarsch der amerikanischen Truppen durch die Widerstandsbewegung unter Karl Gruber befreit worden.[32] Gruber war aus Deutschland kommend im Frühjahr 1945 nach Innsbruck gelangt und konnte hier Kontakte zu Tiroler Widerstandsgruppen herstellen. Dabei lernte er auch Fritz und Otto Molden kennen.[33] Wenig später übernahm er als Kompromisskandidat die Leitung des Exekutiv- und Ordnungsausschusses der Österreichischen Widerstandsbewegung.[34] Ende Mai legte er diese Funktion auf Verlangen

---

[32] Molden, Odysee meines Lebens, 85ff.; Molden, Fast alle Gruppierungen waren dabei, 418ff.

[33] Gruber war ein gebürtiger Tiroler, der ursprünglich in den Jugendorganisationen der Sozialdemokratie organisiert war. Er besuchte in Innsbruck eine Staatsgewerbeschule für Elektrotechnik, arbeitete für die Post- und Telegrafendirektion und studierte an der Universität Innsbruck. 1934 wechselte er zum christlich-sozialen Lager und trat der Vaterländischen Front bei. Er promovierte 1936 zum Dr. juris, arbeitete im Post- und Telegraphendienst und nebenbei an der Universität Wien als wissenschaftliche Hilfskraft. 1938 übersiedelte er nach Berlin, wo er zunächst bei der AEG, dann bei Telefunken unterkam. Neben Kontakten zur amerikanischen diplomatischen Vertretung in Berlin hatte er Beziehungen zu Widerstandsgruppen in Wien. Ab dem Herbst 1944 konnte er über einen liechtensteinischen Konfidenten Verbindungen mit dem OSS in Bern herstellen. Im Frühjahr 1945 setzte er sich im Zuge der Dezentralisierung der Rüstungsbetriebe – eigentlich auf dem Weg nach Wien – nach Innsbruck ab.

[34] Michael Gehler, Karl Gruber, Reden und Dokumente 1945–1953, Wien/Köln/Weimar 1994, 468.

Simon Moser in Alpbach 1947

der Amerikaner jedoch bereits wieder zurück und wurde von diesen offiziell als provisorischer Landeshauptmann von Tirol anerkannt.[35] Otto Molden hingegen führte das Oberste Leitungsamt der Österreichischen Widerstandsbewegung für die von den westlichen Alliierten besetzten Gebiete, das in der Zeit, in der es noch keinen österreichischen Staat gab, eine gewisse Klammer für Westösterreich bilden sollte.[36] Zugleich begann er mit einigen Bekannten aus dem Widerstand „College-Wochen" vorzubereiten. Als er im Mai 1945[37] Simon Moser, „einen alten Bekannten aus Wien", wieder traf,[38] den er zumindest seit Anfang 1941, vermutlich aber schon früher kannte, stieß der zweite zentrale Gründer des Europäischen Forum Alpbach hinzu.[39]

---

[35] Michael Gruber, Anpassung, Mittun, Resistenz und Widerstand. Charakteristika, Probleme und Ambivalenzen von Oppostionsverhalten am Beispiel des Karl Gruber 1934–1945, in: Dokumentationsarchiv des Widerstandes (Hg.), Jahrbuch 2002: Schwerpunkt Widerstand und Verfolgung, Wien 2002, 69–87. Vgl. zudem: Karl Gruber, Ein politisches Leben. Österreichs Weg zwischen den Diktaturen, Wien/München/Zürich, Wien 1976, 31.

[36] Fritz Molden leitete damals ein Sicherheitsbüro für Tirol. Vgl.: Schreiben von Otto Molden an die Eltern vom 7.7.1945. Wienbibliothek, Nachlass Otto Molden, 2.2.394; Lebenslauf von Otto Molden. Wienbibliothek, Nachlass Otto Molden, 3.4; Lebenslauf, in: Otto Molden, Der österreichische Freiheitskampf 1938–1945, Dissertation, Wien 1955. Archiv der Universität Wien.

[37] Exposé of the History and Achievements of the European Forum Alpbach of the Austrian College Society, undatiert [1949/1950]. Archiv des EFA, Mappe 5.

[38] Dass sich Molden und Moser 1945 bereits kannten, bestätigt auch Ivo Fischer. Vgl.: Wolfgang Kudrnofsky, „Hände hoch! Die Ilias will ich hören!" Otto Molden, in: Ders., Vom Dritten Reich zum Dritten Mann. Helmut Qualtingers Welt der Vierziger Jahre, Wien/München/Zürich 1973, 211; Interview mit Univ.-Prof. Dr. Ivo Fischer am 26.8.2014.

[39] Postkarte von Simon Moser an Otto Molden vom 15.2.1941. Wienbibliothek, Nachlass Otto Molden, 2.1.510.

Simon Moser wurde 1901 in Jenbach (Tirol) geboren. Er studierte zunächst bis zum ersten Staatsexamen Jurisprudenz in Wien und scholastische Philosophie am Institut Maximum der Jesuiten in Innsbruck, das er aufgrund des Konkordats mit einem nur in Österreich gültigen Doktorat der scholastischen Philosophie abschloss. Anschließend folgten weitere Studien der Philosophie, Nationalökonomie, der klassischen Philologie und Mathematik an den Universitäten Berlin, Marburg und Freiburg. 1930 promovierte er ein zweites Mal bei Martin Heidegger mit einer Arbeit über die Grundbegriffe der Philosophie bei Wilhelm von Ockham. Die Habilitation für Geschichte der Philosophie und systematische Philosophie folgte 1935 an der Philosophischen Fakultät der Universität Innsbruck. Von 1935 bis 1937 war er als Privatdozent an der Universität Innsbruck tätig und ersuchte im Herbst 1937 um eine Übertragung seiner venia legendi nach Wien, die Ende desselben Jahres „mit der Geneigtheit zur Erweiterung" an der Universität Wien (lediglich) für Geschichte der Philosophie des Altertums und des Mittelalters erteilt wurde. Maßgeblich für den Wechsel nach Wien dürfte – so Ilse Korotin – gewesen sein, dass Moser, der 1934 der Vaterländischen Front beigetreten war, ein enger Mitarbeiter von Guido Zernatto als Leiter des VF-Werks „Neues Leben" war, das sich mit verschiedenen Zweigen der Freizeitgestaltung im Sinne des austrofaschistischen Staates beschäftigte.[40] Desgleichen war Moser seit der Errichtung staatlicher Hochschullager auch als Bildungsführer und Lehrbeauftragter für die „weltanschauliche und staatsbürgerliche Erziehung" tätig. Die Hochschullager wurden 1936 verpflichtend für alle Studenten eingeführt und sollten vormilitärisch und staatsbürgerlich erziehen, weshalb nicht nur „weltanschauliche Vorlesungen" sondern auch vormilitärische Übungen abgehalten wurden. Ziel der Lager war es – so Tamara Ehs –, eine Disziplinierung der Studierenden ebenso vorzunehmen wie eine Propagierung des Gemeinschaftslebens und eine Beförderung der klerikalen Ideologie des Dollfuß-Schuschnigg-Regimes.[41] Nach der Zulassung an der Universität Wien wurde er auch hier im Wintersemester 1937/1938 für die Abhaltung des philosophischen Teils der „Weltanschauungsvorlesung" eingesetzt. Zudem brachte Moser, der nicht nur ein begeisterter Bergsteiger, Schifahrer und Hobbyfotograf war, mit dem 1937 erschienenen Bildband über „Österreichs Bergwelt und Bergvolk" auch ein Propagandabuch für den austrofaschistischen Staat bzw. dessen „Österreich-Ideologie" heraus.[42]

1938 wurde er nach dem „Anschluss" auf Grund seiner früheren Funktionen vom Dienst suspendiert. Eine volle Lehrbefugnis an der Universität Wien, wie er sie vor 1938 nur an der Universität Innsbruck hatte, erlangte er erst durch die Ernennung zum Dozenten neuer Ordnung 1940 wieder. Den Hintergrund hier-

---

[40] Die Leitung des „Neuen Leben" lag bei Zernatto, der mit den Geschäften Rudolf Henz beauftragte. Als dieser wegen Überbeschäftigung ausschied, übernahm Zernatto selbst die Geschäftsführung und Moser die anfallende Arbeit. Vgl.: Ilse Korotin, Deutsche Philosophen aus der Sicht des Sicherheitsdienstes des Reichsführers SS: Dossier: Simon Moser. Jahrbuch für Soziologie-Geschichte 1993, 337ff.
[41] Vgl.: Ehs, Neue Österreicher.
[42] Simon Moser, Österreichs Bergwelt und Bergvolk, Innsbruck/Wien/München 1937.

für bildeten einerseits positive Stellungnahmen des Dozentenbundführers der Universität Wien, während aus Tirol mitgeteilt wurde, dass er in politischer und weltanschaulicher Hinsicht ein betont konservativer Klerikaler und seine politische Zuverlässigkeit keinesfalls gegeben sei. Andererseits dürfte auch sein Beitritt zur NSDAP mit 1. Jänner 1940 dazu beigetragen haben, den Moser später damit erklärte, dass ihn seine Eltern ohne sein Dazutun als „Parteianwärter" gemeldet hatten, um weiteren Schikanen zu entgehen.[43] Zugleich diente er ab Mai 1940 als Schütze im Ausbildungslager Eichat bei Hall in Tirol in der zweiten Kompanie des Tiroler Grenzschutzes und war nach seiner Entlassung im Juni 1940 an verschiedenen Übungsplätzen der Tiroler Gebirgsjäger als Fotoberichterstatter tätig. Wie bereits 1937 brachte er auch weitere, reich bebilderte Publikationen heraus, die nicht frei von Propagandaeffekten – diesmal für den nationalsozialistischen Staat – waren[44] und später auch in Zusammenhang mit Alpbach ein Thema werden sollten. Er hielt Vorträge wehrhaft weltanschaulichen und alpinen Inhalts und ist – nach eigenen Angaben – 1941 in die Deutsche Wehrmacht eingerückt, wo er bis 1945 blieb und 1942 zum landwirtschaftlichen Berater beim stellvertretenden Generalkommando XVIII A. K. und in der Folge beim Wehrmeldeamt in Schwaz bestellt wurde.

Nach Kriegsende kehrte Moser an die Universität Innsbruck zurück, wo er bereits ab dem Wintersemester 1945/1946 ohne Unterbrechung als Privatdozent für Philosophie in den Vorlesungsverzeichnissen aufscheint,[45] und musste sich als ehemaliges Mitglied der NSDAP auch registrieren lassen. Als die Philosophische Fakultät der Universität Innsbruck 1947 einen zweistündigen Lehrauftrag für Geschichte der alten Philosophie beim Unterrichtsministerium beantragte, bedurfte es daher auch einer besonderen Genehmigung – handelte es sich bei der Philosophie doch um ein besonders sensibles Lehrgebiet.[46] Nach der erfolgten Entregistrierung im April 1947 wurde ihm der Titel eines außerordentlichen Professors verliehen.[47]

---

[43] Laut dem Deutschen Bundesarchiv musste jeder Antrag eigenhändig unterschrieben werden. Vgl.: https://www.bundesarchiv.de/oeffentlichkeitsarbeit/bilder_dokumente/00757/index-2.html.de (5.9.2014).
[44] Simon Moser/Josef Wenter, Das Land in den Bergen. Vom Wehrbauer zum Gebirgsjäger, Innsbruck 1942.
[45] Universität Innsbruck, Vorlesungsverzeichnisse Wintersemester 1945/1946 – Sommersemester 1949. Universitätsarchiv Innsbruck.
[46] Nach dem Nationalsozialistengesetz 1947 als „minderbelastet" registrierte Personen konnten eine Lehrkanzel für Philosophie nur innehaben, wenn auf ihren Antrag die beim Bundesministerium für Unterricht zu errichtende Kommission diese Tätigkeit gestattete.
[47] Korotin, Deutsche Philosophen aus der Sicht des Sicherheitsdienstes des Reichsführers SS, 337ff.; Friedrich Stadler/Andreas Huber/Herbert Posch, Eliten/dis/kontinuitäten im Wissenschaftsbereich in der II. Republik. Zur Reintegration der im Nationalsozialismus aus „politischen" Gründen vertriebenen Lehrenden der Universität Wien nach 1945. Projektbericht an den Zukunftsfonds, Wien 2011, 224ff.; Andreas Huber, Rückkehr erwünscht. Im Nationalsozialismus aus „politischen" Gründen vertriebene Lehrende der Universität Wien, Wien 2015 (im Erscheinen); ÖStA, AdR, Unterrichtsministerium, Personalakt Simon Moser; Archiv der Universität Wien, Personalakt Simon Moser; Universitätsarchiv Innsbruck, Habilitationsakt Simon Moser.

1.2 Unterschiedliche Konzepte

Wie Otto Molden retrospektiv ausführte, wollte auch Moser ein ähnliches, aber doch anderes Projekt wie er umsetzen. So hatte Moser eine Art „Bergakademie für Geist und Sport" vor Augen, die in Form von universitätsähnlichen Seminaren – ergänzt durch körperlich-sportliche Betätigung – ein bestimmtes Wissen vermitteln sollte. Bei „aller Originalität des Gedankens von Geist und Sport", habe sich diese „Bergakademie", die – so Moser – als „gesunde und geistige Männerangelegenheit" „Bekenner vom Berge, seien es Maler, Dichter, Denker, Täter" zusammenführen sollte,[48] stark an die äußere Form der deutschsprachigen Universitäten angelehnt. Ihm hingegen sei die Bildung einer „Gemeinschaft freier europäischer Intellektueller" bzw. die „Sammlung einer geistigen und politischen Elite" vorgeschwebt. Diese sollte in umfassender Weise wissenschaftlich, politisch und künstlerisch gebildet werden und als Idealtyp eines universal gebildeten, Denken und Handeln in Einklang verbindenden Menschen in die Universitäten und Kirchen, in die Parlamente und Regierungen, in die Redaktionsstuben und Verlage eindringen und das Fundament des geistig und politisch zu vereinigenden Europa bilden. Anknüpfen wollte er hierbei einerseits an die Tradition der deutschen Jugendbewegung und den mit ihr verbundenen Aufbau von lebendigen Gemeinschaften. Andererseits sollte das im Widerstandskampf verstärkte europäische Bewusstsein eine wichtige Grundlage sein, dessen Wurzeln Molden später ebenfalls wie auch erste Pläne für die „College-Wochen"[49] bis in die Zeit des Freikorps zurückdatierte – hätte sich dieses doch von anderen Gruppen dadurch unterschieden, dass es Österreich als Träger einer neuen gesamteuropäischen Entwicklung gesehen habe.[50] Hinzu kamen pädagogische Reformbewegungen im frühen 20. Jahrhundert wie die Odenwaldschule oder die Freie Schulgemeinde Wickersdorf in Thüringen, auf denen er ein College-System aufbauen wollte. Vorbilder hierfür habe er sowohl im seinerzeitigen Eötvös-Collegium in Budapest, an dem einst sein Vater unterrichtet hatte, als auch in den angelsächsischen Colleges gesehen. Obwohl er vor 1945 niemals in England oder Amerika war, schien ihm „die lockere gemeinschaftliche Zusammenarbeit", wie sie in den großen Colleges in Oxford und Cambridge geübt wurde, ein nachahmenswertes Strukturelement, das in einem zu schaffenden Österreichischen College umgesetzt werden sollte. In verschiedenen Gesprächen habe er mit Moser versucht, die beiden Ideen einigermaßen auf einen Nenner zu bringen.[51]

---

[48] Simon Moser, Die Berge und wir, in: Ders. (Hg.), Wissenschaft und Gegenwart. I. Internationale Hochschulwochen des Österreichischen College in Alpbach, Innsbruck 1946, 155ff.

[49] Otto Molden, Die unsichtbare Generation, in: Alpbach, Wien/Linz/München 1952, 33; Otto Molden, Alpbach – Geist und Entwicklung eines europäischen Experiments. Soziologie einer geistigen Gemeinschaft der Gegenwart, in: Ders. (Hg.), Geist und Gesicht der Gegenwart, Zürich 1962, 42ff.

[50] Molden, Odyssee meines Lebens, 58; Molden, Österreich sollte das Zentrum werden, 55.

[51] Molden, Alpbach – Geist und Entwicklung eines europäischen Experiments, 39f.; „Hände hoch! Die Ilias will ich hören!", 211; Molden, Der andere Zauberberg, 13f.; Molden, Odyssee meines Lebens, 121ff.

1.3 „College-Wochen bei Innsbruck"

Erste Unterlagen aus dem Nachlass von Otto Molden, die die Umsetzung seines Vorhabens dokumentieren, stammen aus dem Frühsommer 1945 – wie ein von ihm selbst verfasstes „Exposé über die geistige Lage des Österreichischen Aktivismus und sein Programm in Tirol und Vorarlberg". In diesem heißt es, dass nach der „Befreiung nach siebenjähriger Knechtschaft" nun die „geistigen und kulturellen Voraussetzungen für ein neues österreichisches Staatsgefühl und eine Neuformung der österreichischen Gesellschaft" gelegt werden müssten und hierfür bereits drei konkrete Projekte entwickelt worden seien. So habe er einerseits mit einem Kreis jüngerer Österreicher den „Österreichischen Club" gebildet, in dem die Vertreter aller politischen und geistigen Richtungen in einer großen Gemeinschaft vereint werden sollten, um „objektiv und möglichst leidenschaftslos" die vielfältigen Probleme der Gegenwart zu diskutieren. Aufgabe des Clubs sollte es sein, eine „Elitenbildung auf breiter Basis" anzustreben und neben der politischen Diskussion eine „Intensivierung des allgemein geistigen Lebens" vorzunehmen. Vor allem sollte er aber dazu beitragen, „dem österreichischen Intellektuellen wieder ein richtiges Bild der Welt jenseits unserer Grenzen zu geben" und das „Verständnis und Interesse für die großen Demokratien Frankreich, Amerika und England sowie deren politische und geistige Strömungen und Tendenzen zu wecken und zu pflegen".[52] Eine weitere Plattform gemeinsamer Gespräche und Diskussionen mit ähnlichen Aufgaben wie der „Österreichische Club" sollte eine zu gründende Wochenzeitschrift mit dem Titel „Die Aktion" sein. Ein drittes Projekt – die „College-Wochen bei Innsbruck", die er mit der Zustimmung von Landeshauptmann Gruber und des Rektors der Innsbrucker Universität sowie Teilen der Innsbrucker Hochschülerschaft und einigen Kräften der Universität Innsbruck vorbereite – sollte hingegen eine einmalige Aktion sein, „um einen Kreis besonders guter österreichischer Studenten wieder mit den Studenten des Auslandes in Verbindung zu bringen" und ihnen das „Fenster" aufzustoßen, „das in die Welt um uns hinausgeht."[53]

Näher konkretisiert wurden die „College-Wochen bei Innsbruck" in einem weiteren, vermutlich aus dem Juli 1945 stammenden Dokument, in dem ausgeführt wurde, dass durch den Verfall der Universitäten während der NS-Zeit eine Neubildung erforderlich sei, die einen vollkommenen Strukturwandel bedeuten müsse. Ein erster Schritt zu einer Reform der europäischen Universitäten sollte die Bildung eines Österreichischen Colleges sein, das – sobald es die Verhältnisse erlaubten – im geistigen Zentrum Mitteleuropas, in Wien, entstehen sollte. Um

---

[52] Vgl. zum „Klub": Gretl Köfer, Widerstandsbewegung und politische Parteien in Tirol, in: Anton Pelinka/Rolf Steininger (Hg.), Österreich und die Sieger. 40 Jahre 2. Republik – 30 Jahre Staatsvertrag, Wien 1986, 43. (Hier heißt es, dass ein Flügel der Widerstandsbewegung in Tirol um Karl Gruber und Fritz Molden einen Kreis der Aktivisten zu einem überparteilichen Klub zusammenfassen wollte.) Außerdem Oliver Rathkolb (Hg.), Gesellschaft und Politik am Beginn der Zweiten Republik. Vertrauliche Berichte der US-Militäradministration aus Österreich 1945 in englischer Originalfassung, Wien/Köln/Graz 1985, 387f.

[53] Otto Molden, Exposé über die geistige Lage des Österreichischen Aktivismus und sein Programm in Tirol und Vorarlberg, undatiert. Wienbibliothek, Nachlass Otto Molden, 1.2.12.

hierfür Erfahrungen zu sammeln, sollte von Mitte August bis Anfang September ein zwei Wochen dauernder, mit geisteswissenschaftlicher Arbeit verbundener Collegekurs in der Nähe von Innsbruck abgehalten werden, an dem österreichische und Schweizer Studenten ebenso teilnehmen sollten wie Offiziere der Alliierten Besatzungstruppen. Die Aufgabe „späterer Arbeiten in Wien" sollte es sein, „aus diesen Ansätzen ein für ganz Europa vorbildliches, dem österreichischen Wesen entsprechendes College zu schaffen, um daraus wieder jene Erfahrungen zu schöpfen, die notwendig sind, um an den Bau einer grundsätzlichen Universitätsreform im Sinne der Bildung einer wirklichen universitas [Gemeinschaft der Lehrenden und Lernenden, Anm. MW] heranzutreten".[54]

Erste konkrete Schritte für die Umsetzung der geplanten „College-Wochen" wurden mit dem Aufbau eines Mitarbeiterstabes gesetzt, zu dem etwa der spätere Mediziner Ivo Fischer, der Student Wolfgang Rusch oder der junge Philosophiedozent Robert Muth gehörten.[55] Beigezogen wurde – wenn es darum ging, interessierte Studenten zu benennen – aber auch Inge Lehne (geborene Reut-Nicolussi), bei deren Familie Otto Molden zeitweise wohnte.[56] Ein wichtiges „Zentrum" in der Vorbereitung der Hochschulwochen stellte die Wohnung des Architekten Jörg Sackenheim dar.[57] Gleichfalls wurde ein Sekretariat an der Universität eingerichtet,[58] in dem mit Eduard Grünewald und Hartl Pezzei zwei junge Männer beschäftigt waren, die Otto Molden aus dem Widerstand kannte.[59] Mit Ausnahme von Simon Moser, der mit seinen 44 Jahren deutlich der Älteste war, handelte es sich bei den geplanten „College-Wochen" somit um ein von der Jugend getragenes Projekt. Gleichfalls wurde auch geklärt, wo die „College-Wochen bei Innsbruck" stattfinden sollten. Nachdem von Landeshauptmann Gruber die ehemalige Heeres-Hochgebirgsschule in Fulpmes im Stubaital angeboten worden war, das Hotel Klosterbräu in Seefeld und der Sitz der „Gralsbewegung" am Vomperberg gegenüber von Schwaz vorgeschlagen worden waren, brachte Robert Muth Alpbach ins Spiel.[60] Gemeinsam mit Otto Molden besuchte er dieses auch am 22. Juli 1945, um bereits alle wichtigen Absprachen

---

[54] Otto Molden, College-Wochen bei Innsbruck. Gedanken zum schrittweisen Aufbau eines österreichischen Colleges als Vorläufer einer Neuformung der Universität, undatiert. Wienbibliothek, Nachlass Otto Molden, 1.2.6; Archiv des EFA, Mappe 4.
[55] Interview mit Univ.-Prof. Dr. Ivo Fischer am 26.8.2014.
[56] Interview mit Dr. Inge Lehne am 12.11.2014.
[57] Molden, Der andere Zauberberg, 32.
[58] Ebenda.
[59] Schreiben von Otto Molden an Landesrat Gamper vom 24.7.1945. Universität Innsbruck, Institut für Zeitgeschichte, Nachlass Gamper, Mappe Schule – Unterricht – Universität; Molden, Der andere Zauberberg, 10.
[60] Sowohl die ehemalige Heeres-Hochgebirgsschule als auch das Hotel Klosterbräu in Seefeld waren beschädigt. Die „Gralsbewegung", eine religiöse Gruppierung, wurde 1928 vom Deutschen Oskar Ernst Bernhard gegründet. Ihre Siedlung am Vomperberg wurde in der NS-Zeit – nach der Besetzung durch die SS – als „Gauschulungsburg" verwendet und war intakt, wurde aber ebenfalls verworfen. Vgl.: Molden, Der andere Zauberberg, 17; Fritz Molden, Begrüßung und Information der Teilnehmer, in: Otto Molden (Hg.), Erkenntnis und Entscheidung. Die Wirtschaftsproblematik in Wissenschaft und Praxis. Europäisches Forum Alpbach 1987, Wien 1988, 4; Interview mit Prof. Fritz Molden am 18.4.2013; Interview mit Prof. Ing. Hannes Kar am 22.1.2014.

mit Bürgermeister Alfons Moser, dem Bruder von Simon Moser, zu treffen.[61] Daneben gehörten – so Ivo Fischer – auch Wolfgang Rusch, er selbst und Simon Moser zu den Ersten, die den neu entdeckten Tagungsort besuchten.[62]

Mit Alpbach wurde ein liebliches Dorf in den Kitzbüheler Alpen gefunden, das um die Jahrtausendwende durch die Bajuwaren besiedelt worden war und 1150 erstmals urkundlich erwähnt wurde. In der frühen Neuzeit betrieben die Fugger hier den Abbau von Silber und Kupfer. Durch den enormen Edelmetallimport aus Übersee verlor das Bergwesen in Alpbach und Tirol jedoch seine Bedeutung, worauf in den kommenden Jahren die Landwirtschaft dominierte.[63] Vom Fremdenverkehr blieb es bis ins 20. Jahrhundert fast unberührt, dann aber setzte ein immer intensiverer Tourismus ein, wobei die ersten „Fremden", die nach Alpbach kamen, Künstler, wie der amerikanische Autor Thomas Wolfe, waren. 1939 verfügte Alpbach bereits über 200 Fremdenbetten, und auch im benachbarten Inneralpbach stand eine beachtliche Anzahl an Übernachtungsmöglichkeiten zur Verfügung. Als die „Tausendmarksperre" von 1933, mit der Hitler wirtschaftlichen Druck auf Österreich ausüben wollte, den anlaufenden Tourismus jäh zu stoppen drohte, wurde gezielt um Touristen aus England geworben. Nach dem „Anschluss" wurde Alpbach zum Ziel von Fahrten der NS-Freizeitorganisation „Kraft durch Freude" sowie von Kinderlandverschickungen,[64] und in Inneralpbach wurde auch ein Erholungsheim für Angehörige der deutschen Luftwaffe installiert. 1945 wurde im Böglerhof, einem der größten Gasthöfe, der einst Sitz des Knappengerichts war und zum Imperium der Fugger gehört hatte,[65] ein US-Offizierskasino eingerichtet. Wegen der schlechten Verkehrsverbindung wurde dieses aber bald wieder nach Kramsach verlegt, wodurch Alpbach, das vom Krieg nicht zerstört war, „frei" für neue Projekte wurde.[66] Die schmale, mit mehreren kleinen Tunnels versehene Straße, die die Anreise ins Dorf mühsam und kompliziert gestaltete, wurde erst in den 1960er Jahren ausgebaut.[67]

---

[61] Robert Muth, Das wissenschaftliche Konzept 1945: Simon Mosers damaliges wissenschaftliches Denken, in: Alexander Auer (Hg.), Das Forum Alpbach 1945–1994. Die Darstellung einer europäischen Zusammenarbeit. Eine Dokumentation anlässlich des 50. „Europäischen Forum Alpbach", veranstaltet vom Österreichischen College, Wien 1994, 42; Schreiben von Robert Muth an Otto Molden vom 13.3.1977. Wienbibliothek, Nachlass Otto Molden, 2.1.517; Schreiben von Robert Muth an Heinrich Pfusterschmid-Hardtenstein vom 15.12.1996. Wienbibliothek, Nachlass Otto Molden, 2.4.63.

[62] Interview mit Univ.-Prof. Dr. Ivo Fischer am 26.8.2014.

[63] Vgl.: Wolfgang Pfaundler/Johann Zellner, Alpbach. Das schönste Dorf Österreichs – Kultur und Geschichte einer Tiroler Berggemeinde, Alpbach 1994.

[64] Deswegen sollen die beiden größten Gasthäuser 1945 auch nicht in einem sehr einladenden Zustand gewesen sein. Vgl.: Europas Grenzen zerfließen in Alpbach, in: Wörgeler Rundschau. Unterinntaler Heimatblatt, 22.8.1984.

[65] Der Böglerhof in Alpbach niedergebrannt, in: Tiroler Tageszeitgung, 20.3.1950; http://www.boeglerhof.at/de/die-familie-duftner-stellt-sich-vor.html (12.12.2014).

[66] Molden, Begrüßung und Information der Teilnehmer, 4f.

[67] Veronika Schallhart, Tourismus im Alpbachtal, Dipl.-Arb., Wien 1992. Vgl. zur schwierigen Anreise auch: Fritz Molden, Besetzer, Toren, Biedermänner. Ein Bericht aus Österreich 1945–1962, Wien 1980, 97f.; Fritz Molden, „Vielgeprüftes Österreich". Meine politischen Erinnerungen, Wien 2007, 32.

Bei der Autorisierung des Vorhabens wirkten sich die guten Verbindungen zu Karl Gruber aus dem Widerstand positiv aus. Als provisorischer Landeshauptmann musste er dieses ebenso wie die alliierten Truppen in Tirol genehmigen. Dies waren zunächst die Amerikaner und ab Juli 1945 die Franzosen, die die Veranstaltung in Alpbach – nicht zuletzt vor dem biographischen Hintergrund der Brüder Molden – ebenfalls zuließen.[68] Desgleichen half Gruber auch bei der Aufbringung der für die Abhaltung der „College-Wochen" nötigen finanziellen Mittel. Wie Fritz Molden rückblickend mehrfach festgehalten hat und auch von Ivo Fischer berichtet wird,[69] unterstützte Gruber das Vorhaben mit einer großzügigen Sonderzuteilung von Zigaretten.[70] Als Fritz Molden, der ab Juli 1945 als Sekretär von Gruber – erst als Landeshauptmann, dann auch als Außenminister – tätig war,[71] zu diesem geschickt wurde, um eine finanzielle Unterstützung zu erwirken, gab ihm Gruber eine Anweisung an den Direktor der Tabakfabrik in Schwaz. Hiernach hatte dieser Molden mehrere tausend Zigaretten auszufolgen, die in der Nachkriegszeit ein beliebtes Zahlungsmittel darstellten.[72] Andererseits wurden von Gruber aber auch die Stiftung eines Waggons voll Mehl[73] bzw. eine Entschädigung der Bauern[74] und von Otto Molden die Überlassung von Lebensmitteln aus einem von der SS im Alpbachtal angelegten Lager sowie die zeitweise Zurverfügungstellung von zwei PKWs genannt.[75] Hinzu kam die Bereitschaft von Bürgermeister Alfons Moser, schwarzzuschlachten und die Bereitstellung von Bezugscheinen durch die Bezirkshauptmannschaft Kufstein – stellte die Ernährungsfrage 1945 doch ein entscheidendes Moment dar.[76] Wie später mehrfach ausgeführt wurde, erkannte Alfons

---

[68] Interview mit Prof. Fritz Molden am 18.4.2013; Europas Grenzen zerfliessen in Alpbach, in: Wörgeler Rundschau. Unterinntaler Heimatblatt, 22.8.1984; Schreiben von Otto Molden an Peter Keckeis vom 30.7.1945. Wienbibliothek, Nachlass Otto Molden, 2.2.332.

[69] Interview mit Univ.-Prof. Dr. Ivo Fischer am 26.8.2014; http://www.alpbach.org/alpbuzz/how-30000-cigarettes (1.9.2014).

[70] Vgl. hierzu auch ein Interview mit Karl Gruber in: Brennpunkt Alpbach. 40 Jahre Europäisches Forum Alpbach. TV-Dokumentation von Hannes Kar, ORF 1984; Europäisches Forum Alpbach 2005. Europa – Macht und Ohnmacht (60 Jahre Europäisches Forum Alpbach). TV-Dokumentation von Josef Kuderna, ORF 2005. Eine Recherche im Nachlass von Karl Gruber, für die ich Univ.-Prof. Dr. Michael Gehler danke, blieb ergebnislos.

[71] Gruber war zunächst Unterstaatssekretär in der Provisorischen Regierung Renner für Äußere Angelegenheiten. Der nach den ersten Nationalratswahlen vom 25.11.1945 gebildeten Regierung gehörte er – wiederum als Vertreter der ÖVP – als Außenminister an.

[72] Molden, Fepolinski & Waschlapski, 348ff.; Fritz Molden, Retrospektive eines interessierten Adabeis, in: Heinrich Pfustermschid-Hardtenstein (Hg.), Zeit und Wahrheit. Europäisches Forum Alpbach 1994, Wien 1994, 51; Fritz Molden, Es begann mit Grubers Zigaretten, in: Alexander Auer (Hg.), Das Forum Alpbach 1945–1994. Die Darstellung einer europäischen Zusammenarbeit. Eine Dokumentation anlässlich des 50. „Europäischen Forum Alpbach", veranstaltet vom Österreichischen College, Wien 1994, 47f.

[73] Gruber, Ein politisches Leben, 76.

[74] Brennpunkt Alpbach. 40 Jahre Europäisches Forum Alpbach. TV-Dokumentation von Hannes Kar, ORF 1984; Europäisches Forum Alpbach 2005. Europa – Macht und Ohnmacht (60 Jahre Europäisches Forum Alpbach). TV-Dokumentation von Josef Kuderna, ORF 2005.

[75] Molden, Der andere Zauberberg, 77.

[76] Vgl. in diesem Zusammenhang auch die Einladung zu den ersten Internationalen Hochschulwochen 1945, in denen darauf hingewiesen wurde, dass die Lebensmittelkarten für 16 Tage mit-

Moser, Bürgermeister von Alpbach von 1945 bis 1979 und seit 1933 im Besitz des Böglerhofs, rasch die sich ergebenden Chancen für das Dorf. Später setzte er sich in vielfacher Weise auch intensiv für den Tourismus ein und trug wesentlich zur Verabschiedung einer Bauordnung im Jahr 1953 bei,[77] die bei Neubauten eine Anpassung an den hergebrachten Alpbacher Baustil vorschreibt. Dieser verdankt Alpbach nicht nur sein heutiges Aussehen, sondern auch die Wahl zum „schönsten Dorf Österreichs" im Rahmen eines Fernsehwettbewerbs 1983.[78]

1.4 Die ersten Internationalen Hochschulwochen des Österreichischen Colleges

Die letzten Juli- und Augustwochen waren – wie ein Bericht von Eduard Grünewald belegt – von hektischen Vorbereitungsarbeiten geprägt. Innerhalb kurzer Zeit musste unter den erschwerten Bedingungen des Jahres 1945 eine Reihe von Arbeiten erledigt werden, damit die „College-Wochen" – wie geplant – von 25. August bis 10. September stattfinden konnten. Neben der dominierenden Verpflegungsfrage galt es dabei das Programm ebenso zu fixieren wie die Teilnehmer und Referenten einzuladen. Lange unklar war hierbei, ob das Kommen der Teilnehmer aus der Schweiz gelingen würde, zu denen Otto Molden aufgrund seiner Tätigkeit im Widerstand Kontakt hatte.[79] Als der Ankunftstag da war, kamen zwar mehr Besucher als erwartet. Die Schweizer, die als „Sendboten" aus dem freien Westen besonders sehnsüchtig erwartet wurden, Lebensmittel und eine Bücherspende mitbringen sollten,[80] fehlten jedoch. Da sie an der Grenze festgehalten wurden, trafen sie erst in der Nacht des 25. August ein. Gemeinsam mit Österreichern, Franzosen, Amerikanern und einigen Südtirolern – darunter Studenten, Wissenschaftler, Künstler und Mitglieder der französischen und amerikanischen Besatzungstruppen – bildeten sie die rund 80 Teilnehmer der mittlerweile in „Internationale Hochschulwochen des Österreichischen Colleges" umbenannten „College-Wochen" in Alpbach. Viele von ihnen waren zu Fuß, bepackt mit einem Rucksack, gekommen.[81]

---

zubringen sind. Molden, Der andere Zauberberg, 18; Molden, Odyssee meines Lebens, 126; Alpbach – ein Dorf in Europa. 35 Jahre Europäisches Forum Alpbach. TV-Dokumentation von Hannes Kar, ORF 1978 [1979]; Österreichisches College, Denkschrift über das „Europäische Forum Alpbach", Wien, im Jänner 1961. Archiv des EFA, ohne Mappe. Chronik des Österreichischen College 1945–1959. Archiv des EFA.

[77] Jubilar der Wirtschaft, in: Tiroler Tageszeitung, 18.9.1972; Sektionsobmann BM. Komm.-Rat Alfons Moser – 70 Jahre, in: Tirols Gewerbliche Wirtschaft, 16.9.1972.
[78] Vgl.: http://www.alpbachtal.at/de/region-entdecken/alpbach/alpbacher-baustil (12.1.2014).
[79] Molden, Der andere Zauberberg, 9.
[80] Die Schweizer Bücherspende von einem Innsbrucker Studenten, in: Simon Moser (Hg.), Wissenschaft und Gegenwart. I. Internationale Hochschulwochen des Österreichischen College in Alpbach, Innsbruck 1946, 277f.
[81] Molden, Der andere Zauberberg, 9; Molden, Alpbach – Geist und Entwicklung eines europäischen Experiments, 35.

Eröffnung der ersten Internationalen Hochschulwochen 1945, v. l. n. r.: Ob-Lt. Maurice Besset, Lt. Col. Thomazo, Otto Molden, Oberst Hichel, Simon Moser

Die Eröffnungsfeier fand am darauffolgenden Tag – wie in den „Tiroler Nachrichten" gemeldet wurde – bei strahlendem Sonnenschein statt,[82] nur dreieinhalb Monate nach der Gesamtkapitulation der Deutschen Wehrmacht und wenige Tage bevor der Zweite Weltkrieg mit der japanischen Kapitulation am 3. September auch im Pazifik endete. Vor dem Böglerhof, der gemeinsam mit dem Hotel Post das Zentrum der Internationalen Hochschulwochen bildete,[83] wehten die Fahnen Österreichs, Frankreichs, der USA, von Großbritannien, der Sowjetunion und der Schweiz. Eröffnungsredner waren neben Otto Molden Rektor Karl Brunner von der Universität Innsbruck, Lt. Col. Thomazo als oberster französischer Abgeordneter, Ob-Lt. Maurice Besset als Vertreter der französischen Studentenschaft und Peter Keckeis als Präsident des Verbandes der schweizerischen Studentenschaft.[84] In weiteren, über die Tagung verteilten Vorträgen sprachen Otto Molden und Simon Moser nicht nur über den „europäischen Freiheitskampf"[85] und

[82] Eröffnung der Internationalen Hochschulwochen in Alpbach, in: Tiroler Tageszeitung, 27.8.1945.
[83] Peter Keckeis, Was war das Neue? Was ist daraus geworden?, in: Heinrich Pfusterschmid-Hardtenstein (Hg.), Zeit und Wahrheit. Europäisches Forum Alpbach 1994, Wien 1994, 56.
[84] Gestaltung des College, in: Simon Moser (Hg.), Wissenschaft und Gegenwart. I. Internationale Hochschulwochen des Österreichischen College in Alpbach, Innsbruck 1946, 257 ff.
[85] Otto Molden, Gedanken zum europäischen Freiheitskampf, in: Simon Moser (Hg.), Wissenschaft und Gegenwart. I. Internationale Hochschulwochen des Österreichischen College in Alpbach, Innsbruck 1946, 67–74.

„Die Berge und wir".[86] In drei programmatischen Beiträgen, die später in einem Tagungsbericht unter dem Titel „Wissenschaft und Gegenwart" gesammelt wurden,[87] legten sie auch ihr Konzept der Internationalen Hochschulwochen und des Österreichischen Colleges dar.[88] So skizzierte Otto Molden das Österreichische College als „Weg zur neuen Universität", das – verbunden mit einer Kritik am Spezialistentum und einer immer stärkeren Verflachung der Universitäten, die er als Studierender selbst erlebt habe – vor allem die „Schale für zwei primäre Reformen" sein sollte: eine Reform der Arbeitsmethode und eine Reform des gemeinsamen studentischen Lebens. Besondere Bedeutung käme den von lebendigen Einzelpersönlichkeiten getragenen Arbeitskreisen (kleine seminarartige Arbeitsgruppen) zu, in denen sich die Gemeinschaft der Studierenden gruppieren sollte.[89] Simon Moser bezeichnete als Zweck des Colleges hingegen, die Kunst wissenschaftlicher Gesprächsführung zu pflegen und zurück zum „echten Dialog" (wie in der Antike bei Plato und Aristoteles) zu finden. Hierbei gehe es insbesondere darum, an der verlorengegangenen „universitas litterarum" zu arbeiten und eine Neubesinnung in Hinblick auf das Verhältnis von Philosophie und Einzelwissenschaften zu erreichen – habe die verlorene Universalität des Wissens (wie es sie im Mittelalter und in einem bestimmten Sinn noch bis zum Ende des deutschen Idealismus gegeben habe) die Akademiker doch nicht nur zu „entpersönlichten Arbeitsbienen", sondern auch anfällig für Weltanschauungskämpfe gemacht.[90] Beiden gemeinsam war, dass der Ausgangspunkt für eine Neubesinnung die „Rückkehr in die europäische Geistesgeschichte" sein sollte und mehrfach Bezug auf die „großen Traditionen des Abendlandes" genommen wurde. Diese sollten als eine „heute noch verpflichtende Kraft" vor die Jugend hingestellt werden. Angeknüpft wurde damit – so Axel Schildt und Vanessa Conze – an ein Konzept, das nach 1945 nicht nur, aber vor allem in konservativ-katholischen Kreisen virulent war und zwischen einem allgemeinen bildungsbürgerlichen Wertehintergrund und verschiedenen politischen Zielvorstellungen oszillierte. So konnte der Bezug auf das (christliche) „Abendland" einerseits mit antiamerikanischen Tendenzen und einer Betonung der „abendländischen Kulturhoheit" verbunden sein. Andererseits wurde das

---

[86] Simon Moser, Die Berge und wir, in: Ders. (Hg.), Wissenschaft und Gegenwart. I. Internationale Hochschulwochen des Österreichischen College in Alpbach, Innsbruck 1946, 155–163.

[87] Dieses erste Generalthema ergab sich erst bei der Vorbereitung des Berichtsbuches. Vgl.: Robert Muth, in: Heinrich Pfusterschmid-Hardtenstein (Hg.), Zeit und Wahrheit. Europäisches Forum Alpbach 1994, Wien 1994, 59.

[88] Gedruckte Tagungspublikationen liegen für die Jahre 1945 bis 1948, 1955 und 1967 vor. Ab 1976 wurden sie zu einer regelmäßigen Einrichtung.

[89] Otto Molden, Das Österreichische College als Weg zur neuen Universität, in: Simon Moser (Hg.), Wissenschaft und Gegenwart. I. Internationale Hochschulwochen des Österreichischen College in Alpbach, Innsbruck 1946, 165ff.

[90] Simon Moser, Was wir wollen, in: Ders. (Hg.), Wissenschaft und Gegenwart. I. Internationale Hochschulwochen des Österreichischen College in Alpbach, Innsbruck 1946, 13ff.; Simon Moser, Was wir erreichen, in: Ders. (Hg.), Wissenschaft und Gegenwart. I. Internationale Hochschulwochen des Österreichischen College in Alpbach, Innsbruck 1946, 171ff. Vgl. hierzu auch: Muth, Das wissenschaftliche Konzept 1945, 42ff. sowie Muth, in: Pfusterschmid-Hardtenstein, Zeit und Wahrheit, 58ff.

Rekurrieren auf das „Abendland" auch zu einer einflussreichen Unterströmung der westeuropäischen Integration und – wenn auch die kulturelle Überlegenheit beschworen wurde – angesichts des gemeinsamen Antikommunismus und der sowjetischen Bedrohung im aufkommenden Kalten Krieg auch zu einer wichtigen Grundlage der transatlantischen Allianz.[91]

Ein erstes Zusammentreffen der sieben Arbeitskreise,[92] die – wie es die Konzeption vorsah – ausschließlich geisteswissenschaftlich orientiert waren und den Kern der „College-Wochen" bildeten, folgte noch am selben Tag. Da ein Kongresshaus noch nicht vorhanden war, tagten diese entweder im Freien oder in den ansässigen Gasthöfen zu den Bereichen Theologie, Philosophie, Recht und Staat, Antike und Gegenwart, Neuere Geschichte, Moderne Literatur und Kunst. Zudem gab es neben der Schweizer Buchausstellung auch ein erstes künstlerisches Rahmenprogramm, das musikalische Veranstaltungen und Lesungen an den Abenden umfasste. So waren etwa der deutsch-baltische Schriftsteller Werner Bergengruen und – zweifellos der künstlerische Höhepunkt – der französische, aus der Resistance kommende (kommunistische) Dichter Louis Aragon Teil des Kulturprogramms,[93] das auch durch in Alpbach ansässige Künstler belebt wurde. Hierzu gehörten sowohl die Schriftstellerin Alma Holgerson als auch die Maler Hannes Behler und Werner Scholz, der sein Haus auch für die Collegeteilnehmer öffnete.[94] Scholz, über den die Nationalsozialisten wegen seiner expressionistischen Malerei ein Ausstellungsverbot verhängt hatten, war 1939 von Berlin nach Alpbach übersiedelt und hatte sich hier wenige Tage vor Kriegsausbruch das Bauernhaus „Büchsenhausen" gekauft.[95] Paula Wessely, die gemeinsam mit ihrem Mann Attila Hörbiger im Programm angekündigt war, kam jedoch nicht.[96] Dass sie und ihr

---

[91] Axel Schild, Zwischen Abendland und Amerika. Studien zur westdeutschen Ideenlandschaft der 50er Jahre, München 1992; Dagmar Pöpping, Abendland. Christliche Akademiker und die Utopie der Antimoderne 1900–1945, Berlin 2002; Vanessa Conze, Abendland gegen Amerika! „Europa" als antiamerikanisches Konzept im westeuropäischen Konservatismus (1950–1970) – Das CEDI und die Idee des „Abendlandes", in: Jan C. Behrends/Árpád Klimó/Patrice G. Poutrus (Hg.), Antiamerikanismus im 20. Jahrhundert. Studien zu Ost- und Westeuropa, Bonn 2005, 204–224.

[92] Auf dem Programm standen sieben Arbeitskreise, in einer späteren Broschüre ist von acht Arbeitskreisen die Rede. Vgl.: Internationale Hochschulwochen Alpbach 1945–1948, in: Das Forum Alpbach und das Österreichische College, Broschüre, o. J. [1948]. Archiv des EFA, Mappe 4.

[93] Gestaltung des College, in: Simon Moser (Hg.), Wissenschaft und Gegenwart. I. Internationale Hochschulwochen des Österreichischen College in Alpbach, Innsbruck 1946, 259; Maurice Besset, Franzosen in Alpbach, in: Simon Moser (Hg.), Wissenschaft und Gegenwart. I. Internationale Hochschulwochen des Österreichischen College in Alpbach, Innsbruck 1946, 274f.

[94] Interview mit Elisabeth Waltz-Urbancic am 8.2.2014 und Interview mit Dr. Inge Lehne am 12.11.2014.

[95] Museums- und Heimatschutzverein Schwaz (Hg.), Der Maler Werner Scholz (1898–1982) (Sondernummer der Heimatblätter. Schwazer Kulturzeitschrift, Nr. 51/Sept. 2003), Schwaz 2003.

[96] Ihr Name scheint im Programmheft, aber nicht im Tagungsbericht auf. Elisabeth Waltz-Urbancic und Ivo Fischer können sich nicht an ihre Anwesenheit in Alpbach erinnern. Vgl. Programm: Österreichisches College (Internationale Hochschulwochen) Alpbach – Tirol, 25.8.–10.9.1945. Archiv des EFA, Programme; Gestaltung des College, 257ff.; Interview mit Univ.-Prof. Dr. Ivo Fischer am 26.8.2014; Schriftliche Mitteilung von Elisabeth Waltz-Urbancic an die Verfasserin vom 10.4.2015.

Mann, die im NS-Propagandafilm „Heimkehr" mitgewirkt hatten, eingeladen wurden, wirkt aus heutiger Sicht – vor dem Hintergrund der Brüder Molden und der in Alpbach 1945 gehaltenen Reden über den Widerstand – zwar erstaunlich, ist aber prinzipiell möglich, da sie sich damals in Tirol (Sölden) aufhielt.[97] Weitere Programmpunkte waren ein Bergausflug und das Abbrennen eines Bergfeuers.[98] Den Abschluss der Veranstaltung bildeten ein Gartenfest und die Uraufführung von „Pygmatrion", das „markante und zu geflügelten Worten gewordene Aussprüche, Titel und Themen aus den Vorträgen und Aussprachen in den Mund klassischer Helden legte." Es fand also ein erstes Abschlusskabarett statt, wie es später zu einem fixen Bestandteil werden sollte."[99]

Mit der Internationalität war es – wie Robert Muth, der noch bis 1949 regelmäßig an den Internationalen Hochschulwochen teilnahm, rückblickend festhielt – 1945 noch nicht weit her.[100] Und auch was die Sprache betrifft, spielte sich – so Inge Lehne – beinahe alles in Deutsch ab.[101] Die meisten Leiter der Arbeitskreise stammten von der Universität Innsbruck, ebenso wie die Redner bei den Vorträgen. Ausnahmen bildeten – was die Leiter der Arbeitskreise betrifft – der Altphilologe Olof Gigon aus Freiburg/Schweiz (Moderne Literatur) und der Publizist Roland Nitsche aus Zürich (Neuere Geschichte), mit dem auch der erste österreichische Emigrant nach Alpbach kam.[102] Bei den wissenschaftlichen Vorträgen waren es Pater Hans Urs von Balthasar aus Basel, der Physiker Hans Thirring aus Wien und der Ökonom Theo Surányi-Unger aus Pécs/Fünfkirchen, wobei sich Thirring und Surányi-Unger jedoch bereits in Tirol befunden und dort auch an der Universität Innsbruck unterrichtet hatten.[103] Von Seiten der Franzosen hielten Eugène Susini, Referent für Bildungsfragen bei der französischen Militärregierung, und Cap. Michel Herr Vorträge. Die österreichische Politik war durch Karl Gruber und Felix Romanik, Referent im österreichischen Staatsamt für Volksaufklärung, Erziehung, Unterricht und Kultusangelegenheiten, vertreten.[104]

Dennoch waren die ersten Internationalen Hochschulwochen des Österreichischen Colleges insbesondere für die jungen Teilnehmer ein Erlebnis, das einen

---

[97] Maria Steiner, Paula Wessely, Die verdrängten Jahre, Wien 1996.
[98] Gestaltung des College, 263; Somnabulistic Certainty, in: New Yorker, 16.9.1961, 51.
[99] Die „Abende" der College-Wochen, in: Simon Moser (Hg.), Wissenschaft und Gegenwart. I. Internationale Hochschulwochen des Österreichischen College in Alpbach, Innsbruck 1946, 278f.
[100] Muth, Das wissenschaftliche Konzept, 42.
[101] Interview mit Dr. Inge Lehne am 12.1.2014.
[102] Der Publizist Nitsche war in der Schweiz in der Studentenverbindung „Austria" aktiv. Vgl.: Wilhelm Frank, Emigrationsland Schweiz, in: Friedrich Stadler (Hg.), Vertriebene Vernunft II/1. Emigration und Exil österreichischer Wissenschaft 1930–1940, Neuaufl., Münster 2004, 955.
[103] Vgl. zu Hans Thirring und zu Theo Surányi-Unger, der 1944 nach Österreich geflüchtet war: Brigitte Zimmel/Gabriele Kerber (Hg.), Hans Thirring. Ein Leben für Physik und Frieden, Wien/Köln/Weimar 1992, insbes. 79; Huber, Rückkehr erwünscht; http://agso.uni-graz.at/sozio/biografien/s/suranyi_unger_theo.htm (28.5.2014).
[104] Gestaltung des College, 257ff. Laut Ivo Fischer soll auch General Émile Béthouart, der Oberkommandierende der französischen Besatzungstruppen in Österreich, in Alpbach gewesen sein, in den schriftlichen Quellen scheint er jedoch nicht auf. Interview mit Univ.-Prof. Dr. Ivo Fischer am 26.8.2014.

tiefen Eindruck hinterlassen hat. Wenn es – so Otto Molden – zu Beginn der Veranstaltung auch einen kritischen Moment dahingehend gegeben haben soll, ob das von den Initiatoren intendierte[105] Aufeinandertreffen der Gegner von einst (Alliierte und ehemalige Mitglieder der Deutschen Wehrmacht bzw. Soldaten und Widerständler) gut gehen würde,[106] sind die Erinnerungen an das „erste Alpbach" zumeist positiv. So berichten etwa der spätere Journalist Claus Gatterer, der auf Aufforderung von Inge Lehne[107] illegal von Südtirol nach Alpbach gekommen war,[108] und die spätere Bühnen- und Kostümbildnerin Elisabeth Waltz-Urbancic, die wie Fritz Molden die Neulandschule in Wien besucht und in den letzten Kriegstagen vor den Russen nach Tirol geflüchtet war, von der Aufbruchsstimmung, die mit den ersten „College-Wochen" verbunden war. Erstmals nach dem Zweiten Weltkrieg wieder frei diskutieren zu können, war für sie ein umwerfendes Erlebnis,[109] wenn dieses – so Ivo Fischer – nach den Zeiten der Diktatur teilweise auch erst auf Zuruf und mit gewissen Anlaufschwierigkeiten gelang.[110] Endlich Menschen aus dem Ausland und verschiedenen Kulturkreisen treffen zu können, stellte für viele eine großartige neue Erfahrung dar,[111] die für eine größere Anzahl von jungen Teilnehmern noch dadurch bereichert wurde, dass sie im Anschluss an die Internationalen Hochschulwochen in die Schweiz (nach Bern, Basel und Zürich) fahren konnten. Darunter befanden sich neben dem Zeichner Paul Flora[112] auch Elisabeth Waltz-Urbancic und Inge Lehne, für die die erste Reise in ein freies Land so kurz nach Kriegsende – angefangen bei den nicht zerstörten Schweizer Zügen bis hin zur Freundlichkeit, mit der sie von den Schweizer Familien aufgenommen wurden – gut in Erinnerung geblieben ist.[113] Generell bestand – so Fritz Molden – „eine Atmosphäre, wie sie die meisten überhaupt noch nicht erlebt hatten".[114]

---

[105] Ivo Fischer erinnert sich in diesem Zusammenhang an den von ihm geprägten Slogan „Wir müssen lernen, miteinander zu reden und aufhören, aufeinander zu schiessen." Interview mit Univ.-Prof. Dr. Ivo Fischer am 26.8.2014.

[106] Molden, Der andere Zauberberg, 14ff.; Alpbach – ein Dorf in Europa. 35 Jahre Europäisches Forum Alpbach. TV-Dokumentation von Hannes Kar, ORF 1978 [1979].

[107] Da Otto Molden auch einige Südtiroler dabeihaben wollte, fuhr Inge Lehne mit falschen Papieren nach Südtirol und forderte dort Claus Gatterer auf, nach Alpbach zu kommen. Telefonische Information von Dr. Inge Lehne vom 13.11.2014.

[108] Thomas Hanifle, „Im Zweifel auf Seiten der Schwachen". Claus Gatterer. Eine Biographie, Innsbruck/Wien 2005, 43f.

[109] Interview mit Elisabeth Waltz-Urbancic am 8.2.2014; „Schauspielern entspricht der Mentalität der Wiener", in: Der Standard, 31.5/1.6.2014.

[110] Interview mit Univ.-Prof. Dr. Ivo Fischer am 26.8.2014.

[111] Vgl. hierzu auch: Jürg Bär, Eindrücke eines Schweizers von den College-Wochen, in: Simon Moser (Hg.), Wissenschaft und Gegenwart. I. Internationale Hochschulwochen des Österreichischen College in Alpbach, Innsbruck 1946, 275ff.

[112] Paul Flora, Damals, in: Jochen Jung (Hg.), Vom Reich zu Österreich. Kriegsende und Nachkriegszeit, erinnert von Augen- und Ohrenzeugen, Salzburg/Wien 1983, 210 sowie Paul Flora, Ein Schloss für ein Zierhuhn. 31 Zeichnungen und eine autobiographische Einleitung, 2. Aufl., Innsbruck/Wien/München 1965, 16.

[113] Interview mit Elisabeth Waltz-Urbancic am 8.2.2014; „Schauspielern entspricht der Mentalität der Wiener", in: Der Standard, 31.5/1.6.2014; Interview mit Dr. Inge Lehne am 12.11.2014.

[114] Molden, Fepolinski & Waschlapski, 349f. Vgl. zudem: Molden, „Vielgeprüftes Österreich", 33.

Für Simon Moser hatten die ersten Internationalen Hochschulwochen hingegen ein weniger erfreuliches „Nachspiel". Er hatte Professor Olof Gigon aus Freiburg sein gemeinsam mit Josef Wenter herausgegebenes Buch „Das Land in den Bergen – Vom Wehrbauern zum Gebirgsjäger" aus dem Jahr 1942 als Erinnerung geschenkt, der es dem österreichischen Legationssekretär in Bern, dem vormaligen KZ-Häftling und späteren Außenminister Erich Bielka,[115] zeigte. Dieser wandte sich aufgrund der vorhandenen Fotos – darunter Aufnahmen von Tiroler Ortschaften, in denen die Hakenkreuzfahne wehte und Bilder mit Wehrmachts-Gebirgsjägern und ihren Emblemen – mit der Frage, ob der Herausgeber eines solchen Werkes die Eignung zum Privatdozenten habe, an das Bundeskanzleramt (Auswärtige Angelegenheiten). Desgleichen forderte er auch die Entfernung aus dem Organisationskomitee für die Internationalen Hochschulkurse in Alpbach. In Folge hatte sich sowohl das Unterrichts-, als auch das Innenministerium mit Moser zu beschäftigen. Mit Bezug auf einen Bericht des SD-Unterabschnitts Tirol aus dem Jahr 1938, in dem Moser nicht nur als „führendes Mitglied des Österreichischen Jungvolkes" und „weitgehend katholisch weltanschaulich gebunden", sondern auch als „unbedingter aufrechter Gegner des Nationalsozialismus" und „Mitglied des CV" (Cartellverband) beschrieben wurde, sahen sich die Verantwortlichen jedoch nicht zum Handeln veranlasst. Moser galt ihnen „geradezu als Exponent des katholischen Kulturgedankens" und hatte sich in einer Einvernahme zudem als „durchaus unpolitischen Menschen" dargestellt, ansonsten hätte er „bestimmt mehr Vorsicht und Aufmerksamkeit bei der Auswahl dieses Geschenkwerkes aufgewendet".[116]

---

[115] Bielka war von 1974 bis 1976 parteiloser Außenminister in der SPÖ-Alleinregierung unter Bundeskanzler Bruno Kreisky.
[116] ÖStA, AdR, Unterrichtsministerium, Personalakt Simon Moser (15.3.1901); Korotin, Deutsche Philosophen aus der Sicht des Sicherheitsdienstes des Reichsführers SS, 341f.

2. Von den Internationalen Hochschulwochen zum Europäischen Forum Alpbach

Der große Erfolg der Internationalen Hochschulwochen vom Sommer 1945 führte – so Otto Molden – dazu, dass „von allen Seiten" die Forderung kam, die Alpbacher Sommerveranstaltungen fortzuführen und darüber hinaus eine Mitgliederorganisation als Träger der Alpbacher Veranstaltungen zu schaffen.[117] Nach dem Sommer 1945 wurde daher nicht nur an den Aufbau organisatorischer Strukturen gegangen, sondern auch die Fortsetzung der Internationalen Hochschulwochen in Alpbach geplant. Gleichfalls überlegte Molden – so Ivo Fischer, der auch in den Folgejahren regelmäßig nach Alpbach kam, aber nicht mehr in die Vorbereitung der Hochschulwochen eingebunden war – auch die Schaffung einer Jugendorganisation, wobei er von dieser Idee im Gegensatz zu den Hochschulwochen und dem Österreichischen College jedoch bald wieder abkam.[118]

2.1 Fortsetzung der Internationalen Hochschulwochen

Nachdem die „College-Wochen" von 1945 zunächst als einmalige Veranstaltung, quasi „als Testlauf" für ein später in Wien zu verwirklichendes College gedacht waren, wurden diese, anfangs mit der Überlegung, zweimal im Jahr Hochschulwochen abzuhalten,[119] bereits 1946 in Alpbach fortgesetzt. Eine Verlegung nach Wien wurde nicht erwogen, das Österreichische College als Trägerverein der Alpbacher Veranstaltungen aber mit Sitz in Wien konstituiert.

Maßgeblich dürfte hierfür gewesen sein, dass sich gute Verbindungen zur französischen Besatzungsmacht – zu General Émile Béthouart, Eugène Susini und vor allem Maurice Besset – entwickelten und es von Tirol aus leichter war, Teilnehmer und Referenten aus dem Westen anzusprechen, als aus Wien – lag die Bundeshauptstadt doch inmitten der sowjetischen Besatzungszone und wurde von den vier Alliierten gemeinsam verwaltet.[120] Hinzu kam, dass die Franzosen basierend auf den Leitlinien désannexion (Trennung von Deutschland), désintoxication (Entgiftung von nationalsozialistischem Gedankengut) und démocratisation (Wiederherstellung demokratischer Strukturen) der Kultur- und Jugendpolitik eine besondere Bedeutung einräumten.[121] So wurden (durchaus im Sinne einer

---

[117] Molden, Geist und Entwicklung eines europäischen Experiments, 41.
[118] Diese sollte den Namen „Der Hammer" tragen. Interview mit Univ.-Prof. Dr. Ivo Fischer am 26.8.2014.
[119] Otto Molden, Der neue Weg, in: Das Österreichische College. Gedanke und Weg, Broschüre, o. J. [1946]. Archiv des EFA, Mappe 4.
[120] Interview mit Alexandra Terzic-Auer am 14.8.2013.
[121] Vgl.: Barbara Porpaczy, Frankreich – Österreich 1945–1960. Kulturpolitik und Identität, Innsbruck/Wien/München 2002; Michaela Feurstein-Prasser, Von der Besatzungspolitik zur Kultur-

réeducation), um der Jugend wieder Anschluss an die westliche Welt zu ermöglichen, nicht nur Stipendien und Austauschprogramme eingeführt. Es wurden ab dem Winter 1945 auf Initiative von Maurice Besset auch internationale Hochschulwochen in St. Christoph am Arlberg abgehalten, denen weitere Hochschul- und nicht-akademische Jugendlager in anderen Orten Tirols folgten.[122] Zugleich wurden – insbesondere nachdem eine eigene aktive Jugendpolitik nicht zuletzt aus finanziellen Gründen bald eingeschränkt werden musste – auch österreichische Initiativen unterstützt. So wurden etwa ab Ende der 1940er Jahre im Sommer auch keine eigenen Hochschulwochen, aber nach wie vor Jugendlager abgehalten und Alpbach, das nicht konkurrenziert werden sollte, – wie später auch die Hochschullager der Universität Innsbruck in Mayrhofen – gefördert.[123] Zum Verantwortlichen für die Jugendarbeit in Tirol wurde mehr und mehr Maurice Besset, der bis 1958 an den Alpbacher Veranstaltungen mitarbeitete und mit dem 1946 eröffneten Institut Français in Innsbruck eines der wichtigsten Kulturzentren in Westösterreich aufbaute.[124]

Die zweiten Internationalen Hochschulwochen des Österreichischen Colleges fanden im Spätsommer 1946 statt und waren durch ein schweizerisch-österreichisches Wintertreffen vorbereitet worden.[125] Wie Otto Molden festgehalten hat und auch aus den Tagungsprogrammen hervorgeht, spielte die Verbindung zur Schweiz – darunter unter anderem Lebensmittelspenden – auch in den ersten Jahren nach 1945 noch eine wichtige Rolle.[126] Auf dem Programm der von ÖVP-Unterrichtsminister Felix Hurdes eröffneten und wieder vom nunmehrigen Außenminister Gruber besuchten[127] Hochschulwochen standen unter dem Gesamtthema „Erkenntnis und Wert" erneut Arbeitskreise und Allgemeine Vorträge, die im Gegensatz zum Vorjahr jedoch erweitert werden konnten. So wurden nun zehn Arbeitskreise – darunter nicht nur geisteswissenschaftliche, sondern auch ein wirtschaftswissenschaftlicher, ein naturwissenschaftlicher und ein medizinischer Arbeitskreis –, mehr als 25 Vorträge sowie wieder ein kulturelles Programm ange-

---

mission. Französische Schul- und Bildungspolitik in Österreich 1945–1955, Univ.-Diss., Wien 2002; Klaus Eisterer, Die französische Besatzungspolitik, Tirol und Vorarlberg 1945/46, Innsbruck 1991, 259ff.

[122] Verena Zankl, Romanorum statt Pyjama. Die Internationalen Hochschulwochen in St. Christoph am Arlberg (1945–1958), in: Sandra Unterweger/Roger Vorderegger/Verena Zankl (Hg.), Bonjour Autriche. Literatur und Kunst in Tirol und Vorarlberg 1945–1955, Innsbruck/Wien/Bozen 2010, 71–102.

[123] Feurstein-Prasser, Von der Besatzungspolitik zur Kulturmission, 312ff.

[124] Vgl. zu Béthouart, Susini und Besset, dem französischen Kulturinstitut in Wien, das von Susini geleitet wurde, und zu jenem in Innsbruck: Porpaczky, Frankreich – Österreich; Gerd Amann (Hg.), Tirol – Frankreich 1946–1960. Spurensicherung einer Begegnung, Innsbruck 1991; Frankreich im Kulturleben Tirols, in: Tiroler Tageszeitung, 24.5.1969.

[125] Molden, Der andere Zauberberg, 51.

[126] Molden, Alpbach – Geist und Entwicklung eines europäischen Experiments, 36.

[127] Der kommunistische Abgeordnete und vormalige Staatssekretär Ernst Fischer stand zwar im Programm, dürfte aber nicht in Alpbach gewesen sein, da er in einer allerdings nicht vollständigen Teilnehmerliste fehlt. In seinen Memoiren findet sich kein Hinweis auf Alpbach. Vgl.: Ernst Fischer, Erinnerungen und Reflexionen. Erinnerungen bis 1945, Reinbek 1969.

Arbeitskreis bei den zweiten Internationalen Hochschulwochen 1946 mit Elisabeth Waltz-Urbancic

boten. Dieses umfasste nicht nur verschiedene Abendveranstaltungen – wie einen „Österreichischen Dichterabend" oder einen „Abend europäischer Malerei" mit dem bereits erwähnten Expressionisten Werner Scholz und dem französischen Kulturoffizier Jean Rouvier[128] –, sondern auch einige Kurzausstellungen sowie eine Präsentation von österreichischen und ausländischen Büchern und Zeitschriften, die seit der Befreiung erschienen waren.[129] Zudem wurden auf Initiative von Otto Molden an zwei Abenden auch „Alpbacher Gespräche junger Europäer" durchgeführt,[130] bei denen es um die „Gestalt des jungen Europäers" und die „europäische Idee" auf dem Weg zur Schaffung „konkreter, bestimmt festgelegter Gesprächsthemen zwischen den jungen Vertretern der verschiedenen Völker" gehen sollte.[131]

---

[128] Vorgesehen war auch Herbert Böckl. Elisabeth Waltz-Urbancic kann sich jedoch nicht an seine Anwesenheit erinnern. Gleichfalls scheint er nicht in der Teilnehmerliste auf. Vgl.: Schriftliche Mitteilung von Elisabeth Waltz-Urbancic an die Verfasserin vom 10.4.2015 und Teilnehmerliste: Zweite Internationale Hochschulwochen des Österreichischen College, 24.8.–9.9.1946. Archiv des EFA, Ordner Teilnehmerlisten.

[129] Ausgestellt wurden junge Tiroler Künstler (wie Paul Flora), aber auch Werke von Werner Scholz oder Stefan Hlawa. Vgl. zum Kunstprogramm das Kapitel „Kunst in Alpbach", in: Simon Moser (Hg.), Erkenntnis und Wert. II. Internationale Hochschulwochen des Österreichischen College in Alpbach, Innsbruck/Wien 1947, 352ff.

[130] Programm: Zweite Internationale Hochschulwochen des Österreichischen College Alpbach-Tirol, 25.8.–8.9.1946. Archiv des EFA, Programme.

[131] Schreiben von Otto Molden an Fritz Hansen-Löve vom 2.8.1946. Archiv des EFA, Mappe 2; Molden, Der andere Zauberberg, 59f.

Vierte Internationale Hochschulwochen 1948

Die Jahre 1947 und 1948 waren durch eine neuerliche Erweiterung des Angebots gekennzeichnet. So standen bei den erstmals von General Béthouart eröffneten dritten Hochschulwochen 1947 wiederum über zehn (ab nun immer öfter von zwei oder mehr Leitern geführte) Arbeitskreise – darunter auch ein soziologischer Arbeitskreis –, 30 Allgemeine Vorträge und ein erweitertes Kultur-Angebot auf dem Programm. Hierzu gehörten nicht nur drei Ausstellungen über moderne Malerei, Grafik und Plastik, die vom aus dem Schweizer Exil zurückgekehrten Bildhauer Fritz Wotruba und dem Kunstkritiker Jörg Lampe zusammengestellt worden waren.[132] Es umfasste auch Lesungen, Tanz- und Theateraufführungen – darunter die Aufführung des „Urfaust" und des Apostelspiels von Max Mell[133] vor der Alpbacher Dorfkirche – sowie die Vorführung des ersten deutschen Nach-

---

[132] Zu sehen waren unter anderem Werke von Herbert Böckl, Alfred Kubin, Margret Bilger, Werner Scholz, Eva Weber und Heinz Leinfellner. Vgl: Jörg Lampe, Vom Sinn der Alpbacher Kunstausstellungen, in: Simon Moser (Hg.), Weltbild und Menschenbild. III. Internationale Hochschulwochen 1947 des Österreichischen College, Innsbruck/Wien 1948, 277–290.

[133] Max Mell war Präsident des „Bundes deutscher Schriftsteller in Österreich" und spielte eine wesentliche Rolle bei der Herausgabe des „Bekenntnisbuches österreichischer Dichter", das den „Anschluss" 1938 begrüßte. Ab 1940 distanzierte er sich zunehmend vom Nationalsozialismus. Vgl.: Karl Müller, Die Bannung der Unordnung. Zur Kontinuität österreichischer Literatur seit den dreißiger Jahren, in: Friedrich Stadler (Hg.), Kontinuität und Bruch. 1938 – 1945 – 1955. Beiträge zur österreichischen Kultur- und Wissenschaftsgeschichte, unv. Neuauflage 2004, 181–216.

kriegsfilms „Die Mörder sind unter uns" von Wolfgang Staudte. Gleichfalls wurden auch die „Alpbacher Gespräche junger Europäer" fortgesetzt und hierbei auch eine Resolution verabschiedet, die auf eine Verbesserung der Rahmenbedingungen für eine europäische Zusammenarbeit im Hochschulbereich abzielte.[134]

Die vierten Internationalen Hochschulwochen 1948 gliederten sich bereits in 15 wissenschaftliche Arbeitskreise, Allgemeine Vorträge, die „Alpbacher Gespräche junger Europäer", kulturelle Veranstaltungen (Dichterlesungen, Theater und die Vorführung des Films „Das Leben der Anderen"),[135] mehrere Kunst-[136] und Buchausstellungen mit Werken österreichischer, Schweizer, französischer und englischer Verlage und hatten mit den „Professorendisputationen" und den „Sonderveranstaltungen" zwei Neuerungen aufzuwarten. Hierbei stellten die „Professorendisputationen" durch Kurzreferate eingeleitete Gespräche zwischen Professoren vor dem Plenum und somit eine Erweiterung des wissenschaftlichen Programms dar. Bei den „Sonderveranstaltungen" sprachen hingegen Politiker – Außenminister Gruber, der sozialistische Minister für Elektrifizierung und Energiewirtschaft und ehemalige KZ-Häftling Alfred Migsch und der Tiroler Landeshauptmannstellvertreter Hans Gamper von der ÖVP – über „Österreichs Kampf um Freiheit und innere Demokratie" sowie Journalisten über „Die großen europäischen Zeitschriften als Wegweiser zu einem geeinten Europa", womit nicht nur die Politik, sondern auch das Europa-Thema ausgebaut wurde.[137]

Desgleichen konnte 1947 und 1948 auch die Anzahl der bei den Hochschulwochen anwesenden Wissenschaftler und Künstler erhöht werden, wobei Frauen – wie 1948 von der ÖVP-Bundesparteileitung kritisiert wurde[138] – jedoch stark unterrepräsentiert waren. So hatte bis dato mit der Chemikerin Erika Cremer,[139]

---

[134] Alpbacher Resolution 1947, in: Das Forum von Alpbach und das Österreichische College, Broschüre, o. J. [1948]. Archiv des EFA, Mappe 4.

[135] Hierbei handelte es sich um einen der ersten österreichischen Spielfilme, der sich mit der Verfolgung der Wiener jüdischen Bevölkerung und der Frage nach dem Verhalten von Freunden, Nachbarn, Hausbesorgern und Fremden beschäftigte.

[136] Im Programmheft wurden unter anderem Werke von Boeckl, Flora, Kubin, Scholz, Gütersloh, Klimt, Kokoschka und Schiele angekündigt.

[137] Gleichfalls soll es 1948 ein im Programm nicht angeführtes Gespräch über Fragen der Nationalökonomie gegeben haben. Vgl.: Internationale Hochschulwochen 1945–1949, in: Das Österreichische College und das Europäische Forum Alpbach, Broschüre, o. J. [1949]. KIT, Nachlass Simon Moser, Sign. 41.

[138] Schreiben der ÖVP-Bundesparteileitung an Otto Molden vom 27.10.1948. Wienbibliothek, Nachlass Otto Molden, 2.1.816.

[139] Erica Cremer, die aus Deutschland stammte, kam nach ihrer Habilitation im Herbst 1940 an die Universität Innsbruck, wo ihr eine Assistentenstelle am neuen Extraordinariat für Physikalische Chemie angeboten worden war. Später wurde ihr auch die Dozentur verliehen. 1945 musste sich Cremer, die 1941 in die NSDAP aufgenommen worden war, einer politischen Überprüfung stellen, die mit der Begründung, dass sie keine Mitgliedskarte erhalten hatte, eingestellt wurde. Gleichfalls konnte sie trotz ihrer deutschen Staatsbürgerschaft aufgrund einer Bewilligung durch die alliierte Militärregierung weiterhin an der Universität unterrichten und im Wintersemester 1945/1946 die provisorische Leitung des Physikalisch-Chemischen Instituts übernehmen. Eine ordentliche Professur wurde ihr 1959 verliehen, womit sie die erste Ordinaria an der Universität Innsbruck wurde. Vgl.: Gerhard Oberkofler, Erika Cremer. Ein Leben für die Chemie, Innsbruck/Wien 1998; Julia Walle-

die 1946 gemeinsam mit Arthur March (beide von der Universität Innsbruck) den naturwissenschaftlichen Arbeitskreis geleitet hatte, lediglich eine Frau an der Führung einer Arbeitsgemeinschaft teilgenommen, während im Bereich des Kunstprogramms zumindest vereinzelt Frauen präsent waren.[140]

Die anwesenden Wissenschaftler kamen 1947 aus Österreich und der Schweiz sowie zu einem geringen Teil auch aus England (wie der ehemalige SOE-Agent James Joll[141] und der Ökonom Friedrich Hayek), den USA (wie der Literaturwissenschaftler Francis O. Matthiesen[142] oder Albert van Eerden als Vertreter des amerikanischen Hochkommissariats[143]), Italien oder Frankreich. 1948 stammten sie – immer noch mit einem starken Bezug zur Universität Innsbruck, der in den folgenden Jahren jedoch nachließ – aus Österreich, der Schweiz, Frankreich, Dänemark und England – darunter etwa der 1945 mit dem Nobelpreisträger ausgezeichnete (eigentlich aus Deutschland stammende) Biochemiker Ernst Boris Chain aus Oxford, sowie die Exilösterreicher Karl Popper und Friedrich Hayek aus London und Hans Redlich aus Cambridge. Erste Wissenschaftler aus Deutschland kamen ab 1948 nach Alpbach, nachdem einer Gruppe von Professoren – darunter der Atomphysiker und Nobelpreisträger Werner Heisenberg – 1947 kurzfristig die Ausreise verweigert worden war.[144] Die anwesenden Künstler kamen mit dem nach Stockholm emigrierten Architekten und Mitbegründer des Wiener Werkbundes Josef Frank 1947 auch aus Schweden[145] und 1948 aus Italien.[146]

Wie sich Elisabeth Waltz-Urbancic erinnert, die nach 1945 auch die nächstfolgenden Internationalen Hochschulwochen des Österreichischen Colleges be-

---

czek, Erika Cremer, Die Chemie über Allem, in: Helmut Alexander (Hg.), Innovatives Tirol. Techniker – Erfinder – Unternehmer, Innsbruck 2007, 84–91; Universitätsarchiv Innsbruck, Personalakt Erika Cremer; ÖStA, AdR, Unterrichtsministerium, Personalakt Erika Cremer; Fachbibliothek für Zeitgeschichte/Universität Wien, NSDAP-Ortsgruppenkartei, Cremer, Erika, 20.5.1900.

[140] So hat Otto Molden in seinem Antwortschreiben an die ÖVP auf die Schriftstellerinnen Paula von Preradovic, Alma Holgerson und Nora Purtscher-Wydenbruck, die Malerinnen Maria Bilger, Gerhild Diessner, Roswitha Brink-Bitterlich und Vilma Eckl sowie auf Lilly Sauer vom Französischen Kulturinstitut in Innsbruck und Frau Dr. Spitzmüller von der Albertina verwiesen. Was die Wissenschaft betrifft, nannte er – neben Cremer –, dass Professor Marinelli (Biologischer Arbeitskreis 1948) eine weibliche Assistentin hatte und die Kunsthistorikerin Frau Dr. Wellesz zur Leitung eines kunsthistorischen Arbeitskreises berufen worden war. In den Programmheften und -berichten scheint sie jedoch nicht auf. Schreiben von Otto Molden vom 14.11.1948. Wienbibliothek, Nachlass Otto Molden, 2.2.661.

[141] http://www.oxforddnb.com/view/article/55059 (14.6.2014).

[142] Vgl. zu Matthiesen und seinem Aufenthalt in Europa, im Zuge dessen auch der Besuch in Alpbach erfolgte: Francis O. Matthiessen, From the Heart of Europe, New York 1948, bes. 54.

[143] 1946 war auch der US-Universitätsoffizier Hathorne in Alpbach.

[144] Dies erklärt auch, warum Heisenberg, der immer wieder als Teilnehmer genannt wird, in frühen Broschüren nicht unter den berühmten Persönlichkeiten in Alpbach aufscheint. Vgl.: Hochschulnachrichten, in: Hamburger Akademische Rundschau, Heft 5, 1947/48, 236f. (Nachdruck 1991).

[145] Christopher Long, Josef Frank, Life and Work, Chicago 2002, 238; Josef Frank, Die Rolle der Architektur, in: Europäische Rundschau 17 (1948) 777–781.

[146] Hinzuweisen in diesem Zusammenhang auch auf die Anwesenheit des aus Österreich stammenden Malers Gerhart Frankl, der 1947 versuchte, in Wien Fuß zu fassen, aber wieder nach Großbritannien zurückkehren musste. Eine Professur an der Akademie der bildenden Künste konnte er erst Mitte der 1960er Jahre antreten.

suchte, sind diese somit rasch gewachsen.[147] Hierzu gehörte auch, dass die Anzahl der Teilnehmer kontinuierlich gestiegen ist. So waren 1946 bereits rund 200 Teilnehmer aus ca. zehn Nationen in Alpbach.[148] 1947 kamen – nach Berichten der Presse – bereits 250 Professoren, Studenten und Künstler aus ca. 13 Nationen[149] und 1948 rund 300 bis 350 Teilnehmer, darunter rund 120–150 Ausländer aus England, Frankreich, Italien, Belgien, Holland, Luxemburg, Dänemark, Norwegen, Finnland und Deutschland, nach Alpbach.[150] Nach einem Bericht in der „Neuen Zürcher Zeitung" vom Oktober 1947 waren hierunter auch einige Sozialisten und Kommunisten vertreten,[151] Teilnehmer aus den Oststaaten aber nicht anwesend. Die Russen seien – so der „Bildtelegraph" 1954 – bis 1948 zwar regelmäßig eingeladen worden, gekommen seien sie jedoch nicht.[152]

2.2 Das Österreichische College

Der bereits 1946 in Angriff genommene Aufbau organisatorischer Strukturen führte 1948 zur Konstituierung des Österreichischen Colleges als angemelder Verein mit Sitz in Wien.[153] Seine ersten Räumlichkeiten bezog das College in der Kolingasse im neunten Gemeindebezirk.[154] Desgleichen waren die immer wieder

---

[147] Interview mit Elisabeth Waltz-Urbancic am 8.2.2014.
[148] Internationale Hochschulwochen 1945–1949 und Die Entwicklung des „Österreichischen College", in: Das Österreichische College und das Europäische Forum Alpbach, Broschüre, o. J. [1949]. KIT, Nachlass Simon Moser, Sign. 41; Erfolgreicher Verlauf der II. Internationalen Hochschulwochen des Österreichischen College in Alpbach. Archiv des EFA, Ordner Presse 1945–1949.
[149] In einer Teilnehmerstatistik aus dem Jahr 1964 wurden demgegenüber 374 Teilnehmer genannt. Vgl.: Zum drittenmal Alpbach, in: Die Presse, 13.9.1947; III. Internationale Hochschulwochen in Alpbach, in: Neue Zürcher Zeitung, 12.10.1947; Teilnehmerstatistik des „Europäischen Forum Alpbach" von 1946 bis 1964, in: Alpbach Korrespondenz, Nr. 5, 4.10.1964. Archiv des EFA, Berichte.
[150] Alpbach trat für Verständigung ein, in: Wiener Kurier, 11.9.1948; Alpbach – ein geistiges Forum, in: Wochenpresse, 11.9.1948; Bericht von Bo Ericson und Erich Homberg: Europa in Tirol, in: EFA, Presse-Archiv, Ordner 1945–1949.
[151] III. Internationale Hochschulwochen in Alpbach, in: Neue Zürcher Zeitung, 12.10.1947.
[152] Es hat mit dem Hunger angefangen, in: Bildtelegraph, 2.9.1954. Vgl. hierzu auch einen Bericht in der „Neuen Zürcher Zeitung" aus dem Jahr 1948, in dem es hieß, „dass die Sowjets traditionell nicht erschienen sind" sowie einen Bericht von Bo Ericson, in dem festgehalten wurde, dass auch an „Russland und die übrigen Oststaaten" Einladungen gesandt worden seien, sich bis jetzt aber „keine Vertreter dieser Länder" eingefunden haben. 1945 soll – so Hannes Kar – ein hoher Vertreter der Sowjets erwartet worden, aber nicht gekommen sein. Vierte Internationale Hochschulwochen, in: Neue Zürcher Zeitung, 16.10.1948 sowie Bo Ericson, Europa in Tirol. EFA, Ordner Presse 1945–1949; Hannes Kar, Phänomen Alpbach. Ein kleines Tiroler Dorf wird zu einem Europäischen Forum. Erinnerungen an 70 Jahre Europäisches Forum, Wien/Innsbruck 2014. (Der Artikel wurde in gekürzter Form im November 2014 in „Statement" publiziert.)
[153] Die Entwicklung des „Österreichischen College", in: Das Österreichische College und das Europäische Forum Alpbach, Broschüre, o. J. [1949]. KIT, Nachlass Simon Moser, Sign. 41.
[154] Dies erfolgte nach Fritz und Otto Molden im Herbst 1946. Nach Alexander Auer wurde mit Beginn des Jahres 1948 ein ständiges Büro in der Kolingasse gemietet. Vgl.: Fritz Molden, Besatzer, Toren, Biedermänner, 99; Molden, Der andere Zauberberg, 53; Schreiben von Alexander Auer an das Sekretariat der Collegegemeinschaft Innsbruck vom 26.1.1948. Archiv des EFA, Ordner Vereinsbehörde und Mappe 4.

als besondere „Mission" beschriebenen Aufgaben und Zielsetzungen des Österreichischen Colleges ab 1946 in verschiedenen Imagebroschüren weiterentwickelt worden.[155] Als das Österreichische College seine ersten Statuten definierte, wurden seine Ziele wie folgt festgehalten:

1. Erziehung zu universellem Denken im kulturellen und wissenschaftlichen Bereich, ausgehend von einer Vertiefung der fachwissenschaftlichen Arbeit in Richtung auf Grundlagen und Grenzfragen mit dem Ziel, vom Wissen zu einer lebendigen persönlichkeitsgestaltenden Bildung zu gelangen.
2. Anregung zu selbständiger Stellungnahme zu den geistigen Problemen unserer Zeit, um eine Gemeinschaft charaktervoller Menschen zu schaffen, die bei Wahrung ihres eigenen Standpunktes bereit sind, sich loyal auch mit Andersdenkenden zu einer Arbeitsgemeinschaft zusammenzufinden und über die weltanschaulichen, nationalen und politischen Grenzen hinweg nach gemeinsamen Werten zu streben.
3. Übernationale geistige Zusammenarbeit unter besonderer Berücksichtigung Europas.
4. Geeignete Formen des gemeinsamen Arbeitens und Lebens zu finden, die zunächst von einer Auslese von Dozenten und Studenten getragen, bei der Neugestaltung des Bildungswesens mitwirken können.
5. Ausgehend von der Arbeit unter Akademikern will das Österreichische College als umfassende Bildungsbewegung alle geeigneten geistig lebendigen Persönlichkeiten zusammenschließen, die sich zu seinen Grundsätzen bekennen.[156]

Zusammenfassend intendierte das College, das „als Institution" jede Bindung religiöser, weltanschaulicher oder politischer Natur ablehnte, somit die Einheit von Fach- und Gesamtwissen, von Wissen und Handeln und die übernationale Zusammenarbeit, wobei die vom Österreichischen College gepflegte Arbeitsweise auch eine Beispielfunktion für das österreichische Bildungswesen haben sollte. Wissenschaftsgeschichtlich reihte sich das Österreichische College mit seinem Anspruch, Grundlagen und Grenzfragen der Wissenschaften zu bearbeiten und an der Einheit der Wissenschaften zu arbeiten, damit in die nach 1945 geführte Diskussion über die Schaffung eines „Studium Generale" ein, das auch persönlichkeitsbildende Wirkung haben sollte. In vielen Texten wurde nicht nur vor den „Gefahren des Spezialistentums" (zuweilen – wie Simon Moser 1945 – mit einem Rückgriff auf frühere Zeiten) gewarnt, sondern in der verlorenen Einheit

---

[155] Das Österreichische College. Gedanke und Weg, Broschüre, o. J. [1946]; Das Forum von Alpbach und das Österreichische College, Broschüre, o. J. [1948]; Alpbach. Platform of Young Europeans. International Summer School of the Austrian College. 1945 – 1946 – 1947 – 1948; Broschüre, o. J. [1949]; Das Österreichische College und das Europäische Forum Alpbach, Broschüre, o. J. [1949]. Archiv des EFA, Mappe 4 sowie KIT, Nachlass Simon Moser, Sign. 40.
[156] Statuten des Österreichischen College 1948. Archiv des EFA, Ordner Statuten.

der Wissenschaften auch ein Grund für das Versagen der Universität angesichts des Nationalsozialismus gesehen. Die konkrete Forderung des Studium Generale, das auf die soziale und politische Aufgabe des Akademikers und nicht auf die persönlich emanzipierende Wirkung von Bildung und deren Nutzen abzielte, lautete „Universitas statt Fachschule". Hierbei sollten der Philosophie (wie im Fall von Alpbach) oder der Theologie als Grundlage allen Fachwissens eine zentrale Bedeutung zukommen, eine Neubegegnung von Natur- und Geisteswissenschaft stattfinden sowie neue Lehr- und Erziehungsgemeinschaften von Dozenten und Studenten zu einer – auch im Tagungsband zu den ersten Internationalen Hochschulwochen angesprochenen[157] – neuen „Humanitas" beitragen.[158] Als konkrete Aufgaben des Österreichischen Colleges wurden insbesondere die Durchführung der Alpbacher Internationalen Hochschulwochen, aber auch die Abhaltung weiterer Veranstaltungen genannt,[159] wie es ab 1947 in zunehmendem Maße auch in Wien der Fall war.[160]

Zum ersten Präsidenten wurde in der konstituierenden Generalversammlung vom 17. Juli 1948 Otto Molden gewählt, nachdem er es im Herbst 1945 abgelehnt hatte, stellvertretender Generalsekretär der noch jungen ÖVP zu werden.[161] Vizepräsident wurde Simon Moser. Alexander Auer, den Fritz Molden bereits während des Krieges kennengelernt hatte[162] und der bereits in die Vorbereitung der zweiten Alpbacher Veranstaltung eingebunden war,[163] wurde zum Generalsekretär bestellt und führte damit zusammen mit Otto Molden und Simon Moser das Österreichische College.

Alexander Auer (oder auch von Auer) wurde 1915 in Wien geboren und hat die ersten Lebensjahre in Böhmen auf dem Anwesen der Mutter verbracht. Nachdem die Familie wie viele Deutschsprachige in den 1920er Jahren aus der Tschechoslowakei vertrieben worden war, lebte er erst in Mödling, dann in Wien und studierte hier sowie in Rom und Paris Rechts- und Staatswissenschaften bzw.

---

[157] Vorwort, in: Simon Moser (Hg.), Wissenschaft und Gegenwart. I. Internationale Hochschulwochen des Österreichischen College in Alpbach, Innsbruck 1946, 7.
[158] Als „deutsche Antwort" auf die Re-education der Alliierten wurde das Studium Generale – so Waldemar Krönig und Klaus-Dieter Müller – zum Angelpunkt für verschiedene Bemühungen um eine allgemeine, fachübergreifende und auch politische Bildung der Studenten, unter dessen Dach sich besonders in der BRD eine Fülle an Veranstaltungen und Institutionen entwickelten (propädeutische und studienbegleitende Curricula, Vorlesungen für die Hörer aller Fakultäten, Studentenheime, Ferienkurse etc.). Vgl.: Waldemar Krönig/Klaus-Dieter Müller, Nachkriegssemester. Studium in Kriegs- und Nachkriegszeit, Stuttgart 1990, 200ff.; Ulrich Papenkort, „Studium generale". Geschichte und Gegenwart eines hochschul-pädagogischen Schlagwortes, Weinheim 1993, 74ff.; Barbara Wolbring, Trümmerfeld der bürgerlichen Welt. Universität in den gesellschaftlichen Reformdiskursen der westlichen Besatzungszonen (1945–1949), Göttingen 2014, 303ff.
[159] Archiv des EFA, Ordner Statuten.
[160] Die Entwicklung des „Österreichischen College", in: Das Österreichische College und das Europäische Forum Alpbach, Broschüre, o. J. [1949]. KIT, Nachlass Simon Moser, Sign. 41.
[161] Molden, Der andere Zauberberg, 61.
[162] Otto Molden hatte ihn im Juli 1945 kennen gelernt. Vgl.: Molden, Fepolinski & Waschlapski, 137; Molden, Der andere Zauberberg, 51.
[163] Chronik des Österreichischen College 1945–1959. Archiv des EFA.

Geschichte und war 1936/1937 als stellvertretender Leiter des Auslandsreferats der Österreichischen Hochschülerschaft tätig.[164] Im Widerstand gegen die Nationalsozialisten schloss er sich der „Gruppe Müller-Thanner" an, die sich aus verschiedenen Personenkreisen zusammensetzte: einem lockeren, katholisch und teilweise monarchistisch eingestellten Kreis um die Schriftstellerin Luise Mayer und den Journalisten Erich Thanner, einer sozialistischen Gruppe um den späteren Wiener Bürgermeister Felix Slavik und einer legitimistischen [monarchistischen, Anm. MW] Gruppe um Hans Müller.[165] Als 1939 die meisten Mitglieder inhaftiert wurden, wurde auch Alexander Auer wegen der Vorbereitung zum Hochverrat festgenommen und mit Urteil vom 6. Dezember 1943 zu zwei Jahren Haft verurteilt.[166] Wie im Gerichtsakt festgehalten wurde, hatte Auer der Vaterländischen Front und der „Landsmannschaft Starhemberg"[167] angehört und sich – nachdem er zuvor in Italien und Jugoslawien war – bei Kriegsausbruch freiwillig zur Wehrmacht gemeldet.[168] Nach seiner Freilassung wurde er wieder zur Wehrmacht (Sanität) überstellt[169] und desertierte 1945 zu den Westalliierten.[170] Er studierte wieder an der Universität Wien (Staatswissenschaften),[171] wie Otto Molden schloss er sein Studium jedoch nicht ab. Als Polyhistor hat er sich zwar für eine Vielzahl von Themen, vor allem Kunst und Kultur interessiert und mehrere Sprachen (Englisch, Französisch, Italienisch) fließend gesprochen, die für das Österreichische College äußerst wichtig waren. Einen akademischen Grad erlangte er jedoch nicht. Beruflich war Auer von 1948 bis 1950 als Generalsekretär der Französisch-Österreichischen Gesellschaft tätig.[172] Als 1954 das bis 1972 bestehende Institut zur Förderung der Künste mit einer finanziellen Unterstützung des Industriellen Manfred Mautner-Markhof gegründet wurde,[173] bekleidete er als Einmannbetrieb[174] auch

---

[164] Bundesministerium für Europa, Integration und Äußeres, Personalakt Alexander Auer.

[165] Vgl. zu dieser Gruppe: Molden, Der Ruf des Gewissens, 3. Aufl., 85ff.

[166] Hierbei sollte die Untersuchungshaft von 1,8 Monaten angerechnet werden. Auer war nach der Festnahme im Februar 1940 dem Volksgerichtshof übermittelt worden und blieb bis August 1941 im Landesgericht Wien. Damals konnte die Familie durch ein „erschwindeltes ärztliches Gutachten" die Freilassung Auers erreichen.

[167] Vgl. hierzu auch: http://www.koel-starhemberg.at/8-koel/verbindungen-im-bund/7-historie-des-bundes.html?showall=&start=5 (1.9.2014).

[168] Urteil des Volksgerichtshofs gegen Alfred Gruber, Johann Janko, Friederike Veigl, Jakob Fried, Felix Slavik, Erich Thanner, Alexander Auer und Eduard Tomaschek vom 6.12.1943. Privatarchiv Alexandra Terzic-Auer bzw. Dokumentationsarchiv des Österreichischen Widerstandes (DÖW) 3299.

[169] Auer war bereits vor seiner Verhaftung Sanitätsgefreiter.

[170] Bericht über die Tätigkeit der Gruppe Mayer-Thanner im Rahmen der Widerstandsgruppe Johann Müller. Privatarchiv Alexandra Terzic-Auer bzw. Dokumentationsarchiv des Österreichischen Widerstandes (DÖW) 2128.

[171] Ausweiskarte der Universität Wien. Privatarchiv Alexandra Terzic-Auer.

[172] Zeugnis der Französisch-Österreichischen Gesellschaft vom 8.2.1951. Privatarchiv Alexandra Terzic-Auer.

[173] Das Institut zur Förderung der Künste in Wien. Eine neue, beispielgebende Art von Mäzenatentum, in: Berichte und Informationen des Österreichischen Forschungsinstituts für Wirtschaft und Politik, Heft 458, 29.4.1955, 13; Bernhard A. Böhler, Monsignore Otto Mauer. Ein Leben für Kirche und Kunst, Wien 2003, 80f.

[174] Interview mit Alexandra Terzic-Auer am 14.8.2013.

hier die Funktion eines Generalsekretärs[175] und wurde zu einer wichtigen, heute kaum mehr bekannten Schnittstelle im Kunst- und Kulturleben der Nachkriegszeit – stellte das Institut doch eine der wenigen Einrichtungen zur Kunstförderung im Österreich der 1950er Jahre dar.[176]

Weitere wichtige Funktionen im Österreichischen College wurden mit Fritz Czerwenka (Finanzreferent)[177] und Mario Marquet (Auslandsreferent) besetzt. 1949 wurde Felix Pronay, der wie Auer 1946 zum Österreichischen College gestoßen war, zum Organisationsreferent gewählt und Georg Zimmer-Lehmann zum „Referent für Europafragen" bestimmt, womit ein Führungskreis gebildet war, der über viele Jahre an der Spitze des Österreichischen Colleges stehen sollte. Wie Fritz Molden in seinen Memoiren dargestellt hat, gehörte dieser Kreis teilweise auch zum so genannten „Quiritenclub" bzw. zu einem „Salon" bei Georg Zimmer-Lehmann, jedenfalls aber zum engeren Freundes- bzw. Bekanntenkreis.[178]

Felix Pronay wurde 1920 in Wien geboren und war nach dem Besuch der Theresianischen Akademie und einem Volkswirtschaftsstudium von 1939 bis 1940 in der Länderbank angestellt. 1937/1938 geriet er in eine Gruppe von jungen Legitimisten und nahm am 10. März 1938 auch an einer Großkundgebung gegen den Nationalsozialismus teil.[179] Kontakte zum Widerstand gab es auch später. So wurde Pronay 1940 für die Österreichische Freiheitsbewegung/Gruppe Scholz geworben und ihm die Aufgabe zugeteilt, Geld für Leute, die als U-Boote lebten, zu sammeln. An illegalen Zusammenkünften hat er mindestens einmal teilgenommen. Während andere Bekannte aus dem Widerstand verhaftet und hingerichtet wurden, blieb er jedoch unentdeckt und wurde im Oktober 1940 zur Wehrmacht eingezogen.[180] Nach der Rückkehr aus der Kriegsgefangenschaft im Februar 1946 schloss er sein Studium der Rechtswissenschaften in Wien mit der Promotion 1948 ab und startete – mit einer rund dreijährigen Unterbrechung von 1957 bis 1960 im Finanzministerium, wo er unter anderem als Sekretär von Minister Reinhard Kamitz fungierte[181] – eine beruflich höchst erfolgreiche Karriere in der Creditanstalt.

Georg Zimmer-Lehmann wurde 1917 in Wien geboren und schloss 1939 ein Studium der Rechtswissenschaft an der Universität Wien ab. Wie aus seinem

---

[175] Bundesministerium für Europa, Integration und Äußeres, Personalakt Alexander Auer.
[176] Interview mit Prof. Rudolf Schönwald am 14.5.2013; Interview mit Prof. Peter Kubelka am 14.1.2014.
[177] Czerwenka war seit 1951 selbständiger Rechtsanwalt in Wien mit Schwerpunkt Handels-, Gesellschafts- und Medienrecht. Vgl.: Otto Molden, Zu den Grenzen der Freiheit. Europäisches Forum Alpbach 1976, Wien 1977, 377.
[178] Molden, Besatzer, Toren, Biedermänner, 19 und 93ff.; Interview mit Prof. Fritz Molden am 18.4.2013.
[179] Felix Pronay, „Nieder mit die Hakinger!", in: Dokumentationsarchiv des österreichischen Widerstandes (Hg.), Erzählte Geschichte, Band 2, 119f.
[180] Felix Pronay, Ich bin nicht entdeckt worden, in: Dokumentationsarchiv des österreichischen Widerstandes (Hg.), Erzählte Geschichte, Band 2, 323f.
[181] Vgl.: Österreichische Staatsdruckerei (Hg.), Österreichischer Amtskalender für das Jahr 1958, Wien 1958, 40.

„Gauakt" im Österreichischen Staatsarchiv hervorgeht, trat er als „Anhänger der Systemregierung" nicht nur 1933 der Vaterländischen Front und dem Heimatdienst bei, sondern hat bereits als Gymnasiast „national gesinnte" Schüler und nationalsozialistisch eingestellte Nachbarn angezeigt. Als er 1939 zur Wehrmacht einrückte und 1942 seine Bestellung zum Dolmetscher zur Disposition stand, wurde diese daher nicht nur aufgrund seiner teils jüdischen Herkunft, sondern auch weil er als politisch unzuverlässig eingestuft wurde, in einem eigens eingeholten „politischen Gutachten" nicht befürwortet.[182] Mehr noch scheint sein Name in Verbindung mit verschiedenen Widerstandskreisen auf. So war er nicht nur in Kontakt mit der bereits bei Alexander Auer genannten Widerstandsgruppe Müller-Thanner. Genannt werden auch Verbindungen zum französischen Widerstand während der Stationierung in Frankreich sowie Kontakte zum militärischen Widerstand um Carl Szokoll und zu den Partisanen Titos.[183] Beruflich war Georg Zimmer-Lehmann, der 1947 das erste Mal nach Alpbach kam, zunächst als Redakteur bei der katholischen Wochenzeitschrift „Die Furche" tätig.[184] Anfang 1949 trat er (wie Pronay) in die Creditanstalt ein, wo er 1967 zum stellvertretenden bzw. 1974 (bis 1982) zum Direktor bestellt wurde.[185] Zugleich war er auch parteipolitisch aktiv. So hatte er nicht nur enge Beziehungen zur ÖVP, sondern war auch in die 1949 gegründete, ÖVP-nahe „Junge Front" eingebunden, die sich an ehemalige Wehrmachtssoldaten richtete und vor allem auf eine „Versöhnung der Gegensätze von gestern" abzielte. Als es zwischen dieser und der ÖVP zum Bruch kam, zog er sich zwar für einige Jahre aus der Politik zurück, fungierte dann aber auf Einladung von Minister Kamitz von 1957 bis 1972 als Generalsekretär des ÖVP-Akademikerbundes, der 1952 als Gegenmodell zum katholischen Cartellverband gegründet worden war, um das „liberale Element", aber auch ehemalige Nationalsozialisten (wie auch Kamitz einer war[186]) anzusprechen.[187]

Wie die genannten Namen zeigen, wurde somit ein Führungskreis gebildet, der ausschließlich männlich zusammengesetzt war. In der Organisationsarbeit übernahmen Frauen jedoch wichtige Aufgaben. Gleichfalls waren auch die Ehefrauen der Beteiligten (Eva Auer, Dorothea Czerwenka, Inge Zimmer-Lehmann, Maria Pronay) auffallend häufig in die Durchführung der Alpbacher Veranstaltungen eingebunden, womit das frühe Alpbach nicht nur von einem Freundes- und Bekanntenkreis geleitet wurde, sondern in gewisser Weise auch wie ein „Familienbetrieb" funktionierte.

---

[182] ÖStA, AdR, Zivilakten NS-Zeit, „Gauakt" Georg Zimmer-Lehmann (35.682).
[183] Molden, Der Ruf des Gewissens, 3. Auflage, 92f., 205, 210, 217.
[184] Molden, Der andere Zauberberg, 52.
[185] Auskunft zu beruflichen Funktionen in Creditanstalt-Bankverein: Bank Austria UniCredit Group.
[186] Oliver Rathkolb, Die paradoxe Republik. Österreich 1945 bis 2005, Wien 2005, 131f.
[187] Ludwig Reichhold, Geschichte der ÖVP, Graz/Wien/Köln 1975, 240ff.

2.3 Collegegemeinschaften im In- und Ausland

Neben dem Österreichischen College als Trägerverein der Alpbacher Veranstaltungen entstanden unmittelbar nach den ersten Hochschulwochen auch Collegegemeinschaften in Österreich und dem europäischen Ausland, die besonders in den Anfangsjahren ein zentraler Bestandteil des Colleges waren und ebenfalls mit dem Anspruch verbunden waren, zu einer Hochschulreform „von innen und unten beizutragen".[188]

So entstanden bereits 1946 die ersten Collegegemeinschaften in Innsbruck und Wien, die mit Werner Busch und Fritz Hansen-Löve von zwei ehemaligen Mitgliedern der Bündischen Jugendbewegung gegründet wurden, weshalb Otto Molden den „Kreis der Jugendbewegten" mehrfach als den „ausschlaggebenden Faktor" in der frühen Entwicklung des Österreichischen Colleges bezeichnete.[189] Werner Busch hatte einst dem katholischen Bund „Neu-Deutschland" angehört. Fritz Hansen-Löve, der Otto und Fritz Molden bereits vor 1938 gekannt hatte und nach der Verhaftung von Fritz Molden 1940 mit diesem in einer Zelle saß, stammte aus dem Bund „Neuland".[190] 1947 folgten eine von Max Arbesser gegründete Collegegemeinschaft in Graz und 1948 eine in Leoben und Salzburg.[191] Rund zehn Jahre später entwickelte sich unter der Leitung von Bernhard Kilga bzw. dem nach Linz übersiedelten Fritz Neeb, der bereits seit 1946 an den Alpbacher Veranstaltungen mitgearbeitet hatte,[192] auch eine Collegegemeinschaft in Linz, womit nicht nur an allen Hochschulorten, sondern in allen großen Städten Österreichs Collegegemeinschaften vertreten waren.[193] Erste Arbeitsgemeinschaften im Ausland bildeten sich darüber hinaus bereits in den späten 1940er Jahren an

---

[188] Mitteilungen der Collegegemeinschaft Innsbruck vom August 1949. Archiv des EFA, Mappe 4.

[189] Molden, Alpbach – Geist und Entwicklung eines europäischen Experiments, 44f. und 47.

[190] Molden, Fepolinski & Waschlapski, 134.

[191] Die Entwicklung des „Österreichischen College", in: Das Österreichische College und das Europäische Forum Alpbach, Broschüre, o. J. [1949]. KIT, Nachlass Simon Moser, Sign. 41.

[192] Otto Molden kannte Fritz Neeb bereits aus der bündischen Jugendbewegung. Er war erst ein Mitglied des „Wandervogels", dann – nach eigenen Angaben – Mitglied des „Grauen Freikorps" und verbrachte 1938 einige Zeit mit Alfons Gorbach in einer Zelle. 1938 trat er – so sein „Gauakt" im Österreichischen Staatsarchiv – der SA und dem NS-Studentenbund bei. Ab 1949 war er bei der Jugendorganisation „Junge Adler" und bei der „Jungen Front" aktiv. Nach einem Studium der Mathematik, Physik und Psychologie war er seit 1951 in der Industrie tätig. 1971 gründete er die Gesellschaft für Organisation und war später auch in der Österreichischen Computer Gesellschaft aktiv. Neben Fragen der Organisationsentwicklung war er seit 1974 auch für die Erstellung der österreichischen Computerstatistik zuständig und als Lehrbeauftragter und Vortragender tätig. Vgl.: Molden, Der andere Zauberberg, 52; Fritz Neeb, in: Otto Molden (Hg.), Der Beitrag Europas. Erbe und Auftrag. Europäisches Forum Alpbach 1984, 673; Fritz Neeb, Wir hätten sogar die Waffen gehabt, in: Dokumentationsarchiv des österreichischen Widerstandes (Hg.), Erzählte Geschichte, Band 2, 112ff.; Fritz Neeb, in: WIF, 7/1980; ÖStA, AdR, Zivilakten NS-Zeit, „Gauakt" Fritz Neeb (243.116) sowie „Fritz Neeb and the Junge Adler" (1952) auf der Website der CIA: http://www.foia.cia.gov/sites/default/files/document_conversions/1705143/URBAN,%20JOSEF%20%20VOL.%201_0057.pdf (1.9.2014).

[193] Molden, Der andere Zauberberg, 51; Collegegemeinschaft Linz, in: Tagblatt, 14.8.1958; Eine College-Gemeinschaft in Linz, in: Oberösterreichische Nachrichten, 7.10.1958.

beiden Hochschulen in St. Gallen und in Skandinavien, woraus später die Nordische Sommerhochschule hervorging.[194] Wie in einem Bericht in der „Presse" aus dem November 1948 nachzulesen ist, befanden sich zu jenem Zeitpunkt auch ein „nationales Schweizer College" bestehend aus den Collegegemeinschaften St. Gallen, Zürich, Bern, Basel sowie ein „Deutsches College" mit Collegegemeinschaften in Göttingen, Köln und München sowie ein „Luxemburger College" in Gründung.[195] Knapp nach der Collegegemeinschaft in Linz entstand auch eine in Südtirol.[196] „Zeitweise arbeiteten" – so Otto Molden – „Collegegemeinschaften und Collegegruppen in Wien, Innsbruck, Graz, Linz, Bozen, Luxemburg, St. Gallen, Zürich, Paris und Zagreb."[197]

Hervorgegangen sind sie wie auch die „College-Wochen" in Alpbach aus unterschiedlichen Konzepten: einerseits aus dem Bestreben, neue Gemeinschaftsformen zu bilden, und andererseits aus dem Anliegen, Seminare von Studierenden als Vorbereitung für die wissenschaftliche Arbeit in Alpbach zu schaffen.[198] Mit den Collegegemeinschaften wurde somit einerseits versucht, die „Arbeit von Alpbach weiterzuführen" und zugleich dem Wunsch vieler Studenten, Professoren und sonstiger Intellektuellen nachzukommen, „moderne akademische Vereinigungen" jenseits der traditionellen Studentenverbindungen zu bilden.[199] Aufgebaut waren sie in Grund- bzw. Fachkreise, „Gespräche" und „Arbeitskreise". Zudem sollte es sogenannte „Akademien" geben. Als unterste Ebene waren die „Grund- oder Fachkreise" als Einführung in die Methodik des Studiums, die Denkweise der Philosophie und Arbeitsweise des Colleges bzw. die fachliche Methodik der einzelnen Gebiete gedacht. Die „Gespräche" sollten zur Erörterung von Fragen, an denen die gesamte „Collegegemeinschaft" interessiert war, dienen. Die „Arbeitsgemeinschaften" als dritte und oberste Stufe sollten hingegen kleine Gruppen von Dozenten, Studenten und Praktikern darstellen, in denen auch zwischenfachlich die Grundlagen und Grenzfragen der Fachgebiete bearbeitet werden sollten, um „hinter der Vielfalt des modernen Spezialistentums die verborgene Einheit aller Wissenschaft wiederzufinden". Von den Seminaren an den Hochschulen sollten sie sich nicht nur dadurch unterscheiden, dass sich die Arbeitsgemeinschaften ihr Thema selbst wählten, sondern dass sie sich auch ihre Mitarbeiter frei durch den persönlichen Kontakt rekrutierten. Ergänzend dazu sollten im Rahmen von „Akademien" Vorträge für alle Collegegemeinschaften stattfinden, die als Höhepunkt der Semesterarbeit auch als Zeugnis nach außen fungieren sollten.[200]

---

[194] Molden, Alpbach – Geist und Entwicklung eines europäischen Experiments, 41.
[195] Der Collegegedanke setzt sich durch, in: Die Presse, 14.11.1948.
[196] Rundschreiben des Generalsekretariats des Österreichischen Colleges an die Collegegemeinschaften in Österreich und Südtirol sowie an alle weiteren mit uns zusammenarbeitenden Gruppen in Europa, Wien, Dezember 1958. Archiv des EFA, Mappe 4.
[197] Molden, Alpbach – Geist und Entwicklung eines europäischen Experiments, 41.
[198] Ebenda, 48.
[199] Molden, Der andere Zauberberg, 49.
[200] Das Österreichische College. Gedanke und Weg, Broschüre, o. J. [1946]; Das Forum von Alpbach und das Österreichische College, Broschüre, o. J. [1948]; Mitteilungen der Collegegemeinschaft Innsbruck vom Januar und August 1949. Archiv des EFA, Mappe 4.

Wie Otto Molden ausgeführt hat, wurden die Collegegemeinschaften rasch das ganze Jahr hindurch arbeitende Gruppen,[201] die neben ihren laufenden wissenschaftlichen, künstlerischen und sonstigen Tätigkeiten wertvolle Teilnehmer für die Alpbacher Veranstaltungen gewannen. So verfügte die Collegegemeinschaft Wien Anfang 1948 über zwölf Arbeitskreise (darunter zwei philosophische Arbeitskreise, ein theologischer, ein historischer und ein mathematischer Arbeitskreis sowie ein Kunstkreis), jene in Innsbruck über 13 Arbeitskreise, zu denen später auch ein „College-Studio" (Theatergruppe) hinzukam, und die Collegegemeinschaft in Graz über fünf Arbeitskreise.[202] Ende 1948 wurden in Innsbruck 151 ordentliche und 260 außerordentliche Mitglieder und Gäste gezählt[203] und 1949 19 Arbeitskreise inklusive des College-Studios vermerkt.[204] Damit rangierte die Collegegemeinschaft Innsbruck, die für „Christ und Atheist, Konservativen und Sozialist, Widerständler und ehem. Nationalsozialist" offen sein wollte, deutlich vor ihren Schwesterorganisationen[205] und hätte zeitweise – so Simon Moser – sogar die Chance gehabt, die „Führung über die gesamte Innsbrucker Studentenschaft" unter „Einschluss des CV" [Cartellverband, Anm. MW] zu übernehmen.[206] Zu ihren Mitarbeitern zählten zahlreiche Professoren, Dozenten und Studierende. Desgleichen gehörten unter anderen auch Maurice Besset, der Zeichner Paul Flora oder der spätere Volkskundler, Fotograph und Filmemacher Wolfgang Pfaundler, der auch in die Vorbereitung der Alpbacher Veranstaltungen eingebunden war, zu ihrem Umfeld.[207] Zu jenem in Wien zählten etwa der spätere Journalist Kurt Skalnik, der Philosoph Erich Heintel oder auch der nachmalige (damals als Journalist arbeitende) Historiker Adam Wandruszka, der auch zu einem häufigen Gast in Alpbach wurde.[208] Zudem sind Vorträge des Psychiaters und Neurologen

---

[201] Molden, Der andere Zauberberg, 49.
[202] Das „Österreichische College" und seine Internationalen Hochschulwochen Alpbach. Ein kurzer Überblick, Broschüre, o. J. [1948]. Archiv des EFA, Mappe 4.
[203] Die Leitung der Collegegemeinschaft Innsbruck. Archiv des EFA, Mappe 4.
[204] Mitteilungen der Collegegemeinschaft Innsbruck vom August 1949. Archiv des EFA, Mappe 4.
[205] Ebenda.
[206] Protokoll der Vorstandssitzung des Österreichischen College vom 24. und 25.10.1953. Archiv des EFA, Ordner Generalversammlungen.
[207] Molden, Der andere Zauberberg, 50. Vgl. zu Wolfgang Pfaundler: Martin Kolozs (Hg.), Wolfgang Pfaundler – Fotograf, Volkskundler, Freiheitskämpfer und Herausgeber von „das Fenster", Innsbruck 2007.
[208] Adam Wandruszka hatte bereits 1933 der SA angehört und wurde 1941 mit einer Nummer aus dem „Illegalen-Block" in die NSDAP aufgenommen. 1938 begrüßte er den „Anschluss", dankte dem Historiker Heinrich Srbik im Namen der nationalsozialistischen Hörerschaft für die tatkräftige Unterstützung in den „Jahren des Kampfes und der Unterdrückung" und nahm den Historiker Arnold Winkler fest. Nach 1945 war er zunächst bei der „Furche" und der „Presse" publizistisch tätig. Nach seiner Habilitation wurde er Universitätsdozent für Neuere Geschichte an der Universität Wien (ab 1955) und folgte 1959 einem Ruf an die Universität zu Köln. Von 1969 bis 1984 lehrte er wieder an der Universität Wien und bekleidete eine Professur für Österreichische Geschichte. Vgl.: Hans Weiss/Krista Federspiel, Wer?, Eigenverlag 1988, 206f.; Fritz Fellner/Doris A. Corradini, Österreichische Geschichtswissenschaft im 20. Jahrhundert. Ein biographisch-bibliographisches Lexikon, Wien/Köln/Weimar 2006, 438f.; Peter Melichar, Vergiftete Atmosphäre, schmutzige Tricks ... Gespräch mit Adam Wandruszka, in: Falter 11 (1988) 5.

Viktor Frankl (Begründer der Logotherapie und Existenzanalyse) dokumentiert, womit neben zwei ehemaligen Nationalsozialisten (Heintel und Wandruszka) auch ein ehemaliger KZ-Häftling (Frankl) in die Tätigkeiten der Collegegemeinschaft Wien eingebunden war.[209] Zu den ersten Mitarbeitern in Graz zählten unter anderem Peter Mosing und Heinrich Pfusterschmid-Hardtenstein, der ab 1948 die Collegegemeinschaft auch leitete. Er war 1947 – damals wie viele der ersten Collegebesucher noch zu Fuß – als junger Student das erste Mal nach Alpbach gekommen, nachdem er über Vermittlung von Max Arbesser zuvor auch an einem Vorbereitungstreffen in Wien teilgenommen hatte.[210]

In die Literatur ist der 1948 in Wien gegründete naturphilosophische Arbeitskreis eingegangen,[211] der nach seinem wissenschaftlichen Leiter Viktor Kraft auch als „Kraft-Kreis" bezeichnet wird.[212] Eine besonders aktive Rolle spielte in diesem Paul Feyerabend, der später als Philosoph in Bristol, Berkeley, Berlin und Zürich lehrte und als Kritiker der Wissenschaftstheorie und der Verbindung von Wissenschaft und Staat in modernen Gesellschaften bekannt wurde.[213] Wie Feyerabend in seinen Memoiren festgehalten hat, studierte er an der Universität Wien erst Geschichte und Soziologie, dann Physik, Mathematik und Astronomie und bildete mit anderen Studienkollegen einen Arbeitskreis, zu dem sich Viktor Kraft mit dem Wunsch nach regelmäßigen Treffen gesellte. Dieser hatte einst dem Wiener Kreis angehört und war einer seiner wenigen Mitglieder, die nicht emigrieren mussten. In diesem Kreis, der von Feyerabend auch als „studentisches Pendant des alten Wiener Kreises" oder eine Art „Miniaturfassung des Wiener Kreises" bezeichnet wurde, trafen sich Studenten verschiedener Disziplinen (Mathematik, Physik, Philosophie, Ingenieurwissenschaften) und luden auch auswärtige Gäste wie Ludwig Wittgenstein ein, der sich zunächst zwar zierte, aber dennoch kam. Besprochen wurde eine Vielzahl von Themen – darunter wie einst beim „alten" Wiener Kreis – Fragen der Wissenschaftstheorie. Ebenfalls 1948 wurde Paul Feyerabend von Maria Blach (spätere Pronay[214]) aus dem Büro des Österreichischen Colleges auch eingeladen, nach Alpbach zu kommen, um hier die wichtigsten Diskussionen mitzuschreiben, was Feyerabend später als den „entscheidendsten Schritt" in sei-

---

[209] Die Tätigkeit der Collegegemeinschaft Wien ist im Archiv des EFA nur bruchstückhaft überliefert. Vgl.: 2., 4. und 6. Mitteilungsblatt der Collegegemeinschaft Wien. Archiv des EFA, Konvolut 1948. 5., 6. (Juni 1948), 7. (Juli 1948), 11. (Jänner 1949) Mitteilungsblatt der Collegegemeinschaft Wien. Archiv des EFA, Mappe 4.

[210] Interview mit Dr. Heinrich Pfusterschmid-Hardtenstein am 23.5.2013.

[211] 5. Mitteilungsblatt der Collegegemeinschaft Wien. Archiv des EFA, Mappe 4.

[212] Friedrich Stadler, Paul Feyerabend and the Forgotten „Third Vienna Circle", in: Ders. (Hg.), Vertreibung, Transformation und Rückkehr der Wissenschaftstheorie, Wien/Berlin 2010, 169–187; Michael Schorner, Comeback auf Umwegen. Die Rückkehr der Wissenschaftstheorie in Österreich, in: Friedrich Stadler (Hg.), Vertreibung, Transformation und Rückkehr der Wissenschaftstheorie, Wien/Berlin 2010, 189–252; Daniel Kuby, Paul Feyerabend in Wien 1946–1955. Das Österreichische College und der Kraft-Kreis, in: Michael Benedikt/Reinhold Knoll u. a. (Hg.), Auf der Suche nach authentischem Philosophieren in Österreich 1951 bis 2000, Wien 2010, 1041–1056.

[213] Hans Albert, Wissenschaft in Alpbach, in: Alexander Auer (Hg.), Das Forum Alpbach. 1945–1994. Eine Dokumentation anlässlich des 50. „Europäischen Forum Alpbach", Wien 1994, 17.

[214] Maria Blach heiratete Felix Pronay.

nem Leben bezeichnete. Die Gespräche im naturphilosophischen Arbeitskreis der Collegegemeinschaft Wien waren nicht nur für die Entwicklung seines Denkens und seiner 1951 fertiggestellten Dissertation wesentlich. Die vielfältigen Kontakte, die er in Alpbach in seinen rund fünfzehn Aufenthalten als Student, Dozent und schließlich als Seminarleiter (vor allem zu Erwin Schrödinger oder Karl Popper) knüpfen konnte, haben seine berufliche Zukunft enorm befördert.[215]

Ähnlich positiv hat sich – was die Collegegemeinschaft Innsbruck betrifft – retrospektiv auch der Verfassungsrechtler und nachmalige Rektor der Universität Wien Günther Winkler geäußert. Die Collegegemeinschaft Innsbruck und die Hochschulwochen in Alpbach mit ihren fachübergreifenden Zielsetzungen bezeichnete er 1989 als einen wichtigen Ort des wissenschaftlichen Gedankenaustausches, der sein Bedürfnis nach einem allgemeinen Wissenschaftsverständnis maßgeblich beeinflusst habe.[216] Wie sich Arnulf Braunizer erinnert, der Mitte der 1950er Jahre als Vorsitzender der Collegegemeinschaft Innsbruck fungierte, war diese zum damaligen Zeitpunkt jedoch bedeutend kleiner als in den 1940er Jahren und auch nicht mehr nur mit wissenschaftlichen Fragestellungen, sondern auch mit dem Auftreiben von Spenden für das College bzw. die Internationalen Hochschulwochen beschäftigt.[217]

Die Collegegemeinschaften waren anfangs eng ins Österreichische College eingebunden. Ab 1950 haben sie – so Otto Molden –, bedingt durch ein neues Statut, das auch vor dem Hintergrund der Auseinandersetzungen um die Gesamtausrichtung des Colleges zu sehen ist, jedoch eine zunehmende Autonomie gewonnen. Mit einer eigenen Rechtspersönlichkeit ausgestattet, waren sie durch ihren Vorsitzenden zwar im Vorstand des Österreichischen Colleges vertreten, wurden aber zu „im Grunde genommen völlig unabhängigen Vereinigungen".[218] Besonders aktiv dürften sie – jeweils abhängig von den handelnden Personen – in den 1940er und 1950er Jahren gewesen sein.

2.4 Transformation zum Europäischen Forum Alpbach

Das Jahr 1949 stellte eine entscheidende Etappe in der Geschichte der noch jungen Hochschulwochen des Österreichischen Colleges dar. Wie ausgeführt wurde, hatten Otto Molden und Simon Moser unterschiedliche Vorstellungen darüber, was in Alpbach passieren sollte. Nachdem in den ersten Jahren noch die Freude überwog, dass „es trotz aller Schwierigkeiten der Nachkriegsjahre doch gelungen

---

[215] Paul Feyerabend, Eindrücke 1945–1954, in: Jochen Jung/Gerhard Amanshauser (Hg.), Vom Reich zu Österreich. Kriegsende und Nachkriegszeit, erinnert von Augen- und Ohrenzeugen, Salzburg/Wien 1983, 263–271; Paul Feyerabend, Zeitverschwendung, 3. Aufl., Frankfurt/Main 1995, 97ff. und 102ff.
[216] Günther Winkler, Theorie und Methode in der Rechtswissenschaft: Ausgewählte Abhandlungen, Wien/New York 1989, V.
[217] Interview mit Dr. Arnulf Braunizer am 15.8.2013.
[218] Molden, Der andere Zauberberg, 49; Molden, Der Weg Alpbachs zu einem kulturpolitischen und wissenschaftlichen Forum von europäischer Bedeutung, 53ff.

war, überhaupt etwas zustande zu bringen", traten diese Kontraste immer deutlicher zutage.[219]

So votierten Molden und ein in Wien gebildeter „Kronrat", der sich aus führenden Mitgliedern des Österreichischen Colleges (Alexander Auer, Fritz Czerwenka, Fritz Hansen-Löve, Mario Marquet, Fritz Molden, Fritz Pronay, Georg Zimmer-Lehmann) zusammensetzte, immer stärker dafür, in Alpbach „gewisse politische, kulturpolitische und europäische Ideen im Interesse einer gesamteuropäischen Entwicklung" zu forcieren. Simon Moser fürchtete hingegen, dass durch eine (stärkere) Einbeziehung von Kunst, Politik und auch der Wirtschaft – wie sie sich bereits seit der Einführung der „Gespräche junger Europäer" 1946 abzeichnete – die Bedeutung der wissenschaftlichen Arbeit in Alpbach verringert würde.[220] Otto Molden hatte eine noch stärkere Hinwendung zu Europa bereits in einem Vortrag 1948 zum Ausdruck gebracht, nachdem er 1945 und in den folgenden Jahren ebenfalls von den „wissenschaftlichen Aufgaben" der Internationalen Hochschulwochen gesprochen hatte. In diesem betonte er – mit Bezug auf eine Rede von Maurice Besset über einen neuen „hônnete homme" (1946)[221] und auf einen Vortrag des französischen Schriftstellers und Philosophen Julien Benda über die „Erziehung und geistige Einheit der Völker" (1947)[222] –, dass es die Aufgabe des Österreichischen Colleges sein müsse, zur Bildung einer „europäischen Vorhut" beizutragen, die als Elite die „europäische Erneuerungsbewegung auf geistigem, politischem und wirtschaftlichem Gebiet vorantragt."[223]

Als er in der Sitzung des Zentralen Leitungsausschusses des Österreichischen Colleges vom 5. Februar 1949 den Antrag einbrachte, dass die kommenden Hochschulwochen „aufgrund der gemachten Erfahrungen" unter dem Titel „Europäisches Forum Alpbach – Fünfte Internationale Hochschulwochen des Österreichischen Colleges" stattfinden sollten, kam von Moser daher keine Zustimmung.[224] Noch stärker protestierte jedoch der Leiter der Collegegemeinschaft Innsbruck Werner Busch, als in der gedruckten Alpbach-Einladung doch der Name „Europäisches Forum Alpbach" verwendet wurde und auch die damit intendierten Änderungen in den Zielsetzungen zum Ausdruck kamen.[225] Trotzdem fan-

---

[219] Molden, Der andere Zauberberg, 31.
[220] Molden, Der Weg Alpbachs zu einem kulturpolitischen und wissenschaftlichen Forum von europäischer Bedeutung, 51.
[221] Maurice Besset, Der „hônnete homme" als europäische Möglichkeit, in: Simon Moser (Hg.), Erkenntnis und Wert. II. Internationale Hochschulwochen des Österreichischen College in Alpbach, Innsbruck/Wien 1947, 217–228.
[222] Julien Benda, Die geistige Einheit Europas, in: Simon Moser (Hg.), Weltbild und Menschenbild. III. Internationale Hochschulwochen 1947 des Österreichischen College, Innsbruck/Wien 1948, 55–72.
[223] Otto Molden, Die Vorhut Europas, in: Simon Moser (Hg.), Gesetz und Wirklichkeit. IV. Internationale Hochschulwochen 1948 des Österreichischen College in Alpbach, Innsbruck/Wien 1949, 21–28.
[224] Protokoll der Sitzung des Zentralen Leitungsausschusses des Österreichischen College vom 5.2.1949. Archiv des EFA, Konvolut 1949.
[225] Schreiben der Collegegemeinschaft Innsbruck an das Generalsekretariat des Österreichischen Colleges vom 5.5.1949. Archiv des EFA, Ordner Generalversammlungen.

Eröffnung der Internationalen Hochschulwochen 1949 mit dem französischen Hochkommissar Émile Béthouart (erster von rechts)

den die fünften Internationalen Hochschulwochen des Österreichischen Colleges erstmals unter dem Titel „Europäisches Forum Alpbach" statt, zu dem sich – wie im Programmheft festgehalten wurde – entsprechend „einer neuen Universitas" nicht nur Gelehrte, „sondern mehr und mehr auch Künstler, Politiker und Wirtschaftler zu einem rationalen freien Gespräch zusammenfinden" sollten.[226] Die Bezeichnung „Internationale Hochschulwochen" blieb noch bis 1970 im Untertitel erhalten, ab dann wurde nur mehr der Name „Europäisches Forum Alpbach" verwendet.

Aufgebaut war das Programm der Tagung, zu der in diesem Jahr bereits 500 Teilnehmer aus fast 20 Staaten erwartet wurden,[227] in 15 Arbeitskreise, (vorwiegend von Wissenschaftlern) gehaltene „Allgemeine Vorträge", kulturelle Veranstal-

---

[226] Programm: Fünf Jahre Europäisches Forum Alpbach, in: Europäisches Forum Alpbach. Fünfte Internationale Hochschulwochen Alpbach des Österreichischen College, 20.8.–9.9.1949. Archiv des EFA, Programme.

[227] In einer Teilnehmerstatistik aus dem Jahr 1964 werden 404 Teilnehmer genannt. Vgl.: Kunst und Künstler, in Wiener Kurier, 20.8.1949; Das europäische Forum Alpbach, in: Die Presse, 20.8.1949; Teilnehmerstatistik des „Europäischen Forum Alpbach" von 1946 bis 1964, in: Alpbach Korrespondenz, Nr. 5, 4.10.1964. Archiv des EFA, Berichte.

tungen sowie Buch- und Kunstausstellungen.[228] Desgleichen wurden als zusätzliche Plenarveranstaltungen erstmals die „Europäischen Gespräche" abgehalten und in diesem Jahr letztmalig die „Gespräche junger Europäer" durchgeführt.

Die neuen „Europäischen Gespräche" gliederten sich – allerdings noch nicht unter diesem Namen – in ein Kunst- bzw. Kulturgespräch („Die Architektur des 20. Jahrhunderts"), zwei Politische Gespräche („Europa – Einigung und Untergang eines Kontinents" und „Der Geist der wahren Demokratie") sowie ein Wirtschaftsgespräch („Europa zwischen freier und geplanter Wirtschaft"). Wie Otto Molden 1981 ausgeführt hat, wurde mit dem Gespräch über „Europa – Einigung und Untergang eines Kontinents" das erste große politische Gespräch in Alpbach abgehalten, wenn auch schon zuvor Politiker in Alpbach zu Gast waren und hier auch referiert hatten. Vorbereitet hatte es Georg Zimmer-Lehmann, der – wie genannt – 1949 zum Referenten für Europafragen bestellt worden war. Nachdem der französische Hochkommissar Émile Béthouart, der (wie Hurdes und Gamper) auch dieses Jahr in Alpbach war und hier auch zum ersten Mal Deutsch sprach,[229] sein Privatflugzeug zur Verfügung gestellt hatte, konnte hieran auch eine Anzahl prominenter Teilnehmer partizipieren – kamen doch nicht nur Duncan Sandys, der Vorsitzende der Europäischen Bewegung, die in den späten 1940er Jahren eine wichtige Vermittlerrolle für die europäische Idee in Politik und Gesellschaft einnahm, und der französische Politiker André Philippe, sondern auch der Schweizer Kulturpolitiker und europäische Föderalist Denis de Rougemont sowie der Exilspanier, Philosoph, Historiker und Romancier Salvador de Madariaga nach Alpbach.[230] Desgleichen wurde auch mit dem Wirtschaftsgespräch, an dem Peter Krauland (Bundesminister für Vermögenssicherung und Wirtschaftsplanung[231]) sowie die Exilösterreicher Gottfried Haberler und Friedrich Hayek teilnahmen, Neuland betreten – handelte es sich hierbei doch ebenfalls um die erste große Veranstaltung zum Thema Wirtschaft. Und auch ein Kunstgespräch, zu dem unter anderem der aus Fulpmes in Tirol stammende, 1938 in die Türkei emigrierte und ab 1949 wieder in Wien lehrende Architekt Clemens Holzmeister[232] oder Sigfried Giedion als Generalsekretär der Internationalen Kongresse für neues Bauen (CIAM) eingeladen wurden, hatte es in dieser Größe noch nicht gegeben.[233]

---

[228] Im Tagungsprogramm wurden Ausstellungen zur Malerei und Graphik der Gegenwart, zur modernen Plastik, zur modernen Architektur und zu in Alpbach lebenden Künstlern angekündigt.

[229] Europafahne auf österreichischem Boden gehißt, in: Tiroler Tageszeitung, 22.8.1949; Subventionsansuchen an die österreichische Bundesregierung vom 10.7.1952. Archiv des EFA, Mappe 7.

[230] Molden, Der andere Zauberberg, 65; Europa-Diskussion in Alpbach, in: Die Presse, 27.8.1949.

[231] Krauland, der der ÖVP angehörte, musste im selben Jahr wegen Vorwürfen des Amtsmissbrauchs von seinem Amt zurücktreten. Vgl. zum „Krauland-Ministerium" und dem „Korruptionsfall Krauland": Peter Böhmer, Wer konnte, griff zu. „Arisierte Güter" und NS-Vermögen im Krauland-Ministerium (1945–1949), Wien/Köln/Weimar 1999; Julia Kopetzky, Die „Affäre Krauland". Ursachen und Hintergründe des ersten großen Korruptionsskandals der Zweiten Republik, Dipl.-Arb., Wien 1996.

[232] Holzmeister leitete ab 1949 die Meisterklasse für Architektur an der Akademie der bildenden Künste und kehrte 1954 wieder endgültig nach Wien zurück. Vgl. zu seiner Biographie: Wilfried Posch, Clemens Holzmeister. Architekt zwischen Kunst und Politik, Salzburg/Wien 2010.

[233] Programm: Europäisches Forum Alpbach. Fünfte Internationale Hochschulwochen Alpbach des Österreichischen College, 20.8.–9.9.1949. Archiv des EFA, Programme.

Den Abschluss der Veranstaltung bildete nicht nur ein Aufruf zur politischen und wirtschaftlichen Einigung auf der Basis eines geistigen Sich-näher-Kommens. Er führte auch dazu, dass zum ersten Mal die Europa-Fahne mit einem grünen „E" in Alpbach gehisst wurde,[234] die gemeinsam mit der von Werner Scholz entworfenen College-Fahne[235] auch in den Folgejahren zum Fahnenensemble in Alpbach gehörte.[236] Zugleich entzündete sich am erstmals abgehaltenen „Europäischen Gespräch" – wie auch in den Medien zu lesen war – noch einmal eine Auseinandersetzung über die prinzipielle Ausrichtung der Alpbacher Veranstaltungen bzw. darüber, ob es sich hierbei um Hochschulwochen bzw. das Europäische Forum handeln sollte.[237] Wie Otto Molden 1981 ausgeführt hat, soll dies sogar zu einem „Putschversuch" gegen ihn geführt haben, der – so derselbe – die „kleine Collegerepublik Alpbach 24 Stunden lang erschütterte", dann aber scheiterte. In Folge akzeptierte Simon Moser die Erweiterung des Gesamtkonzepts um Politik, Wirtschaft und Kunst",[238] das Verhältnis zu Busch war jedoch belastet. Generell zeichnete sich eine immer stärkere „Machtverschiebung" von Innsbruck nach Wien ab.

Die neue Ausrichtung des Österreichischen Colleges schlug sich auch in seinen Statuten nieder und führte zur Definition neuer Ziele, die in der 1950 formulierten Fassung im Wesentlichen bis in die 1990er Jahre Gültigkeit haben sollten. Hiernach verfolgte das Österreichische College ab nun folgende Zielsetzungen:

a) eine Auslese von Dozenten und Studenten und anderer geistig lebendiger Menschen unter dem Grundsatz völliger Gleichberechtigung zusammenschließen, um ausgehend von einer Vertiefung des Fachwissens zu lebendiger, persönlichkeitsgestaltender Bildung zu gelangen,

b) als Grundlage seiner Tätigkeit kleinere Arbeitsgruppen, „Arbeitskreise" schaffen, die unter fachlicher Leitung in der Form der Wechselrede auf der Basis rationaler Geistigkeit die einzelnen wissenschaftlichen Probleme bei Beachtung ihrer Eigengesetzlichkeit im Hinblick auf ihre menschliche Bedeutung behandeln,

c) zur selbständigen Stellungnahme gegenüber den geistigen Problemen unserer Zeit anregen, insbesondere durch Gespräche über die Grundlagen und Grenzfragen der Wissensgebiete im Dienste der Universitas der Wissenschaft, sowie über Kunst und Politik,

d) durch die freie Art der Auseinandersetzung den Versuch unternehmen, an der Fortentwicklung des Bildungswesens beispielgebend mitzuwirken,

---

[234] Molden, Der andere Zauberberg, 65.
[235] Diese zeigt den Vogel Phönix, der mit einem Hammer als Symbol des Wiederaufbaus und des Weiterlebens zum Himmel hinauffliegt. Vgl.: Molden, Retrospektive eines interessierten Adabeis, 52f.
[236] Barbara Coudenhove-Kalergi, Zehn Jahre „Europäisches Forum Alpbach", in: Perspektiven der Studentenschaft der Universität zu Köln, Nr. 22, 1956.
[237] Palastrevolution in Alpbach, in: Der Abend, 9.9.1949.
[238] Molden, Der andere Zauberberg, 65ff.

e) beim wissenschaftlich und künstlerisch arbeitenden Menschen das Bewusstsein seiner politischen Verantwortlichkeit, beim politischen Menschen das Pflichtgefühl für die rationale Beurteilung der Aufgaben unserer Zeit zu wecken,
f) bei Wahrung des eigenen Standpunktes des einzelnen, über weltanschauliche, nationale und ideologische Grenzen hinweg die geistige Zusammenarbeit mit anderen Nationen im Sinne einer abendländischen Bildungsgemeinschaft fördern und durch ein Beispiel internationaler Zusammenarbeit die Bestrebungen um die Einigung Europas unterstützen,
g) bei Ablehnung jeder parteipolitischen Einstellung des Vereines zur Anteilnahme an den bewegenden Fragen der Zeit anregen und durch die nüchterne Weise wissenschaftlicher Untersuchung den einzelnen zu klarem Erkennen der Erscheinungen anleiten,
h) gleichgesinnte geistig strebsame Menschen auf der Grundlage der genannten Bestrebungen in einer Arbeitsgemeinschaft zusammenzuführen, die der schöpferischen Persönlichkeit in einer Atmosphäre von Freiheit und geistiger Weite Raum des Entfaltens und Wirkens schafft.[239]

Neben dem bereits 1945 formulierten Bezug auf die „abendländische Bildungsgemeinschaft" und der schon in den ersten Statuten definierten Zielsetzung, an einer „Universitas der Wissenschaft" arbeiten zu wollen, fand nun also auch eine Auseinandersetzung mit Politik und Kunst Eingang in die Aufgabenbereiche des Österreichischen Colleges – ebenso wie die „Einigung Europas", die es durch ein Beispiel internationaler Zusammenarbeit zu unterstützen galt.[240] Anzumerken ist hierbei, dass die europäische Einigung in ideengeschichtlicher Perspektive zwar eine jahrhundertelange Tradition hatte, aber erst durch die Gewalterfahrungen der beiden Weltkriege entscheidende Impulse erfuhr.[241] So entstanden nicht nur nach dem Ersten Weltkrieg Europa-Organisationen wie die Paneuropabewegung von Richard Coudenhove-Kalergi.[242] Besonders nach 1945[243] wurde es „chic, euro-

---

[239] „Salzburger Statuten" vom Februar 1950 sowie Statuten des Vereins „Österreichisches College" 1954. Archiv des EFA, Ordner Statuten.

[240] Für Otto Molden bildete diese auch in späteren Jahren das „Minimalprogramm" des Colleges. Vgl.: Protokoll der Vorstandssitzung des Österreichischen College vom 24./25.10.1953. Archiv des EFA, Ordner Generalversammlungen.

[241] Wolfgang Schmale, Geschichte Europas, Wien/Köln/Weimar 2000; Derek Heater, Europäische Einheit. Biographie einer Idee. Übersetzt und annotiert von Wolfgang Schmale und Brigitte Leucht, Bochum 2005; Michael Gehler, Europa. Ideen, Institutionen, Vereinigung, 2. überarb. Aufl., München 2010.

[242] Vanessa Conze, Richard Coudenhove-Kalergi. Umstrittener Visionär Europas, Gleichen 2004; Anita Ziegerhofer-Prettenthaler, Botschafter Europas. Richard Nikolaus Coudenhove-Kalergi und die Paneuropa-Bewegung in den zwanziger und dreißiger Jahren, Wien 2004.

[243] Auch die Nationalsozialisten verbanden ihre Besatzungsherrschaft in den europäischen Ländern mit Europakonzeptionen, und auch die verschiedenen Exil- und Widerstandsgruppen entwickelten Europapläne. Vgl. hierzu: Jörg K. Hoensch, Nationalsozialistische Europapläne im Zweiten

päisch zu denken"[244] und haben Europapläne an Zuspruch gewonnen, um dauerhaft Sicherheit vor Deutschland zu schaffen, eine stabile politische Ordnung zu etablieren, einen ökonomischen Widerauf bau zu ermöglichen und dem Kontinent angesichts des aufkommenden Kalten Krieges eine neue Perspektive zu geben. Hierzu gehörte nicht nur die Schaffung zahlreicher Organisationen, wie die Union Europäischer Föderalisten (UEF), das United Europe Movement (UEM) oder die Europäische Liga für wirtschaftliche Zusammenarbeit, die sich 1948 zur bereits genannten Europäischen Bewegung zusammenschlossen. Teil des frühen Europadiskurses waren auch eine lebhafte, von vielen Intellektuellen – wie Denis de Rougemont oder Salvador de Madriaga – getragene kulturelle Debatte über Europa sowie der traditionell katholische Abendlanddiskurs, der mit der Schaffung europäischer Institutionen jedoch allmählich an Bedeutung verlor.[245] Erste wichtige Schritte stellten hierbei die Schaffung der Organization for European Economic Cooperation (OEEC) 1948 zur Verteilung der Mittel aus dem amerikanischen European Recovery Program (ERP)[246] und die Gründung des Europarats 1949 dar. Weitere folgten mit der Gründung der Europäischen Gemeinschaft für Kohle und Stahl (EGKS) 1951/1952, um den auch militärisch bedeutsamen Montanbereich zu kontrollieren, und 1957 mit der Bildung der Europäischen Wirtschaftsgemeinschaft (EWG) zur Schaffung eines einheitlichen Wirtschaftsraums,[247] während erste Ansätze zur Schaffung einer Europäischen Verteidigungs- (EVG) und Politischen Gemeinschaft scheiterten.[248]

2.5 Erste Finanzierungsgrundlagen

Die Finanzierung des Österreichischen Colleges erfolgte – wie frühest vorhandene Unterlagen belegen – 1948 bei Erträgen von rund 238.000 Schilling durch Subventionen des Bundesministeriums für Unterricht (50.000 Schilling), des Landes Tirol (10.000 Schilling), der Stadt Innsbruck (5.000 Schilling), des Instituts Français (30.000 Schilling) und der Rockefeller Foundation (20.000 Schilling). Zudem wurden Spenden (47.492 Schilling) und Teilnehmerbeiträge (41.960 Schilling)[249]

Weltkrieg. Versuch einer Synthese, in: Richard G. Plaschka (Hg.), Mitteleuropa-Konzeptionen in der ersten Hälfte des 20. Jahrhunderts, Wien 1995, 307–325.
[244] Molden, Besetzer, Toren, Biedermänner, 96.
[245] Hartmut Kaelble, Kalter Krieg und Wohlfahrtsstaat. Europa 1945–1989, München 2011, 38ff. und 106f.
[246] Vgl. zur Rolle der USA: Beate Neuss, Geburtshelfer Europas? Die Rolle der Vereinigten Staaten im europäischen Integrationsprozess 1945–1958, Baden-Baden 2000.
[247] Gründungsmitglieder waren jeweils Deutschland, Frankreich, Italien und die Beneluxstaaten.
[248] Vgl. im Überblick etwa: Gabriele Clemens/Alexander Reinfeld/Gerhard Wille, Geschichte der europäischen Integration. Ein Lehrbuch, Paderborn 2008.
[249] Nach Ivo Fischer war die Teilnahme bei den ersten Internationalen Hochschulwochen frei. Ab 1946 wurden Teilnahmegebühren, damals 105 Schilling (Gesamtpreis), verlangt. Interview mit Univ.-Prof. Dr. Ivo Fischer am 26.8.2014; Einladung zu den II. Internationalen Hochschulwochen vom 11.7.1946. Archiv des EFA, Mappe 2.

eingenommen.[250] 1949 wurden im Programmheft neben öffentlichen Stellen und dem französischen Hochkommissariat wiederum Förderungen aus „weiten Kreisen der Wirtschaft" genannt. Weiters wurde auf eine Förderung von Seiten der 1913 vom Ölmagnaten John D. Rockefeller gegründeten Rockefeller Foundation verwiesen,[251] die bereits in der Zwischenkriegszeit verschiedene Forschungsvorhaben in Europa finanziert hatte und das Österreichische College (wie andere Projekte in Österreich auch[252]) als erste amerikanische Stiftung unterstützte.[253] Wie Unterlagen aus dem Nachlass von Otto Molden belegen, hatte sich hierfür besonders Fritz Molden eingesetzt.[254] Dieser war bald als Sekretär aus dem Kabinett von Außenminister Gruber ausgeschieden und 1946 in „Die Presse" eingetreten, die Ernst Molden im selben Jahr als Nachfolgerin der 1939 eingestellten „Neuen Freien Presse" gegründet hatte. Dort war er zunächst als Auslandsredakteur tätig, wechselte dann aber in den diplomatischen Dienst und war 1948/1949 im österreichischen Generalkonsulat in New York mit dem Aufbau eines Informationsdienstes beschäftigt. In dieser Funktion hatte er nicht nur die Gelegenheit, sich nach Sponsoren für das Österreichische College umzusehen. Aufgrund seiner von 1948 bis 1954 dauernden Ehe mit der Tochter von Allen W. Dulles, der später Chef des US-Geheimdienstes CIA wurde und der Bruder des zukünftigen US-Außenministers John Foster Dulles war, hatte er auch Kontakt zu führenden Kreisen der amerikanischen Gesellschaft.[255]

Um die immer wichtiger werdenden Spenden aus der österreichischen Wirtschaft und die Unterstützung von Seiten der Politik zu erhalten,[256] wurde hingegen 1949 ein erstes Kuratorium mit führenden Persönlichkeiten aus Politik, Wissenschaft, Wirtschaft und der Kunst geschaffen, die bereit waren, die Ziele des Österreichischen Colleges zu befürworten, die Durchführung seiner Aufgaben zu

---

[250] In diesen Erträgen sind zudem ein „Übertrag Alpbach 1947" in der Höhe von 1.078 und ein „Fehlbetrag 1948" in der Höhe von 32.060 Schilling inkludiert. Vgl.: Rechnungsabschluss des Österreichischen College vom 31.12.1948. Archiv des EFA, Ordner Generalversammlungen.

[251] In den Medien wurde 1951 geschrieben, dass sich die Finanzierung 1949 folgendermaßen gestaltete: Subvention des Unterrichtsministeriums (60.000 Schilling), Subvention österreichischer Firmen (55.000 Schilling), Subvention des Österreichischen Bankenverbandes (25.000 Schilling), Subventionen der Rockefeller Foundation (20.000 Schilling), Subventionen des Landes Tirol (10.000 Schilling), Subventionen der Stadt Innsbruck (5.000 Schilling), Einnahmen der Alpbacher Veranstaltungen (85.000 Schilling). Vgl.: Wolfgang Pfaundler, Alpbacher College als Wirtschaftsfaktor, in: Tiroler Tageszeitung, 18.1.1951.

[252] In Österreich wurde etwa auch das Salzburg Seminar oder das Österreichische Institut für Wirtschaftsforschung (WIFO) unterstützt. Vgl.: Christian Fleck, Österreichs Wissenschaften in den Augen amerikanischer Besucher, in: Wiener Zeitschrift zur Geschichte der Neuzeit 1 (2005) 119ff.

[253] Eine erste Subvention von 1000 Dollar soll es 1946 gegeben haben. Vgl.: Protokoll der Sitzung des Vorstandes des Österreichischen College vom 15.10.1955. Archiv des EFA, Ordner Sitzungen 1955–1956.

[254] Schreiben von Otto Molden an Klemens von Klemperer vom 1.12.1948. Wienbibliothek, Nachlass Otto Molden, 2.2.290.

[255] Molden, Besetzer, Toren, Biedermänner, 81ff.; Molden, „Vielgeprüftes Österreich", 39ff. und 78; Interview mit Prof. Fritz Molden am 18.4.2013.

[256] Schreiben des Generalsekretariats an die Collegegemeinschaften vom 26.4.1949. Archiv des EFA, Ordner Generalversammlungen.

unterstützen und es zu beraten.[257] Zu seinen ersten Mitgliedern zählten im Juni 1949 Josef Böck-Greissau (Vizepräsident der Vereinigung Österreichischer Industrieller), Johann Böhm (Präsident des Gewerkschaftsbundes), Adalbert Duschek (Abgeordneter der SPÖ zum Bundesrat), der Rechtsprofessor Franz Gschnitzer, Unterrichtsminister Felix Hurdes, der Wiener Bürgermeister Theodor Körner, Generaldirektor Franz Landertshammer (Österreichische Länderbank), Oscar Pollak (Chefredakteur der „Arbeiterzeitung"), der Völkerrechtler Alfred Verdroß-Droßberg und der Bildhauer Fritz Wotruba.[258]

---

[257] Das Kuratorium, in: Das Österreichische College und das Europäische Forum Alpbach, Broschüre, o. J. [1949]. KIT, Nachlass Simon Moser, Sign. 41.
[258] Archiv des EFA, Ordner Generalversammlungen.

3. Das Europäische Forum Alpbach in den 1950er Jahren – „Goldene Jahre"

Mit dem 1949 festgelegten Profil gelang es dem Europäischen Forum Alpbach in den 1950er Jahren, sich zu etablieren, während nach und nach das Kongresswesen im In- und Ausland wieder zugenommen hatte. So wurde in den Medien 1946 bereits auf fünf sommerliche Hochschulwochen verwiesen[259] und 1947 auf Initiative des 1938 in die USA emigrierten Harvard-Studenten Clemens Heller auch das Salzburg Seminar in Schloss Leopoldskron ins Leben gerufen, das – wie die Amerika-Häuser und das 1952 auch in Österreich gestartete Fulbright-Programm[260] – vor allem zu einem Austausch zwischen den USA und europäischen Studenten und einer Amerika freundlichen Haltung beitragen wollte.[261] 1952 wurden bereits zwölf Internationale Hochschulkurse[262] und 1958 19 akademische Sommerkurse angekündigt,[263] wobei jedoch nicht alle Nachkriegsgründungen wie etwa die 1958 eingestellten Winter-Hochschulwochen in St. Christoph überlebten.[264] Alpbach hingegen, das – so Alexander Auer – in den 1950er und frühen 1960er Jahren ein „goldenes Zeitalter" erlebte,[265] wurde zu einem fixen Bestandteil im österreichischen Kulturkalender mit einer vor dem Hintergrund des Kalten Krieges deutlich prowestlichen Ausrichtung.

Gleichfalls weitete auch das Österreichische College, das sich selbst – wenn seine zentralen Akteure auch dem bürgerlich-konservativen Lager zuzuordnen waren[266] – als liberales, keiner Partei nahestehendes Unternehmen verstand, in den 1950er Jahren sein Tätigkeitsgebiet ständig aus. Pläne für neue Projekte – wie etwa das in Wien gegründete Forschungsinstitut für europäische Gegenwarts-

---

[259] Diese Hochschulwochen fanden in Bad Ischl, Salzburg, Pertisau und Klagenfurt statt. Vgl.: Fünf verschiedene Hochschulwochen in Österreich, in: Berichte und Informationen, Heft 23, 4.10.1946.
[260] Thomas König, Die Frühgeschichte des Fulbright Program in Österreich, Innsbruck/Wien/Bozen 2012. Vgl. zum Bereich der „Cultural Diplomacy" zudem die Ausgabe der „Zeitgeschichte" vom Jänner/Februar 2012.
[261] Christian W. Thomsen, Leopoldskron, Salzburg 1983; Thomas H. Eliot, The Salzburg Seminar: The First Forty Years, Ipswich 1987; Timothy W. Ryback/Susanne J. Fox (Hg.), The Salzburg Seminar. The First Fifty Years, Salzburg 1997; Oliver Schmidt, Networks of Patronage: American Foundations and the Origin of the Salzburg Seminar, in: Guiliana Gemelli/Roy MacLeod (Hg.), American Foundations in Europe: Grant-Giving Policies, Cultural Diplomacy and Trans-Atlantic Relations, 1920–1980, Bruxelles 2003, 145–163; Ali Fisher, Collaborative Public Diplomacy. How Transnational Networks Influenced American Studies in Europe, New York 2013.
[262] Zwölf Internationale Hochschulkurse in Österreich, in: Große Österreichische Illustrierte, 19.7.1952.
[263] 19 akademische Sommerkurse in Österreich, in: Die Presse, 5.11.1958.
[264] Zankl, Romanorum statt Pyjama, 88f.
[265] Alexander Auer, Statement zu „Alpbach in Europa – Europa in Alpbach. Retrospektive – Perspektive", in: Heinrich Pfusterschmid-Hardtenstein (Hg.), Zeit und Wahrheit. Europäisches Forum Alpbach 1994, Wien 1994, 72.
[266] Protokoll der Vorstandssitzung des Österreichischen College vom 24./25.10.1953. Archiv des EFA, Ordner Generalversammlungen.

kunde oder die Bildung von Nationalkomitees – standen auf der Tagesordnung, während die Verbindungen zu den Collegegemeinschaften und den Universitäten loser wurden.[267]

3.1 Wissenschaft, Kunst, Politik und Wirtschaft in einem Rahmen

Das Programm der Alpbacher Veranstaltungen setzte sich nach der Transformation der Internationalen Hochschulwochen zum Europäischen Forum Alpbach aus wissenschaftlichen Arbeitsgemeinschaften, Plenarvorträgen, den „Europäischen Gesprächen" sowie künstlerischen Veranstaltungen zusammen. Gemeinsam sollten diese eine „große Synthese" bilden,[268] selbst wenn sie – wie auch in den Tagungsberichten vermerkt wurde – oft nur in losem Zusammenhang standen.[269] Zudem wurden ab 1951 auch Sprachkurse (Deutsch für Anfänger und Fortgeschrittene) als zusätzliche Serviceleistung für die Teilnehmer aus dem Ausland abgehalten und wie bereits in den 1940er Jahren ein Bergtag, das Abbrennen eines Bergfeuers[270] und ein Schlussfest durchgeführt sowie der Besuch der Messe an den Sonntagen angeboten.

Die Arbeitssprachen waren Deutsch, Englisch, Französisch und Italienisch. Nachdem 1951 die Tagung noch in Deutsch und Englisch abgehalten wurde,[271] kam kurz darauf Französisch als dritte Konferenzsprache hinzu – auch um die Verbindungen zu Frankreich, die zwischenzeitlich etwas loser geworden waren, wieder zu intensivieren.[272] Mitte der 1950er Jahre folgte Italienisch als vierte Kongresssprache.[273] Das bedeutete, dass einzelne Arbeitsgemeinschaften in einer der vier Konferenzsprachen abgehalten und die Plenarvorträge – wenn auch nicht immer in alle Sprachen – simultan übersetzt wurden. Alpbach wurde damit nicht nur ein internationaler Treffpunkt, sondern auch viersprachig und blieb dies – wenn auch nicht immer Arbeitsgemeinschaften in allen Sprachen angeboten werden konnten – bis in die 1980er Jahre, als erst Französisch und Anfang der

---

[267] Vgl.: Protokoll der Sitzung des Vorstandes vom 18.2.1956 sowie Memorandum der Collegegemeinschaften Wien und Innsbruck. Archiv des EFA, Ordner Sitzungen 1955–1956.
[268] Vgl. hierzu etwa: Programm: Europäisches Forum Alpbach. Elfte Internationale Hochschulwochen des Österreichischen College, 19.8.–8.9.1955. Archiv des EFA, Programme.
[269] Tagungsbericht: Europäisches Forum Alpbach. Neunte Internationale Hochschulwochen des Österreichischen College, 15.8.–4.9.1953 sowie Tagungsbericht: Europäisches Forum Alpbach. Zehnte Internationale Hochschulwochen des Österreichischen College, 17.8.–6.9.1954. Archiv des EFA, Berichte.
[270] Dieses wurde Anfang der 1960er Jahre abgeschafft.
[271] Tagungsbericht: Europäisches Forum Alpbach. Siebente Internationale Hochschulwochen, 18.8.–7.9.1951. Archiv des EFA, Berichte.
[272] Nachdem Alpbach von Anfang an von den Franzosen unterstützt worden war, hatte es bei den Kulturverantwortlichen zeitweise an Beachtung verloren, auf Initiative des Österreichischen Colleges kamen ab 1952/1953 aber wieder mehr Franzosen nach Alpbach. In der Folge blieb dieses ein wichtiges Thema für die französische Besatzungsmacht. Vgl.: Feurstein-Prasser, Von der Besatzungspolitik zur Kulturmission, 340f.
[273] Das erste italienische Programmheft ist aus dem Jahr 1954 überliefert.

Vortrag beim Europäischen Forum Alpbach 1951 mit Simultanübersetzung

1990er Jahre auch Italienisch wegfiel. Die Dauer der Veranstaltung lag (den Tag der An- und Abreise mitgerechnet) bei 20 oder 21 Tagen und sollte aufgrund einer lockeren Programmgestaltung genug Platz für einen informellen Austausch geben. Nach der Eröffnung, die 1950 erstmals von Bundeskanzler Leopold Figl und 1951 von Bundespräsident Theodor Körner vorgenommen wurde,[274] traten über die Dauer der Veranstaltung verteilt in der Regel am Vormittag die Arbeitskreise zusammen, während am Nachmittag die Plenarveranstaltungen stattfanden. Die „Europäischen Gespräche", die sich über das ganze Forum verteilten, fanden wie bereits 1949 oftmals ganztätig statt, zum Teil erstreckten sie sich auch über mehrere Tage.

3.1.1 Das wissenschaftliche Programm

Der mit dem wissenschaftlichen Programm verbundene Anspruch war auch nach 1949 jener, zu einem Studium Generale beizutragen[275] und die Gruppen von Wissenschaftlern und Fachgebieten, die sonst nicht in Verbindung kamen, in Kontakt zu bringen. Die „Brücke" über die einzelnen Disziplinen sollte einerseits in den

---

[274] 1959 nahm die Eröffnung Bundespräsident Adolf Schärf vor.
[275] Vgl. hierzu etwa das Programmheft 1952, in dem es wörtlich heißt, dass die „Alpbacher Tagung ein konkretes Beispiel für das Studium Generale" sein will: Programm: Europäisches Forum Alpbach. Achte Internationale Hochschulwochen des Österreichischen College, 22.8.–11.9.1952. Archiv des EFA, Programme.

Arbeitsgemeinschaften selbst geschlagen werden, indem sie von zwei oder mehr Lehrenden aus unterschiedlichen Disziplinen (oder wenn aus einer Diszplin, dann von Wissenschaftlern mit unterschiedlichen Standpunkten) geleitet wurden. Andererseits sollten Teile der Plenarvorträge, Einführungen in das Gesamtthema und auch eine Begegnung der Arbeitskreise dazu beitragen, dass die unterschiedlichen Disziplinen miteinander ins Gespräch kommen.[276] Hierbei galt es pro Jahr ein Grundthema zu wählen, das einerseits grundsätzlich und zeitnah und als Leitmotiv alle großen Wissenschaftsgebiete durchziehen sollte. Andererseits sollte die wissenschaftliche Fragestellung „Nachbarschaft" zu den anderen Schwerpunktbereichen des Europäischen Forum Alpbach „halten", woraus resultierte, dass einmal im Jahr ein Index der großen Gegenwartsprobleme aufgestellt werden sollte. Damit ging – wie auch Simon Moser in einer Besprechung im Jahr 1957 zugeben musste – ein gewisser Wechsel zwischen „Wissenschaft und allgemeinem Interesse" und die Berücksichtigung von Themen, die an den Universitäten nicht vorhanden waren, einher.[277] Zugleich führte diese Entwicklung – so Moser auf dem ersten Bundestag des Österreichischen Colleges 1959 – auch dazu, dass sich die für die Alpbacher Veranstaltungen charakteristischen „Und-Themen" durchsetzten,[278] wobei für die Programmentwicklung eigene Programmkonferenzen installiert wurden, wie sie spätestens ab den 1950er Jahren überliefert sind.

Gleichfalls blieben auch die dem Collegesystem folgenden Arbeitskreise, in denen sich „Professoren und Studenten befreit von manchem Zopf und mancher Rücksicht und Vorsicht des offiziellen Universitätsbetriebs aussprechen können",[279] das prägende Strukturelement. Der „Nimbus eines philosophischen Meister-Jünger-Verhältnisses oder wissenschaftlichen Lehrer-Schülerverhältnisses" sollte – wie es bereits 1949 in einer Broschüre festgehalten worden war – in Alpbach fehlen,[280] und dies wurde von vielen jungen Teilnehmern auch so empfunden. So berichten etwa Ivo Frenzel,[281] der 1951 das erste Mal als junger Student von Göttingen nach Alpbach kam oder die Journalistin Barbara Coudenhove-Kalergi, die in den 1950er Jahren als Studentin eine Zeitlang für das Österreichische College arbeitete und so auch das Europäische Forum Alpbach besuchte, davon, dass sich dieses deutlich vom autoritären Kathederunterricht an den Universitäten unter-

---

[276] Protokoll des ersten Bundestages des Österreichischen College am 29./30.5.1959. Archiv des EFA, Mappe 12.
[277] Kurzprotokoll der Besprechung der Leitung des Österreichischen College vom 7.9.1957 mit einigen ausländischen Teilnehmern über eine weitere Zusammenarbeit mit dem Österreichischen College. Archiv des EFA, Ordner Stabsbesprechungen 1959–1979 sowie Protokoll des ersten Bundestages des Österreichischen College am 29./30.5.1959. Archiv des EFA, Mappe 12.
[278] Protokoll des ersten Bundestages des Österreichischen College am 29./30.5.1959. Archiv des EFA, Mappe 12; Das Europäische Forum Alpbach des Österreichischen College, Informationsblatt, undatiert [1958]. Archiv des EFA, Mappe 14.
[279] Wissenschaftliche Arbeit im Österreichischen College, in: Europäisches Forum Alpbach. Das Österreichische College, Broschüre, o. J. [1951]. KIT, Nachlass Simon Moser, Sign. 41.
[280] Simon Moser, Wissenschaftliche Arbeit im „Österreichischen College", in: Das Österreichische College und das Europäische Forum Alpbach, Broschüre, o. J. [1949]. KIT, Nachlass Simon Moser, Sign. 41.
[281] Ivo Frenzel, Studium Naturale, in: FORVM, Juli/Aug. 1954, 19f.

schied. Dass man – wenn man sich traute – mit einem Professor sprechen konnte, war für sie etwas Besonderes,[282] glückte aber nicht immer, wie etwa die Kritik von Studenten belegt, dass die Professoren beim Europäischen Forum Alpbach 1959 zu wenig für sie ansprechbar waren.[283]

Hauptverantwortlich für das wissenschaftliche Programm war auch nach seinem 1952 erfolgten Wechsel an die Technische Hochschule in Karlsruhe Simon Moser. Die Schaffung eines wissenschaftlichen Beirats war zwar bereits in den späten 1940er Jahren und auch im nachfolgenden Jahrzehnt ein immer wieder angesprochenes Thema, dürfte damals aber nicht umgesetzt worden sein.[284] In Karlsruhe übernahm Moser zuerst die Vertretung eines neugeschaffenen Extraordinariats für Philosophie und wurde 1955 zum außerordentlichen und 1962 zum ordentlichen Professor für Philosophie bestellt. Zugleich leitete er hier auch das im Wintersemester 1949/1950 eingerichtete Studium Generale als allgemeinbildendes Lehrangebot für die Hörer aller Fakultäten, das er über seine Emeritierung im Jahr 1968[285] hinaus bis 1977 führte.[286] Damit war verbunden, dass Moser, der seinen Arbeitsschwerpunkt zunächst in der griechischen und mittelalterlichen Philosophie hatte, sich nun verstärkt philosophischen Grundfragen der Natur- und Ingenieurwissenschaften widmete[287] und sich Synergien aus seiner Arbeit für Alpbach und das Studium Generale in Karlsruhe ergeben konnten.[288]

Die Anzahl der Arbeitsgemeinschaften und Arbeitskreise lag zwischen zehn und 15 und entsprach vom zeitlichen Umfang her einem vollen Universitätsseminar. Nachdem sie 1950 und 1951 noch unter einem gemeinsamen Generalthema zu Wissenschaftsbereichen wie Philosophie, Theologie, Biologie und Rechtswissenschaften oder Kunst, nicht aber zur Medizin, die bald wieder wegfiel,[289] angekündigt wurden, setzte sich ab 1952 durch, dass die einzelnen Arbeits-

---

[282] Barbara Coudenhove-Kalergi, Zuhause ist überall. Erinnerungen, Wien 2013, 128ff.; Interview mit Barbara Coudenhove-Kalergi am 8.2.2014.

[283] Anzumerken ist in diesem Zusammenhang, dass sich auch durch die Zuteilung der Hotels und die Ausgabe unterschiedlicher Essensmarken eine Hierarchisierung unter den Teilnehmern ergab. Die Essensmarken, die jeweils in einem bestimmten Gasthaus eingelöst werden konnten, wurden erst zu Beginn der 1990er Jahre abgeschafft. Protokoll der Stabsbesprechung vom 9.9.1959. Archiv des EFA, Ordner Stabsbesprechungen 1959–1979.

[284] Vgl. etwa die Sitzungen des Vorstandes vom 19.12.1955, 18.2.1956 und 11.4.1956. Archiv des EFA, Ordner Sitzungen 1955/1956.

[285] Moser vertrat sich in Folge jedoch noch ein Jahr selbst.

[286] Auch die Einrichtung des Extraordinariats für Philosophie muss vor dem Hintergrund der Diskussion um das Studium Generale jener Zeit gesehen werden. Da die Gefahr des einseitigen Fachstudiums besonders an den Technischen Hochschulen gesehen wurde, wurde eine Verstärkung geisteswissenschaftlicher Fächer oder Fakultäten thematisiert. Vgl. hierzu: Wolbring, Trümmerfeld der bürgerlichen Welt, 338; https://www.geistsoz.kit.edu/geschichte_der_fakultaet2.php (17.6.2014) sowie zum Studium Generale in Karlsruhe: Caroline Y. Robertson-von Trotha, 60 Jahre Studium Generale und 20 Jahre angewandte Kulturwissenschaft. Entstehung – Dokumente – Konzeptionen, Karlsruhe 2009.

[287] Der Metaphysiker. Simon Moser gestorben, in: Frankfurter Allgemeine Zeitung, 25.8.1988.

[288] Der Philosoph Simon Moser wird morgen 80, in: Badische Nachrichten, 14.3.1981.

[289] Molden, Der andere Zauberberg, 63.

gemeinschaften mit konkreten Fragestellungen übertitelt wurden. So tagten diese etwa 1952 – als „Wissenschaft im Umbruch" das Gesamtthema darstellte – zu den Bereichen „Der Historismus und seine Überwindung" oder „Die europäische Gesellschaft im Umbruch".[290] 1954, als zum zehnjährigen Jubiläum des Europäischen Forum Alpbach in Umkehr des ersten Generalthemas über „Gegenwart und Wissenschaft" diskutiert wurde, standen etwa die „Kybernetik", die „Pathologie des modernen Bewusstseins" oder „Sprache – Erkenntnis – Wissenschaft" auf dem Programm.[291] 1956, wenige Wochen vor der Ungarischen Revolution, tagte das Europäische Forum Alpbach zum Generalthema „Evolution und Revolution" mit Arbeitsgemeinschaften zu den Themen „Umsturz der Werte", „Geschichte der Rechtsgeschichte der Revolutionen" oder „Das Thema der Revolte in der Literatur des 20. Jahrhunderts".[292] 1958 wurden unter dem Generalthema „Bilanz der Freiheit" Arbeitskreise zur Fragestellung „Was ist die Freiheit?" (im philosophischen Denken der Gegenwart), zu „Planung in der Freiheit – Freiheit in der Planung" (aus wirtschaftlicher Perspektive) oder der „Freiheit des Künstlers" eingerichtet.[293]

Die anwesenden Wissenschaftler kamen sowohl aus Österreich, Deutschland, der Schweiz, Frankreich, Italien, England und den USA sowie in geringerem Umfang auch aus den Niederlanden, Belgien, Dänemark, Irland, in einem Fall aus Brasilien und 1958 erstmals auch aus Polen.[294] Hierbei wurde vor allem eine Zusammenarbeit mit den kontinentalen europäischen Ländern, weniger jedoch mit den intellektuellen Kreisen Englands erreicht[295] und der bereits in den 1940er Jahren eingeschlagene Weg beibehalten, in großem Umfang Wissenschaftler (aber auch Künstler) einzuladen, die Österreich und Deutschland ab den 1920er Jahren verlassen mussten. Wie Friedrich Stadler bereits 1987 vermerkt hat, verlief die Emigration zahlreicher Wissenschaftler, Künstler und Intellektueller aus Österreich in mehreren Phasen und war durch ökonomische Gründe bzw. fehlende Arbeitsmöglichkeiten an den Universitäten ebenso bedingt wie durch ein sich zunehmend breitmachendes antisemitisches und antidemokratisches Klima,

---

[290] Programm: Europäisches Forum Alpbach. Achte Internationale Hochschulwochen des Österreichischen College, 22.8.–11.9.1952. Archiv des EFA, Programme.
[291] Programm: Europäisches Forum Alpbach. Zehnte Internationale Hochschulwochen des Österreichischen College, 17.8.–6.9.1954. Archiv des EFA, Programme.
[292] Programm: Europäisches Forum Alpbach. Zwölfte Internationale Hochschulwochen des Österreichischen College, 17.8.–6.9.1956. Archiv des EFA, Programme.
[293] Programm: Europäisches Forum Alpbach. Vierzehnte Internationale Hochschulwochen des Österreichischen College, 22.8.–10.9.1958. Archiv des EFA, Programme.
[294] Interessant ist hinsichtlich der Referenten aus den USA, bei denen es sich häufig um Emigranten handelte, dass sich in den Unterlagen mehrfach der Hinweis findet, dass das Europäische Forum Alpbach nur Reisekosten innerhalb von Europa übernehmen konnte. Die Einladung nach Alpbach wurde daher mit der Frage kombiniert, ob ein Aufenthalt in Europa geplant sei, in diesem Zusammenhang ein Besuch in Alpbach erfolgen könne bzw. die Gelder für den Transfer nach Europa selbst aufgebracht werden können.
[295] Vgl.: Bericht über die Tätigkeit des „Europäischen Forum Alpbach" sowie über Organisation, Aufgaben und bisherige Leistungen des Österreichischen College, undatiert. Archiv des EFA, Ordner Presse P 1959.

das in der Zerstörung demokratischer Strukturen durch das Dollfuß-Schuschnigg-Regime (auch an den Hochschulen) und der endgültigen „Vertreibung des Geistes" durch den Nationalsozialismus und seine politischen und rassistischen Diskriminierungs- und Verfolgungsmaßnahmen mündete.[296] Folge hiervon sowie einer generellen Innovationsfeindlichkeit im österreichischen Wissenschaftssystem war – so Christian Fleck – eine geistige „Selbstprovinzialisierung", die bis in die 1970er Jahre nachwirkte.[297] Bestandteil der fehlenden Erneuerung war nicht nur eine inkonsequente bzw. bald wieder rückgängig gemachte Entnazifizierung, sondern auch, dass eine Einladung an die Emigranten zur Rückkehr – mit wenigen Ausnahmen – nicht stattfand, und das unabhängig davon, ob sie hierzu bereit gewesen wären oder nicht. Erging doch eine Aufforderung seitens des Unterrichtsministeriums, so waren – noch einmal Fleck – drei Merkmale auffallend: jene, prominent, katholisch-konservativ und nicht jüdisch zu sein. Und selbst dann wurde oft nur halbherzig, bürokratisch und wenig entgegenkommend agiert,[298] womit Österreich nicht nur zahlreiche Wissenschaftler, sondern auch deren Themen und Inhalte bzw. ganze Schulen (wie der Wiener Kreis oder der Rechtspositivismus Kelsens) abhandenkamen.

In Alpbach machten Emigranten aus Österreich und Deutschland hingegen einen beachtlichen Teil aus, wenn auch hier Wissenschaftler und Künstler zu Gast waren, die – angefangen bei Simon Moser – mehr oder weniger enge Berührungspunkte zum austrofaschistischen Staat und zum Nationalsozialismus gehabt hatten. Nicht unwesentlich war bei der Einladung der Emigranten der Faktor Prominenz, da das College – so Heinrich Pfusterschmid-Hardtenstein – bestrebt war, internationale Spitzenleute nach Alpbach zu bringen.[299] Desgleichen dürfte ebenfalls maßgeblich gewesen sein, dass besonders durch deren Präsenz die für Alpbach so zentrale internationale Anbindung umgesetzt werden konnte und hierdurch auch jene Themen zum Zug kommen sollten, die an den österreichischen Universitäten nicht vertreten waren.

---

[296] Friedrich Stadler, Emigration in der Wissenschaft – Wissenschaft von der Emigration. Ein ungeschriebenes Kapitel österreichischer Zeitgeschichte, in: Ders. (Hg.), Vertriebene Vernunft I. Emigration und Exil österreichischer Wissenschaft, unv. Neuauflage, Münster 2004, 9–41. Vgl. zudem: Friedrich Stadler, Kontinuität und Bruch 1938 – 1945 – 1955. Beiträge zur österreichischen Kultur- und Wissenschaftsgeschichte, unv. Neuauflage, Münster 2004; Friedrich Stadler (Hg.), Österreichs Umgang mit dem Nationalsozialismus. Die Folgen für die naturwissenschaftliche und humanistische Lehre, Wien 2004; Johannes Feichtinger, Wissenschaft zwischen den Kulturen. Österreichische Hochschullehrer in der Emigration 1933–1945, Frankfurt/Main 2001; Österreichische HochschülerInnenschaft (Hg.), Österreichische Hochschulen im 20. Jahrhundert. Austrofaschismus, Nationalsozialismus und die Folgen, Wien 2013; Oliver Rathkolb (Hg.), Der lange Schatten des Antisemitismus. Kritische Auseinandersetzungen mit der Geschichte der Universität Wien im 19. und 20. Jahrhundert, Göttingen 2013.

[297] Christian Fleck, Autochthone Provinzialisierung. Universität und Wissenschaftspolitik nach dem Ende der nationalsozialistischen Herrschaft in Österreich, in: Österreichische Zeitschrift für Geschichtswissenschaft 7 (1996) 67–92; Christian Fleck, Österreichs Unis nach 1945 „selbstprovinzialisiert" (2005), http://sciencev1.orf.at/science/news/134822 (12.5.2014).

[298] Ebenda, 78f.

[299] Interview mit Dr. Heinrich Pfusterschmid-Hardtenstein am 23.5.2013.

So waren – um mit einigen Beispielen aus Österreich zu beginnen – mit Friedrich von Hayek, Gottfried Haberler[300] und Fritz Machlup[301] bereits ab den 1940er Jahren prominente Vertreter der Wiener Schule der Nationalökonomie, die später wichtige Lehrstühle in den USA bekleideten, sowie mit Hans Redlich[302] und Egon Joseph Wellesz[303] zwei nach England emigrierte Komponisten und Musikwissenschaftler in Alpbach. In den 1950er Jahren folgten die Physiker Erwin Schrödinger aus Irland und Lise Meitner aus Schweden,[304] der Philosoph Karl Popper aus London, mehrfache Einladungen an den in Berkeley lehrenden Architekten der österreichischen Bundesverfassung Hans Kelsen,[305] ein erster Besuch des Kunsthistorikers Ernst Gombrich aus England[306] sowie des in die USA emigrierten Psychiaters und Psychoanalytikers Friedrich Hacker.[307] Zudem besuchten mit dem Physiker Philipp Frank[308] sowie dem Philosophen Arthur Pap[309] erste Vertreter bzw. Personen aus dem Umfeld des Wiener Kreises und mit dem an der Columbia University unterrichtenden Soziologen Paul Lazarsfeld[310] auch ein Co-Autor der berühmten Studie über die Arbeitslosen von Marienthal, der in den USA äußerst einflussreich wurde,[311] Alpbach.

Was Deutschland betrifft, ist hingegen – um einige frühe Beispiele zu nennen – auf Einladungen an den bereits genannten Ernst B. Chain und den Juristen Georg Schwarzenberger, die nach England emigriert waren,[312] den Historiker Golo

---

[300] Haberler war 1949 und 1956 in Alpbach.

[301] Machlup war das erste Mal 1951 als Leiter des nationalökonomischen Arbeitskreises in Alpbach. Weitere Besuche folgten ab 1961.

[302] Hans Redlich war 1948, 1950, 1951, 1952 und 1955 in Alpbach. Hier leitete er den musikalischen bzw. musikhistorischen Arbeitskreis oder nahm als Gastredner am Arbeitskreis zur Kunst teil.

[303] Egon Wellesz wurde 1949, 1960 und 1962 nach Alpbach eingeladen. Wien besuchte er 1948 das erste Mal wieder. In den folgenden Jahren hielt er sich mehrfach in Wien und dem Ausseerland auf. Vgl.: Egon und Emmy Wellesz. Egon Wellesz. Leben und Werk, herausgegeben von Franz Endler, Wien/Hamburg 1981, 266ff.

[304] Lise Meitner war 1952 und 1954 in Alpbach.

[305] Hans Kelsen wurde 1952 und 1956 nach Alpbach eingeladen. Im Programmheft von 1952 scheint er auch mit einem Vortrag zum Thema „Was ist Gerechtigkeit" auf, nicht jedoch im Bericht. In den Medien wurde auf sein Kommen verwiesen, aber nicht davon berichtet, dass er da war. Die Einladung, 1956 nach Alpbach zu kommen, lehnte er bereits im Vorfeld ab, da er zum Zeitpunkt des Europäischen Forum Alpbach in den USA sein musste. Vgl.: Schreiben von Hans Kelsen an Simon Moser vom 18.3.1956. KIT, Nachlass Simon Moser, Sign. 49.

[306] Ernst Gombrich beteiligte sich 1954 an der Arbeitsgemeinschaft „Sprache – Erkenntnis – Wirklichkeit"; 1982 besuchte er Alpbach ein weiteres Mal.

[307] Friedrich Hacker kam 1959 während eines Gastaufenthalts in Wien (1959–1963) das erste Mal nach Alpbach. Weitere Besuche folgten 1961, 1964 und 1974.

[308] Philipp Frank beteiligte sich 1955 an der Arbeitsgemeinschaft „Erkenntnis und Handlung". Vgl. hierzu: Schorner, Comeback auf Umwegen, 222ff.

[309] Arthur Pap, der 1953/1954 eine Gastprofessur an der Universität Wien bekleidete, beteiligte sich 1954 an der Arbeitsgemeinschaft „Sprache – Erkenntnis – Wirklichkeit".

[310] Paul Lazarsfeld war 1959 in Alpbach und sprach im Rahmen der „Europäischen Gespräche" zum Thema „Politik und Erziehung".

[311] Lazarsfeld trug maßgeblich zur Institutionalisierung der modernen Sozialforschung in den USA sowie zur Entwicklung empirischer Methoden (etwa im Bereich der Meinungsforschung) bei.

[312] Georg Schwarzenberger scheint im Programmheft für die Internationalen Hochschulwochen 1948 auf.

Mann,[313] den Soziologen Julius Kraft[314] oder den Kunsthistoriker Otto Georg von Simson,[315] die in die USA gegangen waren, den Soziologen Theodor Julius Geiger in Dänemark[316] bzw. – um mit den 1950er Jahren fortzusetzen – auf folgende, in die USA emigrierten Personen zu verweisen: den Philologen Kurt von Fritz,[317] den Philosophen Karl Löwith,[318] den Politikwissenschaftler Arnold Bergstraesser,[319] sowie Theodor Adorno[320] und Max Horkheimer,[321] mit denen, nach ihrer Remigration aus den USA, in den 1950er Jahren auch bereits zwei erste Vertreter der Frankfurter Schule nach Alpbach kamen. Eine besondere Position in der Geschichte des Europäischen Forum Alpbach nehmen jedoch Friedrich von Hayek, Karl Popper und Erwin Schrödinger ein.

Friedrich von Hayek, der 1974 mit dem Nobelpreis für Wirtschaftswissenschaften ausgezeichnet wurde und über ein breites Arbeitsspektrum von der Wirtschaftstheorie bis hin zur Psychologie, Rechts- und Sozialphilosophie verfügte, zählt zu den wichtigsten Verfechtern einer liberalen Wirtschafts- und Staatsordnung im 20. Jahrhundert und konnte in den 1970er und 1980er Jahren großen Einfluss auf die neoliberale Wende in den USA und Großbritannien gewinnen. In Wien aufgewachsen, hat er nach einem Studium der Rechts- und Staatswissenschaften gemeinsam mit Ludwig von Mises 1927 das Institut für Konjunkturforschung gegründet und 1931 eine Berufung an die London School of Economics angenommen. Wie andere Vertreter der Österreichischen Schule der Nationalökonomie hat er Öster-

---

[313] Golo Mann wird erstmals 1949 im Programmheft des Europäischen Forum Alpbach – noch vor seiner Rückkehr nach Deutschland – genannt. Ein zweiter Besuch war für 1957 vorgesehen, Mann dürfte in diesem Jahr jedoch nicht in Alpbach gewesen sein.

[314] Julius Kraft scheint im Programmheft von 1949 – noch vor seiner Rückkehr nach Deutschland – auf.

[315] Otto Georg von Simson wird im Programm des Europäischen Forum Alpbach 1949 als Co-Leiter der Arbeitsgemeinschaft zur Kunst genannt.

[316] Theodor Julius Geiger war 1949 und 1950 in Alpbach und beteiligte sich an den soziologischen Arbeitskreisen.

[317] Kurt von Fritz war 1950, 1951 und 1952 – noch vor seiner Remigration – als Leiter von Arbeitsgemeinschaften und als Vortragender in Alpbach.

[318] Karl Löwith war 1950 – noch vor seiner Remigration – das erste Mal in Alpbach, ein zweiter Besuch folgte 1952.

[319] Arnold Bergstraesser war – noch vor seiner Remigration – 1952 und 1953 in Alpbach. 1955 folgte ein weiterer Besuch.

[320] Theodor Adorno wurde bereits 1955 nach Alpbach eingeladen, kann aber erstmals 1957, beteiligte sich in diesem Jahr an einer Arbeitsgemeinschaft zum Thema „Mythos, Utopie, Ideologie – Versuch einer Strukturanalyse" und hielt einen Vortrag zum Thema „Die Funktion des Kontrapunkts in der neuen Musik. Zum Verhältnis künstlerischer Technik und philosophischer Problematik". Vgl.: Schreiben von Simon Moser an Theodor Adorno vom 7.5.1955. KIT, Nachlass Simon Moser, Sign. 48 sowie Tagungsbericht: Europäisches Forum Alpbach 1957. Dreizehnte Internationale Hochschulwochen des Österreichischen College, 17.8.–5.9.1957. Archiv des EFA, Berichte.

[321] Max Horkheimer war, nachdem es schon in den vorhergehenden Jahren Versuche gegeben hatte, ihn nach Alpbach zu holen, 1959 beim Europäischen Forum Alpbach. Vgl.: Schreiben von Otto Molden an Simon Moser vom 29.5.1957 und vom 1.6.1957. KIT, Nachlass Simon Moser, Sign. 41 sowie Schreiben von Simon Moser an Max Horkheimer vom 24.4.1956. KIT, Nachlass Simon Moser, Sign. 49; Tagungsbericht: Europäisches Forum Alpbach 1959. Fünfzehnte Internationale Hochschulwochen des Österreichischen College, 21.8.–9.9.1959. Archiv des EFA, Berichte.

reich damit schon früh verlassen[322] und 1944 mit „Der Weg zur Knechtschaft", das die Unvereinbarkeit von Sozialismus, Demokratie und individueller Freiheit propagiert, ein erstes Hauptwerk vorgelegt. Desgleichen begründete er mit der 1947 gegründeten Mont Pèlerin Gesellschaft ein einflussreiches Netzwerk, in dem er dem Liberalismus nahestehende Intellektuelle und Politiker versammeln wollte.[323] 1950 wechselte er an die University of Chicago und 1962 an die Universität Freiburg, nachdem eine Übersiedlung nach Wien scheiterte.[324] Eine nach der Emeritierung angenommene Gastprofessur in Salzburg führte ihn bald wieder zurück nach Freiburg, da er sich von der österreichischen Bürokratie eingeengt fühlte.[325] In Alpbach war Hayek, der sich nach 1945 mehrfach in Österreich aufhielt und sich intensiv in den Wiederaufbau der wissenschaftlichen Landschaft einbrachte,[326] erstmals 1947 und äußerte sich hierüber nicht nur lobend gegenüber dem Österreichischen College „als bei weitem die erfolgreichste Ausführung",[327] sondern auch gegenüber der Rockefeller Foundation, für die er mehrere Berichte über die wissenschaftliche Landschaft im Nachkriegsösterreich verfasste.[328] In Folge sollte er mit einer größeren Lücke in den 1970er Jahren bis zum Jahr 1985 immer wieder kommen, hier anfangs Arbeitsgemeinschaften leiten und später Vorträge (auch im Rahmen der „Europäischen Gespräche") halten.

Gleichfalls war er auch dafür verantwortlich, dass der mit ihm befreundete Karl Popper erstmals 1948 nach Alpbach kam, der ebenfalls bis in die 1980er Jahre ein „Stammgast" bleiben sollte, sich an Arbeitsgemeinschaften unter dem von ihm so bezeichneten „Baum der Erkenntnis" beteiligte oder Vorträge hielt. Nachdem Hayek bei seinem Besuch in Alpbach den Eindruck gewonnen hatte, dass bisher vor allem französische Existentialisten und ähnliche Philosophen in Alpbach aufgetreten waren, empfahl er Simon Moser, Popper einzuladen, worauf dieser ein

---

[322] Claus Dieter Krohn, Die Emigration der Österreichischen Schule der Nationalökonomie in die USA, in: Friedrich Stadler (Hg.), Vertriebene Vernunft II/1. Emigration und Exil österreichischer Wissenschaft 1930–1940, Neuaufl., Münster 2004, 402–414; Feichtinger, Wissenschaft zwischen den Kulturen, 181ff.

[323] Anselm Doering-Manteuffel/Lutz Raphael, Nach dem Boom. Perspektiven auf die Zeitgeschichte nach 1970, Göttingen 2008, 32.

[324] Hayek hatte 1946/1947 eine Berufung an die Universität Wien abgelehnt. Als er nach seiner Emeritierung nach Wien (sowohl ans Institut für Höhere Studien als auch an die Universität Wien) wollte, scheiterte dies aus mehrfachen Gründen, dem Erwerb seiner Bibliothek und einem Feilschen um Posten. Vgl.: Fleck, Autochthone Provinzialisierung, 90; Christian Fleck, Wie Neues nicht entsteht. Die Gründung des Instituts für Höhere Studien in Wien durch Ex-Österreicher und die Ford Foundation, in: Österreichische Zeitschrift für Geschichtswissenschaften 1 (2000) 147.

[325] Ein Theoretiker der Freiheit. Friedrich August von Hayek (1899–1992), in: Isabella Ackerl/Ingeborg Schödl, Sie haben uns nicht zurückgeholt. Verlorene Intelligenz. Österreichische Wissenschaftler 1918–1945, Wien 2005, 79–86.

[326] Fleck, Österreichs Wissenschaften in den Augen amerikanischer Besucher; Fleck, Wie Neues nicht entsteht; Stephen Kresge/Leif Wenar (Hg.), Hayek on Hayek. An Autobiographical Dialogue, London 1994, 132.

[327] Das Urteil der Welt in der Presse, in: Das Forum von Alpbach und das Österreichische College. Broschüre, o. J. [1948]. Archiv des EFA, Mappe 4.

[328] Fleck, Österreichs Wissenschaften in den Augen amerikanischer Besucher, 128.

Jahr später kam.[329] Karl Popper, der mit seinen Arbeiten zur Erkenntnis- und Wissenschaftstheorie, zur Sozial- und Geschichtsphilosophie sowie zur politischen Philosophie zu den bedeutendsten Philosophen des 20. Jahrhunderts zählt, wurde in Wien geboren und hat hier eine Lehrer- und Tischlerausbildung sowie ein Studium absolviert. Politisch für kurze Zeit den Kommunisten nahestehend, war sein Berufswunsch, zunächst Lehrer zu werden, was er von 1930 bis 1936 auch war. Für seine philosophische Entwicklung waren nicht zuletzt Kontakte zum Wiener Kreis entscheidend, wenn er auch nie ein richtiges Mitglied war und gegenteilige Positionen vertrat.[330] So erschien etwa auch seine „Logik der Forschung", die zu einem Hauptwerk des von Popper begründeten Kritischen Rationalismus wurde, nicht nur in Auseinandersetzung mit dem logischen Empirismus des Wiener Kreises, sondern wurde 1934 auch in den „Schriften zur wissenschaftlichen Weltauffassung" publiziert, die von Mitgliedern des Wiener Kreises herausgegeben wurden. Als er 1935/1936 für einige Monate in England war und von einer offenen Stelle am Canterbury University College in Christchurch hörte, emigrierte er angesichts der sich zuspitzenden politischen Situation in Österreich nach Neuseeland. Dort entstand auch sein wohl bekanntestes Buch „Die offene Gesellschaft und ihre Feinde", das sich (über Platon, Hegel und Marx) gegen geschlossene Denksysteme, Ideologiekonstruktionen, deterministische Welt- und Geschichtsbilder wendet und das Modell einer offenen, pluralistischen Gesellschaft mit einem ausgeprägt individualistischen Grundzug entwarf. Seine Veröffentlichung erfolgte – nach anfänglichen Schwierigkeiten – mit der Hilfe von Hayek 1945 zunächst bei einem britischen und 1950 bei einem amerikanischen Verlag. Gleichzeitig erhielt Popper, der auch Mitglied der Mont Pèlerin Gesellschaft war, durch seine Unterstützung auch eine außerordentliche Professur an der London School of Economics, die er 1946 annahm.[331] 1949 folgte eine Professur an der Universität London.[332] Als er ein Jahr zuvor das erste Mal nach Alpbach kam, zeigte er sich vom Forum so begeis-

---

[329] Hans Albert, In Kontroversen verstrickt. Vom Kulturpessimismus zum kritischen Rationalismus, Münster 2010, 155f.; Robert Zimmer/Martin Morgenstern (Hg.), Gespräche mit Hans Albert, Münster 2011, 27f.; Interview mit Univ.-Prof. Dr. Hans Albert am 16.8.2013.

[330] Popper kritisierte des Prinzip der Induktion. Er entwickelte als zentrales Kriterium für die Wissenschaftlichkeit von Aussagen die „Falsifizierbarkeit". Wissenschaft sollte auf das Eliminieren falscher Hypothesen zielen, Theorien sollten frei erfunden und widerlegt werden können.

[331] Vgl. zu Hayek, Popper, der Mont Pèlerin Gesellschaft und Alpbach: Jürgen Nordmann: Der lange Marsch zum Neoliberalismus. Vom Roten Wien zum freien Markt. Popper und Hayek im Diskurs, Hamburg 2005.

[332] Als ihn Viktor Kraft im Namen der Philosophischen Fakultät der Universität Wien fragte, ob er bereit wäre, einen Lehrstuhl zu übernehmen, sagte Popper ab, da er in London bleiben wollte. Hierbei handelte es sich aber vermutlich nur um eine Privatanfrage. Anfang 1986 übernahm er die Leitung des neuen Ludwig Boltzmann Instituts für Wissenschaftstheorie in Wien und war ein Semester an der Universität Wien. Danach kehrte er wieder nach England zurück. Vgl.: Ingrid Belke, Karl R. Popper im Exil in Neuseeland von 1937–1945, in: Friedrich Stadler (Hg.), Vertriebene Vernunft II/1. Emigration und Exil österreichischer Wissenschaft 1930–1940, unv. Neuauflage, Münster 2004, 140–154 (insbes. 151 und 154); Der Vater der „offenen Gesellschaft". Sir Karl Raimund Popper, in: Isabella Ackerl/Ingeborg Schödl, Sie haben uns nicht zurückgeholt. Verlorene Intelligenz. Österreichische Wissenschaftler 1918–1945, Wien 2005, 165–172 (insbes. 172).

Max Hartmann, Erwin Schrödinger und Lise Meitner beim Europäischen Forum Alpbach 1952 (v. l. n. r.)

tert, dass er gemeinsam mit Hayek und anderen Wissenschaftlern eine Unterstützungserklärung abgab, in der zu lesen war, dass er mit „Freuden wiederkehren" werde, er allen Kollegen „wärmstens" empfehlen würde, eine Einladung nach Alpbach anzunehmen und das College bevollmächtigt sei, diesen Brief bei der Gewinnung neuer Dozenten zu verwenden.[333] Zum damaligen Zeitpunkt war Popper im deutschsprachigen Raum noch weitgehend unbekannt. Sein Buch „Die offene Gesellschaft und ihre Feinde" gab es bis dahin nur in englischer Sprache, die deutsche Übersetzung erschien erst 1957. Alpbach wurde damit – wie Otto Molden oft betonte – zu einem wichtigen Ausgangspunkt für das Popper'sche Gedankengut im deutschsprachigen Raum[334] und hat zahlreiche junge Philosophen wie (vorerst) Paul Feyerabend,[335] Wolfgang Stegmüller oder Hans Albert beeinflusst.[336]

---

[333] Schreiben an den wissenschaftlichen Leiter der Hochschulwochen des Österreichischen College vom 9.9.1949, unterzeichnet von G. Zamboni (Pisa), F. A. Hayek (London), Fritz Schalk (Köln), K. R. Popper (London), A. March (Innsbruck), E. Tranekjaer-Rasmussen (Kopenhagen), P. Diederichsen (Kopenhagen), H. F. Redlich (Cambridge), Maurice de Gandillac (Paris), W. D. Falk (Oxford). Abgedruckt in: Das Österreichische College und das Europäische Forum Alpbach, Broschüre, o. J. [1949]. KIT, Nachlass Simon Moser, Sign. 41.

[334] Molden, Der andere Zauberberg, 22f.; Molden, Odyssee meines Lebens, 142f.; Interview mit Univ.-Prof. Dr. Hans Albert am 16.8.2013.

[335] Feyerabend wandte sich später von Poppers Kritischem Rationalismus ab.

[336] Für Stegmüller war wesentlich, dass er in Alpbach über Popper den Wiener Kreis kennenlernte. Vgl.: Albert, In Kontroversen verstrickt, 83ff. und 153ff.; Zimmer/Morgenstern, Gespräche mit Hans Albert, 26ff.; Interview mit Univ.-Prof. Dr. Hans Albert am 16.8.2013; Schorner, Comeback

Erwin Schrödinger kam, nachdem er 1948 und 1949 schon im Programmheft stehend absagen musste, erstmals 1950 nach Alpbach.[337] Schrödinger, dem 1933 der Nobelpreis für Physik verliehen wurde, hatte an der Universität Wien Physik studiert und nach seiner Habilitation an verschiedenen Universitäten (Jena, Stuttgart, Breslau, Zürich) gearbeitet, bis er 1927 auf den vormaligen Lehrstuhl von Max Planck nach Berlin und damit auf den wohl bedeutendsten Physik-Lehrstuhl der Zeit berufen wurde. Nach der Machtübernahme der Nationalsozialisten übernahm er eine zeitlich beschränkte Stelle in Oxford und beantragte 1934 seine offizielle Freistellung, nachdem er nie ein Geheimnis daraus gemacht hatte, dass er die Nationalsozialisten und ihre faschistischen Verbündeten nicht leiden konnte, aber niemals den Weg des aktiven Widerstands gesucht hatte. Im Wintersemester 1936/1937 übernahm er eine Stelle an der Universität Graz und gleichzeitig eine Honorarprofessur in Wien. Als der Rektor der Universität Graz nach dem „Anschluss" beauftragt wurde, eine Liste von Mitarbeitern zusammenzustellen, die „gesäubert" werden sollten, empfahl er Schrödinger, einen Brief an den Senat zu schreiben, in dem er eine geänderte Einstellung darlegen sollte. Obwohl Schrödinger dies tat, wurde er wenig später jedoch sowohl in Wien als auch in Graz seiner Position enthoben.[338] Nach der Flucht aus Österreich – lediglich mit einem Handkoffer als Urlaubsreisender getarnt – wirkte er ab 1940 als Direktor der Abteilung für theoretische Physik am Institut für Höhere Studien in Dublin, das eigens für ihn gegründet worden war. Verhandlungen über eine Rückkehr nach Österreich wurden zwar bereits ab 1946 geführt, erst 1950 kam es jedoch zu einer Gastprofessor an der Universität Innsbruck und 1956 zur Übernahme eines Extraordinariats in Wien, wobei Schrödinger jedoch Innsbruck bevorzugt hätte.[339] In Alpbach wurde er gemeinsam mit Arthur March (Universität Innsbruck)[340] und Max Hartmann (Max Planck Institut für Biologie Tübingen)[341] zu einer prägenden Persönlichkeit für die Naturwissenschaften und bil-

---

auf Umwegen, 220ff.; Gerhard Benetka, „Der Fall Stegmüller", in: Friedrich Stadler (Hg.), Elemente moderner Wissenschaftstheorie, Wien 2000, 123–176.

[337] Vgl.: Schreiben von Erwin Schrödinger an Felix Pronay vom 5.8.1949 sowie Schreiben von Felix Pronay an Erwin Schrödinger vom 9.6.1950. ZBP, Nachlass Erwin Schrödinger, online: https://phaidra.univie.ac.at (12.5.2014).

[338] Walter J. Moore, Erwin Schrödinger. Eine Biographie, Darmstadt 2012, 289ff.

[339] Moore, Schrödinger, 391ff.; Fleck, Autochthone Provinzialisierung, 78, 81, 87; Schreiben von Arthur March an Erwin Schrödinger vom 24.10.1946. ZBP, Nachlass Erwin Schrödinger sowie Schreiben von Hans Thirring an Unterrichtsminister Kolb vom 28.8.1952. ZBP, Nachlass Hans Thirring, beides: https://phaidra.univie.ac.at (12.5.2014).

[340] March hatte erstmals 1946 an den Internationalen Hochschulwochen mitgewirkt. Vgl.: Arthur March, Physik und der Sinn der Naturordnung, in: Simon Moser (Hg.), Erkenntnis und Wert. II. Internationale Hochschulwochen des Österreichischen College in Alpbach, Innsbruck/Wien 1947, 204–216.

[341] Max Hartmann war nach seinem Studium zuerst Assistent und Privatdozent am Zoologischen Institut in Gießen. 1905 ging er ans Institut für Infektionskrankheiten in Berlin, wo er die Protozoen-Abteilung aufbaute. Eine gleiche Abteilung übernahm er 1914 auch am neu errichteten Kaiser-Wilhelm- (später Max-Planck-) Institut für Biologie, das 1944 nach Hechingen und 1952 nach Tübingen verlegt wurde. Ab 1933 führte er dieses als Direktor. Zudem war er Honorarprofes-

dete gemeinsam mit Hartmann auch ein Missing Link von Naturwissenschaften und Philosophie.[342] Er leitete Arbeitskreise, hielt Vorträge und nahm selbst auch an Seminaren (so einem von Paul Feyerabend) teil[343] – galt das Interesse Schrödingers in seinen letzten Jahren doch immer weniger der Physik als der Philosophie, außereuropäischen Religionen und der Literatur. Die Motivationsgrundlage dafür, immer wieder nach Alpbach zu kommen, waren nicht nur die Tiroler Berge, zu denen er schon seit Kindheitstagen ein Naheverhältnis hatte, familiäre[344] und zunehmend auch gesundheitliche Gründe, sondern auch das Forum, das ihm – wie anderen Emigranten – ermöglichte, alte Freunde und Kollegen wie Hans Thirring wieder zu treffen. So berichtete etwa auch Lise Meitner, die jedoch nicht als Vortragende am Forum teilnahm und ihre Urlaube regelmäßig in den Tiroler Bergen verbrachte, davon, dass ihr der Besuch in Alpbach 1952 die Gelegenheit gab, „viele alte Bekannte zu treffen". Zugleich habe ihr der Aufenthalt ein „Gefühl der Zusammengehörigkeit in einem Kreis von Wissenschaftlern" vermittelt, wie sie es „seit langem nicht mehr […] gehabt [hatte]".[345] Nach seinem Tod im Jahr 1961 fand Schrödinger auch seine letzte Ruhestätte auf dem Alpbacher Friedhof.[346] Das „Schrödinger-Haus" wurde – so Arnulf Braunizer – jedoch erst nach seinem Tod von seiner Frau erbaut.[347]

3.1.2 Politik, Wirtschaft und Kultur

Während die Arbeitsgemeinschaften und Arbeitskreise den Kern der wissenschaftlichen Tätigkeit bildeten, stellten die Allgemeinen Vorträge und die 1949 eingeführten „Europäischen Gespräche", die sich aus Vortragszyklen mit anschließender Diskussion zusammensetzten, einen wichtigen Rahmen für die Auseinandersetzung mit Politik, Wirtschaft und der Kunst dar. Hieran nahmen zwar ebenfalls Wissenschaftler und Intellektuelle, vor allem aber Repräsentanten aus der Politik und Wirtschaft teil, um Themen von großer Aktualität bzw. von euro-

---

sor an der Universität Berlin (später Tübingen) und Mitherausgeber der 1939 vom SS-Ahnenerbe übernommenen Zeitschrift „Der Biologe". Seine besonderen Arbeitsgebiete waren die Morphologie und Physiologie der Fortpflanzung sowie die Befruchtung und Sexualität der Lebewesen. In Alpbach war er das erste Mal 1951 und setzte sich für die Berufung von Simon Moser nach Karlsruhe ein. Vgl.: Molden, Der andere Zauberberg, 26; Molden, Odyssee meines Lebens, 144; Ernst Klee, Das Personenlexikon zum Dritten Reich. Wer war was vor und nach 1945, Frankfurt/Main 2003, 229; Heng-an Chen, Die Sexualitätstheorie und Theoretische Biologie von Max Hartmann in der ersten Hälfte des zwanzigsten Jahrhunderts, Wiesbaden 2003.

[342] Molden, Der andere Zauberberg, 26.
[343] Paul Feyerabend, Begegnung in Alpbach, in: Gabriele Kerber/Auguste Dick/Wolfgang Kerber, Erwin Schrödinger 1887–1961. Dokumente, Materialien und Bilder, Wien 2011, 118.
[344] Die Tochter von Erwin Schrödinger und Hildegunde March, der Frau von Arthur March, lebte zusammen mit Hildegunde und Arthur March in Tirol.
[345] Vgl.: Lore Sexl/Anne Hardy, Lise Meitner, Hamburg 2002, 126; Gespräche in offener Gesellschaft, in: Frankfurter Allgemeine Zeitung, 1.9.1954.
[346] Erwin Schrödinger in Alpbach beigesetzt, in: Neue Zeit, 10.1.1961.
[347] Interview mit Dr. Arnulf Braunizer am 15.8.2013.

päischem Interesse zu besprechen und eine Konfrontation von Theoretikern und Praktikern vorzunehmen.[348] Maßgeblichen Anteil an der Gestaltung des politischen Teil des Programms hatte – so Ivo Frenzel, der in den 1950er Jahren nach seinem ersten Besuch in Alpbach eine Zeitlang für Simon Moser arbeitete – Otto Molden, während Georg Zimmer-Lehmann, der in der Creditanstalt tätig war, zum bestimmenden Gestalter des Wirtschaftsprogramms wurde und dies für viele Jahrzehnte blieb.[349] Alexander Auer stellte hingegen einen wichtigen Faktor für das Kunst- und Kulturprogramm in allen Bereichen dar, wobei er nicht zuletzt durch seine Funktion im Institut zur Förderung der Künste Kontakt zu vielen Kunstschaffenden hatte. So gehörte auch der aus der „Neuland"-Bewegung kommende Priester und Kunstmäzen Monsignore Otto Mauer, der erstmals 1946 nach Alpbach eingeladen wurde[350] und hier später mehrfach die Studentenmesse las, zu seinem Freundeskreis.[351] Mauer, der 1954 Domprediger in St. Stephan in Wien wurde, baute mit der im selben Jahr gegründeten Galerie nächst St. Stephan eines der wichtigsten und wenigen Foren für die moderne Kunst in Österreich nach 1945 auf.[352]

Die Themen, die im Rahmen der Plenarvorträge und „Europäischen Gespräche" behandelt wurden, waren – nachdem sie ein Dach für verschiedene Bereiche (Politik, Wirtschaft, Kunst und Kultur) bieten sollten – äußerst vielfältig.

So wurden etwa – um mit dem politischen Bereich zu beginnen – im Rahmen der „Europäischen Gespräche" mehrfach aktuelle Fragen des Hochschulwesens besprochen und 1952 ein großes Gespräch über „Die Universität und Europa" durchgeführt, bei dem es um aktuelle Hochschulprobleme, darunter auch um die Verwirklichung des Studium Generale, ging.[353] 1955 folgten ebenfalls im Rahmen der „Europäischen Gespräche" Vorträge und Diskussionen zur „pädagogischen Aufgabe der Universität" inklusive einer Präsentation des neuen Hochschulgesetzes von ÖVP-Unterrichtsminister Heinrich Drimmel.[354]

Dem Thema Europa, das neben dem politischen auch zunehmend das Wirtschaftsgespräch prägte, waren hingegen nicht nur weitere Vorträge von Denis de Rougemont gewidmet, sondern auch solche von Eugen Kogon. Rougemont war

---

[348] Albert, Wissenschaft in Alpbach, 17.
[349] Ivo Frenzel, Alpbach als geistige Heimat oder: Wer ist Alt-Alpbacher?, in: Heinrich Pfusterschmid-Hardtenstein (Hg.), Zeit und Wahrheit. Europäisches Forum Alpbach 1994, Wien 1994, 64ff.
[350] Ob er tatsächlich da war, kann nicht bestätigt werden, da er im Bericht und der Teilnehmerliste nicht aufscheint. Vgl.: Programm: Zweite Internationale Hochschulwochen des Österreichischen College Alpbach-Tirol, 25.8.–8.9.1946. Archiv des EFA, Programme.
[351] Interview mit Alexandra Terzic-Auer am 14.8.2013.
[352] Böhler, Monsignore Otto Mauer.
[353] Molden, Der andere Zauberberg, 76; Tagungsbericht: Europäisches Forum Alpbach. Achte Internationale Hochschulwochen des Österreichischen College, 22.8.–11.9.1952. Archiv des EFA, Berichte.
[354] Heinrich Drimmel, Das Verhältnis von Hochschule und Staat nach dem neuen österreichischen Hochschulgesetz, in: Otto Molden (Hg.), Erkenntnis und Aktion. Vorträge und Gespräche des Europäischen Forum Alpbach 1955, Wien 1955, 27–42; Thomas König, Die Entstehung eines Gesetzes: Österreichische Hochschulpolitik in den 1950er Jahren, in: Österreichische Zeitschrift für Geschichtswissenschaften 2 (2012) 57–81.

– wie genannt – erstmals 1949 zum Europäischen Forum Alpbach eingeladen worden und kam in den 1950er Jahren mehrfach, dann nur mehr sporadisch nach Alpbach.[355] In den unmittelbaren Nachkriegsjahren zählte er zu den engagiertesten Kämpfern für ein föderalistisches Europa und gründete mit dem Europäischen Kulturzentrum in Genf, das er bis zu seinem Tod leitete, ein wichtiges Zentrum für den Aufbau Europas im Bereich der Kultur. Desgleichen war er einer der Initiatoren der Europäischen Kulturstiftung, in deren Gremien auch Alexander Auer ab 1959 vertreten war,[356] Lehrender am Institut für Europäische Studien in Genf und setzte sich in publizistischer Weise mehrfach mit den Grundlagen Europas und dessen Zukunft auseinander – so etwa in „Das Wagnis Abendland" (1957) oder „Die Zukunft ist unsere Sache" (1977).[357] Themen seiner Vorträge in Alpbach waren etwa „Der Sinn unseres Lebens, oder: Warum Europa?" (1951)[358] sowie „Die Gestalt des Menschen im werdenden Europa" (1953).[359] Kogon, der bereits 1947 nach Alpbach eingeladen worden war, um über „Das Zerrbild des Menschen im NS-Staat" bzw. sein Buch über den „SS-Staat" als ehemaliger KZ-Häftling zu sprechen[360] gilt als einer der Väter der europäischen Integration in Deutschland. In der zweiten Hälfte der 1940er Jahre gehörte er zu den führenden Männern der „Europäischen Bewegung" (bzw. der Union Europäischer Föderalisten) und setzte sich auch in publizistischer Hinsicht – als Mitbegründer der „Frankfurter Hefte" – für die europäische Integration bzw. eine europäische Föderation als dritte Kraft zwischen den Blöcken ein.[361] In Alpbach hielt er Vorträge zu „Die falsche Alternative: Europa oder Deutschland" (1953)[362] oder „Kann der europäische Nationalstaat die politische Einigung Europas verhindern?" (1955).[363]

Große Gesprächskreise im Rahmen der „Europäischen Gespräche" beschäftigten sich des Weiteren 1950 mit den „Wegen zu einer europäischen Wirtschaftsunion", an denen zahlreiche Universitätsprofessoren und Finanzminister Rein-

---

[355] Molden, Odysee meines Lebens, 147.
[356] Auer wurde 1959 nach eigenen Angaben in den Rat der Gouverneure der Europäischen Kulturstiftung berufen und war seit 1961 Präsident der Kulturkommission und ständiges Mitglied des Conseil de Cooperation Culturel im Europarat. Vgl.: Bundesministerium für Europa, Integration und Äußeres, Personalakt Alexander Auer.
[357] Franz Knipping, Denis de Rougemont (1906–1985), in: Heinz Duchhardt/Małgorzata Morawiec/Wolfgang Schmale/Winfried Schulze (Hg.), Europa-Historiker. Ein biographisches Handbuch, Band 3, Göttingen 2007, 157–175.
[358] Tagungsbericht: Europäisches Forum Alpbach. Siebente Internationale Hochschulwochen des Österreichischen College, 18.8.–7.9.1951. Archiv des EFA, Berichte.
[359] Diskussion über die Einigung Europas in Alpbach, in: Tiroler Tageszeitung, 3.9.1953.
[360] Ob Eugen Kogon 1947 tatsächlich in Alpbach war, ist ungewiss, da anderen Deutschen – wie Heisenberg – damals die Ausreise kurzfristig verweigert wurde.
[361] Hubert Habicht (Hg.), Eugen Kogon – ein politischer Publizist in Hessen. Essays, Reden zwischen 1946 und 1982, Frankfurt/Main 1982; Michael Kogon/Gottfried Erb (Hg.), Eugen Kogon. Europäische Visionen (Band 2 der Gesammelten Schriften), Weinheim/Berlin 1995; Eugen Kogon, Dieses merkwürdige, wichtige Leben. Begegnungen, Weinheim 1997.
[362] Tagungsbericht: Europäisches Forum Alpbach. Neunte Internationale Hochschulwochen des Österreichischen College, 15.8.–4.9.1953. Archiv des EFA, Berichte.
[363] Tagungsbericht: Europäisches Forum Alpbach. Elfte Internationale Hochschulwochen des Österreichischen College, 19.8.–8.9.1955. Archiv des EFA, Berichte.

hard Kamitz mit einem Referat zum Thema „Europäische Zusammenarbeit oder Zusammenarbeit nationaler Autarkien" teilnahmen, und 1951 (nach der Bildung der OEEC, des Europarats und der EGKS) mit der „Koordination der europäischen, kulturellen, politischen und wirtschaftlichen Institutionen".[364] 1952 stand mit dem ehemaligen Präsidenten bzw. damaligen Vizepräsidenten der Österreichischen Nationalbank Victor Kienböck, dem französischem Finanzsachverständigen Edmond Giscard d'Estaing und dem Generalsekretär der Europäischen Liga für wirtschaftliche Zusammenarbeit Lucien Léandre Sermon das Problem einer europäischen Währung auf dem Programm. Aufgegriffen wurde damit eine Frage, die bereits in den 1920er Jahren angesprochen worden war und 1957 mit der Zielbestimmung, die nationalen Wirtschafts- und Währungspolitiken zu koordinieren, auch in den EWG-Vertrag Eingang fand. Zu einem wirklichen Thema wurde sie aber erst mit der Haager Gipfelkonferenz vom Dezember 1969, in der die Wirtschafts- und Währungsunion (WWU) als Ziel für das europäische Aufbauwerk festgelegt wurde.[365]

1954 wurde nicht nur über „Europas Weg in der Gegenwart", über „Die öffentliche Meinung im gegenwärtigen Europa" mit zahlreichen Medienvertretern aus dem In- und Ausland diskutiert, sondern auch das erste Bankengespräch durchgeführt, das unter dem Titel „Die Bank – eine Lebensader der europäischen Wirtschaft" rund 150 theoretische und praktische Experten aus dem Bankwesen, darunter Finanzminister Reinhard Kamitz, den Generaldirektor der Creditanstalt Josef Joham und den Generaldirektor der Deutschen Bank Hermann J. Abs, versammelte. Durchgeführt wurde damit – so die „Salzburger Nachrichten" – auch die größte Bankentagung in Österreich seit 40 Jahren.[366] Ein Vortrag von Außenminister Leopold Figl beschäftigte sich hingegen mit den „geistigen Aufgaben der österreichischen Außenpolitik in Europa".[367] 1955 folgte ein Gespräch über den „Gemeinsamen Markt – Kernproblem der Wirtschaftsintegration Europas" mit Giuseppe Pella als Präsident der Gemeinsamen Versammlung der EGKS sowie dem Generaldirektor der OEEC in Paris René Sergent.[368] Desgleichen hielt in diesem Jahr auch Bruno Kreisky als SPÖ-Staatssekretär für Auswärtige Angelegenheiten im Bundeskanzleramt seinen ersten Alpbacher Vortrag über die außenpolitische Situation Österreichs nach dem Staatsvertrag mit einem Fokus auf die

---

[364] Tagungsbericht: Europäisches Forum Alpbach. Sechste Internationale Hochschulwochen des Österreichischen College, 19.8.–8.9.1950 sowie Tagungsbericht: Europäisches Forum Alpbach. Siebente Internationale Hochschulwochen des Österreichischen College, 18.8.–7.9.1951. Archiv des EFA, Berichte.

[365] Tagungsbericht: Europäisches Forum Alpbach. Achte Internationale Hochschulwochen des Österreichischen College, 22.8.–11.9.1952. Archiv des EFA, Berichte.

[366] Die Themen des „Europäischen Forums", in: Salzburger Nachrichten, 7.9.1954.

[367] Tagungsbericht: Europäisches Forum Alpbach. Zehnte Internationale Hochschulwochen des Österreichischen College, 17.8.–6.9.1954. Archiv des EFA, Berichte.

[368] Finanzminister Reinhard Kamitz musste seine Teilnahme kurzfristig absagen, sein Referat wurde verlesen. Vgl.: Tagungsbericht: Europäisches Forum Alpbach. Elfte Internationale Hochschulwochen des Österreichischen College, 19.8.–8.9.1955. Archiv des EFA, Berichte sowie Otto Molden (Hg.), Erkenntnis und Aktion. Vorträge des Europäischen Forum Alpbach 1955, Wien 1955.

Treffen am Rande der Wirtschaftsgespräche 1954 mit Finanzminister Reinhard Kamitz (zweiter von links) und Fritz Machlup (vierter von links)

Bruno Kreisky, Otto Molden, Fritz Molden und Simon Moser (v. l. n. r.) beim Europäischen Forum Alpbach 1956

noch junge österreichische Neutralität.[369] Ein Jahr zuvor hatte er bereits übernommen, gemeinsam mit Leopold Figl einem anlässlich des zehnjährigen Jubiläums gebildeten Ehrenkomitee vorzustehen, dem zahlreiche prominente Vertreter aus Wissenschaft, Politik und Kultur angehörten.[370] In den folgenden Jahren sollte er zunächst als Außenminister, dann auch als Bundeskanzler immer wieder kommen und ein enges Verhältnis zum Europäischen Forum Alpbach entwickeln.[371] 1957 folgten die „Koordination einer europäischen Geld- und Finanzpolitik" mit Reinhard Kamitz, Hermann J. Abs und Jacques Rueff, dem Präsidenten des Gerichtshofes der EGKS, wobei allein beim Wirtschaftsgespräch, das in einer Publikation der Creditanstalt zusammengefasst wurde,[372] rund 200 Wirtschaftsführer, Bankfachleute und Industrielle anwesend waren.[373]

Einen besonderen Höhepunkt stellte in diesem Jahr jedoch zweifellos die Anwesenheit von Walter Hallstein dar, womit ein erster Spitzenvertreter der europäischen Integration in Alpbach zu Gast war. Hallstein war bereits 1950 vom deutschen Bundeskanzler Adenauer zum Leiter der bundesdeutschen Delegation bei der Pariser Konferenz für die Gründung der EGKS berufen worden. Als Staatssekretär im Auswärtigen Amt (1951–1958) prägte er nicht nur wesentlich die Außenpolitik der BRD der späten 1950er und frühen 1960er Jahre durch die nach ihm benannte „Hallstein-Doktrin",[374] sondern war auch in die Verhandlungen zur gescheiterten EVG und an maßgeblicher Stelle in die Gründung der EWG 1957 eingebunden. Nachdem diese mit der Verabschiedung der Römischen Verträge in die Wirklichkeit umgesetzt worden war, wurde er auch der erste Vorsitzende der Kommission der EWG und blieb dies bis 1967.[375] Bei seinem ersten Besuch in Alpbach sprach er über „Klein- und Großeuropa" bzw. die bisher gebildeten klein- und großeuropäischen Organisationen (wie die EGKS als kleineuropäische oder den Europarat

---

[369] Bruno Kreisky, Die außenpolitische Situation Österreichs nach dem Staatsvertrag, in: Otto Molden (Hg.), Erkenntnis und Aktion. Vorträge und Gespräche des Europäischen Forum Alpbach 1955, Wien 1955, 77–87.

[370] Programm: Europäisches Forum Alpbach. Zehnte Internationale Hochschulwochen des Österreichischen College, 17.8.–6.9.1954. Archiv des EFA, Programme sowie Schreiben des Österreichischen College vom Juni 1954. Archiv des EFA, Konvolut 1954 und Mappe 17.

[371] Vgl. hierzu ausführlich: Elisabeth Röhrlich, Kreiskys Außenpolitik. Zwischen österreichischer Identität und internationalem Programm, Göttingen 2009, 139ff.

[372] Tagungsbericht: Europäisches Forum Alpbach 1957. Dreizehnte Internationale Hochschulwochen des Österreichischen College, 17.8.–5.9.1957 sowie Creditanstalt Bankverein (Hg.), Beitrag zur Koordination einer europäischen Geld- und Finanzpolitik. Vorträge gehalten anlässlich der Ende August 1957 durchgeführten Wirtschaftsgespräche des Europäischen Forum Alpbach, Wien o. J., in: Archiv des EFA, Berichte.

[373] Erfolgreiche Bilanz in Alpbach, in: Die Presse, 8.9.1957.

[374] Hiernach sollte die BRD keine diplomatischen Beziehungen mit Staaten pflegen, die die DDR anerkannten. Die „Hallstein-Doktrin" intendierte somit, eine internationale völkerrechtliche Anerkennung der DDR zu verhindern.

[375] Nach dem Ausscheiden aus diesem Amt fungierte er bis 1974 als Vorsitzender der Internationalen Europäischen Bewegung und vertrat die CDU-/CSU-Fraktion im deutschen Bundestag. Vgl.: Wilfried Loth (Hg.), Walter Hallstein. The forgotten European?, Basingstoke 1998; Manfred Zuleeg (Hg.), Der Beitrag Walter Hallsteins zur Zukunft Europas. Referate zu Ehren von Walter Hallstein, Baden-Baden 2003.

als großeuropäische Institution) und mögliche Perspektiven für die Zukunft.[376] 1958 beteiligte er sich dann auch am Wirtschaftsgespräch „Westliche Freiheit heute – ein Wirtschaftsgespräch zwischen Europa und Amerika", an dem auch ÖVP-Handelsminister Fritz Bock und der Präsident der Montanunion Paul Finet (und somit ein weiterer zentraler Akteur der frühen europäischen Integration) teilnahmen,[377] während 1959 die „Westliche Wirtschaftshilfe und die Entwicklungsländer" sowie eine „Debatte über Südtirol" auf dem Programm standen.[378]

Wie die Auflistung der vertretenen Themen und Redner zeigt, fand im Rahmen der „Europäischen Gespräche" somit eine kontinuierliche Auseinandersetzung mit dem europäischen Integrationsprozess statt. Ein direkter Bezug zu Österreich war jedoch eher selten. Österreich orientierte sich nach 1945 zwar ideologisch, politisch, ökonomisch und kulturell am Westen und nahm am ERP-Programm (nicht aber an der EGKS) teil. Außenpolitisch dominierte zunächst jedoch die Frage des Staatsvertrages und die Erlangung der vollen Souveränität, womit Europa – so Oliver Rathkolb – in der politischen Debatte erst allmählich an Bedeutung gewann. Zu einem wichtigen Thema wurde es erst nach dem Staatsvertrag 1955 und der Unterzeichnung der Römer Verträge zur Gründung der EWG und war dann wesentlich durch den neutralen Status Österreichs bestimmt.[379] So wurde auch im Alpbach der 1950er Jahren – was die politische und wirtschaftliche Diskussion betrifft – noch stärker über die allgemeine Entwicklung und (soweit sich dies aufgrund der vorhandenen Unterlagen sagen lässt) weniger über die Teilnahme Österreichs am Integrationsprozess gesprochen.

Themen des ebenfalls im Rahmen der „Europäischen Gespräche" durchgeführten Kulturgesprächs waren 1951 „Formprobleme des modernen Romans" mit

---

[376] Großeuropa und Kleineuropa, in: Tiroler Tageszeitung, 24.8.1957; Europa endet nicht am Eisernen Vorhang. Vereinigung würde Südtirolproblem tilgen, in: Tiroler Nachrichten, 26.8.1957.
[377] Es geht um Europas künftigen Weg, in: Südost-Tagespost, 31.8.1958.
[378] Im Rahmen der „Europäischen Gespräche" fand 1959 eine Veranstaltung mit dem Titel „Der gesamteuropäische Freiheitskampf und die Erhebung Tirols 1809" statt, die in einer Debatte über die damals besonders virulente Südtirol-Frage mündete und von Otto Molden mit der Forderung abgeschlossen wurde, dass den Minderheiten in Europa – und das nicht nur in Südtirol – ein Selbstbestimmungsrecht eingeräumt werden soll. Das Thema Südtirol dürfte angesichts der anwesenden Personen (Fritz Molden oder Wolfgang Pfaundler) auch in anderen Jahren vor allem abseits des offiziellen Programms zur Sprache gekommen sein. In den überlieferten Programmheften findet sich jedoch keine Veranstaltung, die explizit diesem Thema gewidmet war. 1994 wurde die Amnestie von Südtirol-Aktivisten auch zum Thema eines Gesprächs zwichen Bundespräsident Klestil und dem italienischen Präsidenten Scalfaro. Vgl.: Debatte über Südtirol in Alpbach, in: Tagblatt, 7.9.1959; Fritz Molden, „Die Moskauer Deklaration war eine Offenbarung". Zeitzeugeninterview, in: Helmut Wohnout (Hg.), Demokratie und Geschichte. Jahrbuch des Karl von Vogelsang-Instituts zur Erforschung der Geschichte der christlichen Demokratie in Österreich, Jg. 5, Wien/Köln/Weimar 2001, 35 sowie zur historischen Entwicklung: Rolf Steininger, Südtirol zwischen Diplomatie und Terror 1947–1969. Darstellung in drei Bänden, Bozen 1999; Alpbach 1984–2000. Dokumentation von Hannes Kar. Archiv Prof. Ing. Hannes Kar.
[379] Rathkolb, Die paradoxe Republik, 286. Vgl. zudem: Michael Gehler, Österreichs Weg in die Europäische Union, Innsbruck/Bozen/Wien 2009; Michael Gehler/Rolf Steininger (Hg.), Österreich und die europäische Integration seit 1945. Aspekte einer wechselvollen Entwicklung, 2. überarb. Auflage, Wien/Köln/Weimar 2014.

dem Schriftsteller, Exilösterreicher und damaligen Dozenten für neuere Literaturgeschichte in New York Frederic Morton[380] oder das „musikalische Theater" 1954.[381] 1955 stand ein großes und vielbeachtetes Gespräch über den „Experimentalfilm" mit den „Experimentalfilmern" Hans Richter und Herbert Vesely sowie dem Spielfilmregisseur und Leiter des Sonderlehrgangs für Filmgestaltung an der Akademie für Musik und darstellende Kunst in Wien Walter Kolm-Veltée auf dem Programm. Während Kolm-Veltée ein Vertreter des „konservativen Films" war, gehörte Vesely zu den Erneuerern der filmischen Avantgarde in Österreich und Richter zu den auch international renommierten avantgardistischen Filmemachern. Als gebürtiger Deutscher stand Richter, der auch Maler war, in der Zwischenkriegszeit der Dada-Bewegung, der Gruppe De Stijl und den Konstruktivisten nahe. 1933 musste er über die Niederlande und die Schweiz aus Deutschland in die USA emigrieren und war 1955 Direktor des Instituts für Filmtechnik am City College in New York. Sein wohl bekanntester, 1947 vollendeter Film „Dreams that money can't buy", an dem unter anderem Marcel Duchamp, Max Ernst, Fernand Léger und Man Ray mitgewirkt hatten, wurde anlässlich der Filmdiskussion in Alpbach als österreichische Uraufführung gezeigt.[382] 1957 wurde im Rahmen der „Europäischen Gespräche" über „Die Stadt im Zeitalter der Ideologien" bzw. die Zukunft der Großstadt diskutiert, womit nach dem Kulturgespräch des Jahres 1949 und einer Architekturausstellung 1953[383] ein zweites größeres Architektentreffen in Alpbach stattfand. Unter der Leitung von Maurice Besset standen hierbei Vorträge von André Wogenscky, dem Leiter des Büros von Le Corbusier, und dem Londoner Architekten William G. Howell sowie eine anschließende von Guilio Carlo Argan geleitete Diskussion auf dem Programm, an der unter anderem der junge österreichische Architekt Friedrich Kurrent teilnahm.[384]

3.1.3 Lesungen, Ausstellungen, Konzerte und Film

Zugleich wurde – was die Kunst betrifft – auch der bereits in den 1940er Jahren eingeschlagene Weg beibehalten, Lesungen, Kunst- und Buchausstellungen, musikalische Aufführungen sowie ab 1956 auch Schallplattenkonzerte bzw. Hörstun-

---

[380] Tagungsbericht: Europäisches Forum Alpbach. Siebente Internationale Hochschulwochen des Österreichischen College, 18.8.–7.9.1951. Archiv des EFA, Berichte.
[381] Programm: Europäisches Forum Alpbach. Zehnte Internationale Hochschulwochen des Österreichischen College, 17.8.–6.9.1954. Archiv des EFA, Programme.
[382] „Gespräche über den Experimentalfilm", in: Film-Magazin, Nr. 38, September 1955; Zur Existenzberechtigung des Experimentalfilms, in: Der Landbote, 8.9.1955; Film in Alpbach, in: Österreichische Neue Tageszeitung, 28.8.1955; Filmdiskussion in Alpbach, in: Kleine Zeitung, 27.8.1955; Internationale Filmdiskussion in Alpbach, in: Tiroler Tageszeitung, 25.8.1955.
[383] Diese hatte den Titel „Integration der Künste in der Architektur". Vgl.: Programm: Europäisches Forum Alpbach. Neunte Internationale Hochschulwochen des Österreichischen College, 15.8.–4.9.1953. Archiv des EFA, Programme.
[384] „Architekten müssen heute gegen die Gesellschaft bauen", in: Tiroler Tageszeitung, 29.8.1957; Zukunft der Großstadt: Hochhäuser, in: Neue Zeit, 29.8.1957.

den, die es wie die Buchausstellungen bis Mitte der 1970er Jahre geben sollte, abzuhalten. Wesentlich war hierfür, dass die Kunst zum in Alpbach gepflegten Studium Generale ebenso dazugehörte wie zur Erneuerung des geistigen Lebens und zur Intention, an der Schaffung eines umfassend gebildeten Intelektuellen zu arbeiten. Nachdem die Kunst bereits seit 1945 in den verschiedenen Programmschienen vorhanden war, blieb sie es somit auch in den kommenden Jahren: in musik-, literatur- und kunstwissenschaftlichen Arbeitsgemeinschaften, den bereits ausgeführten „Europäischen Gesprächen" und einem kulturellen Begleitprogramm, das seit 1947 auch als separater Punkt in den Programmheften genannt wurde. Hierbei sollte sie – wie in einer Imagebroschüre aus den frühen 1950er Jahren festgehalten wurde – „kein unverbindliches Nebenbei" sein, das „allein der Unterhaltung und dem Vergnügen dient". Vielmehr wurde sie als „integraler Bestandteil des Programms" verstanden,[385] wenn sich auch bei vielen Kunstschaffenden der Eindruck nicht vermeiden ließ, dass andere Bereiche wichtiger waren.[386]

Trotzdem wurde Alpbach zu einem Ort, an dem zahlreiche Künstler – wie etwa der Kabarettist Helmut Qualtinger[387] – anwesend waren und bot in Verbindung damit, dass die Gegenwarts-, junge oder moderne Kunst „als wichtiger Ausdruck unserer Zeit" immer wieder auf dem Programm stand, jungen Kunstschaffenden eine Plattform, um sich und ihre Werke zu präsentieren. Wie in einer Besprechung vom 8. September 1956 festgehalten wurde, sollten in Alpbach weniger die klassischen Meisterwerke der bildenden Kunst oder Musik dargeboten werden, „weil diese in großen Städten besser gepflegt werden können, sondern interessante, wenig bekannte Werke der europäischen Avantgarde".[388] In den 1940er Jahren noch auf dem Programm stehende Bezüge zum lokalen Brauchtum – wie „Das Tiroler Dorf – eine volkstümliche Unterhaltung" (1945) sowie das „Bauernhandwerk im Alpbachtal" (1949) – oder zu lokalen Kunstschaffenden waren hingegen rückläufig.

Im Bereich der Literatur, die sich wohl auch wegen der Verbindung zu Paula von Predradovic zunächst in breitester Form im Programm etablieren konnte,[389] und bereits in den 1940er Jahren Schriftsteller aus ihrem Umfeld wie Rudolf Henz, den Verfasser des „Dollfußliedes",[390] oder den nach England emigrierten

---

[385] Die Kunst in Alpbach, in: Europäisches Forum Alpbach des Österreichischen College, Broschüre, o. J. [1951]. KIT, Nachlass Simon Moser, Sign. 41.
[386] Interview mit Prof. Rudolf Schönwald am 14.5.2013; Interview mit Prof. Peter Kubelka am 14.1.2014.
[387] Vgl. zu Qualtinger, der Alpbach, das Forum und seine Protagonisten mehrfach zum Gegenstand seiner Späße machte, etwa: Der Qualtinger, in: FAZ Magazin, 29.6.1990.
[388] Kurzprotokoll der Ausländertagung in Alpbach am 8.9.1956. Archiv des EFA, Ordner Sitzungen 1955–1956.
[389] Alexander Auer, Kunst und Kultur zwischen Auslöschung und Wiedergeburt, in: Ders. (Hg.), Das Forum Alpbach 1945–1994. Die Darstellung einer europäischen Zusammenarbeit. Eine Dokumentation anlässlich des 50. „Europäischen Forum Alpbach". Veranstaltet vom Österreichischen College, Wien 1994, 31.
[390] Rudolf Henz nahm 1946 beim „Österreichischen Dichterabend" mit Josef Leitgeb, Alexander Lernet-Holenia und Paula von Preradovic teil. Nach der Ermordung von Engelbert Dollfuß und dem

Felix Braun nach Alpbach gebracht hatte,[391] fallen 1951 etwa Lesungen aus eigenen Werken der jungen österreichischen Schriftstellerin Ilse Aichinger oder des Schweizers Friedrich Dürrenmatt auf.[392] Wie in einer rezenten Arbeit über die „politischen Systeme" in seinen Texten festgehalten wurde, stellte der Aufenthalt in Alpbach, wo 1951 „Formprobleme – Strukturen und Modelle" auf dem Programm standen, einen wichtigen Faktor für sein Interesse an modernen Systemen und ihren Gesetzmäßigkeiten dar. Gleichfalls dürfte ihn Alpbach auch bereits zu einem frühen Zeitpunkt mit dem Kritischen Rationalismus von Karl Popper bekannt gemacht haben, der großen Einfluss auf Dürrenmatt ausübte.[393] 1957 war dann auch H. C. Artmann – ein Jahr bevor ihm mit seinem Lyrikband „Med ana schwoazzn dintn" der große Durchbruch gelingen sollte – in Alpbach.[394] In den folgenden Jahren sollte er zu den wichtigsten Schriftstellern Österreichs zählen.

Was die Musik betrifft, ergab sich hingegen bereits in den 1940er Jahren[395] eine äußerst produktive Zusammenarbeit mit Ernst Hartmann, die bis zu seinem Tod im Jahr 1970 dauern sollte und dazu führte, dass er als musikalischer Hauptberater wesentlich das Programm mitgestaltete.[396] Hartmann war (ab 1951 auch als Mitglied der dreiköpfigen Leitung) in der Universal Edition tätig,[397] die sich bereits Anfang des Jahrhunderts zu einem wichtigen Ort für die Verbreitung der modernen Musik entwickelt hatte. So konnte diese bereits bis zu Beginn der 1930er Jahre namhafte Komponisten wie Gustav Mahler, Franz Schreker, Arnold Schönberg, Anton Webern, Béla Bartók, Ernst Krenek, Alban Berg, Kurt Weill oder Josef Matthias Hauer unter Vertrag nehmen – viele von ihnen wurden später aus „rassischen" oder künstlerischen Gründen der „entarteten Musik" zugerechnet. Und auch in den Jahren nach 1945 gelang es ihr immer wieder, wichtige Vertreter der Avantgarde wie Karlheinz Stockhausen, György Ligeti oder Friedrich Cerha an das Verlagshaus zu binden.[398] Auch auf Hartmann dürfte es daher zurückführbar sein,

---

NS-Putschversuch vom Juli 1934 hatte er den Text für das „Dollfuß-Lied" verfasst. Nach 1945 war er Programmdirektor des österreichischen Rundfunks (RAVAG).

[391] Braun war 1948 in Alpbach. Vgl.: Felix Braun, Dank an Alpbach, in: Simon Moser (Hg.), Weltbild und Menschenbild. III. Internationale Hochschulwochen 1947 des Österreichischen College, Innsbruck/Wien 1948, 367–368. Vgl. zu den Verbindungen zu Paula von Preradovic: Molden, Odyssee meines Lebens, 40.

[392] Auch Mexiko in Alpbach vertreten, in: Tiroler Nachrichten, 31.8.1951.

[393] Patricia Käppeli, Politische Systeme bei Dürrenmatt. Eine Analyse des essayistischen und dramatischen Werks, Wien/Köln/Weimar 2013, 267.

[394] Friedrich Kurrent, Peter Kubelka zum 60. Geburtstag nachgeliefert, in: Gabriele Jutz/Peter Tscherkassy (Hg.), Peter Kubelka, Wien 1995, 24; Interview mit Prof. Rudolf Schönwald am 14.5.2013.

[395] Hartmann scheint erstmals 1948 im Programmheft auf; damals wurde auch eine Ausstellung von Partituren der Universal Edition gezeigt. Vgl.: Ernst Hartmann, Musik als Wahrheit und Forderung, in: Simon Moser (Hg.), Gesetz und Wirklichkeit. IV. Internationale Hochschulwochen 1948 des Österreichischen College in Alpbach, Innsbruck/Wien 1949, 257–264.

[396] Nachruf Ernst Hartmann, in: Alpbach Korrespondenz, Nr. 31, 25.6.1970. Archiv des EFA, Berichte.

[397] Ernst Hartmann gestorben, in: Die Presse, 8.4.1970; Ernst Hartmann starb, in: Kurier, 9.4.1970.

[398] Ernst Hilmer (Hg.), 75 Jahre Universal Edition (1901–1976), Wien 1976; Ernst Hilmar, Keimzelle neuer Musik. Ein Wiener Musikverlag, in: Kristian Sotriffer (Hg.), Das größere Österreich. Geis-

Proben zur Uraufführung der „Alpbacher Tanzserenade" von Gottfried von Einem beim Europäischen Forum Alpbach 1954

dass die moderne Musik in Alpbach einen Platz fand. So wurden bei Konzerten und auch im Rahmen der Schallplattenstunden nicht nur Werke von Bach, Schubert, Mozart oder Beethoven, sondern auch Werke von Alban Berg, Anton von Webern, Arnold Schönberg, Igor Strawinsky, Paul Hindemith oder Ernst Krenek aufgeführt.

Besonders hervorzuheben sind jedoch 1952 die konzertante Aufführung von einzelnen Szenen aus der Oper „Orpheus und Euridike" von Ernst Krenek (nach einem Text von Oskar Kokoschka) und 1954 die Uraufführung der Alpbacher Tanzserenade „Glück, Tod und Traum" von Gottfried von Einem. Anlass für die Aufführung der Krenek-Oper, die 1926 in Kassel uraufgeführt worden war, stellte ein Arbeitskreis von Hans Redlich zum Eurpheus-Mythos im Wandel der Musik dar, wobei Krenek die Auswahl der Szenenfolge für Alpbach anlässlich eines Aufenthalts in Wien ein Jahr zuvor eigens für das Forum vorgenommen hatte.[399] Jener

---

tiges und soziales Leben von 1880 bis zur Gegenwart. Hundert Kapitel mit einem Essay von Ernst Krenek: Von der Aufgabe, ein Österreicher zu sein, Wien 1982, 312–316; Universal Edition (Hg.), Universal Edition 1901–2001, Wien 2000; 100 Jahre Universal Edition (Themenheft), Österreichische Musikzeitschrift 8/9 (2001); Otto Kolleritsch (Hg.), Der Musikverlag und seine Komponisten im 21. Jahrhundert. Zum 100-jährigen Jubiläum der Universal Edition, Wien/Graz 2002; Corinna Oesch, Yella Hertzka (1873–1948). Vernetzungen und Handlungsräume in der österreichischen und internationalen Frauenbewegung, Innsbruck/Wien/Bozen 2014, 170ff.

[399] „Orpheus" von Kokoschka-Krenek, in: Die Presse, 31.8.1952; Konzertante Aufführung von Kreneks „Orpheus und Eurydike", in: Wiener Zeitung, 31.8.1952.

für die „Alpbacher Tanzserenade" war das zehnjährige Jubiläum des Europäischen Forum Alpbach 1954. Von Einem, der zum Freundes- und Bekanntenkreis von Otto Molden und Alexander Auer zählte,[400] war einer der wichtigsten und auch vielbeschäftigten Komponisten in Österreich nach 1945, der von 1963 bis 1972 auch eine Professur für Komposition an der Wiener Musikhochschule bekleidete. Der internationale Durchbruch war ihm 1947 mit der Oper „Dantons Tod" bei den Salzburger Festspielen gelungen, dessen Direktorium er auch ab 1948 angehörte. 1951 musste er dieses in Folge seiner Hilfestellungen für Bert Brecht bei der Erlangung der österreichischen Staatsbürgerschaft (in Verbindung mit wilden Beschimpfungen, wonach er ein Kommunist sei[401]) zwar verlassen. Bereits 1954 kehrte er aber in die Gremien der Salzburger Festspiele zurück und leitete ab dann deren Kunstrat, nachdem es bei den Salzburger Festspielen bereits 1953 zur Uraufführung seiner Oper „Der Prozess" (nach Franz Kafka) gekommen war, die neben seiner 1971 uraufgeführten Oper „Der Besuch der alten Dame" (nach Friedrich Dürrenmatt) zu seinen wichtigsten Werken zählt.[402] Die „Alpbacher Tanzserenade" wurde als halbstündiges Ballett, bei dem drei Paare Glück, Tod und Traum demonstrieren, von Gottfried von Einem als Auftragskomposition in Hinblick auf das genannte Jubiläum[403] in kurzer Zeit nach einem USA-Aufenthalt geschaffen. Die Grundlage hierfür bildete die Schauspielmusik zu Kleists „Der zerbrochene Krug", die 1951 für die Salzburger Festspiele in Berthold Viertels Regie entstanden war.[404] Die Choreographie und das Libretto stammten von Yvonne Georgi, die sich ursprünglich eine Moritat vorstellen konnte.[405] Georgi war nach ihrer Remigration aus den USA (1951) erst in Düsseldorf und dann (so auch 1954) am Landestheater

---

[400] Interview mit Alexandra Terzic-Auer am 14.8.2013; Molden, Der andere Zauberberg, 27f.
[401] Bert Brecht wurde 1935 von den Nationalsozialisten die Staatsbürgerschaft entzogen. 1947 ließ er sich als Staatenloser (nach zwölfjährigem Exil in verschiedenen Ländern aus den USA kommend) in der Schweiz nieder und lernte im Frühjahr 1948 Gottfried von Einem kennen. Von Einem setzte sich damals für eine Erneuerung der Salzburger Festspiele ein und ging auf den Vorschlag von Brecht ein, ihm für die Verfassung eines Festspiels für Salzburg („Salzburger Totentanz") bei der Beschaffung eines österreichischen Passes zu helfen. In Folge erhielten Brecht und seine Lebensgefährtin Helene Weigel im April 1950 die österreichische Staatsbürgerschaft. Zu einer Skandalisierung des „Falles Brecht" kam es jedoch erst eineinhalb Jahre später. Dann aber stand die „Affäre Brecht" wochenlang im Mittelpunkt des medialen und auch politischen Interesses und führte zu wilden Anschuldigungen gegen Gottfried von Einem und einem Jahre andauernden Brecht-Boykott in Österreich. Vgl.: Kurt Palm, Vom Boykott zur Anerkennung. Brecht und Österreich, Wien 1983; Kurt Palm, Der Edelmarder im Hühnerstall, in: kunst/fehler, Mai 1998, online: http://www.kunstfehler.at/ShowArticle.asp?AR_ID=370&KF_ID=23 (4.9.2014).
[402] Vgl. hierzu ausführlich: Thomas Eickhoff, Politische Dimensionen einer Komponistenbiographie im 20. Jahrhundert – Gottfried von Einem, Stuttgart 1998.
[403] Gottfried von Einem, Ich hab' unendlich viel erlebt. Aufgezeichnet von Manfred A. Schmid, überarbeitete Neuauflage, Wien 2002, 95.
[404] Silvia Kargl, Gottfried von Einems Bedeutung für die Geschichte des Balletts in Deutschland und Österreich nach 1945, in: Ingrid Fuchs (Hg.), Gottfried von Einem-Kongress Wien 1998. Kongressbericht, Tutzing 2003, 131.
[405] Friedrich Saathen, Einem-Chronik. Dokumentation und Deutung, Wien/Köln/Graz 1982, 231. Vgl. hierzu auch die Briefe von Yvonne Georgi an Gottfried von Einem aus den Jahren 1952/1953 im Gottfried von Einem-Archiv im Archiv der Gesellschaft der Musikfreunde in Wien.

Hannover tätig[406] und hatte zu diesem Zeitpunkt nicht nur bereits mit von Einem zusammengearbeitet, sondern auch in Alpbach 1952 einen Vortrag zum Thema „Moderne und klassische Choreographie mit Demonstrationen" gehalten.[407] 1954 wurde die „Alpbacher Tanzserenade" auch von ihren Tänzern aufgeführt, während die Bläservereinigung des städtischen Symphoniekonzerts Innsbruck unter der Leitung von Kurt Rapf den musikalischen Part übernahm und Walter Eder die von Peter Bamm verfassten Zwischentexte verlas. Die Uraufführung, die eigentlich auf dem Alpbacher Kirchplatz mit dem benachbarten Friedhof stattfinden sollte, musste aufgrund des schlechten Wetters kurzfristig in den Postsaal verlegt werden.[408] Trotzdem stellte sie für das Forum ein wichtiges Ereignis dar, da mit der „Alpbacher Tanzserenade" eine bis die Gegenwart reichende Tradition begründet wurde, Auftragskompositionen zu vergeben.

Eine andere Serie wurde 1957, als auch der „Kritikerpapst" Hans Heinz Stuckenschmidt[409] und Adorno mit musikwissenschaftlichen Beiträgen in Alpbach vertreten waren, unter dem Titel „Abend junger österreichischer Komponisten" mit der Präsentation von Werken von Gösta Neuwirth, Otto M. Zykan, Erich Urbanner oder Friedrich Cerha gestartet.[410] 1958 folgte – wiederum in Anwesenheit der aufgeführten Musiker – die Kompositionsklasse von Karl Schiske mit Werken von Neuwirth, Zykan, Urbanner oder Iván Eröd[411] und 1959, als vor der Alpbacher Dorfkirche die Strawinsky-Werke „Renard" und die „Geschichte vom Soldaten" aufgeführt wurden,[412] die Kompositionsklasse von Cesar Bresgen aus Salzburg.[413]

Im Bereich der Kunstausstellungen hatte sich – ähnlich wie im Bereich der Musik mit Ernst Hartmann – bereits 1949 eine Kooperation mit Wolfgang Gurlitt

---

[406] Vgl. zu Yvonne Georgi: http://www.fembio.org/biographie.php/frau/biographie/yvonne-georgi/ (2.9.2014).

[407] Tagungsbericht: Europäisches Forum Alpbach. Achte Internationale Hochschulwochen des Österreichischen College, 22.8.–11.9.1952. Archiv des EFA, Berichte.

[408] Einem-Uraufführung in Alpbach, in: Kleine Zeitung, 29.8.1954; Eine „Alpbacher Tanzserenade", in: Salzburger Nachrichten, 30.8.1954; Gottfried von Einems „Alpbacher Tanzserenade", in: Tagespost, 26.8.1954, Alpbacher Tanzserenade, in: Wiener Zeitung, 28.8.1954; Balletturaufführung in Alpbach: Einems „Glück, Tod und Traum", in: Die Presse, 27.8.1954; Einem-Uraufführung in Alpbach, in: Wiener Kurier, 25.8.1954.

[409] Der Musikwissenschaftler und -kritiker Hans Heinz Stuckenschmid war bereits 1954 in Alpbach gewesen. Vgl. zu seinen Erinnerungen an Alpbach: Hans Heinz Stuckenschmidt, Zum Hören geboren. Ein Leben mit der Musik unserer Zeit, München/Zürich 1979, 255ff.

[410] Österreichs Komponistennachwuchs bei den Alpbacher Hochschulwochen, in: Österreichische Musikzeitschrift, Nr. 10, 1957; Tagungsbericht: Europäisches Forum Alpbach 1957. Dreizehnte Internationale Hochschulwochen des Österreichischen College, 17.8.–5.9.1957. Archiv des EFA, Berichte.

[411] Vgl.: Markus Grassl/Reinhard Kapp/Eike Rathgeber, Österreichs neue Musik nach 1945: Karl Schiske, Wien/Köln/Weimar 2008, 185; Neue Musik im Bergdorf Alpbach, in: Neue Zeit, 7.9.1958; Konzert junger Komponisten in Alpbach, in: Die Presse, 2.9.1958.

[412] Strawinsky-Tanzabend vor der nächtlichen Alpbacher Kirche, in: Die Presse, 19.8.1959.

[413] Konzert geistlicher Musik in Alpbach, in: Die Presse, 8.9.1959; Moderne Komponisten in Alpbach, in: Tiroler Tageszeitung, 5.9.1959; Tagungsbericht: Europäisches Forum Alpbach 1959. Fünfzehnte Internationale Hochschulwochen des Österreichischen College, 21.8.–9.9.1959. Archiv des EFA, Berichte.

Plakatausstellung beim Europäischen Forum Alpbach 1954

angebahnt,[414] die über mehrere Jahre dauern sollte. Wolfgang Gurlitt, der in den letzten Jahren wie sein Cousin Cornelius Gurlitt mehrfach im Zusammenhang mit dem Kunstraub der Nationalsozialisten thematisiert wurde,[415] entstammte einer angesehenen deutschen Künstler- und Kunsthändlerfamilie. Er war zunächst in Nachfolge seines Vaters als Galerist in Berlin tätig und präsentierte hier als einer der ersten regelmäßig moderne Kunst. Während des Nationalsozialismus betrieb er nicht nur Handel mit Bildern aus ehemals jüdischem Besitz. Er war auch in den Verkauf sogenannter „entarteter" Werke, die in deutschen Museen beschlagnahmt worden waren, und in geringem Umfang auch in den Erwerb von Bildern für das geplante „Führermuseum" in Linz eingebunden. Zudem erwarb er auch Kunstwerke aus vormals jüdischem Besitz für seine private Sammlung, die er während des Krieges in sein 1940 erworbenes Domizil in Bad Aussee verlagerte. Nach Kriegsende blieb er in Österreich, gründete die „Neue Galerie der Stadt Linz"[416] und wurde deren erster Leiter, was er auch nach dem Verkauf an die Stadt Linz 1953 formell blieb.[417] Später folgte ihm in dieser Funktion Walter Kasten nach, mit

---

[414] Im Tagungsprogramm 1949 wird darauf verwiesen, dass er zu jenen gehörte, die Werke für die Ausstellung „Moderne Plastik" zur Verfügung stellten.

[415] Vgl. zuletzt etwa: Raubkunst: Der österreichische Gurlitt. Zwischen Linz und Bad Aussee – die abenteuerlichen Machenschaften des Wolfgang Gurlitt, in: Profil 16 (2014) 28–34.

[416] Gurlitt stellte der Stadt Linz seine Privatsammlung für zehn Jahre unentgeltlich zur Verfügung. Die offizielle Eröffnung des „Leihmuseums" erfolgte 1948.

[417] Walter Schuster, Facetten des NS-„Kunsthandels" am Beispiel Wolfgang Gurlitt, in: Gabriele Anderl/Alexandra Caruso (Hg.), NS-Kunstraub und die Folgen, Innsbruck/Wien/Bozen 2005, 212–226.

dem Gurlitt bereits seit 1938 zusammengearbeitet hatte.[418] Für das Europäische Forum Alpbach stellte Gurlitt 1950 eine Kunstausstellung zusammen, die Originalzeichnungen, Lithographien, Radierungen und Reproduktionen von Paul Klee, Pablo Picasso, Georges Braques, Oskar Kokoschka, Herbert Böckl, Henri Moore und Marc Chagall umfasste.[419] 1951 war er für zwei Ausstellungen mit Werken von Oskar Kokoschka und Odilon Redon[420] und 1952 für eine Ausstellung mit Radierungen und Lithographien von Jacques Callot, Francisco Goya, Otto Dix, Frans Masereel zum Thema „Der Schrecken des Krieges" verantwortlich.[421] 1954, als es auch eine von Maurice Besset zusammengestellte internationale Plakatausstellung und eine Ausstellung italienischer Graphik der Gegenwart gab, stand die Ausstellung „Phantastik in der Graphik" auf dem Programm, die von der Galerie Gurlitt (Walter Kasten) zusammengestellt und großteils zur Verfügung gestellt worden war.[422] Weitere Kooperationen mit Kasten sollte es in den folgenden Jahren geben, während 1955 eine bis ins nächste Jahrzehnt reichende Serie junger Kunst aus verschiedenen europäischen Staaten begonnen wurde, bei der mit verschiedenen Galerien und Künstlern kooperiert wurde. Begonnen wurde diese mit Frankreich (1955), Deutschland (1956) und Österreich (1957), wobei in zwei Teilen Vertreter der abstrakten und gegenständlichen Richtungen präsentiert wurden. Darunter befanden sich Werke von Rudolf Hausner, Wolfgang Hollegha, Friedensreich Hundertwasser, Wolfgang Hutter, Josef Mikl, Agnes Muthspiel, Markus Prachensky, Arnulf Rainer oder Rudolf Schönwald,[423] der wie Mikl und Prachensky der Ausstellung persönlich beiwohnte und für den sein Besuch in Alpbach auch damit zusammenhängt, dass er wenig später zum technischen Leiter des nur kurze Zeit bestehenden Theaters am Fleischmarkt in Wien avancierte[424] – wurde das Theater doch vom Institut zur Förderung der Künste unterstützt, bei dem Alexander Auer als Generalsekretär fungierte.[425] 1958 folgten die junge Kunst aus Polen und 1959 jene aus Holland, wobei besonders jene aus Polen Aufmerksamkeit verdient. Wichtigen Anteil an ihrer Zusammenstellung hatte Alexander Auer, der sich

---

[418] Vgl. zur Geschichte des Lentos: http://www.lentos.at/html/de/110.aspx (5.9.2014).
[419] Tagungsbericht: Europäisches Forum Alpbach. Sechste Internationale Hochschulwochen des Österreichischen College, 19.8.–8.9.1950. Archiv des EFA, Berichte; Kleines Paneuropa des Geistes, in: Neues Österreich, 3.9.1950; Bildende Kunst in Alpbach, in: Wiener Zeitung, 8.9.1950.
[420] Eine Woche Alpbacher Arbeit, in: Tiroler Nachrichten, 25.8.1951; Alpbach und die Kunst, in: Wiener Zeitung, 4.9.1951.
[421] Tagungsbericht: Europäisches Forum Alpbach. Achte Internationale Hochschulwochen des Österreichischen College, 22.8.–11.9.1952. Archiv des EFA, Berichte.
[422] Tagungsbericht: Europäisches Forum Alpbach. Zehnte Internationale Hochschulwochen des Österreichischen College, 17.8.–6.9.1954. Archiv des EFA, Berichte.
[423] Tagungsbericht: Europäisches Forum Alpbach 1957. Dreizehnte Internationale Hochschulwochen des Österreichischen College, 17.8.–5.9.1957. Archiv des EFA, Berichte; Junge Kunst Österreichs, in: Die Presse, 31.8.1957.
[424] Maßgeblich ist hierfür, dass dieses mit finanzieller Unterstützung des Instituts zur Förderung der Künste entstanden war. Vgl.: Interview mit Prof. Rudolf Schönwald am 14.5.2013 sowie zum 1958, nur eine Spielzeit bestehenden Theater am Fleischmarkt: Andrea Bina, Das Theater am Fleischmarkt. Experimente in der dramatischen und bildenden Kunst in Wien zwischen 1945 und 1960, Dipl.-Arb. Wien 1994.
[425] Interview mit Prof. Rudolf Schönwald am 14.5.2013.

Peter Kubelka beim Europäischen Forum Alpbach 1958 (im Hintergrund das Paula von Preradovic-Haus)

ab 1956 mehrfach darum bemüht hatte, polnische Künstler und Wissenschaftler – wie sie 1958 ebenfalls vereinzelt in Alpbach waren[426] – zum Europäischen Forum Alpbach zu bringen.[427]

Hinsichtlich des Films ist – nach dem großen Film-Gespräch von 1955 – schließlich auf zwei Besuche des jungen österreichischen Avantgardefilmers Peter Kubelka 1957 und 1958 zu verweisen. Nachdem er 1957 – ebenso wie H. C. Artmann – in eine Rauferei verwickelt war und deshalb das Forum frühzeitig verlassen musste,[428] kam es erst 1958 (nach der Vorführung von Stan Brakhages „Anticipation of the night"[429]) zu einer Präsentation seiner Filme „Mosaik im Vertrauen" und „Adebar". Biographisch wichtig war für Kubelka hierbei, dass er in Alpbach erstmals Film ausstellte und damit die „erste Filmausstellung der Filmgeschichte" stattfand.[430] Anlass hierfür war, dass bei einer Wiederholung von „Adebar" der

---

[426] Dies waren zwei Dozenten der Krakauer Universität und der Chefredakteur einer polnischen Wochenzeitung. Nach Medienberichten führte die „Jugoslawienkrise" dazu, dass der größte Teil der polnischen Alpbach-Kandidaten die Anmeldungen wieder zurückziehen musste. Vgl.: Alpbach 1958: Eröffnung im eigenen Haus, in: Die Presse, 10.8.1958.

[427] Bundesministerium für Europa, Integration und Äußeres, Personalakt Alexander Auer.

[428] Interview mit Prof. Peter Kubelka am 14.1.2014; Interview mit Prof. Rudolf Schönwald am 14.5.2013; Kurrent, Peter Kubelka zum 60. Geburtstag nachgeliefert, 24.

[429] „Geklebter Rhythmus" in Alpbach. Experimentalfilmabend bei den Internationalen Hochschulwochen, in: Die Presse, 7.9.1958; „Geklebter Rhythmus" – Experimentalfilm in Alpbach, in: Tiroler Tageszeitung, 3.9.1958.

[430] Alfred Schmeller, Ort ist Leinwand …, in: Magnum, Nr. 20, Oktober 1958, 67.

Film riss, worauf Kubelka diesen zerschnitt und auf Heustangen in der freien Natur aufhängte. Den Betrachtern, die sich nach und nach Stücke vom Film abschnitten, sollte damit die Materialität des Mediums veranschaulicht werden und der Film in eine neue Dimension gehoben werden. Wie Kubelka anmerkt, war seine erstmalige öffentliche Filmausstellung nicht ursächlich mit Alpbach verbunden. Da es im Österreich der 1950er Jahre nur wenige Plattformen für den Avantgardefilm wie die Galerie nächst St. Stephan gab, erfolgte sie jedoch in Alpbach – auch wenn hier keineswegs nur Verständnis für sein Werk vorhanden war. Wichtig war es für Kubelka, der in den folgenden Jahren vor allem in den USA Anerkennung für seine Arbeit fand und später in Frankfurt am Main einen Lehrstuhl bekleidete, mit dem von ihm und Peter Kronlechner 1964 gegründeten Österreichischen Filmmuseum daher auch, einen Ort für die Auseinandersetzung mit dem Film als Kunstform zu schaffen.[431] Als er kurz vor seinem ersten Besuch in Alpbach eingeladen worden war, sein Erstlingswerk „Mosaik im Vertrauen" 1956 bei der Biennale in Venedig zu präsentieren, hatte er, da es keine Unterstützung aus Österreich gab, als Vertreter Vietnams teilnehmen müssen.[432]

3.2 Teilnehmer

Die Anzahl der Teilnehmer (Voll- und Kurzteilnehmer sowie Mitwirkende) erreichte in den 1950er Jahren (vermutlich[433]) erstmals die 1000-Personen-Marke. Kamen 1950 rund 330 Personen (und damit etwas weniger als 1949) aus 17 verschiedenen Ländern nach Alpbach,[434] waren es 1953 449 Teilnehmer aus 22 Ländern, davon 184 aus Österreich und 92 aus Deutschland.[435] Im Tagungsbericht 1957 wurden (allerdings ohne genauere Aufgliederung auf die einzelnen Länder) bereits 1000 Personen aus 21 Ländern (Ägypten, Belgien, Deutschland, Finnland,

---

[431] Vgl. zur Geschichte des Filmmuseums: Eszter Kondor, Aufbrechen. Die Gründung des Österreichischen Filmmuseums, Wien 2014; Alexander Horwath (Hg.), Das sichtbare Kino. Fünfzig Jahre Filmmuseum: Texte, Bilder, Dokumente, Wien 2014; Paolo Caneppele/Alexander Horwath (Hg.), Kollektion. Fünfzig Objekte: Filmgeschichten aus der Sammlung des Österreichischen Filmmuseums, Wien 2014.

[432] Interview mit Prof. Peter Kubelka am 14.1.2014. Vgl. zur Biographie von Peter Kubelka: Gabriele Jutz/Peter Tscherkassy (Hg.), Peter Kubelka, Wien 1995.

[433] Hinzuweisen ist hierbei darauf, dass eine Teilnehmerstatistik aus dem Jahr 1964 für 1957 und 1958 deutlich abweichende Zahlen (1957: 710; 1958: 616) nennt. Vermutlich resultieren die abweichenden Zahlen daraus, dass hier ein größerer Personenkreis bzw. alle in Alpbach Anwesenden miteinberechnet wurden. In den Medien wurde 1957 ebenfalls von mehr als 700 Teilnehmern gesprochen. Vgl.: Erfolgreiche Bilanz in Alpbach, in: Die Presse, 8.9.1957; Teilnehmerstatistik des „Europäischen Forum Alpbach" von 1946 bis 1964, in: Alpbach Korrespondenz, Nr. 5, 4.10.1964. Archiv des EFA, Berichte.

[434] Tagungsbericht: Europäisches Forum Alpbach. Sechste Internationale Hochschulwochen des Österreichischen College, 19.8.–8.9.1950. Archiv des EFA, Berichte; Abschluss in Alpbach, in: Salzburger Nachrichten, 11.9.1950; Die Hochschulwochen in Alpbach, in: Neue Tageszeitung, 10.9.1950.

[435] Tagungsbericht des Europäischen Forum Alpbach. Neunte Internationale Hochschulwochen des Österreichischen College, 15.8.–4.9.1953. Archiv des EFA, Berichte.

Frankreich, Großbritannien, Indien, Italien, Kanada, Jugoslawien, Luxemburg, Niederlande, Norwegen, Österreich, Polen, Schweden, Schweiz, Singapur, Spanien und den USA) genannt[436] und 1958 darauf verwiesen, dass von den rund 1000 Teilnehmern etwa ein Drittel aus dem deutschsprachigen Raum stammt und sich die übrigen zwei Drittel aus Teilnehmern aus meist 20 bis 30 verschiedenen Nationen zusammensetzen.[437] Ein besonderes Anliegen war es für das Österreichische College hierbei, auch Teilnehmer aus den Ostblockstaaten (entweder emigriert oder noch im Heimatland) nach Alpbach zu holen. So kamen 1957 nicht nur einige Flüchtlinge aus Ungarn nach Alpbach,[438] nachdem Fritz Molden nach dem Ausbruch des Aufstandes im Oktober 1956 nach Budapest gefahren war, um die Aufständischen zu unterstützen, und Otto Molden zur Bildung eines „österreichischen Nationalkomitee für Ungarn" beigetragen hatte.[439] Es wurde – wie die Ausstellung „Junge Kunst aus Polen" verdeutlichte – auch gezielt versucht, Teilnehmer aus Polen, später auch aus der Tschechoslowakei und Rumänien nach Alpbach zu bringen. Wie Otto Molden 1958 erklärte, betrachtete er die „Kontakte mit den Völkern jenseits des Eisernen Vorhangs als eine Hauptaufgabe von Alpbach".[440]

Von ihrem sozialen Status her waren die Teilnehmer am Europäischen Forum Alpbach bis Mitte der 1950er Jahre mehrheitlich Studenten,[441] ab dann nahmen – vor dem Hintergrund der neuen Themen – andere Berufs- und Altersgruppen zu. Dass dies in gewisser Weise erwünscht war, verdeutlicht etwa ein Besprechungsprotokoll aus dem Jahr 1957. In diesem wurde festgehalten, dass nicht nur Leute, die mit der Annahme nach Alpbach kommen, dass sie hier ihre (Fach-)Studien weiterverfolgen können, fehl am Platz seien, sondern Alpbach auch „kein bloßer Sammelplatz" von Studenten oder anderen Berufsgruppen sein wolle. Vielmehr verstehe es sich als „Treffpunkt universal interessierter Menschen".[442] In finanzieller

---

[436] Tagungsbericht: Europäisches Forum Alpbach 1957. Dreizehnte Internationale Hochschulwochen des Österreichischen College, 17.8.–5.9.1957. Archiv des EFA, Berichte.

[437] Angesichts des Überwiegens der deutschsprachigen Teilnehmer in den Vorjahren sind diese Zahlen mit Vorsicht zu betrachten. Vgl.: Das „Europäische Forum Alpbach" des Österreichischen College, undatiert [1958]. Archiv des EFA, Mappe 14.

[438] In Medienberichten wurde auf die Teilnahme junger ungarischer und tschechoslowakischer Akademiker, die aus ihrer Heimat flüchten mussten, und jene von polnischen Studenten verwiesen. Vgl.: Tagungsbericht: Europäisches Forum Alpbach 1957. Dreizehnte Internationale Hochschulwochen des Österreichischen College, 17.8.–5.9.1957. Archiv des EFA, Berichte; Erhard Busek, in: Karl Schwarzenberg (Hg.), Fepolinski revisited. Fritz Molden zum 75. Geburtstag, Wien 1998, 76; Interview mit Dr. Erhard Busek am 3.6.2014; Hochschulwochen in der Krise, in: Neue Zeit, 25.9.1957.

[439] Otto Molden stand diesem Komitee auch vor. Vgl.: Fritz Molden/Eugen Géza Pogany, Ungarns Freiheitskampf, Wien 1956; Molden, Besetzer, Toren, Biedermänner, 159ff.; Molden, „Vielgeprüftes Österreich", 85ff.; Somnabulistic Certainty, in: New Yorker, 16.9.1961, 57; Tätigkeitsbericht des „Österreichischen Nationalkomitees für Ungarn" November 1956 – Februar 1958. Archiv des EFA, Konvolut 1959.

[440] Alpbach 1958: Eröffnung im eigenen Haus, in: Die Presse, 10.8.1958.

[441] Tagungsbericht: Europäisches Forum Alpbach. Neunte Internationale Hochschulwochen des Österreichischen College, 15.8.–4.9.1953. Archiv des EFA, Berichte.

[442] Kurzprotokoll der Besprechung der Leitung des Österreichischen College mit einigen ausländischen Teilnehmern über eine weitere Zusammenarbeit mit dem Österreichischen College vom 7.9.1957. Archiv des EFA, Ordner Stabsbesprechungen 1959–1979.

Hinsicht wurde die Teilnahme für Studenten, Professoren, Künstler etc. zumindest teilweise durch Stipendien öffentlicher und privater Stellen (etwa durch einzelne Bundesländer, die Stadt Wien, Ministerien, die Studienstiftung des deutschen Volkes, das italienische Außenministerium, das luxemburgische Unterrichtsministerium etc.) ermöglicht.[443] So wurde auch in einem Bericht über die Aktivitäten des Österreichischen Colleges aus 1955/1956 vermerkt, dass während der letzten Jahre Studenten aus Deutschland, Frankreich, Italien, Finnland, Norwegen, Belgien, der Schweiz und Luxemburg auf der Basis von Stipendien nach Alpbach kamen und 1957 bzw. 1959 darauf hingewiesen, dass von den rund 1000 Teilnehmern 184 (1957) bzw. 170 (1959) Stipendiaten aus dem In- und Ausland waren.[444]

3.3 Ein eigenes Kongresshaus – das Paula von Preradovic-Haus

Mit den zahlreicher nach Alpbach strömenden Teilnehmern wurden geeignete Räumlichkeiten immer dringlicher. Die Arbeitsgemeinschaften tagten bis dahin – wie bereits genannt – entweder im Freien oder in den verschiedenen Stuben der Gasthöfe bzw. in den wenigen Räumen der damals noch kleinen Volksschule,[445] wobei die Kommunikation im Ort über an verschiedenen Punkten angebrachte Lautsprecher hergestellt wurde.[446] Der einzige im ganzen Dorf vorhandene Saal, der für größere Veranstaltungen genutzt werden konnte, war der Bauernsaal des Hotels Post, der die zunehmende Zahl der Teilnehmer kaum mehr fassen konnte. Der Bau eines Kongresshauses, der bereits 1946 angedacht worden war[447] und auf den Internationalen Hochschulwochen 1946 auch zur Präsentation von Entwürfen des Architekten Jörg Sackenheim geführt hatte,[448] wurde immer dringlicher und nach einem ausgeschriebenen Wettbewerb von Ferdinand Kitt geplant, der erst im Atelier von Erich Boltenstern, einem der meistbeschäftigen Architekten der Zeit,[449] gearbeitet und seit 1951 als freischaffender Architekt tätig war.[450] Der Spatenstich

---

[443] Informationen über Stipendien für die Teilnahme am Europäischen Forum Alpbach liegen erst ab den 1950er Jahren, und das nur bruchstückhaft, vor.

[444] Tagungsbericht: Europäisches Forum Alpbach 1957. Dreizehnte Internationale Hochschulwochen des Österreichischen College, 17.8.–5.9.1957. Archiv des EFA, Berichte; Tagungsbericht: Europäisches Forum Alpbach 1959. Fünfzehnte Internationale Hochschulwochen des Österreichischen College, 21.8.–9.9.1959. Archiv des EFA, Berichte.

[445] Ein Neubau der Volksschule erfolgte 1954. Vgl.: http://www.alpbach.tirol.gv.at/system/web/zusatzseite.aspx?menuonr=218805513&detailonr=217407790 (17.2.2015).

[446] Diese gab es zumindest seit 1950, vermutlich aber bereits früher. Vgl.: Otto Basil, Kleines Paneuropa des Geistes, in: Neues Österreich, 3.9.1950.

[447] Vgl.: Schreiben der Landeshauptmannschaft für Tirol, Landesbauamt, LBA 360–1061/1 an Otto Molden vom 21.6.1946. Archiv des EFA, Mappe 1.

[448] Jörg Sackenheim, Bildende Kunst in Alpbach, in: Simon Moser (Hg.), Erkenntnis und Wert. II. Internationale Hochschulwochen des Österreichischen College in Alpbach, Innsbruck/Wien 1947, 357.

[449] Boltenstern hat unter anderem den Wiener Ringturm geplant und eine wichtige Rolle beim Wiederaufbau der Staatsoper gespielt.

[450] Weitere Projekte, die er (mit-)betreute, waren der Bau der Galerie Würthle, die Wohnhausanlage der Gemeinde Wien in der Krottenbachstraße oder die Wiederherstellung der Wiener Secession. Ab 1948 war er auch für die architektonische Gestaltung der Österreichschau bei der Biennale in

Spatenstich für das Paula von Preradovic-Haus 1951 mit Bundespräsident Theodor Körner

für das Kongresshaus erfolgte 1951 in Anwesenheit von Bundespräsident Theodor Körner. 1954 wurde anlässlich der Zehnjahresfeier des Europäischen Forum Alpbach von ÖVP-Unterrichtsminister Ernst Kolb eine Steintafel mit der „Alpbacher Elegie" der 1951 verstorbenen Paula von Preradovic enthüllt,[451] deren Namen das Kongresshaus tragen sollte. Fertig gestellt war das Gebäude zum damaligen Zeitpunkt jedoch nicht.[452] Vollständig abgeschlossen war der Bau erst 1959, wobei aber auch dann noch die Infrastruktur des Dorfes (vor allem die verschiedenen Gasthöfe und die Schule) für die Veranstaltungen des Europäischen Forum Alpbach genutzt wurden und auch weiterhin Arbeitsgemeinschaften im Freien stattfanden.

Das Haus war mit 40 Betten, modernen sanitären Anlagen, einem geräumigen Lehrtrakt, zwei Sälen, die nach Erwin Schrödinger und Max Hartmann benannt wurden, verschiedenen Arbeits-, Konferenz- und Bibliotheksräumen sowie einer großen Terrasse ausgestattet.[453] Zudem beherbergte das Collegehaus als besonde-

---

Venedig zuständig. Vgl.: Ferdinand Kitt 50, in: Oberösterreichische Nachrichten, 1.9.1969; Großzügiges Bauen war sein Wunsch. Der Architekt Ferdinand Kitt starb, in: Kurier, 3.1.1974.

[451] Tagungsbericht: Europäisches Forum Alpbach. Zehnte Internationale Hochschulwochen des Österreichischen College, 17.8.–6.9.1954, in Alpbach/Tirol. Archiv des EFA, Berichte.

[452] Nach Otto Molden konnte das Haus erstmals 1956 für das College genutzt werden. Im Vorfeld des Europäischen Forum Alpbach 1958 wurde jedoch angekündigt, dass dieses heuer erstmals im Paula von Preradovic-Haus stattfinden werde. Vgl.: Molden, Der andere Zauberberg, 74; Alpbach 1958: Eröffnung im eigenen Haus, in: Die Presse, 10.8.1958.

[453] Protokoll des ersten Bundestages des Österreichischen College am 29./30.5.1959. Archiv des EFA, Mappe 12; Somnabulistic Certainty, in: New Yorker, 16.9.1961, 81.

ren „Schmuck" ein Relief von Fritz Wotruba, das dieser dem College geschenkt hatte,[454] nachdem er sich Mitte der 1950er Jahre sogar die Schaffung eines Skulpturenzentrums in Alpbach vorstellen konnte.[455]

Wie Otto Molden beim ersten Bundestag des Österreichischen Colleges im selben Jahr ausführte und auch in einer „Denkschrift" 1961 festgehalten wurde, hatte der Hausbau vor allem deshalb so lange gedauert, weil er aus Geldmangel immer wieder eingestellt werden musste. Zurückführbar war dies nicht zuletzt darauf, dass das Konzept mehrfach geändert und schließlich ein viel größeres Gebäude verwirklicht wurde, als zunächst geplant war. Die hierfür erforderlichen finanziellen Mittel wurden teils durch Kredite aus dem European Recovery Program (ohne und mit Rückzahlungsverpflichtungen) und Darlehen gedeckt. Zudem musste das College auch eine beträchtliche Summe selbst aufbringen, was eine immer größere Belastung der Finanzgebarung nach sich zog[456] und dazu führte, dass mit dem neuen Haus auch neue Einnahmequellen erschlossen werden sollten. So wurden nicht nur „Winter-Wochen" in Alpbach initiiert, die Wintersport und ein kulturelles Programm, aber keine „schwere geistige Arbeit" vorsahen, sondern auch an die Schaffung einer „Sommerschule für Amerikaner" gedacht, die amerikanische Studenten über die europäische Kultur und Politik informieren sollte.[457] Erste Pläne für ein solches Projekt reichen bis in die späten 1940er Jahre zurück[458] und sollten durch Gelder aus den USA unterstützt werden.[459] Umgesetzt wurden sie im Gegensatz zu den „Winter-Wochen" jedoch nie. Vermietungen an andere Institutionen – wie etwa die Standford University oder die Studienstiftung des Deutschen Volkes – klappten jedoch.[460]

3.4 Bildung von Nationalkomitees

Als mit dem Wachsen von Alpbach die finanziellen und organisatorischen Aufgaben immer größere Aufmerksamkeit erforderten und die Erschließung neuer Geldquellen immer wichtiger wurde, folgte Mitte der 1950er Jahre auch die Schaffung so genannter Nationalkomitees. Wie Otto Molden beim ersten Bundestag des Österreichischen Colleges im Mai 1959 ausführte, entstanden diese anlässlich des wirtschaftspolitischen Gesprächs über die „Bank als eine europäische Lebensader

---

[454] Molden, Der andere Zauberberg, 28.
[455] Protokoll der Sitzung des Präsidiums vom 13.10.1988. Archiv des EFA, Ordner Sitzungen 1988/1989.
[456] Protokoll des ersten Bundestages des Österreichischen College am 29./30.5.1959. Archiv des EFA, Mappe 12; Österreichisches College, Denkschrift über das „Europäische Forum Alpbach", Wien, im Jänner 1961; Archiv des EFA, ohne Mappe.
[457] Protokoll des ersten Bundestages des Österreichischen College am 29./30.5.1959. Archiv des EFA, Mappe 12.
[458] Sitzung des Zentralen Leitungsausschusses des Österreichischen College vom 2./3.7.1949. Archiv des EFA, Ordner Generalversammlungen.
[459] Protokoll des Kronrats des Österreichischen College vom 30.11.1950. Archiv des EFA, Mappe 6.
[460] Das Kongresshaus des Österreichischen College in Alpbach, in: Alpbach-Korrespondenz, Nr. 19, 1.2.1968. Archiv des EFA, Berichte.

der europäischen Wirtschaft" im Jahr 1954. Damals machten die versammelten Banker und Wirtschaftsführer den Vorschlag, eine internationale Stiftung zur Förderung des Europäischen Forum Alpbach zu bilden, die auf in den einzelnen Ländern gebildeten Nationalkomitees basieren sollte.[461] Aufgabe dieser Nationalkomitees sollte es sein, das Österreichische College und das Europäische Forum Alpbach zu unterstützen und Geldmittel aufzubringen, die zum damaligen Zeitpunkt dem Hausbau in Alpbach, aber auch der Gewährung von Stipendien zugutekommen sollten.[462] 1955 wurden sie – wovon auch die Medien berichteten – in einer Stiftung unter dem Namen „Europäische Stiftung des Europäischen Forums Alpbach" mit Sitz in Liechtenstein zusammengefasst. Nationale Stiftungskomitees bestanden zum damaligen Zeitpunkt (entweder schon gebildet oder in Vorbereitung) in Österreich unter dem Vorsitz von Josef Joham (Generaldirektor der Creditanstalt),[463] in der BRD unter Hermann J. Abs (Deutsche Bank),[464] in Belgien und in Frankreich unter dem Vorsitz von Émile Béthouart.[465] Nach dem Tod von Joham[466] wurde das „Österreichische Komitee der Freunde des Europäischen Forum Alpbach" 1960 von Reinhard Kamitz übernommen, der im selben Jahr aus dem Finanzministerium an die Spitze der Nationalbank wechselte. Maßgeblich war hierfür, dass Kamitz, der erstmals 1950 als stellvertretender Generalsekretär der Bundeskammer der gewerblichen Wirtschaft in Alpbach war, „schon seit vielen Jahren mit dem Gedanken von Alpbach verbunden" war, „an der Tätigkeit des Europäischen Forum Alpbach durch Vorträge und Referate persönlich wiederholt aktiven Anteil genommen hatte und sich auch für eine wirtschaftliche Fundierung und Unterstützung der Veranstaltung tatkräftig eingesetzt hat".[467]

Als Otto Molden beim bereits mehrfach zitierten ersten Bundestag des Österreichischen Colleges ein Résumé über die bisherige Entwicklung zog, wies er daher darauf hin, dass das Österreichische College nicht nur von verschiedenen staatlichen Stellen immer wieder unterstützt worden war. Er betonte auch, „dass der Aufstieg des Österreichischen Colleges nicht möglich gewesen wäre, wenn uns

---

[461] Protokoll des ersten Bundestages des Österreichischen College am 29./30.5.1959. Archiv des EFA, Mappe 12.
[462] Protokoll der ordentlichen Generalversammlung des Vereins Österreichisches College vom 3.10.1955. Archiv des EFA, Ordner Sitzungen 1955/1956.
[463] Vgl. zur Geschichte der CA: Gerald Feldman/Oliver Rathkolb/Theodor Venus/Ulrike Zimmerl, Österreichs Banken und Sparkassen im Nationalsozialismus und in der Nachkriegszeit, Band 1: Creditanstalt, München 2006; Oliver Rathkolb/Theodor Venus/Ulrike Zimmerl (Hg.), Bank Austria Creditanstalt. 150 Jahre österreichische Bankengeschichte im Zentrum Europas, Wien 2005.
[464] Lothar Gall, Der Bankier. Hermann Josef Abs. Eine Biographie, München 2004.
[465] Protokoll der ordentlichen Generalversammlung des Vereins Österreichisches College vom 3.10.1955. Archiv des EFA, Ordner Generalversammlungen; Europäische Stiftung in Alpbach, in: Oberösterreichische Nachrichten, 5.5.1955; Stiftung für das Europäische Forum Alpbach, in: Salzburger Volkszeitung, 5.5.1955.
[466] Dr. Josef Joham †, in: Rundschreiben des Österreichischen College an die Collegegemeinschaften in Österreich sowie an alle weiteren mit uns zusammenarbeitenden Gruppen in Europa, 1. Jg., Nr. 2, Wien, Mai 1959. Archiv des EFA, Mappe 4.
[467] Protokoll der ordentlichen Generalversammlung des Vereines „Österreichisches Komitee der Freunde des Europäischen Forum Alpbach", 18.7.1960. Archiv des EFA, Ordner Generalversammlungen.

nicht von Anfang an ein immer größer werdender Kreis von Freunden und Förderern aus der österreichischen Bank- und Industriewelt und zu einem späteren Zeitpunkt darüber hinaus führende Persönlichkeiten der europäischen Wirtschaft hilfreich zur Seite gestanden wären".[468] In den Programmheften der 1950er Jahre wurde nicht nur auf Subventionen seitens des Unterrichtsministeriums, teilweise auch des Bundesministeriums für Handel und Wiederaufbau, des Landes Tirol und der Landeshauptstadt Innsbruck sowie in zunehmendem Maße auch anderer Bundesländer – Oberösterreich, Steiermark, Salzburg – verwiesen, sondern immer wieder auch eine Unterstützung seitens der Wirtschaft genannt. Von 1950 bis 1959 trug diese zwischen 26 und 30 Prozent, teilweise sogar bis zu 40 Prozent zur Finanzierung des Österreichischen Colleges bei.[469]

3.5 Transatlantische Beziehungen und das Forschungsinstitut für europäische Gegenwartskunde

Zudem konnten in den 1950er Jahren auch weitere Finanzmittel von Stiftungen aus den USA erschlossen werden, die im Zeitalter des Kalten Krieges einen prowestlichen Einfluss sichern sollten, aber nicht nur auf diesen Aspekt zu reduzieren sind.[470] Unterstützung für die Gelder aus Amerika gab es nicht nur wiederum von Fritz Molden. Otto Molden unternahm selbst auch mehrfach Reisen in die USA, bei denen er teilweise – so 1951 – auch von Alexander Auer begleitet wurde und auch bei Allen W. Dulles wohnte.[471]

So wurde mit Geldern der Rockefeller Foundation, die – wie ausgeführt – bereits 1948 als Unterstützerin des Österreichischen Colleges aufscheint, das Forschungsinstitut für europäische Gegenwartskunde aufgebaut,[472] das mit der Catherwood

---

[468] Protokoll des ersten Bundestages des Österreichischen College am 29./30.5.1959. Archiv des EFA, Mappe 12.
[469] Österreichisches College, Denkschrift über das „Europäische Forum Alpbach", Wien, im Jänner 1961; Archiv des EFA, ohne Mappe.
[470] So dienten ihre Aktivitäten zwar auch der Absicherung und dem Ausbau der amerikanischen Hegemonie und der Bekämpfung eines kulturell bestimmten Antiamerikanismus unter den europäischen Intellektuellen. Von einer einfachen Indienstnahme oder Unterordnung der Stiftungen unter die amerikanische Außenpolitik kann jedoch nicht gesprochen werden. Vgl.: Tim Müller, Die Macht der Menschenfreunde – Die Rockefeller Foundation, die Sozialwissenschaften und die amerikanische Außenpolitik im Kalten Krieg, in: John Kriege/Helke Rausch (Hg.), American Foundations and the Coproduction of World Order in the Twentieth Century, Göttingen 2012, 146–172; Tim Müller, Die gelehrten Krieger und die Rockefeller Foundation. Intellektuelle zwischen Geheimdienst, Neuer Linker und dem Entwurf einer neuen Ideengeschichte, in: Geschichte und Gesellschaft 33 (2007) 198–227; Volker Rolf Berghahm, Transatlantische Kulturkriege: Shepard Stone, die Ford-Stiftung und der europäische Antiamerikanismus, Stuttgart 2004.
[471] Vgl. zur Reise in die USA 1951, die Gesprächen mit der Ford Foundation und der Rockefeller Foundation diente: Somnabulistic Certainty, in: New Yorker, 16.9.1961, 62; Schreiben von Otto Molden an Allen W. Dulles vom 15.11.1951 sowie Schreiben von Otto Molden an Fritz Molden vom 13.11.1951. Wienbibliothek, Nachlass Otto Molden, 2.2.109 und 2.2.395.
[472] Es ist unklar, ob bereits die Subvention 1948 zum Aufbau des Instituts verwendet wurde. Otto Molden hat 1955 auf eine Unterstützung 1946 verwiesen und den Aufbau des Instituts – ohne auf

Foundation auch von einer zweiten amerikanischen Stiftung unterstützt wurde. Erste Kontakte zur 1947 von Cullum Catherwood gegründeten Familienstiftung, die der Förderung von Erziehung und Wissenschaft dienen und besonders den Kulturaustausch zwischen Europa und Amerika anregen wollte,[473] hatte es bereits 1949 über Fritz Molden gegeben.[474] Im gleichen Jahr war auch bereits ein Künstleraustausch zwischen der Stiftung und dem Österreichischen College unterzeichnet worden, der Rudolf Charles von Ripper als Gastdozent an die Akademie der bildenden Künste in Wien führte und dem jungen österreichischen Künstler Fritz Janschka einen Aufenthalt in den USA ermöglichte.[475] Ripper war ein in Klausenburg (damals noch in der österreichisch-ungarischen Monarchie) geborener Künstler, der sich in den 1920er Jahren zur französischen Fremdenlegion gemeldet und nach der Machtübernahme der Nationalsozialisten in Deutschland ins KZ Oranienburg verbracht worden war. Nach seiner Freilassung und einem kurzen Kampfeinsatz im Spanischen Bürgerkrieg war er 1938 in die USA emigriert, wo es eine Radierung aus dem Zyklus „Ecrasez l'Infame", die Hitler als Organist des Todes zeigte, Anfang 1939 sogar auf das Cover des Nachrichtenmagazin „Time" schaffte.[476] Nach Kriegsausbruch hatte er sich in Amerika nicht nur zur Armee gemeldet, sondern wurde zu einem hochdekorierten Mitarbeiter des OSS, der bei seinen Einsätzen in Europa (unter anderem Fallschirmeinsätze auf österreichischem Gebiet) nicht nur Fritz Molden kennengelernt, sondern sich mit diesem auch angefreundet hatte.[477]

Das Forschungsinstitut für europäische Gegenwartskunde selbst wurde als ein dem Österreichischen College angeschlossenes Institut in Gegenwart von Edward F. D'Arms, dem Vizepräsidenten der Rockefeller-Stiftung, am 14. November 1950 in der Wiener Kolingasse von Unterrichtsminister Felix Hurdes eröffnet[478] und in den kommunistischen Medien sogar als „amerikanische Spionagezentrale" bezeichnet.[479] Eine wichtige Funktion übernahm Fritz Hansen-Löve, der einst die Collegegemeinschaft Wien gegründet hatte und in späteren Jahren als Journa-

---

   die Subvention 1948 einzugehen – damit erklärt, dass hiernach eine rechtliche Finanzierung von Alpbach durch die Rockefeller Foundation nicht möglich war, da sie „rein auf Forschungsarbeit" eingestellt war. Protokoll der Sitzung des Vorstandes des Österreichischen College vom 15.10.1955. Archiv des EFA, Ordner Sitzungen 1955–1956.

[473] Mäzen aus USA besucht Wien, in: Wiener Kurier, 12.10.1951.
[474] Schreiben von Fritz Molden an Otto Molden vom 14.7.1949. Wienbibliothek, Nachlass Otto Molden, 2.1.496.
[475] Agreement zwischen der Catherwood Foundation und dem Österreichischen College vom 15.7.1949. Archiv des EFA, Mappe 8.
[476] Anlass hierfür war die nicht unumstrittene Wahl von Hitler zum „Man of the Year".
[477] Dietmar Horst, Der Tänzer auf den Wellen. Das merkwürdige Leben des Rudolf Charles von Ripper, Hall/Wien 2010; Cyrus L. Sulzberger, Unconquered Souls: The Resistentialists, Woodstock 1973; Molden, Fepolinski & Waschlapski, 250, 271ff.; 281; Gerhard Habarta, Lexikon der phantastischen Künstler, o. O. [Wien] 2009, 357; Molden, Besetzer, Toren, Biedermänner, 91, 94, 218; Fritz Molden, Ripsky, in: Ders., Aufgewachsen hinter grünen Jalousien. Vergessene Geschichten aus Österreichs bürgerlicher Welt, Wien 1995, 113–127.
[478] Das Archiv Europas in der Kolingasse, in: Neue Wiener Tageszeitung, 14.11.1950.
[479] Eine amerikanische Spionagezentrale, in: Österreichische Zeitung, 21.1.1950.

list tätig war. Fritz Hansen-Löve arbeitete zunächst an der von Otto Mauer und Karl Strobl 1946 gegründeten Kultur- und Religionszeitung „Wort und Wahrheit" mit. 1954 gründete er gemeinsam mit Friedrich Torberg die Zeitschrift „FORVM. Österreichische Monatsblätter für kulturelle Freiheit", die zu einer „publizistischen Speerspitze" im Kalten Krieg wurde. 1956 wurde er zum Leiter der Hauptabteilung Kultur, Wissenschaft und Bildung des österreichischen Fernsehens bestellt, was er bis 1967 blieb.[480]

Zweck des Forschungsinstituts für europäische Gegenwartskunde war es, eine Bestandsaufnahme bzw. Erforschung der geistigen Phänomene der europäischen Gegenwart, insbesondere auf dem Gebiet der Literatur, Wissenschaft, Philosophie, Kunst und den damit in Verbindung stehenden Prozessen vorzunehmen, womit es ein ähnliches Profil wie das 1946 aufgrund einer sozialistischen Initiative gegründete Institut für Wissenschaft und Kunst (IWK) aufwies.[481] Zu den vorgesehenen Aufgaben zählten die Abhaltung von Seminaren und Arbeitsgemeinschaften, Vorträgen und Diskussionen sowie die Herausgabe periodischer und nicht periodischer Publikationen verschiedenster Art.[482] Entstanden war die Idee, ein Institut mit diesem Profil zu gründen, in Zusammenhang mit den für Alpbach erforderlichen umfangreichen Vorbereitungsarbeiten und dem hierfür notwendigen Überblick über die „schöpferischen Kräfte des modernen Lebens, über die Personen, aber auch Ereignisse, Ideen und Probleme der heutigen Welt."[483] Inoffiziell sollte das Institut – durch gegebene personelle und räumliche Überschneidungen – aber auch zum laufenden Betrieb des Österreichischen Colleges und somit zu einer Finanzierung der Alpbacher Veranstaltungen beitragen.[484]

Wie in den vorhandenen Anträgen an die Catherwood Foundation bzw. den Arbeitsberichten an diese und die Rockefeller Foundation festgehalten wurde, sollte das Institut vor allem in jenen Bereichen tätig werden, die an den österreichischen Universitäten nicht abgedeckt wurden und ausländische Wissenschaftler und Künstler nach Österreich bringen.[485] Auf besonderen Wunsch von D'Arms sollten das – wenn das Institut auch in anderen Bereichen tätig wurde – die Kul-

---

[480] Im Rahmen dieser Tätigkeit kreierte er auch die Sendung „Der Fenstergucker". Vgl.: http://www.aeiou.at/aeiou.encyclop.h/h173710.htm (19.3.2013); Mittler der Kultur, in: Salzburger Nachrichten, 13.1.1997; Kulturjournalist Hansen-Löve †, in: Die Presse, 10.1.1997; Ex-Kulturchef des ORF ist gestorben, in: Neue Zeit, 11.1.1997.

[481] Friedrich Stadler, 40 Jahre Institut für Wissenschaft und Kunst 1946–1986. 40 Jahre fortschrittliche Bildungsarbeit, in: Mitteilungen des Instituts für Wissenschaft und Kunst 3 (1986) 66–77.

[482] Entwürfe für die Statuten des Forschungsinstituts für europäische Gegenwartskunde. Archiv des EFA, Mappe 6.

[483] Konzept für das Forschungsinstitut für europäische Gegenwartskunde, undatiert. Archiv des EFA, Mappe 6; Österreichisches College, Denkschrift über das „Europäische Forum Alpbach", Wien, im Jänner 1961. Archiv des EFA, ohne Mappe.

[484] Protokoll der Sitzung des Vorstandes des Österreichischen College vom 15.10.1955. Archiv des EFA, Ordner Sitzungen 1955–1956.

[485] Das „Institut für Gegenwartsforschung", in: Der Student, 2.3.1951; Report on the activities within the framework of the grant of the Catherwood Foundation to the Research Institute for Contemporary European Problems (Austrian College Society) during the academic year 1951–1952. Archiv des EFA, Mappe 6.

tur- und Geisteswissenschaften sein.[486] Aufschlussreich hinsichtlich der „dahinter liegenden Ziele" und der ideologischen Positionierung des Österreichischen Colleges ist ein Antrag an die Catherwood Foundation. So heißt es in diesem, dass das Institut zu einer Abwehr des Kommunismus beitragen wolle – habe das Kriegsende doch „eine politische und geografische Situation geschaffen, die jener Wiens vor 300 Jahren, zur Zeit der Türkenkriege, nicht unähnlich" sei, was Wien wieder zum „entscheidenden Verteidigungspunkt der westlichen Welt gegen den Osten", diesmal gegen den „asiatischen Kommunismus" gemacht habe. Da sich in Österreich ein immer stärkerer Provinzialismus bemerkbar mache und vor allem die Universitäten und Hochschulen einen „rein restaurativen Charakter" zeigen würden, fände keine Erforschung der drängenden Gegenwartsprobleme statt. Dies berge die Gefahr, „viele Studenten in die Arme der kommunistischen Propaganda" zu führen, da sich diese nicht scheue, diese Probleme zu behandeln und Lösungen anzubieten. Das Institut müsse daher – wie auch das College – „wirksame Gegenarbeit" leisten. Die Tatsache, dass diese „Tätigkeit von einem unabhängigen österreichischen Institut durchgeführt wird", sollte eine „stärkere psychologische Wirkung" auf „den Österreicher" haben, „als wenn sie von amerikanischen, englischen oder französischen Stellen durchgeführt werden würde" und dazu beitragen, das Bewusstsein einer „lebendigen Zusammengehörigkeit zu der westlichen Welt" dauernd wachzuhalten und zu verstärken.[487]

Zu den umgesetzten Agenden zählten der Aufbau eines Zeitungs- und Zeitschriften-Archivs, das die wichtigsten Phänomene der Gegenwart dokumentieren sollte und schon bald zum Ausgangspunkt für die Entwicklung einer Reihe von Nachfolgeprojekten wurde. So wurde bereits 1951/1952 an die Schaffung eines kulturellen Dokumentations- und Informationszentrums gedacht, das im Sinne moderner Public Relations sowohl für den Fremdenverkehr als auch für die Auskunftserteilung im In- und Ausland tätig werden sollte,[488] Kooperationen mit dem Rundfunk, dem Bundespressedienst oder dem Außen- bzw. Innenministerium[489] angedacht. Andererseits wurde ein zeitweise recht intensives Seminar- und Vortragsprogramm entwickelt.

So wurden in einem Bericht über das Arbeitsjahr 1951/1952 insgesamt 57 Veranstaltungen zu folgenden Themen aufgelistet: moderne Kunst; soziale, soziologi-

---

[486] Protokoll der Sitzung des Vorstandes des Österreichischen College vom 15.10.1955. Archiv des EFA, Ordner Sitzungen 1955–1956.

[487] Proposal submitted by the Austrian College Society and the Research Institute for Contemporary European Problems to the Catherwood Foundation/Antrag an die Catherwood Foundation für die Fortsetzung des Grants für 1952/1953. Archiv des EFA, Mappe 6.

[488] Exposé über eine mögliche Zusammenarbeit zwischen dem Österreichischen College bzw. dem Forschungsinstitut für europäische Gegenwartskunde und allen jenen öffentlichen Stellen, die sich um die Förderung der Public Relations im Allgemeinen und der Fremdenverkehrswerbung im Besonderen bemühen, Wien, 1.2.1952 sowie Statuten für ein „Österreichisches Informationszentrum", undatiert. Archiv des EFA, Mappe 6.

[489] Aktennotiz über die Sitzung betreffend Auswertung des Archivs für den Bundespressedienst, das Äußere und das Unterrichtsministerium am 11.12.1952 im Bundeskanzleramt. Archiv des EFA, Mappe 6.

sche, wirtschaftliche und politische Probleme der Gegenwart; aktuelle Probleme einzelner Disziplinen (wie der Tiefenpsychologie oder Astronomie), wobei zu den Referenten etwa Maurice Besset, der Komponist Ernst Krenek oder der amerikanische Schriftsteller Saul Bellow im Bereich der modernen Kunst, der Historiker Otto Brunner im Bereich der Sozialgeschichte oder der bereits genannte Paul Feyerabend im Bereich der Philosophie zählten. Desgleichen wurden 1951/1952 auch sechs Seminare abgehalten. Hierzu gehörten zwei Seminare für Gegenwartskunde (Fritz Hansen-Löve) mit dem Ziel, einen Überblick über die geistigen und kulturellen Strömungen Europas und Amerikas sowie deren Wechselwirkung zu geben, ein wirtschaftswissenschaftliches Seminar (Karl L. Herczeg), in dem die Bildung eines einheitlichen europäischen Wirtschaftsraumes diskutiert wurde, ein zeitgeschichtliches Seminar (Ludwig Jedlicka) mit einem Fokus auf die Geschichte des Zweiten Weltkrieges, ein Seminar für Städtebau und Landschaftsplanung (W. Heinrich und Roland Rainer), das sich mit der räumlichen Ordnung des städtischen Lebens und Wirtschaftens beschäftigen sollte, und ein Seminar für Probleme der neuen Logik (Leo Gabriel).[490]

Für das Arbeitsjahr 1952/1953 wurden in einem Bericht an die Rockefeller Foundation hingegen 18 Vorträge zu Soziologie/Sozialgeschichte, acht Vorträge zu Geschichte und Zeitgeschichte, 22 Vorträge zur Kunst (darunter vor allem solche des jungen Kunsthistorikers Klaus Demus), neun Vorträge zur Literatur, 23 Vorträge zur Philosophie und Wissenschaftstheorie sowie drei künstlerische und zwei musikalische Aufführungen genannt. Desgleichen wurde auf die Tätigkeit eines sozialgeschichtlichen Seminars (Otto Brunner), ein Seminar zur Zeitgeschichte (Ludwig Jedlicka), ein wirtschaftskundliches Seminar (Karl L. Herczeg) und ein Seminar zu Problemen der neueren Logik (Leo Gabriel) verwiesen.[491] Der Catherwood Foundation, die besonders das Kunstprogramm förderte, das auch unter der Patronanz „ihres" Austausch-Stipendiaten Rudolph Charles von Ripper stand,[492] wurden hingegen 20 Vorlesungen über die bildende Kunst, fünf Vorlesungen über aktuelle Komponisten, 20 Vorlesungen über Literatur, 23 Vorträge über (zeit-) geschichtliche Themen – darunter neun von Ludwig Jedlicka –, 19 Vorträge in der philosophischen und 13 Vorträge in der soziologischen Serie gemeldet.[493]

Für den Zeitraum 1952–1955 wurden (den vorhergehenden Bericht allerdings inkludierend) insgesamt mehr als 130 Vorträge zur Kunst und Literatur im 20. Jahrhundert, zu Grundproblemen der Wissenschaften, zur Einheit der Wissen-

---

[490] Bericht des Forschungsinsituts für europäische Gegenwartskunde über das Arbeitsjahr 1951/1952 sowie Report on the activities within the framework of the grant of the Catherwood Foundation to the Research Institute for Contemporary European Problems (Austrian College Society) during the academic year 1951–1952. Archiv des EFA, Mappe 6. Vgl. hierzu auch: Institut für Gegenwartskunde, in: Wiener Universitätszeitung, 1.11.1951.

[491] Report on the activities of the Research Institute for Contemporary Current European Problems during the academic year 1952–1953. Archiv des EFA, Mappe 6.

[492] Vgl. hierzu auch: Mäzen aus USA besucht Wien, in: Wiener Kurier, 12.10.1951.

[493] Report on the activities within the framework of the grant of the Catherwood Foundation to the Research Institute for Contemporary European Problems (Austrian College Society) during the academic year 1952–1953. Archiv des EFA, Mappe 8.

Podiumsdiskussion im Rahmen der Tagung „Mensch und Gesellschaft der Gegenwart" 1953

schaft (bzw. dem Studium Generale), zum Thema lebendige Kritik, Zeitgeschichte, Soziologie, Sprache – Erkenntnis – Wirksamkeit sowie zu Forschungsberichten aus den Natur- und Kulturwissenschaften genannt. Zudem fanden in diesem Zeitraum dreizehn Seminare – darunter drei von Ludwig Jedlicka („Geistige und politische Strömungen in Mitteleuropa", „Europa zwischen den beiden Weltkriegen", „Probleme der politischen Einigung Europas seit 1919"), vier von Leo Gabriel („Grund- und gegenstandslose Probleme", „Die Problematik des Weltbilds", „Das Problem der Wahrheit", „Sinn und Deutung") und eines von Otto Brunner („Probleme der europäischen Sozialgeschichte") statt.[494] Zu den bedeutendsten Sonderveranstaltungen des Zeitraums zählte die von 4. bis 13. Mai 1953 in Wien stattfindende Tagung „Mensch und Gesellschaft der Gegenwart" in den Räumlichkeiten des Forschungsinstituts, der Universität Wien (Auditorium Maximum), der Nationalbibliothek und im Kammersaal des Musikvereinsgebäudes, an der nach der Eröffnung von Alfred Verdroß-Droßberg (damals Rektor der Universität Wien) unter anderem der deutsche Soziologe Helmut Schelsky, Otto Brunner, Otto Mauer, Rudolf Charles von Ripper und Fritz Hansen-Löve teilnahmen.[495]

Wie die genannten Namen zeigen, beteiligte sich somit eine Vielzahl von Personen am Vortrags- und Seminar-Programm des Forschungsinstituts für europäische Gegenwartskunde. Besonders intensiv waren in dieses jedoch der Wirt-

---

[494] Report on the acitivities of the Research Institute for Contemporary European Problems in the years 1952–1955. Archiv des EFA, Mappe 6.
[495] Archiv des EFA, Mappe 9.

schaftswissenschaftler Karl L. Herczeg,[496] der Sozialhistoriker Otto Brunner,[497] der Philosoph Leo Gabriel[498] und der Historiker Ludwig Jedlicka eingebunden.

Jedlicka, der ab 1951 auch mehrfach als Referent in Alpbach auftrat, gehörte im Gegensatz zu den übrigen Genannten ab 1957 auch dem Vorstand des Österreichischen Colleges an[499] und scheint so auch in den Programmheften der Jahre 1957 bis 1963 unter den wichtigsten Mitarbeitern auf. Nach einem Gastvortrag in der Arbeitsgemeinschaft Geschichte von Walther Tritsch und André Varagnac 1951 und einem Vortrag über die „Zeitgeschichte als europäische Aufgabe" 1952 stellte für ihn vor allem der Aufenthalt in Alpbach 1954 ein biographisch wichtiges Ereignis dar. So traf er – wie er Otto Molden später berichtete – anlässlich einer gemeinsam mit Walter Rohn und Altiero Spinelli geleiteten Arbeitsgemeinschaft über „Probleme der politischen Einigung Europas von Versailles bis heute" die Entscheidung, sich nur mehr der Zeitgeschichte zu widmen und wurde in Folge zu einem Mitbegründer der Zeitgeschichtsforschung in Österreich.[500] Wie Oliver Rathkolb in einer biographischen Skizze über die „vier Lebens Jedlickas" ausführt – er entwickelte sich vom illegalen Nationalsozialisten in der Vaterländischen Front zum eigentlich der Monarchie verbundenen ÖVP-Mitglied ohne Berührungsängste zu SPÖ und KPÖ –, hatte Jedlicka 1939 in Geschichte promoviert und war zunächst bei der Stadt Wien, im Heeresgeschichtlichen Museum und dann als Lektor beim Universum Verlag tätig. Erste Artikel über die Zeitgeschichte hatte er bereits ab 1946 als freier Redakteur für die „Furche" geschrieben. 1954 kehrte

---

[496] Karl L. Herczeg war nach seinem Studium und einer Tätigkeit im Außenhandel ab 1952 Assistent an der Wiener Hochschule für Welthandel. Nach einem Aufenthalt in den USA wurde er 1954 Leiter der Wirtschaftsredaktion der „Salzburger Nachrichten", anschließend trat er in die Volkswirtschaftliche Abteilung der OEEC in Paris ein und war als Wirtschaftskorrespondent für „Die Zeit" in Paris und Burma tätig. Er war ein Gründungsmitglied der Gesellschaft für Ganzheitsforschung, die sich dem Vermächtnis von Othmar Spann widmete. Vgl.: Karl L. Herczeg †, in: Die Zeit, 11.11.1960, http://agso.uni-graz.at/sozio/vereine/gesellschaft_fuer_ganzheitsforschung/00.htm (12.6.2014).

[497] Otto Brunner gilt als ein Begründer der Sozialgeschichte im deutschsprachigen Raum. Wegen seiner Involvierung in den Nationalsozialismus wurde er nach Kriegsende von der Lehrtätigkeit an der Universität Wien enthoben, zum außerordentlichen Universitätsprofessor zurückgestuft und mit August 1948 in den Ruhestand versetzt. Eine Berufung an die Universität Köln, wo er 1952 Gastprofessor war, scheiterte. Ab 1954 bekleidete er eine Professur in Hamburg. Vgl.: Reinhard Blänkner, Nach der Volksgeschichte, in: Manfred Hettling (Hg.), Volksgeschichte im Europa der Zwischenkriegszeit, Bonn 2003, 326–366.

[498] Leo Gabriel, der für seine „Integrale Logik" bekannt wurde, war Landessachwalter des VF-Werks „Neues Leben", unterrichtete in den Hochschullagern des Dollfuß-Schuschnigg-Regimes und spielte bei der „Gleichschaltung" der Volkshochschule Volksheim eine zentrale Rolle. 1947 habilitierte er sich an der Universität Wien, wo er 1951 ordentlicher Professor wurde. 1968 und 1973 war er Präsident des Internationalen Kongresses für Philosophie und setzte sich für den Dialog zwischen West und Ost ein. 1973 gründete er das Wiener Universitätszentrum für Friedensforschung. Vgl.: Renate Lotz-Rimbach, Zur Biografie Leo Gabriels. Revision und Ergänzung der Selbstdarstellung eines Philosophen und Rektors der Universität Wien, in: Zeitgeschichte 6 (2004) 370–392 [Gabriel war nicht Rektor der Universität Wien, Anm. MW].

[499] Jedlicka wurde 1957 in den Verein Österreichisches College aufgenommen und zum Referenten (ohne nähere Spezifizierung) gewählt. In den Folgejahren wurde er als Vorstandsmitglied wiedergewählt.

[500] Molden, Der andere Zauberberg, 78.

er ins Heeresgeschichtliche Museum zurück und konnte 1958 seine Habilitation erreichen. In Folge war er zunächst als freier Dozent tätig. Als 1960 der Verein Österreichische Gesellschaft für Zeitgeschichte gegründet wurde, um als Träger für das im Februar 1961 geschaffene außeruniversitäre Österreichische Institut für Zeitgeschichte zu fungieren, wurde Jedlicka mit dessen Leitung betraut. Daraus entstand 1966 das maßgeblich von ihm forcierte Institut für Zeitgeschichte der Universität Wien, wo er ebenfalls die Leitung übernahm. Teil des Institutsaufbaus war unter anderem die Anlegung eines Archivs,[501] in das neben den Unterlagen zu einem Projekt der Bundesregierung über den österreichischen Widerstand anlässlich des zwanzigsten Jahrestages der Zweiten Republik 1965[502] auch die Unterlagen von Otto Molden für seine Dissertation über den österreichischen Freiheitskampf Eingang fanden.[503] Die Einbindung in das Widerstandsprojekt der Bundesregierung, aber auch seine Tätigkeit in Alpbach und beim Forschungsinstitut für europäische Gegenwartskunde hatte Jedlicka als geschickter Netzwerker gekonnt für die Installierung seines Instituts für Zeitgeschichte genutzt.[504] Alpbach und die Räumlichkeiten des Österreichischen Colleges in Wien wurden damit auch zu einem Forum für die noch junge Zeitgeschichte in Österreich, wenn diese hier auch nur ein Thema unter anderen war.[505]

Lief die Seminar- und Vortragstätigkeit des Forschungsinstituts für europäische Gegenwartskunde gut an, kam die mit der Dokumentationstätigkeit verbundene Herausgabe von Publikationen jedoch nie über ein Anfangsstadium hinaus. So konnte die geplante Zeitschrift „Geist und Gegenwart", die gemeinsam mit dem vom Wilhelm Cornides begründeten „Europa-Archiv" in Frankfurt herausgebracht werden sollte, nicht umgesetzt werden, und auch die Herausgabe eines regelmäßigen kunstwissenschaftlichen Jahrbuchs kam über einen Jahrgang nicht hinaus.[506] Gleichfalls konnte auch das umfangreiche Vorhaben, ein „Handbuch der Gegenwartskunde" zu schaffen, lediglich in reduzierter Form realisiert werden. Anstatt eines mehrbändigen Kompendiums wurde in Kooperation mit dem Herder Verlag lediglich ein Lexikon über die moderne Weltliteratur herausgegeben.[507] Entscheidend dürfte hierfür gewesen sein, dass die dem Forschungsinstitut zur Verfügung

---

[501] Vgl. zur Geschichte des Instituts: Christoph Mentschl, Papierene Zeitzeugen am Institut für Zeitgeschichte, in: Hubert Szemety u. a. (Hg.), Gelehrte Objekte – Wege zum Wissen. Aus den Sammlungen der Historisch-Kulturwissenschaftlichen Fakultät der Universität Wien, Wien 2013, 243–261.
[502] Wirth, Christian Broda, 305ff.
[503] Vgl. hierzu auch: Kaufangebot von Otto Molden an Ludwig Jedlicka vom 15.1. und 7.2.1968. Wienbibliothek, Nachlass Otto Molden, 2.2.255.
[504] Oliver Rathkolb, Ludwig Jedlicka: Vier Leben und ein typischer Österreicher. Biographische Skizze zu einem der Mitbegründer der Zeitgeschichtsforschung, in: Zeitgeschichte 6 (2005) 351–370.
[505] Die NS-Vergangenheit war in Alpbach – bei den Internationalen Hochschulwochen und beim Europäischen Forum Alpbach – immer wieder in Verbindung mit dem Widerstand von Otto und Fritz Molden und auch im offiziellen Programm ein Thema. Dass sie besonders intensiv debattiert wurde, kann jedoch nicht gesagt werden.
[506] Forschungsinstitut für europäische Gegenwartskunde (Hg.), Perspektiven 52/53. Ein Jahrbuch, Wien 1953.
[507] Das Lexikon erschien 1960 mit zwei Bänden unter dem Titel „Lexikon der Weltliteratur im 20. Jahrhundert".

stehenden Mittel – wie es in gewisser Weise vorgesehen war – auch für das Österreichische College verwendet wurden[508] bzw. die Lukrierung weiterer Mittel – auch aus den USA – immer schwieriger wurde. Insbesondere musste aber vermieden werden, dass das Forschungsinstitut zu einem Konkurrenten für das Österreichische College bzw. das Europäische Forum Alpbach bei der Akquirierung von Fördergeldern würde.[509] Diese sollten zweifellos Priorität haben. Bereits Mitte der 1950er Jahre schlief das Institut somit allmählich wieder ein.[510]

Wenn auch weitere Förderungen durch die Rockefeller und Catherwood Foundation für das Forschungsinstitut ausblieben, konnte 1957 – nach einigen gescheiterten Versuchen[511] – immerhin eine Unterstützung durch die 1936 von Henry Ford gegründete Ford Foundation erreicht werden, die sich in den ersten Nachkriegsjahrzehnten zur größten philanthropischen Gesellschaft der Welt entwickelte und in Österreich etwa den Aufbau des Instituts für Höhere Studien mittrug.[512] Maßgeblich dürfte hierfür nicht zuletzt eine Intervention von Fritz Molden bei Henry Ford II. gewesen sein.[513] Otto Molden hat bereits bei seinem Aufenthalt in den USA 1951 Gespräche mit der Ford Foundation geführt und auch seine auf Einladung des State Departments unternommene Reise in die USA 1956 dazu verwendet, nicht nur mit dem Free Europe Committee wegen Stipendien für Alpbach und dem Kongress für kulturelle Freiheit (Congress of Cultural Freedom) zu führen. Auf persönliche Einladung von Shepard Stone, der von 1954 bis 1968 als Direktor der dortigen Abteilung für internationale Angelegenheiten fungierte,[514] hatte seine Reise in die USA insbesondere auch den Verhandlungen mit der Ford Foundation gegolten.[515] Als 1957 ein Ansuchen über eine Unterstützung für den Hausbau, die Einrichtung einer Bibliothek in Alpbach sowie die Schaffung eines Stipendienfonds und die Förderung von Regionalveranstaltungen abgelehnt wurde, war die Enttäuschung daher groß.[516] Wie auch in den Medien vermerkt wurde, kam es aber noch im selben Jahr zu einer Förderzusage in der Höhe von 90.000 Dollar[517]

---

[508] Protokoll der Sitzung des Vorstandes des Österreichischen College vom 15.10.1955. Archiv des EFA, Ordner Sitzungen 1955–1956.

[509] Vgl.: Protokoll der Sitzung des Finanzausschusses vom 13.10.1955. Archiv des EFA, Ordner Sitzungen 1955/1956.

[510] Vgl. hierzu auch: Fleck, Österreichs Wissenschaften in den Augen amerikanischer Besucher, 128.

[511] Interessant ist in diesem Zusammenhang ein Hinweis von Christian Fleck, wonach ein Antrag von Richard Blühdorn und Alfred Verdroß zur Gründung eines Instituts für internationale Beziehungen 1952 abgelehnt wurde, weil die Ford Foundation damals noch nicht in Österreich tätig werden wollte. Vgl.: Fleck, Wie Neues nicht entsteht, 138.

[512] Ebenda, 129–177.

[513] Telegramm von Fritz Molden an Otto Molden, undatiert. Wienbibliothek, Nachlass Otto Molden, 2.1.496.

[514] Vgl. zu Stone: Berghahn, Transatlantische Kulturkriege.

[515] Generalversammlung des Vereins Österreichisches College vom 11.2.1957. Archiv des EFA, Ordner Generalversammlungen; Protokoll der Sitzung des Vorstandes des Österreichischen College vom 17.7.1956. Archiv des EFA, Ordner Sitzungen 1955–1956.

[516] Schreiben von Shepard Stone an Otto Molden vom 14.5.1957. Wienbibliothek, Nachlass Otto Molden, 2.1.750; Schreiben von Otto Molden an Shepard Stone vom 22.5.1957. Wienbibliothek, Nachlass Otto Molden, 2.2.604.

[517] 90.000 Dollar für das Österreichische College, in: Südost Tagespost, 15.11.1957.

für die Tätigkeit in Alpbach bzw. insbesondere für das Österreichische College in Wien, das Mitte der 1950er Jahre in die Argentinierstraße übersiedelte und seine Veranstaltungen ab 1958 unter dem Titel „Europäisches Forum Wien" abhielt.[518] Ausgezahlt wurde die Subvention in den Jahren 1958–1960,[519] weshalb sich die Ford Foundation auch in den Programmheften der Jahre 1958 bis 1960 unter den Finanziers der Alpbacher Veranstaltungen findet.[520]

3.6 Beziehungen zum Kongress für kulturelle Freiheit und zum Free Europe Committee

Weitere Unterstützung für das Österreichische College und das Europäische Forum Alpbach gab es vom bereits angesprochenen Kongress für kulturelle Freiheit und dem Free Europe Committee, die Stipendien für die Teilnahme am Europäischen Forum Alpbach finanzierten.

Der Kongress für kulturelle Freiheit stellte eines der wichtigsten Netzwerke für den westlich-atlantischen Ideenaustausch und die Abwehr des kommunistischen Einflusses in den 1950er und 1960er Jahren dar. Er entstand in Reaktion auf die kommunistischen Weltfriedenskongresse ab 1947/1948 und war zunächst als einmalige Veranstaltung 1950 in Berlin gedacht. Noch im selben Jahr entwickelte er sich jedoch zu einer ständigen Einrichtung mit Sitz in Paris, die in Europa mehrere Zeitschriften (in Österreich etwa das bereits genannte „FORVM") unterstützte und weitere Kongresse organisierte. Als Sammelbecken (links-) liberaler amerikanischer und europäischer Intellektueller – darunter zahlreiche ehemalige Kommunisten und Vertreter der europäischen Einigungsbewegung – richtete er sich nicht nur gegen kommunistische Parteien, sondern vor allem gegen neutralistische Intellektuellenzirkel und war besonders in den Anfangsjahren durch einen entschiedenen Antikommunismus geprägt.[521] Seine Finanzierung erfolgte durch Gelder des amerikanischen Gewerkschaftsbundes AFL. Gleichfalls erhielt er auch Zuwendungen von philanthropischen Stiftungen wie der Rockefeller- oder der Ford Foundation und – wie 1966 bekannt wurde – von Seiten des CIA, der hierfür eine Reihe eigener Stiftungen einrichtete bzw. sich bestehender Stiftungen –

---

[518] Rundschreiben an die Collegegemeinschaften in Österreich, Südtirol sowie alle weiteren Gruppen in Europa vom Dezember 1958. Archiv des EFA, Mappe 16.

[519] Denkschrift über das „Europäische Forum Alpbach", Wien, im Jänner 1961. Archiv des EFA, ohne Mappe.

[520] Programm: Europäisches Forum Alpbach. Vierzehnte Internationale Hochschulwochen des Österreichischen College, 22.8.–10.9.1958; Programm: Europäisches Forum Alpbach. Fünfzehnte Internationale Hochschulwochen des Österreichischen College, 21.8.–9.9.1959; Programm: Europäisches Forum Alpbach. Sechzehnte Internationale Hochschulwochen des Österreichischen College, 19.8.–7.9.1960. Archiv des EFA, Programme.

[521] Nach dem Tod Stalins (1953) wurde das einsetzende „Tauwetter" dann auch zur Aufnahme von Kontakten mit Angehörigen sowjetischer Botschaften bzw. osteuropäischen Intellektuellen genutzt, die auch nach der Niederschlagung der Ungarischen Revolution 1956 nicht ganz aufgegeben wurden.

darunter auch die Catherwood Foundation[522] – bediente.[523] Das Free Europe Committee als weitere Agentur des Kalten Krieges wurde 1949 in den USA gegründet und verfolgte das Ziel, die antikommunistischen Kräfte in bzw. aus Osteuropa – entweder vor Ort oder im Exil – zu fördern. Zu seinen wichtigsten Aufgaben zählte die Unterstützung von Exilorganisationen sowie das „Radio Free Europe", ein Sendeprogramm für die kommunistischen Satellitenstaaten. Finanziert wurde das Committee – wie auch der Kongress für kulturelle Freiheit – durch verschiedene Quellen, darunter ebenfalls Gelder des CIA.[524]

In den knappen Tagungsberichten des Europäischen Forum Alpbach scheint der Kongress für kulturelle Freiheit in den Jahren 1953 und 1954 (jeweils ohne nähere Angaben) unter jenen Institutionen, die Stipendien vergeben haben, auf.[525] Zudem wurde (wiederum ohne nähere Ausführungen) auch bei einer Besprechung des Österreichischen Colleges mit ausländischen Teilnehmern im Herbst 1957 darauf verwiesen, dass der Kongress 15 der insgesamt 184 Stipendien (darunter ca. die Hälfte aus dem Ausland) gefördert habe.[526] Weitere Stipendien finanzierte er – wie Unterlagen aus den Hoover Archives dokumentieren – (zumindest) auch 1958, wobei diese Polen und Jugoslawen die Teilnahme am Europäischen Forum Alpbach ermöglichen sollten. Stipendien für die Teilnahme von Osteuropäern gab es aber auch vom Free Europe Committee: so etwa 1956 für eine Delegation der Christian Democratic Union of Central Europe, 1957 und 1959 für einige Teilnehmer aus Polen und 1961 für zehn „Flüchtlingsstudenten" (ohne nähere Angaben zum Herkunftsland).[527] Wie bereits ausgeführt, war es für das Österreichische College ein wichtiges Anliegen, auch Teilnehmer aus den osteuropäischen Staaten zu gewinnen.

---

[522] Frank Tichy, Friedrich Torberg. Ein Leben in Widersprüchen, Salzburg/Wien 1995, 191.

[523] Die Diskussion um die CIA-Gelder stellte auch einen wichtigen Faktor für das Ende des Kongresses 1967 dar. Mit der Gründung der International Association for Cultural Freedom (IACF), als deren Präsident Shepard Stone nach seinem Ausscheiden aus der Ford Foundation fungierte, wurde zwar eine bis 1979 bestehende Nachfolgeorganisation gebildet. An die Bedeutung des früheren Kongresses für kulturelle Freiheit konnte sie jedoch nicht anschließen. Vgl.: Michael Hochgeschwender, Freiheit in der Offensive? Der Kongress für kulturelle Freiheit und die Deutschen, München 1998; Anselm Doering-Manteuffel, Wie westlich sind die Deutschen? Amerikanisierung und Westernisierung im 20. Jahrhundert, Göttingen 1999, 75–90; Berghahn, Transatlantische Kulturkriege.

[524] Wie auch beim Kongress für kulturelle Freiheit stellte die Diskussion um die CIA-Gelder einen wichtigen Punkt im Auflösungsprozess des Free Europe Committee in den späten 1960er Jahren dar. Vgl.: http://www.transatlanticperspectives.org/entry.php?rec=148 (11.7.2014).

[525] Im Programmheft des Jahres 1953 wird der Kongress für kulturelle Freiheit auch unter jenen Einrichtungen genannt, die die Durchführung des Europäischen Forum Alpbach ermöglicht haben. Vgl.: Programm: Europäisches Forum Alpbach. Neunte Internationale Hochschulwochen Alpbach des Österreichischen College, 15.8.–4.9.1953. Archiv des EFA, Programme; Bericht über das Europäische Forum Alpbach vom 15.8.–4.9.1953 und Bericht über das Europäische Forum Alpbach vom 17.8.–6.9.1954. Archiv des EFA, Berichte.

[526] Kurzprotokoll der Besprechung der Leitung des Österreichischen College mit einigen ausländischen Teilnehmern über eine weitere Zusammenarbeit mit dem Österreichischen College vom 7.9.1957. Archiv des EFA, Ordner Stabsbesprechungen 1959–1979.

[527] In späteren Jahren sind auch Korrespondenzen hinsichtlich der Einladung von Tschechen, Slowaken und Vertretern aus Bulgarien und Rumänien vorhanden. Hoover Institution Archives, Radio Free Europe/Radio Liberty Inc., Corporate Records, Box. 142, File 142.8. Für die Übermittlung dieser Unterlagen danke ich Dr. Peter Pirker.

Marietta Torberg und Franz Mayer-Gunthof in Alpbach 1954

Was den Kongress für kulturelle Freiheit betrifft, ist zudem überliefert, dass er dem Österreichischen College und dem Forschungsinstitut für europäische Gegenwartskunde auch seine Unterstützung bei der Rekrutierung von Referenten angeboten hat[528] und seine Repräsentanten in Alpbach zu Gast bzw. als Vortragende vorgesehen waren. So waren Eugen Kogon, der bereits dem Vorbereitungskomitee des Berliner Kongresses angehört hatte, und Denis de Rougemont, der dem Exekutivkomitee angehörte, nicht nur wichtige Mitglieder der Europabewegung, sondern auch im Kongress für kulturelle Freiheit vertreten.[529] Beide waren – wie bereits genannt – mehrfach in Alpbach, und auch Friedrich Torberg als Herausgeber des „FORVM" stellte wie seine Frau Marietta, die zeitweise für das Österreichische College arbeitete,[530] ebenso eine fixe Instanz im Alpbach der 1950er Jahre dar, während Sidney Hook, einer der Initiatoren des Berliner Kongresses 1950, zumindest einmal (1953)[531] und Nicolas Nabokov, der Generalsekretär des Kongresses für kulturelle Freiheit, sowohl 1953 und 1954 im Programm vorgesehen waren.[532] Eine besonders

---

[528] Vgl.: Protokoll einer Besprechung zwischen Francois Bondy, Otto Molden, Alexander Auer und Friedrich Hansen-Löve am 16.1.1952. Archiv des EFA, Mappe 4.
[529] Vgl.: Hochgeschwender, Freiheit in der Offensive.
[530] Nach Otto Molden kamen beide erstmals 1953 nach Alpbach. Vgl.: Molden, Der andere Zauberberg, 29.
[531] Ob er da war, ist fraglich, da er nicht im Bericht (bei der Arbeitsgemeinschaft, die er leiten sollte), aber in der Teilnehmerliste aufscheint.
[532] Im Programm vorgesehen war damals auch Stephen Spender als Herausgeber der vom Kongress für kulturelle Freiheit unterstützten englischen Zeitschrift „Encounter". Ob sie tatsächlich in Alpbach waren, ist jedoch ungewiss, da ihre Namen im Tagungsbericht und der Teilnehmerliste fehlen. Vgl.: Programme: Europäisches Forum Alpbach. Neunte Internationale Hochschulwochen des Österreichischen College, 15.8.–4.9.1953 und Europäisches Forum Alpbach. Zehnte Internationale Hochschulwochen des Österreichischen College, 17.8.–6.9.1954. Archiv des EFA, Programme; Teilnehmer-

enge Beziehung zum Europäischen Forum Alpbach bzw. zum Ort Alpbach entwickelte jedoch Arthur Koestler, der – so Tony Judt – zu den wichtigsten Intellektuellen des 20. Jahrhunderts zählt und dessen erste Lebenshälfte eng mit der Politik – dem Zionismus, Kommunismus und später der Kritik am Stalinismus – verbunden war.[533]

Arthur Koestler wurde 1905 in Budapest geboren und verbrachte seine Jugend in Wien. 1926 ging er nach Palästina und trat nach seiner Rückkehr 1931 der KPD bei, in der damals viele Intellektuelle eine wirksame Kraft gegen den aufstrebenden Faschismus sahen. Wenig zuvor hatte er als Exklusiv-Berichterstatter eine Zeppelin-Nordpol-Fahrt mitgemacht und in diesem Zusammenhang zum ersten Mal die Sowjetunion besucht. Als ihn 1932 eine weitere Reise in die UdSSR führte, erlebte er nicht nur eine Hungersnot, sondern auch einen der ersten Schauprozesse mit. Zu einer Trennung vom Kommunismus kam es jedoch erst Jahre später, nachdem Koestler im Pariser Exil mit Willi Münzenberg, einem Veteran der KPD und Meister auf dem Gebiet der Propaganda, zusammengearbeitet und auf dessen Veranlassung als Berichterstatter in den Spanischen Bürgerkrieg gegangen war.[534] Wesentlich waren hierfür nicht nur seine Erfahrungen in Spanien, sondern auch die in der Sowjetunion weiter voranschreitenden Schauprozesse[535] sowie der deutsch-sowjetische Nichtangriffsvertrag vom August 1939. Zeugnis von seinem Bruch mit dem Kommunismus legen seine Bücher „Die Gladiatoren" und „Sonnenfinsternis" ab, wobei besonders „Sonnenfinsternis" große Bedeutung erlangte. Das in über dreißig Sprachen übersetzte Buch wurde neben George Orwells „1984" zu einem der berühmtesten Romane über den Stalinismus und machte Koestler zu einem der bekanntesten Renegaten der KP. Geschrieben hatte es Koestler großteils im französischen Internierungslager Le Vernet, wo er 1939/1940 nach Ausbruch des Zweiten Weltkrieges als feindlicher Ausländer festgehalten wurde.

Nach der Freilassung und der gelungenen Flucht nach Großbritannien beschäftigte sich Koestler nicht nur erneut mit Palästina. Er gehörte auch zu jenen, die in die Vorbereitung des Berliner Kongresses für kulturelle Freiheit eingebunden waren und steuerte auch einen Beitrag zu „Ein Gott, der keiner war" bei, in dem Intellektuelle wie Ignazio Silone oder André Gide ihren Weg zum Kommunismus und ihre Abkehr schilderten. Auf dem Berliner Kongress hielt Koestler eines der Einleitungsreferate und die Schlussrede und trat als antikommunistischer „Scharfmacher" auf. So rief er nicht nur zur Schaffung einer europäischen Freiheitslegion für die Verteidigung einer von ihm bereits 1941 geforderten Europäischen Union auf, sondern schlug auch die Bildung einer internationalen Schriftstellerbrigade

---

listen: Europäisches Forum Alpbach. Neunte Internationale Hochschulwochen des Österreichischen College, 15.8.–4.9.1953 und Europäisches Forum Alpbach. Zehnte Internationale Hochschulwochen des Österreichischen College, 17.8.–6.9.1954. Archiv des EFA, Ordner Teilnehmerlisten.

[533] Tony Judt, Das vergessene 20. Jahrhundert. Die Rückkehr des politischen Intellektuellen, München 2010, 35ff.

[534] Mit dem in diesem Zusammenhang entstandenen Buch „Spanisches Testament" gelang Koestler der Sprung in die erste Reihe der europäischen Schriftsteller seiner Zeit.

[535] In diesen ließ Stalin beinahe die gesamte Führung der Oktoberrevolution wegen angeblicher staatsfeindlicher Aktivitäten hinrichten.

Erwin Schrödinger und Arthur Koestler (v. l. n. r.) in Alpbach 1957

vor und stieß mit seinem radikalen Auftreten keineswegs bei allen auf Wohlwollen. Nachdem sich der Kongress zu einer dauerhaften Einrichtung entwickelte, wurde er auch in das fünfköpfige Exekutivkomitee gewählt, das Koestler in seinem an Themen und Brüchen reichen Leben jedoch bald wieder verließ. Mitte der 1950er Jahre nahm er – wie er es selbst formuliert hat – „Abschied von der Politik"[536] und wendete sich den Wissenschaften, der Wissenschaftsgeschichte und der Parapsychologie zu, nachdem er bereits in der Zwischenkriegszeit erste Erfahrungen als Wissenschaftsjournalist gesammelt hatte.[537]

Nach Alpbach kam er über Vermittlung von Fritz Molden,[538] der nicht nur den Kongress für kulturelle Freiheit besucht hatte, sondern 1959 auch an der Organisation eines demokratischen Gegenfestivals zu den kommunistischen Jugendfestspielen in Wien beteiligt war.[539] Zudem wurde Koestler auch von Friedrich Torberg

---

[536] Vgl.: Stefan Flamisch, Arthur Koestlers Verhältnis zum Kommunismus und seine Rolle im Kongress für kulturelle Freiheit, Dipl.-Arb., Wien 2009.

[537] Vgl. zur Biographie von Arthur Koestler neben seinen autobiographischen Schriften: David Cesarani, Arthur Koestler, The Homeless Mind, London 1999; Christian Buckard, Arthur Koestler. Ein extremes Leben 1905–1983, München 2004; Joseph P. Strelka, Arthur Koestler. Autor – Kämpfer – Visionär, Göttingen 2006; Robert G. Weigel (Hg.), Arthur Koestler. Ein heller Geist in dunkler Zeit, Tübingen 2009; Michael Scammell, Koestler. The Literary and Political Odyssey of a Twentieth Century Skeptic, New York 2009.

[538] Interview mit Prof. Fritz Molden am 18.4.2013; Fritz Molden, Der Konkurs. Aufstieg und Fall eines Verlegers, Hamburg 1984, 117ff.

[539] Wirth, Christian Broda, 192ff.

als Teilnehmer vorgeschlagen.[540] Ein erster Besuch war für das Jahr 1954 vorgesehen. Wie ein Schreiben aus dem Nachlass von Friedrich Torberg belegt, sagte Koestler jedoch kurzfristig ab.[541] Als er 1957 wirklich kam, eröffnete er die Buchausstellung[542] und war von Alpbach so begeistert, dass er bald darauf an die Errichtung seines „Schreiberhäusles" ging,[543] das er bis 1971 besass und dann an Fritz Molden verkaufte. Gleichfalls wurde Fritz Molden, nachdem er sich Anfang der 1960er Jahre aus der Presselandschaft zürckgezogen und 1964 den Fritz Molden Verlag gegründet hatte,[544] auch zu seinem Verleger.[545] Am Europäischen Forum Alpbach nahm Koestler in Folge mehrfach als Besucher teil und gehörte nicht nur zu den bekanntesten Persönlichkeiten in Alpbach, sondern auch zu jenen, die sein Bild nach außen prägten. Aktiv am Programm beteiligte er sich 1959 (wiederum bei der Eröffnung der Buchausstellung).[546] 1968 veranstaltete er (außerhalb des Forums) in den Räumlichkeiten des Österreichischen Colleges sein eigenes Symposium „Das neue Menschenbild. Die Revolutionierung der Wissenschaften vom Leben".[547] Dieses versammelte – gegen den Reduktionismus in den Biowissenschaften gerichtet – neben Friedrich von Hayek Neurobiologen, Entwicklungsbiologen, Psychiater, Psychologen, Verhaltensforschung und Kognitionswissenschafter wie Ludwig von Bertalanffy, Jean Piaget, Viktor Frankl, J. A. Smythies oder den aus Österreich stammenden, in die USA emigrierten Biologen Paul A. Weiß.[548] 1971 war Koestler dann noch einmal im Programm vorgesehen. Darüber, ob das Europäische Forum Alpbach bzw. sein eigener Kongress aus dem Jahr 1968 ein Vorbild für seinen letzten Roman „The Call Girls" (dt. „Die Herren Call Girls") aus dem Jahr 1972 war, scheiden sich die Geister.[549] Die Persiflage auf den modernen Wissenschafts-Jet-Set, die im fiktiven „Schneedorf" spielt, wurde wegen der Nähe Koestlers zu Alpbach jedenfalls mehrfach mit dem Forum bzw. Koestlers Kongress aus dem Jahr 1968 in Verbindung gebracht.[550]

---

[540] Molden, Der andere Zauberberg, 27.
[541] Otto Molden berichtet von seiner Anwesenheit. Im Tagungsbericht wird er jedoch nicht genannt. Marietta Torberg hat Koestler kurz vor Tagungsbeginn mitgeteilt, dass er nicht kommen werde. Vgl.: Molden, Der andere Zauberberg, 77f.; Schreiben von Marietta an Friedrich Torberg vom 16.8.1954. ÖNB, HS, Nachlass Friedrich Torberg, H 4/2000, Sign. 1350/15–4.
[542] Tagungsbericht: Europäisches Forum Alpbach 1957. Dreizehnte Internationale Hochschulwochen des Österreichischen College, 17.8.–5.9.1957. Archiv des EFA, Berichte.
[543] Schriftsteller Arthur Koestler wird in Alpbach seßhaft, in: Tiroler Tageszeitung, 15.1.1959.
[544] Fritz Molden verkaufte erst den im Rahmen des ersten Wiener Zeitungskriegs gegründeten „Express", dann die ebenfalls von ihm gegründete „Wochenpresse" und schließlich „Die Presse". Das neu errichtete Pressehaus in Wien-Heiligenstadt besass er noch bis 1970.
[545] Vgl.: Strelka, Arthur Koestler, 100 und 129; Molden, Der Konkurs, 117ff.
[546] Arthur Koestler fordert das freie Wort, in: Kleine Zeitung, 28.8.1959.
[547] Arthur Koestler/John R. Smythies (Hg.), Das neue Menschenbild. Die Revolutionierung der Wissenschaften vom Leben, Wien/München/Zürich 1970.
[548] Weiß besaß in Alpbach ein Haus. Vgl.: Molden, Der andere Zauberberg, 58.
[549] Scammell, Koestler, 530f.; Naser Secerovic, Koestlers „Die Herren Call-Girls", in: Robert G. Weigel (Hg.), Arthur Koestler: Ein heller Geist in dunkler Zeit, Tübingen 2009, 91–101; Strelka, Arthur Koestler, 139.
[550] So trägt etwa auch der Text über das Europäische Forum Alpbach im Kultur-Kapitel eines Handbuchs zur Entwicklung Tirols nach 1945 folgende Überschrift: „Die Herren Call-Girls" oder das

4. Das Europäische Forum Alpbach in den 1960er Jahren – auf dem Weg in die Krise

Die 1960er Jahre stellten für das Europäische Forum Alpbach ein Jahrzehnt dar, das nicht nur erste Veränderungen an der Spitze des Österreichischen Colleges brachte, sondern auch von mehreren Krisen geprägt war. Wenn es auch in diesen Jahren gelang, namhafte Wissenschaftler, Künstler und Politiker nach Alpbach zu bringen, traten dennoch zunehmend finanzielle und inhaltliche Schwierigkeiten, aber auch erste Ermüdungserscheinungen zutage, die Ende des Jahrzehnts in einer existentiellen Krise mündeten und mit der Frage verbunden waren, ob und wie das Europäische Forum Alpbach fortgesetzt werden könne.

4.1 Otto Molden und die Europäische Föderalistische Partei[551]

Eine erste Veränderung an der Spitze des Österreichischen Colleges bzw. des Europäischen Forum Alpbach ergab sich 1960 durch den Rücktritt von Otto Molden als Präsident, wenn er auch in den folgenden Jahren an den Vorstandssitzungen des Österreichischen Colleges teilnahm und weiterhin – wenn auch nur für einige Tage – am Europäischen Forum Alpbach teilnahm.[552]

Der Grund dafür war, dass er 1959 die Europäische Föderalistische Internationale gegründet hatte, der wenig später auch die Bildung der Europäischen Föderalistischen Partei Österreichs (EFP) folgte und sich das Österreichische College – wie auch in den Statuten festgelegt worden war – als parteipolitisch unabhängiger Verein verstand, für den es nicht vereinbar gewesen wäre, wenn sein Präsident ein politisches Amt ausgeübt hätte.[553] Wie Otto Molden in seinen Memoiren ausgeführt hat, hatte er nach dem Zweiten Weltkrieg Richard Coudenhove-Kalergi noch in dessen Zürcher Exil kennengelernt und war später von diesem auch eingeladen worden, in das oberste Leitungsgremium der von ihm wiedergegründeten Pan-Europa-Union einzutreten.[554] Da es sich bald herausgestellt hatte, dass diese

---

Europäische Forum Alpbach. Vgl.: Irmgard Plattner, Kultur und Kulturpolitik, in: Michael Gehler (Hg.), Tirol, Wien/Köln/Weimar 1999, 254.

[551] Unterlagen zur Europäischen Föderalistischen Internationalen und Europäischen Föderalistischen Partei befinden sich im Archiv der Europäischen Union in Florenz: http://apps.eui.eu/HAEU/pdfinv/inv-om.pdf (1.9.2014).

[552] Molden, Der andere Zauberberg, 100.

[553] So wurde auch in der erweiterten Vorstandssitzung vom 28. und 29. November 1959 festgehalten, dass der Charakter des Colleges zwar kein unpolitischer sei (und es sich zu bestimmten Grundsätzen und Zielen bekenne), es aber ablehne, dass sich seine Führung parteipolitisch engagiere und jede parteipolitische Betätigung vom College getrennt werden müsse. Protokoll der erweiterten Vorstandssitzung des Österreichischen College vom 28./29.11.1959. Archiv des EFA, Ordner Sitzungen 1959–1962.

[554] Dies erfolgte 1956. Vgl.: Otto Molden im Paneuroparat, in: Die Presse, 24.3.1956 sowie ein Schreiben von Otto Molden an Richard Coudenhove-Kalergi vom 27.3.1956, in dem Molden Couden-

im Grunde genommen nur aus Coudenhove-Kalergi selbst bestand, kaum über nennenswerte Gruppen in den europäischen Ländern verfügte und Molden bei einer Tagung in Straßburg 1956 bewusst geworden war, dass von der Pan-Europa-Union wohl keine „zielgerichteten Aktivitäten" zu erwarten wären, hatte sein Interesse an dieser und an Coudenhove-Kalergi, der in Alpbach nie als Redner in Erscheinung trat, jedoch bald nachgelassen.[555] Vielmehr hatte er, um sich stärker in die Politik einzubringen, beschlossen, eine eigene Partei zu gründen und 1959 auch das Angebot abgelehnt, die Präsidentschaft über die Salzburger Festspiele zu übernehmen.[556]

Ziel der am 9. August 1959 gegründeten Europäischen Föderalistischen Internationale war es, durch die Bildung von Europäischen Föderalistischen Parteien in allen europäischen Staaten zur Schaffung eines starken, gesamteuropäischen föderativen Bundesstaates beizutragen. Zu ihren drei Hauptforderungen zählte nach dem Ende April/Anfang Mai 1960 angenommenen Programm 1. die Vereinigung der Völker (zunächst im freien Europa) innerhalb der nächsten zehn Jahre sowie die Schaffung eines gesamteuropäischen föderativen Bundesstaats mit einer starken Bundesregierung, einem Staatspräsidenten, einer gemeinsamen Außen- und Militärpolitik und gemeinsamen Währung, 2. die innenpolitische Erneuerung Europas sowie 3. ein Selbstbestimmungsrecht für die Völker Osteuropas und deren Rückholung nach Europa mit allen friedlichen Mitteln.[557] Als erste lokale Parteiorganisation wurde – so der „New Yorker" 1961 in einem mehrseitigen Portrait von Otto Molden – am 1. Oktober 1960 in einem kleinen Büro in der Wiener Innenstadt die Europäische Föderalistische Partei Österreichs gegründet.[558] Große Erfolge konnte diese in Folge jedoch nicht erzielen, wenn auch in den Medien spekuliert worden war, dass sie mit beachtlichen finanziellen Mitteln starten würde[559] und zumindest zeitweise auch die Unterstützung von Fritz Molden fand.[560] Ein Achtungserfolg gelang ihr mit der von ihr initiierten und einem überparteilichen Wahlkomitee präsentierten Kandidatur von Josef Kimmel bei den Bundespräsidentschaftswahlen 1963 – konnte dieser doch immerhin rund 176.000 Stimmen für sich gewinnen.[561] Bei den Nationalratswahlen 1962 konnte die EFP hingegen

---

hove-Kalergi mitteilte, dass er sich freue, nunmehr dem Zentralkomitee der Paneuropa-Union anzugehören und in einen näheren Kontakt mit ihm zu kommen. Wienbibliothek, Nachlass Otto Molden, 2.2.80.

[555] Molden, Odyssee meines Lebens, 284f.
[556] Wienbibliothek, Nachlass Otto Molden, 2.2.662; Somnabulistic Certainty, in: New Yorker, 16.9.1961, 57.
[557] Development and Programme of the Federalist International of European Federalist Parties sowie Rede von Otto Molden bei der Pressekonferenz am 24.11.1961 in Wien. Hoover Institution Archives, Radio Free Europe/Radio Liberty Inc., Corporate Records, Box. 240, Interview von Otto Molden mit Josef Šramek vom Juli 1967. Wienbibliothek, Nachlass Otto Molden, 2.1.725.
[558] Somnabulistic Certainty, in: New Yorker, 16.9.1961, 54.
[559] Eine neue Partei in Österreich, in: Kleine Zeitung, 8.4.1960.
[560] So erinnert sich Erhard Busek daran, dass er Fritz Molden bei einer schlecht besuchten Versammlung im neunten Bezirk traf, „wo er sich redlich bemühte […] der Europäischen Föderalistischen Partei auf die Sprünge zu helfen." Vgl.: Erhard Busek, in: Fepolinski revisited, 76f.
[561] Kimmel war Gendarmerieoffizier, Jurist und KZ-Häftling. Nach Christoph Brändle gab es für die Kandidatur eine finanzielle Unterstützung von Fritz Molden, der hierfür auch die Zeitung „Neue

nur 21.530 Stimmen für sich verbuchen,[562] und bei den Nationalratswahlen 1966 schien sie schon nicht mehr unter den kandidierenden Parteien auf.[563] Schon bald nach ihrer Gründung begann sich die EFP somit wieder aufzulösen, worauf Otto Molden mehrfach Reisen in den Fernen Osten unternahm und als Berater des taiwanesischen Diktators Chiang Kai-shek fungierte, der einst der Gegner Mao Zedongs war und sich nach der Niederlage gegen diesen nach Taiwan zurückgezogen hatte. Eine erste Einladung nach Taiwan hatte Otto Molden 1967 zu einem Kongress über die Bedrohung durch den Kommunismus in verschiedenen Teilen der Welt, vor allem in Europa und Südostasien, erhalten. Von Chiang Kai-shek wurde er ein Jahr später bei einem erneuten Taiwan-Besuch gefragt, ob er ihm beratend für seine Politik in Europa zur Seite stehen wolle, was Otto Molden bis zu dessen Tod Mitte der 1970er Jahre tat.[564]

In Alpbach, wo – so ebenfalls der „New Yorker" – Otto Molden seine Tätigkeit ab 1958 immer mehr zurückgeschraubt hatte,[565] war die stärkere Hinwendung zum Politischen, die schließlich zur Gründung der EFP führte, nicht unbeachtet geblieben. So hieß es etwa in einem Bericht der Christian Democratic Union of Central Europe über den Besuch des Europäischen Forum Alpbach 1959, dass dieses seinen Charakter verändert habe. Sei es einst eine Institution gewesen, die kulturelle und soziale Beziehungen zwischen Österreich und Europa – zuerst Westeuropa, dann auch immer stärker Osteuropa – herstellen wollte, habe sich in den letzten Jahren immer mehr bemerkbar gemacht, dass die Organisatoren des Forum eine politische Bewegung bzw. eine über ganz Europa, insbesondere Zentraleuropa, verbreitete politische Partei schaffen möchten.[566] Und auch Jürg Bär, der bereits als einer der Schweizer an den Internationalen Hochschulwochen 1945 teilgenommen hatte,[567] hielt 1963 in einem Beitrag für die „Neue Zürcher Zeitung" fest, dass man dem Österreichischen College gegen Ende der Ära Molden den Vorwurf der Parteipolitik nicht ersparen könne, sich dies unter seinem Nachfolger aber wieder geändert habe.[568]

Politik" vertrieb. Vgl.: Manfried Rauchensteiner, Die Zwei. Die große Koalition in Österreich 1945–1966, Wien 1987, 456; Christoph Brändle, Fritz Molden. Ein österreichischer Held. Romanbiographie, Graz/Wien/Köln 2001, 120.

[562] Bundesministerium für Inneres, Die Nationalratswahlen vom 18.11.1962, Wien 1962, XV.
[563] Bundesministerium für Inneres, Die Nationalratswahlen vom 6.3.1966, Wien 1966.
[564] Auf das Programm des Europäischen Forum Alpbach hat sich dies nicht niedergeschlagen. Jedenfalls geht aus den Programmheften nicht hervor, dass Taiwan in diesen Jahren ein Thema war. Vgl.: Molden, Odyssee meines Lebens, 164ff.
[565] Somnabulistic Certainty, in: New Yorker, 16.9.1961, 51.
[566] Bericht der Christian Democratic Union of Central Europe an das Free Europe Committe vom 29.9.1959. Hoover Institution Archives, Radio Free Europe/Radio Liberty Inc., Corporate Records, Box 142.
[567] Bär, Eindrücke eines Schweizers von den College-Wochen, 275ff.
[568] Europäisches Forum Alpbach, in: Neue Zürcher Zeitung, 4.10.1963.

4.2 Die Präsidentschaft von Alexander Auer

Angesprochen wurde damit Alexander Auer, der am 24. Februar 1960 zum neuen Präsidenten gewählt wurde, nachdem er zunächst noch versucht hatte, Otto Molden zum Bleiben zu überreden.[569] Zu Vizepräsidenten wurden Simon Moser und Fritz Czerwenka bestellt. Desgleichen waren als Delegierte Fritz Hansen-Löve, Ernst Hartmann, Ludwig Jedlicka, Fritz Molden, Otto Molden, Felix Pronay, Georg Zimmer-Lehmann und Fritz Neeb im neuen Vorstand vertreten.[570] Wie Jürg Bär im bereits zitierten Beitrag in der „Neuen Zürcher Zeitung" festhielt, war damit die Kontinuität gewahrt – standen mit Auer, Moser und Czerwenka doch weiterhin drei Männer an der Spitze des Österreichischen Colleges, die dieses seit Jahren kannten und mitaufgebaut hatten.[571] Gleichfalls setzte sich das Europäische Forum Alpbach mit rund zehn bis 15 wissenschaftlichen Arbeitsgemeinschaften, den „Europäischen Gesprächen", Vorträgen und Vortragzyklen, einem künstlerischen Rahmenprogramm und Sprachkursen auch weiterhin aus den gewohnten Programmschienen zusammen, wenn das Programm, wohl als Indikator für die zunehmend schwieriger werdende finanzielle Situation, auch auf 20 bzw. 19 Tage verkürzt wurde und in diesem Zeitraum nicht mehr jenen Umfang wie in den Jahren zuvor erreichte.

Die behandelten Generalthemen waren 1960 „Sprache und Welt" mit Arbeitsgemeinschaften zu „Psychologie und Sprache", „Erziehung und Sprache", „Recht und Sprache" oder „Die Funktion der Sprache im naturwissenschaftlichen Denken"[572] und 1961 „Wissenschaft und Zukunft" mit Arbeitsgemeinschaften zur „Zukunft als Problem der Philosophie", der „Wissenschaft als Instrument zur Vorhersage und zur Gestaltung der Zukunft" oder zu „Physik und Zukunft".[573] 1962 wurde „Asien und die westliche Welt" mit Arbeitsgemeinschaften zu „Metaphysik im Orient und im Okzident", „Psychischen Techniken und Therapien im Westen und Osten", „Industrialisierung in Indien, Pakistan und China" oder „Die moderne Malerei und Plastik in Japan" behandelt, womit zum zweiten Mal nach 1959, als die Entwicklungsländer Thema bei den „Europäischen Gesprächen" waren, ein außereuropäischer Raum im Zentrum stand.[574] 1963 bildete die „Arbeit" mit Arbeitsgemeinschaften zur „Arbeit als Produktionsfaktor", „Arbeit und Betriebsorganisation" und dem „Einfluss der modernen Technik auf die industrielle Arbeitsproduktion" das Generalthema.[575] 1964, als das Europäische

---

[569] Protokoll der Vorstandssitzung vom 1.3.1960. Archiv des EFA, Ordner Sitzungen 1959–1962.
[570] Protokoll der Generalversammlung des Vereins Österreichisches College vom 24.2.1960. Archiv des EFA, Ordner Generalversammlungen und Ordner Sitzungen 1959–1962.
[571] Europäisches Forum Alpbach, in: Neue Zürcher Zeitung, 4.10.1963.
[572] Tagungsbericht: Europäisches Forum Alpbach 1960. Sechzehnte Internationale Hochschulwochen des Österreichischen College, 19.8.–7.9.1960. Archiv des EFA, Berichte.
[573] Tagungsbericht: Europäisches Forum Alpbach 1961. Siebzehnte Internationale Hochschulwochen des Österreichischen College, 18.8.–6.9.1961. Archiv des EFA, Berichte.
[574] Tagungsbericht: Europäisches Forum Alpbach 1962. Achtzehnte Internationale Hochschulwochen des Österreichischen College, 18.8.–5.9.1962. Archiv des EFA, Berichte.
[575] Programm: Europäisches Forum Alpbach 1963. Neunzehnte Internationale Hochschulwochen des Österreichischen College, 16.8.–3.9.1963. Archiv des EFA, Programme.

Eröffnung des Europäischen Forum Alpbach 1964, im Hintergrund mit Sonnenbrille: Alexander Auer

Forum Alpbach zum zwanzigsten Mal tagte, war es „In der Mitte des 20. Jahrhunderts" mit Arbeitsgemeinschaften zu „Materialismus, Idealismus, Positivismus", zur „Idee und Ideologie in Recht und Gesellschaft", zur „Quantifizierung und Qualifizierung in der Psychologie" oder der „Europäischen Musik nach dem Krieg".[576]

Die anwesenden Wissenschaftler stammten – wie in den Jahren zuvor – aus verschiedenen europäischen Staaten, darunter auch vereinzelt aus Polen und der Tschechoslowakei, sowie den USA, wobei sich – mit Ausnahme des Jahres 1962 – eine zum Teil deutlich sichtbare Präsenz deutscher Wissenschaftler bemerkbar machte. Bedeutende Wissenschaftler und Philosophen, die in diesem Zeitraum nach Alpbach kamen, waren etwa der deutsche Soziologe René König 1960 oder Herbert Feigl, der als ehemaliges Mitglied des Wiener Kreises bereits 1930 in die USA emigriert war und dort ab 1953 das Minnesota Center for Philosophy of Science aufgebaut hatte.[577] Er leitete 1961 erstmals mit William W. Bartley (London School of Economics) eine Arbeitsgemeinschaft zu „Die Wissenschaft als Instrument zur Vorhersage und zur Gestaltung der Zukunft" und hatte Simon Moser bereits im Vorfeld seines Besuches mitgeteilt, dass er von Feyerabend und Popper schon „viel über Alpbach gehört" habe.[578] 1962 kamen der marxistisch orientierte

---

[576] Tagungsbericht: Europäisches Forum Alpbach 1964. Zwanzigste Internationale Hochschulwochen des Österreichischen College, 21.8.–8.9.1964 (Alpbach Korrespondenz, Nr. 6/7, 30.10.1964). Archiv des EFA, Berichte.
[577] Vgl. hierzu auch: Schorner, Comeback auf Umwegen, 224ff.
[578] Korrespondenz von Simon Moser mit Herbert Feigl. KIT, Nachlass Simon Moser, Sign. 59.

Historiker Eric Hobsbawm, der einen Teil seiner Kindheit in Wien verbracht hatte und später einer der renommiertesten Globalhistoriker wurde,[579] 1963 der französische Soziologe Alain Touraine und 1964 erstmals der marxistische Philosoph Ernst Bloch nach Alpbach. Gemeinsam mit Feigl hielt er Vorträge im Rahmen der Plenarveranstaltung „Materialismus, Idealismus, Positivismus", wobei sich an der anschließenden Diskussion nicht nur der tschechische Philosoph Vojtech Tlusty und Paul Feyerabend, sondern auch Rudolf Carnap aus Santa Monica (Kalifornien) beteiligte.[580] An der Diskussion nahm somit ein weiteres Mitglied des ehemaligen Wiener Kreises teil,[581] wobei es sich um den ersten Besuch Carnaps in Österreich nach seiner Emigration handelte. Nicht uninteressant ist hierbei, dass Moser im Tagungsprogramm 1964 darauf hingewiesen hatte, dass sich das Österreichische College mit seinem interdisziplinären Zugang seit jeher verpflichtet gefühlt habe, die Tradition des Wiener Kreises in Alpbach einzubeziehen, während er sich 1945 noch gegen den logischen Positivismus geäußert hatte und damit – so Michael Schorner – erst in den folgenden Jahren eine „gewisse Anpassungsfähigkeit" gezeigt hatte.[582] Was Bloch betrifft, war hingegen bereits 1960 überlegt worden, ob ein Marxist aus der „Ostzone" (gemeint ist die DDR) überhaupt nach Alpbach eingeladen werden könne[583] – waren viele zentrale Akteure in Alpbach doch strikt antikommunistisch eingestellt, was sich auch beim ersten Aufenthalt von Bloch in Alpbach zeigte. Wie eine Aufzeichnung von Alexander Auer dokumentiert, entwickelte sich hier eine heftige Auseinandersetzung mit Arthur Koestler. Thema der Unterredung war nicht nur, warum Bloch als überzeugter Marxist ins amerikanische Exil und nicht in die Sowjetunion gegangen sei und später in die DDR gehen konnte, aus der er 1961, noch vor dem Mauerbau, geflohen war. Vorgeworfen wurde Bloch von Koestler vor allem, dass er angesichts der Entwicklung in der UdSSR überhaupt dem Marxismus treu bleiben konnte, was dieser damit beantwortete, dass man „nicht aus einer bestimmten, durch spezielle historische Bedingungen hervorgerufenen Entwicklung des Marxismus den Schluss ziehen dürfe, dass diese zwangsläufig auch unter anderen Verhältnissen eintreten müssen." Bloch wollte damit weiterhin am Marxismus als einzig richtiger Grundlage seiner politischen Haltung festhalten, womit das Gespräch – wie zu erwarten war –

---

[579] Hobsbawm beteiligte sich an der Arbeitsgemeinschaft „Die Industrialisierung in Indien, Pakistan und China". Vgl. zu seiner Biographie: Eric Hobsbawm, Gefährliche Zeiten. Ein Leben im 20. Jahrhundert, München 2006.

[580] Feigl und Feyerabend leiteten gemeinsam auch eine Arbeitsgemeinschaft. Vgl.: Tagungsbericht: Europäisches Forum Alpbach 1964. Zwanzigste Internationale Hochschulwochen des Österreichischen College, 21.8.–8.9.1964 (Alpbach Korrespondenz, Nr. 6/7, 30.10.1964). Archiv des EFA, Berichte.

[581] Vgl. hierzu ausführlich: Schorner, Comeback auf Umwegen, 224ff.

[582] Simon Moser, Die wissenschaftliche Fragestellung, in: Programm des Europäischen Forum Alpbach 1964. Zwanzigste Internationale Hochschulwochen des Österreichischen College, 21.8.–8.9.1964. Archiv des EFA, Programme; Schorner, Comeback auf Umwegen, 203f. sowie Das Erbe des Wiener philosophischen Kreises, in: Neue Zeit, 16.9.1965.

[583] Protokoll der Arbeitstagung des Österreichischen Colleges am Tulbingerkogel am 29./30.10.1960. Archiv des EFA, Ordner Sitzungen 1959–1962.

frostig schloss. Trotzdem sollte es nicht der letzte Besuch von Bloch in Alpbach bleiben.[584]

Beispiele für Einladungen, die zu keiner Teilnahme am Europäischen Forum Alpbach führten, betreffen hingegen Hannah Arendt[585] oder Jean-Paul Sartre.[586] Und auch ein Besuch von Karl und Charlotte Bühler beim Europäischen Forum Alpbach 1960 kam nicht zustande. Wie Simon Moser Otto Molden bereits 1957 mitgeteilt hatte, wurde es nicht nur schwieriger, wichtige Persönlichkeiten nach Alpbach zu bringen, da das „Interesse von Kollegen an interfakultativen Gesprächen und Kongressen […] abgenommen [hat], weil Fachkongresse, die nur einige Tage dauern, alles Interesse verschlingen"[587] bzw. – so Moser 1959 – die „großen, alten Männer, die [im] Studium fundamentale zu Hause waren, aussterben" und eine ganz andere Generation junger Wissenschaftler nachkommen würde.[588] Auch volle Terminkalender seitens der Angefragten und – wie im Fall von Karl und Charlotte Bühler – ein ungeschicktes Vorgehen von Moser verhinderten eine Teilnahme. Nachdem Charlotte Bühler von Friedrich Hacker gehört hatte, dass eine Einladung für ihren Mann und sie für das Europäische Forum Alpbach 1960 mit dem Generalthema „Sprache und Welt" geplant sei, wendete sie sich selbst an Simon Moser, um ihr Interesse an einer Teilnahme zu bekunden und mit diesem frühzeitig ihre Termine abzuklären – standen ihrerseits doch mehrere Konferenzen in Europa im Raum, wobei sie Alpbach den Vorzug geben wollte. Nachdem sich die Verhandlungen mühsam gestalteten und Moser auch mehrfach durchblicken ließ, dass sein Interesse in erster Linie ihrem Mann gelte, sagte Charlotte Bühler, die den Großteil des Schriftverkehrs bestritten hatte, schlussendlich jedoch die Teilnahme von beiden ab.[589] So kamen weder der international bekannte Sprachpsychologe und Sprachtheoretiker Karl Bühler, noch seine Frau – eine ebenfalls international renommierte Psychologin, die wie ihr Mann bis 1938 an der Universität Wien gelehrt hatte und nach dem „Anschluss" in die USA flüchten musste – nach Alpbach.

Die politische Diskussion wurde 1960 im Rahmen der „Europäischen Gespräche" mit einem zweitägigen Gespräch zum Thema „Großbritannien und der europäische Kontinent heute" fortgesetzt, an dem sich neben zahlreichen Politikern aus Großbritannien auch Außenminister Kreisky mit einem Vortrag zu „Österreich,

---

584 Molden, Der andere Zauberberg, 102ff.
585 Schreiben von Simon Moser an Hannah Arendt vom 30.5.1961. KIT, Nachlass Simon Moser, Sign. 59; Schreiben von Simon Moser an Hannah Arendt vom 15.12.1962 und Schreiben von Hannah Arendt an Simon Moser vom 7.1.1963. KIT, Nachlass Simon Moser, Sign. 62.
586 Schreiben von Simon Moser an Jean-Paul Sartre vom 1.6.1964. KIT, Nachlass Simon Moser, Sign. 63. Ivo Frenzel verweist zudem darauf, dass es – was die Philosophie betrifft – auch nicht gelang, Heidegger und Jaspers nach Alpbach zu bringen. Bespiele für „gescheiterte" Einladungen aus den 1950er Jahren betreffen etwa Nils Bohr oder Wolfgang Pauli. Vgl.: Frenzel, Alpbach als geistige Heimat oder: Wer ist Alt-Alpbacher, 67 sowie KIT, Nachlass Simon Moser, Sign. 49 und 52.
587 Schreiben von Simon Moser an Otto Molden vom 1.6.1957. KIT, Nachlass Simon Moser, Sign. 41.
588 Protokoll des ersten Bundestages des Österreichischen College am 29./30.5.1959. Archiv des EFA, Mappe 12.
589 Korrespondenz von Simon Moser mit Charlotte Bühler. KIT, Nachlass Simon Moser, Sign. 56.

England und die europäische Integration" beteiligte. Desgleichen beschäftigten sich ebenfalls im Rahmen der „Europäischen Gespräche" ein Vortrag des römischen Zeithistorikers Aldo Garosci mit „Europa als Wille und Vorstellung" und ein Einzelvortrag von Wayland Young aus London mit den britischen Intellektuellen und Europa.[590] Bezug genommen wurde damit auf ein aktuelles Thema – stellte Großbritannien gemeinsam mit Irland und Dänemark doch ein Jahr später sein erstes Beitragsgesuch an die EWG.[591] Österreich wurde hingegen 1960 nach dem Scheitern einer großen europäischen Freihandelszone unter dem Dach der OEEC Mitglied der neugegründeten Freihandelszone EFTA, was Kreisky in seiner Alpbacher Rede mit dem neutralen Status Österreichs begründete. So erklärte Kreisky, für den neutralitätspolitische Erwägungen in der Integrationspolitik einen zentralen Stellenwert einnahmen,[592] die österreichische Neutralität nicht nur als politische Tatsache, die eine gewisse Zurückhaltung auferlege, sondern die Entscheidung für den EFTA-Beitritt auch als einen mit der Neutralität zu vereinbarenden Weg, um sich aus der „Isolation" zu lösen. Durch ihn habe Österreich nicht nur im wirtschaftlichen Bereich, sondern auch an außenpolitischer Bewegungsfreiheit gewonnen. Bedeutsam für die Zukunft werde die Verständigung zwischen EWG und EFTA und somit die Frage eines Brückenschlags sein.[593]

Bereits ab dem Folgejahr zeigte sich jedoch, dass die Politik und auch das Europa-Thema immer weniger vertreten waren. So setzten sich die „Europäischen Gespräche" 1961 zwar aus drei Veranstaltungen zusammen, bei denen das Wirtschaftsgespräch zum Thema „Aspekte des wirtschaftlichen Wachstums" mit einem Bekenntnis von Handelsminister Fritz Bock zur europäischen Integration verbunden war.[594] Ein eigenes Politisches Gespräch fand jedoch nicht statt. 1962 bestanden die „Europäischen Gespräche" dann nur mehr aus einer dreitägigen, von ÖVP-Finanzminister Josef Klaus eröffneten Veranstaltung zum Thema „Kapitalbildung und Kapitalmarkt"[595] und 1963 aus einem Gespräch zum Thema „Stadt und Landschaft im technischen Zeitalter" sowie einer großen Wirtschaftsveranstaltung zum Thema „Der Produktionsfaktor Arbeit heute", zu dessen Teilnehmern unter ande-

---

[590] Tagungsbericht: Europäisches Forum Alpbach 1960. Sechzehnte Internationale Hochschulwochen des Österreichischen College, 19.8.–7.9.1960. Archiv des EFA, Berichte.

[591] Ein zweites Beitrittsgesuch gab es 1967. Der Beitritt erfolgte mit 1.1.1973.

[592] Michael Gehler, 17. Juli 1989: Der EG-Beitrittsantrag. Österreich und die europäische Integration 1945–1995, in: Rolf Steininger/Michael Gehler (Hg.), Österreich im 20. Jahrhundert. Vom Zweiten Weltkrieg bis zur Gegenwart, Band 2, Wien/Köln/Weimar 1997, 531. Vgl. zudem: Röhrlich, Kreiskys Außenpolitik, 227ff.

[593] Rede von Bruno Kreisky beim Europäischen Forum Alpbach 1960. StBKA, I.9. Beiträge, Box 1, 1957–1966 sowie Tagungsbericht: Europäisches Forum Alpbach 1960. Sechzehnte Internationale Hochschulwochen des Österreichischen College, 19.8.–7.9.1960. Archiv des EFA, Berichte.

[594] Die anderen beiden „Europäischen Gespräche" waren den Themen „Theologie und Zukunft" und „Philosophie und Zukunft" gewidmet. Vgl.: Programm: Europäisches Forum Alpbach. Siebzehnte Internationale Hochschulwochen des Österreichischen College, 18.8.–6.9.1961. Archiv des EFA, Programme sowie zum Vortrag von Fritz Bock auch: Ein klares Bekenntnis Dr. Bocks zur Integration, in: Tiroler Tageszeitung, 2.9.1961.

[595] Tagungsbericht: Europäisches Forum Alpbach 1962. Achtzehnte Internationale Hochschulwochen des Österreichischen College, 18.8.–5.9.1962. Archiv des EFA, Berichte.

rem Reinhard Kamitz gehörte.[596] 1964 folgte nur mehr ein Wirtschaftsgespräch zu den „Wirtschaftspolitischen Problemen der Inflation".[597] Gleichfalls waren die Politik und Europa nun auch in den Plenarvorträgen nicht mehr vertreten, was von Seiten Otto Moldens bereits 1963 zur Kritik geführt hatte, dass dies das Ausscheiden eines großen Kreises politisch Interessierter nach sich ziehe[598] und wohl auch durch die Entwicklung im europäischen Integrationsprozess erklärbar ist – stellten die 1960er Jahre in integrationsgeschichtlicher Hinsicht doch eine durchwachsene Phase dar. So war es 1960 zwar zur bereits angesprochenen Gründung der EFTA und somit zur Bildung eines weiteren europäischen Wirtschaftsraums sowie 1965 zur Unterzeichnung eines Fusionsvertrages gekommen, aufgrund dessen Basis die drei Teilgemeinschaften EGKS, EWG und Euratom fortan die EG bildeten. Insgesamt war der Fortgang der europäischen Integration aber durch den französisch-britischen Konflikt (1961 Beitrittsantrag Großbritanniens, gegen den Charles de Gaulle ein Veto einlegte) gehemmt.[599]

Das ebenfalls im Rahmen der „Europäischen Gespräche" eingeführte Kunst- und Kulturgespräch wurde 1960 mit einer Veranstaltung zum Thema „Kunst: Aussage oder Ausdruck"[600] und 1963 mit dem bereits genannten Gespräch über die Zukunft der Stadt (unter anderem mit Roland Rainer) prolongiert.[601] Im Gegensatz zum Politischen Gespräch war das Kunst- bzw. Kulturgespräch somit zumindest teilweise vorhanden. Lesungen, Konzerte, Buch- und Kunstausstellungen standen hingegen weiterhin regelmäßig auf dem Programm und führten 1969 auch zur Beobachtung in den „Luzerner Neuesten Nachrichten", dass das Europäische Forum Alpbach unter Alexander Auer eine Verschiebung zum Künstlerischen erfahren hatte.[602]

So fanden – was den Bereich der Literatur betrifft – Lesungen und Vorträge von Herbert Eisenreich (1960 und 1963) und Hans G. Helms (1961) oder Hans Lebert (1964) statt, während es zu dem für 1961 vorgesehenen Aufenthalt von Eugène Ionesco als führender Vertreter des absurden Theaters nicht gekommen sein dürfte. Seine Anwesenheit in Alpbach bei einem ersten Theaterseminar wäre wohl eine kleine Sensation gewesen.[603]

---

[596] Programm: Europäisches Forum Alpbach. Neunzehnte Internationale Hochschulwochen des Österreichischen College, 16.8.–3.9.1963. Archiv des EFA, Programme.

[597] Tagungsbericht: Europäisches Forum Alpbach 1964. Zwanzigste Internationale Hochschulwochen des Österreichischen College, 21.8.–8.9.1964 (Alpbach Korrespondenz, Nr. 6/7, 30.10.1964). Archiv des EFA, Berichte.

[598] Stellungnahme von Otto Molden zu den Statuten des Österreichischen College gemäß dem Beschluss des Vorstandes des Österreichischen College vom 2.11.1963. Archiv des EFA, Ordner Sitzungen 1964.

[599] Clemens/Reinfeld/Wille, Geschichte der europäischen Integration, 138ff.

[600] Tagungsbericht: Europäisches Forum Alpbach 1960. Sechzehnte Internationale Hochschulwochen des Österreichischen College, 19.8.–7.9.1960. Archiv des EFA, Berichte.

[601] Programm: Europäisches Forum Alpbach. Neunzehnte Internationale Hochschulwochen des Österreichischen College, 16.8.–3.9.1963. Archiv des EFA, Programme.

[602] Verpasste Chancen in Alpbach, in: Luzerner Neueste Nachrichten, 15.9.1969.

[603] Ionesco sollte an der Arbeitsgemeinschaft „Formen der Dramaturgie von morgen" teilnehmen. Sein Kommen wurde in den Medien angekündigt, im Tagungsbericht ist er jedoch nicht vermerkt.

Was die Musik betrifft, standen nicht nur weiterhin Musikabende und stark ausgebaute Schallplattenstunden auf dem Programm. 1961 wurde auch die erste Schallplattenausstellung mit Klassikern der Moderne präsentiert und mit einem Abend junger Komponisten mit Schülern der Meisterklasse für Komposition an der Staatlichen Hochschule für Musik in Köln an die 1957 begonnene Serie angeschlossen, Werke junger Komponisten aufzuführen.[604] 1962 kam es mit der Uraufführung des „Alpbach-Quintett. Ballett für 5 + 1" zur Präsentation einer weiteren, für das Österreichische College angefertigten Komposition. Geschaffen wurde diese von Ernst Krenek, dessen Stücke in Alpbach bereits mehrfach gespielt worden waren und der 1960 zum ersten Mal das Forum besucht hatte. Krenek, dessen Kompositionen von der Universal Edition verlegt wurden und der wohl auch über Ernst Hartmann den Weg nach Alpbach fand, aber schon seit Kindheitstagen ein enges Verhältnis zu Tirol hatte,[605] war ein aus Österreich stammender Komponist, der mit seiner 1927 uraufgeführten „Jazz-Oper" „Johnny spielt auf" bekannt geworden war. Nachdem seine Werke von den Nationalsozialisten in Deutschland bereits 1933 als „entartet" verboten worden waren, war Krenek, der Anfang der 1930er Jahre ein kulturpolitisches Engagement für den „christlichen Ständestaat" gezeigt hatte,[606] nach dem „Anschluss" in die USA emigriert und konnte sich – wenn er auch mehrfach in Österreich war – nie zu einer Rückkehr entscheiden.[607] Alpbach hatte er erstmals im Zuge einer ausgedehnten Konzert- und Vortragsreise durch Europa besucht[608] und sich hier nicht nur an der Arbeitsgemeinschaft „Sprache – Gesellschaft – Musik", sondern auch am genannten Kunstgespräch beteiligt. Desgleichen hatte er 1960 auch die musikalische Begleitung bei der Vorführung seines 1929 entstandenen „Reisetagebuchs aus den österreichischen Alpen" (Gesang Julius Patzak) vorgenommen und hier seinen sechzigsten Geburtstag gefeiert.[609] Die Uraufführung des im Spätwinter 1961 in Amerika ent-

---

Vgl.: Der Dramatiker Ionesco in Alpbach: Hochschulwochen der 20 Nationen, in: Die Presse, 3.8.1961; Tagungsbericht: Europäisches Forum Alpbach 1961. Siebzehnte Internationale Hochschulwochen des Österreichischen College, 18.8.–6.9.1961. Archiv des EFA, Berichte.

[604] Tagungsbericht: Europäisches Forum Alpbach 1961. Siebzehnte Internationale Hochschulwochen des Österreichischen College, 18.8.–6.9.1961. Archiv des EFA, Berichte.

[605] Gertrud Spat, Ernst Krenek und Tirol, in: Das Fenster 70 (2000) 6704–6712.

[606] Vgl. hierzu zwei Beiträge auf der Homepage des Ernst Krenek Instituts: Sarah Schulmeister, Krenek und der Austrofaschismus, Wien o. J. sowie Eva Maria Stöckler, „Von der Aufgabe, ein Österreicher zu sein". Die musikalische Konstruktion einer Österreich-Identität im Werk von Ernst Krenek, Wien 2011, online: http://www.krenek.at (3.9.2014).

[607] Vgl. hierzu etwa: Claudia Maurer Zenck, Ernst Krenek – ein Komponist im Exil, Wien 1980 sowie aus der Vielzahl an Werken über Ernst Krenek: John L. Stewart, Ernst Krenek. Eine kritische Biographie, Tutzing 1990 oder Peter Tregear, Ernst Krenek and the politics of musical style, Lanham, Md. 2013.

[608] Lebenslauf, in: Matthias Schmidt, Ernst Krenek. Zeitgenosse des 20. Jahrhunderts. Zum 100. Geburtstag, Wien 2000, 144.

[609] Geburtstagsfeier für Ernst Krenek, in: Tiroler Tageszeitung, 25.8.1960. Später wurde der sechzigste Geburtstag von Krenek auch in Wien in einer vom Wiener Konzerthaus und dem Österreichischen College organisierten Feier begangen, bei der die Erstaufführung von Kreneks „Kafka-Motetten" den Abschluss bildete. Vgl.: Ernst Krenek: Meister des Tones und des Wortes, in: Neues Österreich, 26.10.1960; Komponist Ernst Krenek 60 Jahre, in: Linzer Volksblatt, 26.10.1960; Erstaufführung

standenen Alpbach-Quintetts, das aus sechs Sätzen und fünf Zwischenspielen besteht, wobei je ein Zwischenspiel einem der fünf Instrumente (Flöte, Oboe, Klarinette, Horn, Fagott) plus Schlagzeug, gewidmet ist, fand 1962 gleichfalls in der Anwesenheit von Krenek statt, der sich auch erneut am Musikarbeitskreis beteiligte. Die Choreographie hatte – wie bereits 1954 bei Gottfried von Einems „Alpbacher Tanzserenade" – Yvonne Georgi entworfen. Gleichfalls führten ihre Tänzer sowie der ehemalige Solotänzer der Wiener Staatsoper Richard Adama in Begleitung des Danzi-Quintetts aus Amsterdam unter Erich Krenn das Stück auch vor und hatten diesmal Glück mit der Witterung: Im Gegensatz zu 1954 konnte das Ballett bei strahlendem Mondschein auf dem Alpbacher Dorfplatz aufgeführt werden.[610]

Ein Jahr darauf wurde – nachdem bereits kritisiert worden war, dass dies als wesentlicher Ausdruck der Zeit fehle[611] – zum ersten Mal Jazz in Alpbach gespielt bzw. ein Jazz-Abend mit dem Grazer Josel-Trio angeboten.[612] 1964, als Krenek Alpbach ein drittes Mal besuchte und über „Neue Horizonte in der amerikanischen Musik" referierte, waren zwei Vortragsreihen des Ensembles „Die Reihe" programmiert, das 1958 von Friedrich Cerha und Kurt Schwertsik gegründet worden war.[613]

Im Bereich der bildenden Kunst wurde 1961 die Serie der jungen Kunst aus verschiedenen europäischen Staaten mit einer von Alexander Auer und dem österreichischen Maler Georg Eisler zusammengestellten Ausstellung über die zeitgenössische Malerei und Grafik in England fortgesetzt.[614] 1962 folgte die neue Kunst aus der Schweiz mit rund 70 Werken der Malerei, Grafik und Plastik von Schweizer Künstlern der Gegenwart, die von verschiedenen Galerien zur Verfügung gestellt worden waren[615] und 1963 wieder die junge Kunst aus Österreich, wobei in der von Otto Mauer eröffneten Ausstellung fünfzehn Maler – darunter Elisabeth Bauer-Stein, Peter Bischof, Michael Coudenhove, Paul Rotterdam, Heinz Stangl und Olivia Urbach – zu sehen waren.[616] Gleichzeitig wurde auch eine kleine Ausstellung von Collagen und Visualgedichten des in Alpbach anwesenden Prager Künstlers

---

von Kreneks Kafka-Motetten, in: Neues Österreich, 4.10.1960 sowie vorbereitende Korrespondenzen zum Besuch in Alpbach und der Veranstaltung in Wien, in: Ernst Krenek Institut, Privatstiftung, Box 23/8.

[610] Uraufführung eines Balletts von Krenek in Alpbach, in: Die Presse, 29.8.1962; Kritisches Echo der Krenek-Aufführung in Alpbach, in: Tiroler Tageszeitung, 21.12.1962; Fünf plus eins unter Yvonne Georgi, in: Kurier, 29.8.1962; Getanztes Quintett, in: Frankfurter Allgemeine, 30.8.1962.

[611] Es herbstelt im Hochschuldorf, in: Kurier am Morgen, 27.8.1959.

[612] Erfolge des Josel-Trios, in: Neue Zeit, 5.9.1963.

[613] Tagungsbericht: Europäisches Forum Alpbach 1964. Zwanzigste Internationale Hochschulwochen des Österreichischen College, 21.8.–8.9.1964 (Alpbach Korrespondenz, Nr. 6/7, 30.10.1964). Archiv des EFA, Berichte.

[614] Galerie Würthle: Das Junge England, in: Neues Österreich, 22.10.1960.

[615] Tagungsbericht: Europäisches Forum Alpbach 1962. Achtzehnte Internationale Hochschulwochen des Österreichischen College, 18.8.–5.9.1962. Archiv des EFA, Berichte.

[616] Forum Alpbach eröffnet, in: Neue Zeit, 21.8.1963; Kunstausstellung der noch nicht Dreißigjährigen, in: Oberösterreichische Nachrichten, 20.8.1963; Die Wege der jüngsten Kunst in Österreich, in: Tiroler Tageszeitung, 23.8.1963.

und Lyrikers Jiří Kolář präsentiert.[617] 1964 folgte abermals die Kunst aus Österreich, wobei unter dem Titel „Nach 20 Jahren: Österreichische Kunst 1945 und 1964" zehn Künstler – darunter Johannes Avramidis, Josef Pillhofer, Josef Mikl, Georg Eisler, Alfred Hrdlicka, Ernst Fuchs, Arnulf Rainer oder Anton Lehmden – mit je einem Werk aus den Jahren nach 1945 und dem Jahr 1964 gezeigt wurden. Ergänzt wurde diese Präsentation durch eine improvisierte Ausstellung tschechischer Graphik, die insgesamt 32 Werke umfasste.[618]

Was den Film betrifft, ist auf die Präsentation französischer Experimentalfilme 1961[619] und auf ein in diesem Jahr stattfindendes Gespräch über „Das Kunstwerk in der Zukunft" mit dem Experimentalfilmer Jacques Polieri zu verweisen.[620] Danach verschwand dieses Genre jedoch aus dem Programm.

Die Teilnehmerzahl war im Gegensatz zu den Vorjahren rückläufig und wurde – nachdem sie 1962 noch mit rund 600 beziffert worden war – im Tagungsbericht 1964 nur mehr mit 470 Mitwirkenden und Hörern angegeben, worunter sich rund 128 Stipendiaten (1962: 140 Stipendiaten[621]) befanden. Von ihrer nationalen Zusammensetzung her stammten diese zu 47 Prozent aus Österreich und zu 22 Prozent aus Deutschland. Der Rest verteilte sich auf andere Nationalitäten[622] – darunter wie in den Jahren zuvor auch Teilnehmer aus Osteuropa, wobei in diesem Jahr besonders die Tschechen in Alpbach stark vertreten waren. Wie Barbara Coudenhove-Kalergi in einem Artikel für das „Neue Österreich" festhielt, hatten vom „Tauwetter" in der Tschechoslowakei nicht nur die live übertragenen „Prager Stadtgespräche" mit Helmut Zilk, sondern auch Alpbach profitiert.[623]

---

[617] Collagen und Visualgedichte, in: Volkszeitung, 31.8.1963.

[618] Tagungsbericht: Europäisches Forum Alpbach 1964. Zwanzigste Internationale Hochschulwochen des Österreichischen College, 21.8.–8.9.1964 (Alpbach Korrespondenz, Nr. 6/7, 30.10.1964). Archiv des EFA, Berichte.

[619] Tagungsbericht: Europäisches Forum Alpbach 1961. Siebzehnte Internationale Hochschulwochen des Österreichischen College, 18.8.–6.9.1961. Archiv des EFA, Berichte.

[620] Das Schweigen – ein Platz für die echte Kunst?, in: Tiroler Tageszeitung, 28.8.1961.

[621] Diese kamen – laut Tagungsbericht – aus 26 Ländern (davon 42 Prozent aus Österreich und 25 Prozent aus der BRD), wobei – was die Zahl der Österreicher betrifft – auch die an der Organisation Beteiligten mitgerechnet wurden. Vgl.: Tagungsbericht: Europäisches Forum Alpbach 1962. Achtzehnte Internationale Hochschulwochen des Österreichischen College, 18.8.–5.9.1962. Archiv des EFA, Berichte.

[622] Diese kamen – laut Tagungsbericht – aus 17 Ländern (davon 47 Prozent aus Österreich und 22 Prozent aus Deutschland), wobei – was die Zahl der Österreicher betrifft – auch die an der Organisation Beteiligten mitgerechnet wurden. Diese Zahl wird auch in einer Statistik aus dem Jahr 1964 genannt. Vgl.: Teilnehmerstatistik des „Europäischen Forum Alpbach" von 1946 bis 1964, in: Alpbach Korrespondenz, Nr. 5, 4.10.1964; Tagungsbericht: Europäisches Forum Alpbach 1964. Zwanzigste Internationale Hochschulwochen des Österreichischen College, 21.8.–8.9.1964 (Alpbach Korrespondenz, Nr. 6/7 vom 30.10.1964). Archiv des EFA, Berichte.

[623] Barbara Coudenhove-Kalergi, Ostgespräche … aber wie?, in: Neues Österreich, 29.9.1964. Vgl. zu den Tschechen in Alpbach auch mehrere Berichte von Teilnehmern, in: Archiv des EFA, Ordner Presse 1964 sowie Alpbach: Festspiel der Gelehrsamkeit, in: AZ-Tirol, 9.9.1964; Tschechische Gegenwart im deutschen Gespräch, in: Oberösterreichische Nachrichten, 30.8.1964; Das Europäische Forum Alpbach eröffnet, in: Tiroler Nachrichten, 24.8.1964.

Größere Sorgen als der Rückgang an Teilnehmern bereitete dem Österreichischen College jedoch die zunehmend dramatisch werdende finanzielle Situation. In den Tagungsberichten wurde darauf verwiesen, dass die Alpbacher Veranstaltungen, deren Gesamtkosten damals zwischen 2 und 2,3 Millionen Schilling betrugen, durch öffentliche Subventionen[624] und die verschiedenen Nationalkomitees, von denen das Österreichische zwischen 1960 und 1964 jährlich zwischen 470.000 und 630.000 Schilling beisteuerte,[625] sowie 1964 durch die Fondation Européen de la Culture unterstützt wurden. Wie in einer bereits genannten Denkschrift aus dem Jahr 1961 nachzulesen ist, wurden durch den Bau des Paula von Preradovic-Hauses jedoch Schulden mitgeschleppt, die dazu führten, dass mit Ende 1964 offene Rechnungen in der Höhe von 900.000 Schilling und Hypotheken in der Höhe von 850.000 Schilling vorhanden waren.[626]

Wie sich Cecily Corti[627] erinnert, wurde auch von einer Krise gesprochen. Als sie 1962 einen Sommer lang am Forum mitarbeitete und hier auch ihren späteren Mann, den Regisseur Axel Corti, kennenlernte, der bereits in den 1950er Jahren als Journalist über das Forum berichtet hatte, wurde über dieses gesagt, dass seine besten Zeiten vorüber seien. Die Alpbacher Veranstaltungen, die – was ihre frühen Jahre betrifft – beinahe zu einem „Mythos" geworden waren, wären längst nicht mehr das, was sie einmal waren und eine Fortsetzung ungewiss.[628]

4.3 Die Präsidentschaft von Felix Pronay

Spürbar war die zunehmend schwierigere Situation nicht zuletzt auch 1964, als Alexander Auer als Präsident des Österreichischen Colleges zurücktrat, weil er mit Unterstützung von Bruno Kreisky und Kardinal König[629] zum Leiter der Kulturabteilung im Außenministerium bestellt worden war und diese Funktion bis 1968

---

[624] Dies waren die Bundesministerien für Unterricht sowie Handel und Wiederaufbau, die Länder Tirol, Oberösterreich, Steiermark, Salzburg und die Landeshauptstadt Innsbruck.
[625] Generalversammlung des Vereins Österreichisches Komitee der Freunde des Europäischen Forum Alpbach am 3.9.1965. Archiv des EFA, Ordner Generalversammlungen.
[626] Memorandum für Herrn Präsident Dr. Franz Mayer-Gunthof vom 15.12.1967. KIT, Nachlass Simon Moser, Sign. 65. Weniger hohe Zahlen wurden für 1964 in einem weiteren Memorandum aus dem Jahr 1968 genannt. Hier ist von einer Gesamtverschuldung von rund 1.650.000 Millionen Schilling für das Jahr 1964 die Rede. Die Einnahmen wurden wie folgt beziffert: Teilnehmerbeiträge: 444.311,74 Schilling; Einnahmen des Kongresshauses: 100.031,63 Schilling; Sonstige Einkünfte: 50.967 Schilling; Summe verdienter Einnahmen: 595.310,37 Schilling; Subventionen öffentlicher Stellen: 579.500 Schilling; Private Förderungsbeträge: 746.750 Schilling. Die Gesamtsumme wurde mit 1.921.560,37 Schilling angegeben. Vgl.: Memorandum vom Juli 1968. Archiv des EFA, Ordner Sitzungen 1968–1969.
[627] Cecily Corti ist seit 2003 Obfrau des Vereins „Vinzenzgemeinschaft St. Stephan" und hat sich in mehreren Projekten für die Schaffung von niederschwelligen Notschlaf- und Wohnmöglichkeiten für obdachlose Menschen eingesetzt. Vgl.: http://www.vinzirast.at/634/cecily_corti_und_vinzirast.html (4.12.2014).
[628] Interview mit Cecily Corti am 16.8.2014.
[629] Interview mit Alexandra Terzic-Auer am 14.8.2013.

Eröffnung des Europäischen Forum Alpbach 1968, v. l. n. r.: Felix Pronay und Bürgermeister Alfons Moser

bekleidete, um dann als Kulturrat in die österreichische Botschaft nach Moskau bzw. 1974 als Leiter des Kulturinstitutes nach Warschau und 1977 als ebensolcher nach Paris zu gehen.[630] So lehnten es nicht nur Simon Moser und Fritz Czerwenka, sondern auch Ernst Hartmann, Burgtheaterdirektor Ernst Haeussermann und Karl Gruber ab, seine Nachfolge anzutreten, während Georg Zimmer-Lehmann eine bereits mehrfach konstatierte Vernachlässigung des Nachwuchses ansprach[631] und die Frage stellte, ob die Krise des Colleges nicht nur eine der Person sei, sondern sich dieses am Ende befinde.[632]

Die Suche nach einem neuen Präsidenten, die 1964 auch zu einem Thema des Abschlusskabaretts wurde,[633] gestaltete sich somit nicht einfach und bedurfte mehrerer Monate bis mit Fritz Molden und Felix Pronay zwei mögliche Kandidaten vorhanden waren. Hierbei wurde Fritz Molden, der zur Reform der Alpbacher Veranstaltungen eine Trennung der „Hochschulwochen" von den „Forumsveran-

---

[630] Bundesministerium für Europa, Integration und Äußeres, Personalakt Alexander Auer.

[631] Vgl. hierzu etwa ein ausführliches Papier aus dem Jahr 1960: Nachwuchsprobleme des Österreichischen College. Archiv des EFA, Ordner P (Presse) 1960.

[632] Weitere Personen, die als mögliche Kandidaten angedacht wurden, waren Manfred Mautner-Markhof und Reinhard Kamitz. Vgl.: Protokoll der Vorstandssitzung des Österreichischen College vom 6.4.1964. Archiv des EFA, Ordner Sitzungen 1964.

[633] 20 Jahre College. 1945–1964. Albträume und Visionen. Ein Alpbacher Mysterienspiel in neun Bildern, Schallplatte 1964. Privatarchiv Dr. Michael Neider.

staltungen" vorschlug,[634] von Otto Molden vorgeschlagen und Felix Pronay von Alexander Auer und Georg Zimmer-Lehmann ins Spiel gebracht und am 27. Oktober 1964 zum neuen Präsidenten des Österreichischen Colleges gewählt, das Mitte der 1960er Jahre in die Reichsratsstraße im ersten Wiener Gemeindebezirk übersiedelte.[635] Maßgeblich dürfte hierfür nicht nur der berufliche Hintergrund von Pronay gewesen sein,[636] sondern auch dass Fritz Molden attestiert wurde, ein „Anwärter auf ein politisches Mandat der Europäischen Föderalistischen Partei" zu sein.[637] Vizepräsidenten wurden neben dem ehrenamtlich[638] agierenden Felix Pronay Simon Moser und Alexander Auer.[639] Als Generalsekretär fungierte erst Fritz Lube, dann Fritz Neeb.

Unter Felix Pronay, der – so derselbe im Jahr 1970 – das Österreichische College im Zeichen einer „Götterdämmerungsstimmung" übernommen hatte,[640] wurde das Europäische Forum Alpbach mit einer neuerlichen Verkürzung auf 19, dann 17 und schließlich 14 Tage (jeweils den Tag der An- und Abreise mitgerechnet) mit Arbeitsgemeinschaften, Plenarveranstaltungen, einem künstlerischen Rahmenprogramm und Sprachkursen fortgesetzt. Hierbei war – wohl auch vor dem schwierigen finanziellen Hintergrund – eine starke Zunahme von Wirtschaftsaspekten, vor allem was die Arbeitskreise betrifft, bemerkbar.[641] Die „Europäischen Gespräche", die einst den Rahmen für Gespräche über Politik, Wirtschaft und Kunst bzw. Kultur gegeben hatten, verschwanden hingegen aus dem Programm. Weiterhin stattfindende Gesprächskreise wurden im Tagungsprogramm nur mehr unter dem Titel „Plenarveranstaltungen" angekündigt.

Als Generalthema fungierte 1965 „Europa und die Vereinigten Staaten von Amerika" mit 14 Arbeitsgemeinschaften zu „Die aktuelle Bildungspolitik in Europa und den USA", zu „Europa und Amerika in der Literatur" mit dem bekannten Literaturwissenschaftler George Steiner, zu „Jazz und Musical" mit Marcel Prawy oder zur amerikanischen Zahlungsbilanz mit Fritz Machlup. Plenarveranstaltungen beschäftigen sich wiederum mit Steiner mit „Europa und Amerika in der Literatur", mit der „Beziehung Europas zu den USA aus Straßburger Sicht" oder mit der „Atlantischen Partnerschaft: Amerikanische Investitionen in Europa", wobei

---

[634] Die Hochschulwochen sollten auf 14 Tage beschränkt werden. Die Forumsveranstaltungen sollten nicht mehr gleichzeitig, sondern davor und danach (mit 2-3-tägiger Dauer) stattfinden. Vgl.: Protokoll der Sitzung des Vorstandes des Österreichischen College vom 6.10.1964. Archiv des EFA, Ordner Sitzungen 1964.
[635] Die Adresse Reichsratsstraße 17 scheint erstmals im Programmheft von 1966 auf.
[636] Interview mit Prof. DI Hannes Kar am 22.1.2014.
[637] Protokoll der Sitzung des Vorstandes des Österreichischen College vom 6.10.1964. Archiv des EFA, Ordner Sitzungen 1964 sowie Schreiben von Felix Pronay an die Mitglieder des Vereines Österreichisches College vom 16.10.1970. Archiv des EFA, Ordner Sitzungen 1970.
[638] Früher gab es einen hauptamtlichen Präsidenten und Generalsekretär.
[639] Protokoll der außerordentlichen Generalversammlung vom 27.10.1964. Archiv des EFA, Ordner Sitzungen 1964. Vgl. hierzu auch: College wählte neuen Präsidenten, in: Tiroler Tageszeitung, 3.11.1964.
[640] Schreiben von Felix Pronay an die Mitglieder des Vereines Österreichisches College vom 16.10.1970. Archiv des EFA, Ordner Sitzungen 1970.
[641] Verpasste Chancen in Alpbach, in: Luzerner Neueste Nachrichten, 15.9.1969.

an der anschließenden Diskussion Reinhard Kamitz, Fritz Machlup und Émile Béthouart ebenso teilnahmen wie der FPÖ-Politiker und österreichische Delegierte beim Europarat Willfried Gredler, der bereits seit Jahren zu den „Stammgästen" in Alpbach zählte.[642] Teil des Kulturprogramms waren – wie bereits erstmals 1963 – der Jazz mit einer Vorführung des Eurojazz-Orchesters von Friedrich Gulda sowie eine größere, von Walter Kasten zusammengestellte Kunstausstellung unter dem Titel „Von Dada bis Imago", die rund 150 Werke europäischer und amerikanischer Künstler, darunter Hans Arp, Giorgio de Chirico, Salvador Dalí, George Grosz, Roy Lichtenstein, Joan Miro oder Robert Rauschenberg, zeigte.[643]

1966 stand „Gesellschaft versus Wirtschaft" mit elf Arbeitsgemeinschaften auf dem Programm, wobei die Seminare „Hegel zwischen Ost und West" mit Herbert Marcuse aus Kalifornien[644] und Jindřich Zelený aus Prag, die „Reform der internationalen Währungsordnung" mit Fritz Machlup aus Princeton und das „Europäische Theater" mit Martin Esslin aus London, Adam Tarn aus Warschau und André Veinstein aus Paris auch eine mediale Aufmerksamkeit fanden.[645] Desgleichen dominierten das „Europäische Theater" und die Wirtschaft mit der erstmaligen Verwendung des Titels „Wirtschaftsgespräch" im Programmheft auch die Plenarveranstaltungen. Diskutanten am Theatergespräch, zu dem ursprünglich auch der Schriftsteller und spätere tschechoslowakische bzw. tschechische Staatspräsident Václav Havel erwartet worden war,[646] waren neben Burgtheaterchef Ernst Haeussermann und Esslin vor allem eine Reihe von Kulturschaffenden aus Osteuropa: so der Schriftsteller Jerzy Pomianovski aus Warschau, der Schriftsteller und Chefredakteur des „Dialog Warschau" Adam Tarn, der Regisseur des Theaters hinter dem Tor in Prag Otomar Krejča sowie der Dramatiker Tadeusz Różewicz aus Gliwice. Am Wirtschaftsgespräch zum Thema „Das Magische Dreieck" nahmen nicht nur wiederum Kamitz und Machlup, sondern zahlreiche Bank- und Wirtschaftsvertreter teil. Der Politik gewidmete Vorträge beschäftigten sich mit der „Politik der Abrüstung" mit dem britischen Außenminister Lord Chalfont oder der „Politik im Zeitalter der Sozialforschung". Im Bereich der Kunst dominierte eine wiederum von Walter Kasten zusammengestellte Ausstellung mit dem Titel „Engagierte Kunst – Gesellschaftskritische Graphik seit Goya" mit Werken von Goya, Daumier, Otto Dix, George Grosz und Käthe Kollwitz, die durch eine

---

[642] Molden, Der andere Zauberberg, 29.
[643] Tagungsbericht: Europäisches Forum Alpbach 1965. Einundzwanzigste Internationale Hochschulwochen des Österreichischen College, 20.8.–7.9.1965 (Alpbach Korrespondenz, Nr. 10/11, 1.12.1965). Archiv des EFA, Berichte.
[644] Marcuse, der einst dem Frankfurter Institut für Sozialforschung angehörte, 1934 in die USA emigrierte und mit seinem Werk „Der eindimensionale Mensch" einen wichtigen Einfluss auf die Studentenbewegung der 1960er Jahre hatte, war bereits 1963 und 1964 nach Alpbach eingeladen worden, hatte damals aber abgesagt. Vgl.: Schreiben von Herbert Marcuse an Simon Moser vom 18.5.1963. KIT, Nachlass Simon Moser, Sign. 62; Schreiben von Herbert Marcuse an Simon Moser vom 17.6.1964. KIT, Nachlass Simon Moser, Sign. 63.
[645] Die wissenschaftliche Arbeit in Alpbach, in: Demokratisches Volksblatt, 5.9.1966, Theater-Experten tagten, in: Aachener Volkszeitung, 2.9.1966.
[646] Im Tagungsbericht und der Teilnehmerliste scheint er jedoch nicht auf. Vgl.: Gästeandrang zu Alpbacher Hochschulwochen, in: Oberösterreichische Nachrichten, 20.8.1966.

Präsentation von Federzeichnungen des jungen, in Alpbach anwesenden, Prager Graphikers Jindřich Fischel ergänzt wurde, nachdem bereits im Vorjahr Zeichnungen und Grafiken junger tschechischer Künstler gezeigt worden waren.[647]

1967 wurde mit „Information und Kommunikation. Tendenzen in der technischen und gesellschaftlichen Entwicklung" erstmals ein der Technik gewidmetes Generalthema der Programmgestaltung zugrunde gelegt. Themen der elf Arbeitsgemeinschaften waren neben „Sprache und Automat" mit dem österreichischen Computer-Pionier Heinz Zemanek oder „Technischen Modellen in der Biologie" mit Karl Steinbuch aus Karlsruhe „Konjunkturprognosen" und die „Industrielle Forschung", die auch Gegenstand der Plenarveranstaltungen waren. Hierbei wurde das Wirtschaftsgespräch dahingehend erweitert, dass sich dieses nun aus einzelnen Kommissionen und Plenarvorträgen zusammensetzte, während es – im Zuge einer bereits seit mehreren Jahren stattfindenden stärkeren Auseinandersetzung mit dem Theater – im Kunstbereich zur österreichischen Uraufführung von „Das Dreirad" von Fernando Arrabal mit André Heller und Heinz Marecek kam,[648] aber keine große Kunstausstellung mehr stattfand.[649] Heller, der wenig später nach der Inbetriebnahme des Radiosenders Ö3 über Nacht „weltberühmt in Österreich" wurde und heute einer der bekanntesten Multimediakünstler ist,[650] sollte auch im Folgejahr wieder in Alpbach sein, um nicht nur aus den Werken von Peter Altenberg und H. C. Artmann zu lesen, sondern sich auch an der Uraufführung eines Werkes von René Clemecic zu beteiligen.[651]

Als Generalthema fungierte 1968, als es in verschiedenen europäischen Staaten zu Studentenunruhen kam, „Macht – Recht – Moral". Die angebotenen 16 Arbeitsgemeinschaften beschäftigten sich mit „Recht und Gerechtigkeit", den Menschenrechten, „Macht und Moral im Drama" oder der „Opposition gegen das Establishment: Studentische Kritik an den Gesellschaftsmächten" und brachten nicht nur wiederum George Steiner, sondern auch Ernst Bloch nach Alpbach. Ohne vorherigen Vorstandsbeschluss eine Einladung an Rudi Dutschke, einen

---

[647] Tagungsbericht: Europäisches Forum Alpbach 1966. Zweiundzwanzigste Internationale Hochschulwochen des Österreichischen College, 19.8.–6.9.1966 (Alpbach Korrespondenz, Nr. 13/14, 1.12.1966). Archiv des EFA, Berichte.

[648] Zur Tagung ist nach einer mehrjährigen Pause wieder eine gedruckte Tagungspublikation erschienen. Vgl.: Simon Moser (Hg.), Information und Kommunikation. Referate und Berichte der 23. Internationalen Hochschulwochen Alpbach 1967, München/Wien 1968 sowie Tagungsbericht: Europäisches Forum Alpbach 1967. Dreiundzwanzigste Internationale Hochschulwochen des Österreichischen College, 19.8.–4.9.1967 (Alpbach Korrespondenz, Nr. 16/17, 1.12.1967). Archiv des EFA, Berichte.

[649] Stattdessen fanden drei kleinere Ausstellungen zu „Industrial Design", „Kleine Gegenüberstellung: Rationale Ästhetik – Intuitives Empfinden", „Sibi Kanz: Ölkreide und Lack" statt.

[650] Bei Ö3, das mit 1.10.1967 auf Sendung ging, fungierte Heller als Moderator der „Musicbox", die innerhalb des neuen Jugendprogramms eine besondere Bedeutung erlangte und sich durch ein anspruchsvolles Musikprogramm (fernab des Mainstreams) und eine kritische Auseinandersetzung mit aktuellen Themen der Zeit auszeichnete. Vgl. zur Biographie und dem Werk von André Heller sowie zur Bedeutung der „Musicbox": Christian Seiler, André Heller. Feuerkopf. Die Biografie, München 2012.

[651] Interview mit André Heller am 26.2.2015.

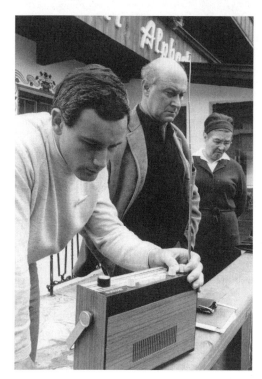

Georg Zimmer-Lehmann (zweiter von links) beim Europäischen Forum Alpbach 1968

der Anführer der westdeutschen Studentenbewegung, auszusprechen, war Simon Moser, dem dies sichtlich zugetraut wurde, hingegen bereits im Vorfeld untersagt worden,[652] während der auch dieses Jahr einen Vortrag in Alpbach haltende Friedrich von Hayek von selbst angekündigt hatte, keinesfalls mit dem „linken" Herbert Marcuse ein Seminar zu leiten.[653] Vielmehr verstrickte er sich – wie wenige Jahre zuvor Arthur Koestler – gemeinsam mit dem Politologen Kurt Sontheimer in eine heftige Auseinandersetzung mit Bloch.[654] Gleichfalls beschäftigten sich drei Arbeitsgemeinschaften mit dem Urheberrecht, dem „Instrumentarium der Notenbankpolitik" und der „Mittelfristigen Wirtschaftsprogrammierung" und wendeten sich damit an ein spezielles Fachpublikum. So haben am Seminar zur Notenbankpolitik – wie etwa in der „Presse" festgehalten wurde – Vertreter von zehn Notenbanken,[655] und am Seminar zur „Mittelfristigen Wirtschaftsprogrammierung"

---

[652] Schreiben von Felix Pronay an Simon Moser vom 9.1.1968. KIT, Nachlass Simon Moser, Sign. 65.

[653] Anzumerken ist hierbei, dass in diesem Jahr weder Marcuse noch Hayek an der Leitung einer Arbeitsgemeinschaft beteiligt waren und die Absage Hayeks aus zeitlichen Gründen erfolgte. Vgl.: Schreiben von Friedrich von Hayek an Simon Moser vom 31.1.1968. KIT, Nachlass Simon Moser, Sign. 65.

[654] Molden, Der andere Zauberberg, 107.

[655] Darunter befanden sich Vertreter der Bank of England, der deutschen Bundesbank, der Schweizerischen und Österreichischen Nationalbank. Vgl.: Rolle der Notenbanken neu geschrieben. Währungspolitisches Seminar mit internationaler Beteiligung in Alpbach, in: Die Presse, 29.8.1968.

vorwiegend Mitglieder des Beirats für Wirtschafts- und Sozialfragen der Paritätischen Kommission teilgenommen,[656] nachdem sich bereits 1966 eine größere Anzahl von Vertretern der Ministerien, Kammern, der Industrie und freien Berufe unter den Seminarteilnehmern befunden haben.[657] Wie Felix Pronay im Tagungsbericht festgehalten hat, wurde somit die Entwicklung fortgesetzt, „auch Themen einen Platz einzuräumen, die nicht unmittelbar dem Generalthema untergeordnet sind" bzw. ein weiteres Mal monetäre Probleme in einem Kreis von Experten der Noten- und Kommerzbanken behandelt.[658] Thema des zusätzlich stattfindenden und wiederum verschiedene Kommissionen umfassenden Wirtschaftsgesprächs war der „Schutz privater Investitionen im Ausland". Weitere Plenarveranstaltungen beschäftigen sich, unter anderem mit dem Architekten und Karikaturisten Gustav Peichl, mit der politischen Karikatur, der auch eine von Peichl und Walter Kasten zusammengestellte Ausstellung gewidmet war,[659] oder wiederum mit Bloch mit dem „Verhältnis von Moral und Ideologie in der modernen Gesellschaft". Ein großes Roundtable-Gespräch zur zeitgenössischen tschechischen Literatur musste hingegen kurzfristig abgesagt werden, da sich die politischen Ereignisse während der ersten Tagungswoche überschlugen: Am 21. August 1968, als die geplante Podiumsdiskussion mit Antonín Jaroslav Liehm (Vizepräsident des tschechoslowakischen Schriftstellerverbandes), Milan Kundera (Autor), Josef Nesvadba (Mitglied des Präsidiums des Schriftstellerverbandes), Petr Pithart (Innenpolitischer Redakteur von „Literarni Listi") und Jiří Stárek[660] (Tschechoslowakischer Kulturattaché in Österreich) auf dem Programm stand, erfolgte der Einmarsch von Truppen des Warschauer Paktes in Prag. Dem „Prager Frühling" und den damit verbundenen Liberalisierungs- und Demokratisierungsbestrebungen wurde damit ein jähes Ende gesetzt. Bei den auch in diesem Jahr anwesenden (rund 35 Teilnehmern) aus der Tschechoslowakei,[661] unter denen sich – so Erhard Busek – auch

---

[656] Vgl. hierzu auch: Horst Knapp, Wirtschaft zwischen Theorie und Praxis, in: Alexander Auer (Hg.), Das Forum Alpbach 1945–1994. Die Darstellung einer europäischen Zusammenarbeit. Eine Dokumentation anlässlich des 50. „Europäischen Forum Alpbach", veranstaltet vom Österreichischen College, Wien 1994, 29.

[657] Bericht von Felix Pronay über die Veranstaltung Europäisches Forum Alpbach 1966 vom 14.9.1966. KIT, Nachlass Simon Moser, Sign. 40.

[658] Einleitung von Felix Pronay, in: Tagungsbericht: Europäisches Forum Alpbach 1968. Vierundzwanzigste Internationale Hochschulwochen des Österreichischen College, 17.8.–2.9.1968 (Alpbach Korrespondenz, Nr. 22/23, 10.12.1968). Archiv des EFA, Berichte.

[659] In der Ausstellung wurden 75 zwischen 1950 und 1967 entstandene Werke bekannter europäischer Karikaturisten gezeigt – darunter solche von William Pappas („The Guardian", Manchester), Michael Cummings („Daily-Express", London), IRONIMUS („Die Presse", Wien), Erich Sokol („Süddeutsche Zeitung", München), Herbert Sandberg („Eulenspiegel", Ostberlin), Paul Flora („Die Zeit", Hamburg), Fritz Behrendt („Die Weltwoche", Zürich), Hans U. Steger („Zürich-Woche", Zürich) oder Wolfgang Hicks („Die Welt", Hamburg). Die Ausstellung wurde später in adaptierter Form auch in Linz, Wien, Klagenfurt, und Kapfenberg gezeigt.

[660] Stárek war der Verbindungsmann von Helmut Zilk, der für den tschechischen Geheimdienst spionierte. Nach der Niederschlagung des „Prager Frühlings" blieb er in Österreich und engagierte sich für vertriebene Intelektuelle. Vgl. hierzu eine Artikelserie im „Profil" aus dem März/April 2009.

[661] In seiner Eröffnungsrede hatte Felix Pronay mehr als 40 Teilnehmer aus den östlichen Staaten Europas begrüßt. Vgl.: Tagungsbericht: Europäisches Forum Alpbach 1968. Vierundzwanzigste

Václav Klaus befand, der damals als junger Volkswirt am Institut des Reformers Ota Šik arbeitete und später hohe Staatsämter in der Tschechischen Republik bekleidete,⁶⁶² löste dies nicht nur Bestürzung aus. Für viele stellte sich auch die Frage, ob sie in die Tschechoslowakei zurückkehren oder ins Exil gehen sollten. Das Programm des Forums wurde hingegen dahingehend geändert, dass in vielen Arbeitsgemeinschaften die geplante Tagesordnung unterbrochen und auf Wunsch der Teilnehmer eine Plenardiskussion einberufen wurde, die sich mit den jüngsten Ereignissen, den Folgen für Österreich und die Entwicklung des Kommunismus in der Welt beschäftigte.⁶⁶³ Und auch in den Wirtschaftsveranstaltungen wurden die Ereignisse in Prag – so Hannes Androsch, der in diesem Jahr erstmals nach Alpbach kam – zu einem Thema, da der Einmarsch der Warschauer Pakt-Truppen wie ein „Sturm" über die gesamte Weltöffentlichkeit und damit auch die Wirtschaftsgespräche des Forums hereinbrach.⁶⁶⁴

4.4 Das Europäische Forum Alpbach am Ende?

Ob es 1969 eine Fortsetzung geben sollte, war zunächst ungewiss. So kam es zwar wiederum zu einem Anstieg der Teilnehmer von fast 700 im Jahr 1966 (darunter 160 Stipendiaten)⁶⁶⁵ auf 750 im Jahr 1968,⁶⁶⁶ was im selben Jahr auch zum ersten Mal zu Einnahmen aus Teilnehmergebühren in der Höhe von über einer Million

---

Internationale Hochschulwochen des Österreichischen College, 17.8.–2.9.1968 (Alpbach Korrespondenz, Nr. 22/23, 10.12.1968). Archiv des EFA, Berichte.

⁶⁶² Interview mit Dr. Erhard Busek am 3.6.2014; „Fast alle glaubten an diesen Traum", in: Der Standard, 27.3.2008; Ein Leben in einer sich radikal verändernden Gesellschaft. Rede von Václav Klaus beim Europäischen Forum Alpbach am 23.8.2001, online: http://www.klaus.cz/clanky/2907 (13.3.2015).

⁶⁶³ Tschechische Autoren in Alpbach, in: Tiroler Nachrichten, 26.7.1968; CSSR-Literaten in Alpbach, in: Volkszeitung Klagenfurt, 26.7.1968; Tschechen in Alpbach, in: Die Presse, 26.7.1968; CSSR-Autoren in Alpbach, in: Volksstimme, 26.7.1968; Schatten über Alpbach, in: Tiroler Tageszeitung, 22.8.1968; Alpbach: Absage. CSSR-Autoren kommen nicht, in: Kurier (Morgenausgabe), 23.8.1968; Das Tagungsthema von Alpbach als CSSR-Tragödie, in: Oberösterreichische Nachrichten, 23.8.1968; Österreich erfüllt seine Pflicht, in: Wiener Zeitung, 25.8.1968; „Alpbach" im Schatten Prags, in: Donau-Kurier, 31.8.1968; Tagungsbericht: Europäisches Forum Alpbach 1968. Vierundzwanzigste Internationale Hochschulwochen des Österreichischen College, 17.8.–2.9.1968 (Alpbach Korrespondenz, Nr. 22/23, 10.12.1968). Archiv des EFA, Berichte.

⁶⁶⁴ Interview mit Dr. Hannes Androsch am 13.3.2015.

⁶⁶⁵ Diese kamen – laut Tagungsbericht – aus 30 Ländern mit folgender Aufteilung: Österreich 46 Prozent, BRD 20 Prozent, andere Länder 34 Prozent, wobei – was die Zahl der Österreicher betrifft – auch die an der Organisation Beteiligten mitgerechnet wurden. Vgl.: Tagungsbericht: Europäisches Forum Alpbach 1966. Zweiundzwanzigste Internationale Hochschulwochen des Österreichischen College, 19.8.–6.9.1966 (Alpbach Korrespondenz, Nr. 13/14, 1.12.1966). Archiv des EFA, Berichte.

⁶⁶⁶ Diese kamen aus 25 Ländern mit folgender Aufteilung: Österreich 60 Prozent, BRD 12 Prozent, andere Länder 28 Prozent, wobei – was die Zahl der Österreicher betrifft – auch die an der Organisation Beteiligten mitgerechnet wurden. Eine Angabe zur Anzahl der Stipendien ist nicht vorhanden. Vgl.: Tagungsbericht: Europäisches Forum Alpbach 1968. Vierundzwanzigste Internationale Hochschulwochen des Österreichischen College, 17.8.–2.9.1968 (Alpbach Korrespondenz, Nr. 22/23, 10.12.1968). Archiv des EFA, Berichte.

Schilling führte.[667] Wegen der mitgeschleppten Schulden, einem teilweisen Rückgang bei den öffentlichen Subventionen[668] sowie den Spenden – besonders was die Arbeit der Nationalkomitees betraf[669] – wurde ab dem Sommer 1968 jedoch mehrfach diskutiert, ob die Arbeit des Vereins weitergeführt werden könne.[670] Gleichfalls wurde – etwa von Fritz Molden oder Fritz Czerwenka – die Frage aufgeworfen, ob das Forum nicht besser zugesperrt werden sollte, da die ursprünglichen Ziele (zumindest teilweise) erreicht worden seien, von Pronay auf eine mangelnde Internationalität hingewiesen[671] und von Georg Zimmer-Lehmann kritisiert, dass Alpbach seine Monopolstellung bei den wissenschaftlichen Grundsatzgesprächen eingebüßt habe bzw. der Kreis des Österreichischen Colleges älter geworden sei. Immer wieder wurde hierbei – auch in Verbindung mit einer Kritik an Simon Moser – diskutiert, welchen Stellenwert die Wissenschaft in Alpbach noch haben sollte. So wurde etwa von Zimmer-Lehmann vorgeschlagen, mehr das Europäische Forum und weniger die Hochschulwochen zu betonen,[672] und auch von Pronay und Neeb für einen Ausbau der nicht-wissenschaftlichen Veranstaltungen plädiert bzw. festgehalten, dass die Wissenschaft durch eine wissenschaftliche Behandlung aller Themen vorkommen solle, während Otto Molden die Gemeinschaftsbildung präferierte und ohne Beschneidung des wissenschaftlichen Teils für kulturpolitische, rein politische und große Wirtschaftsveranstaltungen eintrat.[673]

Als das Europäische Forum Alpbach 1969 zum 25. Mal in Anwesenheit von Bundeskanzler Josef Klaus tagte, der seit 1966 eine ÖVP-Alleinregierung leitete, standen unter dem Generalthema „Zukunft. Vision – Forschung – Planung" 16 Arbeitsgemeinschaften auf dem Programm. Hierbei beteiligte sich mit Justizminister Hans Klecatsky, der heftig kritisiert wurde und eine verspätete „Studentenrevolte" in Alpbach auslöste, nicht nur ein amtierender Minister an einer Seminarleitung.[674] Auch Wirtschaftsfragen waren wieder stark vertreten: so mit einer

---

[667] Protokoll der Sitzung des Vorstandes vom 21.3.1969. Archiv des EFA, Ordner Sitzungen 1968/1969.
[668] Neben den bereits genannten Subventionsgebern kam in diesem Zeitraum das Finanzministerium hinzu.
[669] So hielt etwa Georg Zimmer-Lehmann im August 1968 fest, dass die internationalen Komitees bis auf das deutsche Fiktion seien, während Felix Pronay die schwierige Situation beim österreichischen Komitee auf den gesundheitlichen Zustand von Reinhard Kamitz zurückführte. Vgl.: Gedanken zur Sitzung vom 24.8.1968 von Georg Zimmer-Lehmann und Protokoll der Sitzung des Vorstandes vom 21.3.1969. Archiv des EFA, Ordner Sitzungen 1968–1969.
[670] Vgl. hierzu etwa: Protokoll der Sitzung des Vorstandes des Österreichischen Colleges vom 21.3.1969; Memorandum von Felix Pronay vom 19.11.1969. Archiv des EFA, Ordner Sitzungen 1968–1969.
[671] Protokoll der Sitzung des Österreichischen College vom 24./25. und 27.8.1968. Archiv des EFA, Ordner Sitzungen 1968–1969.
[672] Gedanken zur Sitzung vom 24.8.1968 von Georg Zimmer-Lehmann. Archiv des EFA, Ordner Sitzungen 1968–1969.
[673] Protokoll der Sitzung des Vorstandes vom 5.10.1968. Archiv des EFA, Ordner Sitzungen 1968–1969.
[674] Klecatsky, der als Parteiloser der Regierung angehörte und sich an der Arbeitsgemeinschaft „Die Verfassung des demokratischen Rechtsstaates und die Erfordernisse des pluralistischen Wirtschafts- und Sozialstaates" beteiligte, nahm in diesem Jahr auch die Eröffnung vor. Von linken Studenten wurden seine reaktionären Anschauungen über Homosexualität und Abtreibung ange-

Arbeitsgemeinschaft zur „Zukunft der internationalen Wirtschaftsordnung" (mit Fritz Machlup), einem Managementseminar und einer Arbeitsgemeinschaft zu „Computer: Concepts – Chances – Challenges" inklusive eines Decision Workshops zur praktischen Benützung von Führungsunterlagen und Entscheidungsmodellen. Desgleichen wurden mehrere Plenarveranstaltungen und ein großes, aus Kommissionen und Plenarveranstaltungen bestehendes Wirtschaftsgespräch zu „Zukunftsaspekten der europäischen Wirtschaft" angeboten, das nicht nur erstmals den deutschen Unternehmer Otto Wolff von Amerongen nach Alpbach führte, sondern auch mit dem Aufruf Pronays zur Schaffung einer Akademie für Unternehmensführung verbunden war. Hierbei sollte das Österreichische College als Heim für eine dieses Projekt vorbereitende Studiengesellschaft dienen oder Ausbildungskurse für die zukünftigen Dozenten, Assistenten und Tutoren dieser Schule anbieten.[675] Galten frühere Aufrufe Verbesserungen im Hochschulbereich, der Einigung Europas oder 1954 auch der Beseitigung des Proporzes aus Kultur und Bildung,[676] betraf jene Pronays nun also die Erziehung hochqualifizierter Kräfte im Wirtschaftsbereich. Das Kunstprogramm fiel hingegen spärlich aus. So wurde auch eine von Ferenc Farkas komponierte „Hommage an Alpbach" (vier Lieder für Gesang und Klavier nach Texten von Paula von Preradovic) via Tonband uraufgeführt.[677] Alles im allem gelang es dem Forum in einem Jubiläumsjahr somit keineswegs zu glänzen, wobei in den Medien nicht nur kritisiert wurde, dass wichtige und gesellschaftskritische Wissenschaftler wie der Zukunftsforscher Robert Jungk nicht eingeladen worden waren, ein Seminar zu leiten,[678]

---

prangert, und es wurde ihm autoritäres Verhalten vorgeworfen. Vgl.: Zusammenfassung eines Artikels von Bart van Steenbergen in „De Nieuwe Linie" vom 4.10.1969. Archiv des EFA, Ordner Sitzungen 1968–1969 sowie Alpbach: Klaus erregt Mißfallen, in: Arbeiter Zeitung, 6.9.1969; Sein oder Nichtsein, in: Wochenpresse, 3.9.1969.

[675] Ein weiteres Konzept von Pronay sah als tragendes Element des Forums weiterhin Arbeitsgemeinschaften vor, allerdings sollten nur Themen behandelt werden, für die ein „echter Bedarf" bestand. Die Finanzierung sollte von bestimmten Interessengruppen übernommen werden. Zudem wurde von ihm auch eine enge Zusammenarbeit oder Fusionierung mit dem Institut für Bildungs- und Beratungsforschung vorgeschlagen. Vgl.: Alpbach jetzt auf dem Weg zur Managerausbildung, in: Tiroler Tageszeitung, 2.9.1969; Protokoll der Vorstandssitzung vom 15.11.1969 und Memorandum von Felix Pronay vom 19.11.1969. Archiv des EFA, Ordner Sitzungen 1968–1969; Tagungsbericht: Europäisches Forum Alpbach 1969. Fünfundzwanzigste Internationale Hochschulwochen des Österreichischen College, 23.8.–8.9.1969 (Alpbach Korrespondenz, Nr. 29/30, 15.2.1970). Archiv des EFA, Berichte.

[676] Vgl.: Preradovic-Haus in Alpbach, in: Kleine Zeitung, 25.8.1954.

[677] Bei ihm handelte es sich um einen oftmaligen Alpbach-Besucher. Interessant ist hierbei, dass in den Medien bereits von einer „Kompositionstradition" gesprochen und – neben Gottfried von Einem und Ernst Krenek – auch auf Hans-Erich Apostel und seine „Alpbacher Miniaturen" verwiesen wurde, die 1960 entstanden sind. Vgl.: Alpbacher Kompositionen, in: Tiroler Tageszeitung, 9.9.1969; http://www.kunstsenat.at/preistraeger/CV/apostel.htm (2.9.2014); Protokoll der Sitzung des Vorstandes vom 21.3.1969. Archiv des EFA, Ordner Sitzungen 1968–1969.

[678] Hinzuweisen ist hierbei darauf, dass Jungk trotzdem nach Alpbach kam und sich an der Arbeitsgemeinschaft „Langfristige Planung – allgemeiner Denkrahmen, methodologische Ansätze und institutionelle Aspekte" von Erich Jantsch und Hasan Ozbekhan beteiligte. Hierauf konstituierte sich ein Gegenseminar, in dem die Möglichkeiten und Aufgaben einer kritischen Futurologie dis-

Alpbach von der Tradition lebe und das Bild einer „intellektuellen Stagnation" biete. Bemängelt wurde auch das Fehlen der Jugend[679] – betrug die Anzahl der österreichischen Studenten angesichts der starken Forcierung der Wirtschaft und der Veranstaltung von Seminaren, die sich bewusst an Vertreter von Regierungen, Verbänden, Industrieunternehmen und Banken gewendet hatten, doch nur mehr zehn Prozent.[680]

1970 fand das Europäische Forum Alpbach schließlich bei einer in der Zwischenzeit weiter vorangeschrittenen Verschuldung, die bereits mit Ende 1968 auf mehr als zwei Millionen Schilling angewachsen war,[681] erstmals ohne Generalthema statt.[682] Zuvor war nicht nur über eine generelle Einstellung des Forum, eine Pause und über die Abhaltung einer rein internen Veranstaltung diskutiert worden,[683] sondern von einem neu gebildeten Direktorium aus Alexander Auer, Fritz Molden, Otto Molden, Georg Zimmer-Lehmann auch ein Reformvorschlag unterbreitet worden, der auf ein Abgehen von den Internationalen Hochschulwochen abgezielt hatte.[684] Hierbei wurden neben einer stark reduzierten Anzahl von Arbeitsgemeinschaften[685] drei aufeinanderfolgende Seminare zu „Integralen Informationssystemen in der modernen Gesellschaft", zur „Internationalen Währungsordnung der Siebzigerjahre", unter anderem mit Otto Wolff von Amerongen und Nationalbank-Präsident Wolfgang Schmitz, sowie zum Management-Development angeboten. Nachdem Pronay im Vorjahr die Forderung aufgestellt hatte, das Ausbildungswesen wirtschaftlicher Führungskräfte voranzutreiben, spielte dieses Thema somit auch 1970 eine größere Rolle. Ein begleitendes Kunstprogramm war – wie 1969 – nur in minimaler Form, ohne jegliche Ausstellung vorhanden.

Wie es weitergehen sollte, war ungewiss. So erinnert sich auch Hannes Kar daran, dass er sich 1970 von einem Kreis von Freunden mit den Worten ver-

---

kutiert wurden. Vgl.: Zusammenfassung eines Artikels von Bart van Steenbergen in „De Nieuwe Linie" vom 4.10.1969. Archiv des EFA, Ordner Sitzungen 1968–1969.

[679] Noch 1967 wurde der Anteil der Studierenden (aus verschiedenen Staaten) mit knapp 50 Prozent bezeichnet. Vgl.: Europäisches Forum Alpbach 1967, in: Salzburger Volksblatt, 27.7.1967; Abendland und Alpenland, in: Demokratisches Volksblatt, 1.9.1969 sowie eine ausführliche Kritik von Andreas Kohl, der 1968 am Europäischen Forum Alpbach mitgewirkt hatte, aus dem Sommer 1969: Andreas Kohl, Zur Zukunft des Forum Alpbach, 18.8.1969. Wienbibliothek, Nachlass Otto Molden, 4.8.22 sowie Archiv des EFA, Ordner Sitzungen 1968–1969.

[680] Das Europäische Forum Alpbach feierte seinen 25. Geburtstag, in: Tiroler Tageszeitung, 8.9.1969; Alpbach: Hochschulwochen zu Ende, in: Tiroler Nachrichten, 8.9.1969.

[681] In einem späteren Memorandum wurde für Ende 1969 von voraussichtlichen Schulden von 2,5 Millionen Schilling ausgegangen. Vgl.: Rechnungsabschluss 1969 (mit Ende 1968) sowie Memorandum von Felix Pronay vom 19.11.1969. Archiv des EFA, Ordner Sitzungen 1968–1969.

[682] In Diskussion war zuvor das Generalthema „Education permanente".

[683] Protokoll der Sitzung des Vorstands vom 15.11.1969. Archiv des EFA, Ordner Sitzungen 1968–1969.

[684] Hiernach sollten nur mehr konkrete Veranstaltungen durchgeführt werden. Die Seminare sollten Themen aus folgenden Bereichen umfassen: Wirtschafts- und Sozialpolitik, Kulturpolitik, Politik und Social Sciences, Wissenschaft. Zudem sollte die Möglichkeit bestehen, verwandte, aber nicht in unmittelbarem Zusammenhang mit der Hauptveranstaltung stehende Symposien vor und nach der jeweiligen Forumsveranstaltung abzuhalten.

[685] Es fanden nur mehr sechs Seminare statt.

abschiedete, dass sie sich – wenn es keine weiteren Veranstaltungen mehr geben sollte – weiterhin einmal im Jahr im privaten Rahmen in Alpbach treffen wollten. Er selbst war 1951 das erste Mal nach Alpbach gekommen und hatte in Folge nicht nur regelmäßig für den ORF (zuerst das Radio, dann das Fernsehen) über Alpbach berichtet und somit dazu beigetragen, dass das, was in Alpbach passiert, auch eine Öffentlichkeit findet, sondern sich auch an den Abschlusskabaretts beteiligt.[686]

---

[686] Weitere regelmäßige Teilnehmer an den Abschlusskabaretts waren Fritz Molden und Willfried Gredler. Interview mit Prof. Ing. Hannes Kar am 22.1.2014.

5. Das Europäische Forum Alpbach in den 1970er und 1980er Jahren – von einem neuen Aufschwung in eine neue Krise

Die 1970er Jahre brachten – auch wenn wenige Jahre zuvor nichts darauf hingedeutet hatte – unter einer „neuen alten" Führung einen erneuten Aufschwung und stellten – so Alexander Auer – ein „silbernes Jahrzehnt" in der Geschichte des Europäischen Forum Alpbach dar.[687] Hierzu gehörte nicht nur, dass das Forum selbst fortgesetzt werden konnte und neue Pläne – wie die Bildung von Clubs – geschmiedet wurden, sondern mit den Dialogkongressen sogar eine zweite Programmschiene des Österreichischen Colleges begründet werden konnte. Die 1980er Jahre waren hingegen von einer neuen Krise geprägt. Zugleich brachten sie – allen voran mit der Einführung der Technologiegespräche – aber auch wichtige Innovationen im Programm, die auch die späten 1980er bzw. frühen 1990er Jahre überstanden, als das Forum ein weiteres Mal in seiner Existenz gefährdet war.

5.1 Eine „neue alte" Führung und die Wiederbelebung historischer Strukturen – der „Club Alpbach für europäische Kultur – International"

Den Beginn der folgenden Entwicklung markiert die erneute Wahl von Otto Molden zum Präsident des Österreichischen Colleges am 22. Oktober 1970.[688] Der Vorschlag, die Leitung des Österreichischen Colleges zu übernehmen, stammte von seinem Bruder Fritz,[689] der sich zunächst auch Alt-Bundeskanzler Josef Klaus in dieser Funktion vorstellen konnte[690] und wurde von Otto Molden wohl auch deswegen angenommen, weil sich seine Europäische Föderalistische Partei zu keinem großen Erfolg entwickelt hatte.[691] Nachdem in den vorhergehenden Jahren immer wieder von einer notwendigen Verjüngung des Österreichischen Colleges gesprochen worden war, wurde mit Otto Molden, der in Folge ohne Unterbrechung bis zum Jahr 1992 als Präsident des Österreichischen Colleges fungierte, somit eine „alte" Führungsspitze reaktiviert – nahmen doch neben ihm mit Simon Moser, Georg Zimmer-Lehmann und Fritz Czerwenka als Vizepräsidenten sowie Fritz Neeb als

---

[687] Alexander Auer, in: Heinrich Pfusterschmid-Hardtenstein (Hg.), Zeit und Wahrheit. Europäisches Forum Alpbach 1994, Wien 1994, 72.
[688] Otto Molden leitet wieder Alpbach, in: Tiroler Tageszeitung, 27.10.1970; Neues Team für Alpbach, in: Die Presse, 31.10.1970.
[689] Protokoll der Sitzung des Vorstandes vom 5.10.1970. Archiv des EFA, Ordner Sitzungen 1970.
[690] Diese Idee Fritz Moldens hatte sich – so Georg Zimmer-Lehmann – jedoch bald „von selbst erledigt", da Klaus zum damaligen Zeitpunkt noch Abgeordneter der ÖVP zum Nationalrat war und er „aller Wahrscheinlichkeit nach" Ehrenparteiobmann der ÖVP werden würde. Vgl.: Schreiben von Georg Zimmer-Lehmann an Felix Pronay vom 19.3.1970. Archiv des EFA, Ordner Sitzungen 1970.
[691] Interview mit Dr. Michael Neider am 11.7.2013.

Generalsekretär weitere „Altalpbacher" wichtige Funktionen im Führungsgremium des Österreichischen Colleges ein. Zu ersten Veränderungen kam es erst 1974, als Simon Moser aus Altersgründen als Vizepräsident zurücktrat, worauf Fritz Neeb, Fritz Czerwenka sowie erstmals Fritz Molden zu Vizepräsidenten des Österreichischen Colleges wurden und Georg Zimmer-Lehmann die Aufgabe des Generalsekretärs übernahm.[692] Weitere, allerdings nur moderate, Änderungen in der Führungsspitze des Österreichischen Colleges sollten insbesondere mit der Aufnahme von Dieter Bökemann, Otto Wolff von Amerongen und später auch Michael Neider in das Präsidium erst im Laufe der 1980er bzw. zu Beginn der 1990er Jahre folgen.[693]

Zu den vordringlichsten Aufgaben von Otto Molden in seiner „neuen alten Funktion" zählte es, der dramatischen Finanzsituation des Österreichischen Colleges zu begegnen. Ein erster Schritt, der eine wichtige Voraussetzung schuf, um die Alpbacher Veranstaltungen fortsetzen zu können, bildete der Verkauf des Paula von Preradovic-Hauses. Dieser war noch von Felix Pronay vorbereitet worden, wurde aber erst nach seinem Rücktritt als Präsident durchgeführt. Das Paula von Preradovic-Haus wurde im März 1971 – wenn es von Seiten der SPÖ und FPÖ auch wirtschaftliche Bedenken gegeben hatte[694] – um drei Millionen Schilling an das Land Tirol verkauft.[695] Gleichzeitig konnte gesichert werden, dass das College-Haus weiterhin für die Durchführung des Europäischen Forum Alpbach zur Verfügung stand und sogar ein bis 1974 fertiggestellter Um- bzw. Ausbau des Hauses erreicht werden, bei dem auch die im Collegehaus vorhandenen Schlaf- in Konferenzräume verwandelt wurden.[696] Mit den aus dem Verkauf lukrierten Geldern war es dem Österreichischen College nicht nur möglich, alle Schulden zu begleichen, sondern sogar mit einem kleinen Plus ins neue Jahrzehnt zu starten. Trotzdem blieb die finanzielle Situation in den kommenden Jahren angespannt und führte 1974, als das Europäische Forum Alpbach seinen 30. Geburtstag feierte, noch einmal zu einem Aufflackern der Diskussion darüber, ob das College nicht besser seine Tätigkeit einstellen solle.[697] Auch wenn sich das Österreichische Col-

---

[692] Molden, Der andere Zauberberg, 119.
[693] Weitere Änderungen ergaben sich – wie noch auszuführen sein wird – durch das Ausscheiden von Georg Zimmer-Lehmann als Generalsekretär, worauf ihm Rainer Sprung, Fritz Neeb und Peter Piller nachfolgten.
[694] Tirol kauft Alpbacher College-Haus, in: Salzburger Nachrichten, 27.3.1971.
[695] Anzumerken ist dabei, dass Fritz Molden angeboten hat, das Haus zwischenzeitlich zu übernehmen, falls der Verkauf nicht rasch genug abgewickelt werden kann. Dieses Angebot musste jedoch nicht in Anspruch genommen werden. Es gab aber ein kurzfristiges Darlehen von ihm in der Höhe von 400.000 Schilling. Vgl.: Schreiben von Felix Pronay an die Mitglieder des Vereines Österreichisches College vom 16.10.1970 und Protokoll der Sitzung des Vorstandes vom 5.9.1970. Archiv des EFA, Ordner Sitzungen 1970; Protokoll der Sitzung des Vorstandes des Österreichischen College vom 18.1.1971 und Protokoll der Sitzung des Vorstandes des Österreichischen College vom 12.3.1971. Archiv des EFA, Ordner Sitzungen 1971; Kaufvertrag vom 29.3.1971 bzw. 5.4.1971. Archiv des EFA, Ordner Paula von Preradovic-Haus, Verträge, Pläne, Diverses.
[696] Mit einem Kostenaufwand …, in: Sonntagspost, 28.4.1974; „Geburtstagsgeschenk" für Alpbach überreicht, in: Tiroler Tageszeitung, 26.8.1974; Ein neues Heim für „Forum Alpbach", in: Kärntner Tageszeitung, 27.8.1974.
[697] Protokoll einer Besprechung zwischen Otto Molden, Fritz Molden, Fritz Czerwenka und Georg Zimmer-Lehmann am 3.12.1973. Archiv des EFA, Ordner Sitzungen 1972/1973. Vgl. hierzu

lege – wie selbst in den Medien berichtet wurde[698] – im Vergleich zu den vorhergehenden Jahren merklich konsolidiert hatte, schloss es regelmäßig mit einem Verlust. Für Otto Molden war es daher nicht nur wichtig, die alten Nationalkomitees in Österreich unter tätiger Mithilfe von Nationalbank-Präsident Wolfgang Schmitz und jene im Ausland (in Deutschland, Frankreich, Italien und Luxemburg) zu reaktivieren sowie neue Unterstützer wie die Europäischen Gemeinschaften ab 1972 zu aktivieren, sondern sich auch um eine Erhöhung der öffentlichen Subventionen zu bemühen. Dies führte dazu, dass die Alpbacher Veranstaltungen, die Mitte der 1970er Jahre mit Gesamtkosten von rund 4,5 Millionen Schilling verbunden waren, 1975 sogar mit einem Gewinn abschließen konnten, bevor die Entwicklung abermals in andere Richtung wies.[699] Besonders profitiert hat das Österreichische College hierbei von einer verstärkten Unterstützung durch die neue (von 1970 bis 1983 dauernde) sozialistische Alleinregierung. Unter Bundeskanzler Kreisky stiegen die öffentlichen Subventionen im Verlauf der 1970er Jahre von rund 20 auf zeitweise auf bis zu 50 Prozent an.[700]

Organisatorische Reformen, die die finanziellen Herausforderungen begleiteten, betrafen die Bildung eines „Kreises für innere Formung" und die Gründung des „Club Alpbach für europäische Kultur – International". Einen wichtigen Ausgangspunkt stellte hierbei die von Otto Molden seit jeher intendierte „Gemeinschaftsbildung" dar, die er auch in den späten 1960er Jahren in die Diskussion über die weitere Tätigkeit des Vereins und die Ausrichtung der Alpbacher Veranstaltungen eingebracht hatte. Da er, als er 1970 erneut die Präsidentschaft übernahm, eine „Vernachlässigung der inneren Durchformung der Veranstaltung" ausmachte, stellte eine Wiederbelebung des Gemeinschaftslebens für ihn ein besonders wichtiges Anliegen dar. Aufgabe des „Kreises für innere Formung" (KIF), der sich aus Personen zusammensetzen sollte, die die Alpbacher Veranstaltungen gut kannten, war es hierbei, laufend die gruppendynamische Situation in Alpbach zu bespre-

---

auch einen Bericht der Rechnungsprüfer vom 28.1.1974. Archiv des EFA, Ordner Sitzungen 1974/1975.

[698] Geistiges Gewissen Europas, in: Volksbote, 15.9.1973.

[699] 1975 setzten sich die Einnahmen des Österreichischen Colleges (4.716.689,20 Schilling) folgendermaßen zusammen: Teilnehmerbeiträge: 1.244.290,53 Schilling, Subventionen, 2.340.000,00 Schilling (darunter Außenministerium: 10.000,00 Schilling, Wissenschaftsministerium: 650.000,00 Schilling, Finanzministerium: 1.000.000,00 Schilling, Bundesländer: 660.000,00 Schilling, andere Gebietskörperschaften: 20.000,00 Schilling), Spenden 1.128.398,67 Schilling (darunter Direktsubventionen des österreichischen Nationalkomitees: 423.000,00 Schilling, Spenden aus dem Inland: 308.100,00 Schilling, Spenden aus dem Ausland: 396.798,67 Schilling), sonstige Einnahmen: 4.000,00 Schilling. Diesen Einnahmen standen Ausgaben in der Höhe von 4.328.240,23 Schilling gegenüber. Offene Rechnungen aus dem Vorjahr ergaben trotz des Gewinns ein Minus von 262.956,00 Schilling. Vgl.: Bericht des Rechnungsprüfers vom 18.9.1976. Archiv des EFA, Ordner Sitzungen 1976.

[700] So machten diese – nach dem oben zitierten Bericht des Rechnungsprüfers – 1975 50 Prozent der Einnahmen des Österreichischen Colleges aus. 1976 wurde die öffentliche Unterstützung in den Medien mit „ein Drittel" bezeichnet. 1980 machten sie – so Otto Molden – „zwei Fünftel" aus. Vgl.: „Eine Welt voll Diktaturen und schwankenden Demokratien", in: Kleine Zeitung, 22.5.1976; Protokoll der ersten KIF-Sitzung im Österreichischen College in Wien vom 7./8.12.1980. Archiv des EFA, Ordner Kreis für innere Formung (KIF) 1973–1990.

chen und fallweise zu beschließen, ob neue Teilnehmer stärker zur Mitarbeit herangezogen werden sollen. Zugleich sollte der „Kreis für innere Formung", der erstmals 1973 und ab dann bis zum Ende der zweiten Präsidentschaft Moldens mehrmals während des Europäischen Forum Alpbach zusammentrat, auch als Anlaufstelle für Auskünfte, Kritik und Vorschläge dienen und mittels eines Fragebogens die Wünsche der Teilnehmer in Erfahrung bringen.[701]

Mit der Gründung des „Club Alpbach für europäische Kultur – International" war hingegen verbunden, die Idee der alten Collegegemeinschaften in einer neuen Form zu beleben.[702] Ausgangspunkt war hierfür einerseits, dass die alten Collegegemeinschaften mit Ausnahme jener in Wien und jener in Innsbruck de facto nicht mehr existierten bzw. sich diese – so eine Unterlage aus dem Jahr 1974 – außer in Wien und Innsbruck nie umfassend und auf lange Sicht durchsetzen konnten.[703] Andererseits war seitens des Österreichischen Colleges im vorhergehenden Jahrzehnt auch die Verbindung zu den Collegegemeinschaften vernachlässigt worden bzw. deren Tätigkeit mit der Entwicklung der Internationalen Hochschulwochen zum Europäischen Forum Alpbach und der in diesem Zusammhang verstärkten Forcierung von Politik, Kunst/Kultur und Wirtschaft vor neue Herausforderung gestellt worden.[704] Mit der Gründung des „Club Alpbach für europäische Kultur – International" sollte daher ein neuer Rahmen geschaffen werden, um „die Alpbacher quer durch Europa ganzjährig zu organisieren," „eine fruchtbare Vorbereitung auf das jeweils nächste Alpbach [zu] ermöglichen", „die Grundideen von Alpbach [zu] verbreiten und […] den Zusammenhalt der Alpbacher [zu] intensivieren." Einzelne Clubs, für die nun die Lions oder Rotarier als Vorbilder genannt wurden,[705] sollten überall dort entstehen, „wo eine größere Anzahl von Alpbachern lebt", gleichzeitig aber für weitere Gruppen offen sein, um „das Reservoir für Alpbach in ganz Europa [zu] vergrößern und immer wieder neue Kräfte für das europäische Werk von Alpbach [zu] interessieren".[706] Noch funktionierende Collegegemeinschaften sollten die Clubs nicht ablösen,[707] sondern vielmehr ergänzend zu diesen hinzutreten. Vorrangiges Ziel war es, dort etwas zu schaffen, wo es noch Nichts gab.[708]

---

[701] Molden, Der andere Zauberberg, 109; Koschka Hetzer-Molden, „Wir kennen uns aus Alpbach", in: Die Presse, 17.8.2012; Archiv des EFA, Ordner Kreis für innere Formung (KIF) 1973–1990.

[702] Protokoll der Sitzung des Vorstandes vom 2.7.1973. Archiv des EFA, Ordner Sitzungen 1972/1973.

[703] Protokoll der Sitzung des Präsidiums vom 10.7.1974, Beilage: Kurz zusammengefasster Vorschlag für die Gründung eines internationalen Alpbach-Clubs. Archiv des EFA, Ordner Sitzungen 1974/1975.

[704] Protokoll der Sitzung des Kreises für innere Formung vom 24.8.1974. Archiv des EFA, Ordner Kreis für innere Formung (KIF) 1973–1990.

[705] Protokoll der ordentlichen Generalversammlung vom 17.1.1977. Archiv des EFA, Ordner Generalversammlungen.

[706] Protokoll der Sitzung des Präsidiums vom 10.7.1974, Beilage: Kurz zusammengefasster Vorschlag für die Gründung eines internationalen Alpbach-Clubs. Archiv des EFA, Ordner Sitzungen 1974/1975.

[707] Protokoll der Sitzung des Kreises für innere Formung vom 24.8.1974. Archiv des EFA, Ordner Kreis für innere Formung (KIF) 1973–1990.

[708] Anzumerken ist, dass in den Programmheften der 1970er und 1980er Jahre neben der Collegegemeinschaft in Wien und jener in Innsbruck auch eine in Linz genannt wurde.

Die offizielle Gründung des „Club Alpbach für europäische Kultur – International" erfolgte 1976,[709] nachdem diese ursprünglich für 1974 anlässlich des 30-jährigen Jubiläums vorgesehen war.[710] Konstituiert wurde er als eigener Verein mit Sitz in Alpbach und Sekretariat in Wien, an dessen Spitze der Präsident des Österreichischen Colleges und somit Otto Molden stand. In Folge sollte der „Club Alpbach für europäische Kultur" den Rahmen für die Bildung von Regionalclubs bilden,[711] wie sie nach und nach in Österreich, aber auch im Ausland ins Leben gerufen wurden. Zu den ersten Clubs, die ihre Tätigkeit aufnahmen, zählten einer in Graz unter der Leitung von Peter Mosing, einer in Rom und einer in Wien unter Fritz Czerwenka,[712] der 1979 bereits 96 Mitglieder zählte, gefolgt von einem Club in Innsbruck unter der Leitung von Manfred Nayer, einem in Linz unter der Leitung von Klaus Zapotoczky[713] und einem in München.[714] 1985 waren – wie in einer Broschüre vermerkt wurde – Clubs in Wien, Innsbruck, Graz, Linz, dem Alpbachtal, Rom, München und Amsterdam gegründet worden und ein „Club Brüssel" in Vorbereitung,[715] nachdem in den vorhergehenden Jahren auch von der beabsichtigten Gründung von Regionalclubs in London[716] und Paris,[717] mehreren bundesdeutschen Städten[718] und in Amerika (Phönix)[719] zu hören war. Wenn auch nicht alle Club-Gründungen umgesetzt worden sein dürften, die Anzahl der vorhandenen Clubs 1985 seitens des Österreichischen Colleges als „noch nicht atemberaubend" beschrieben wurde,[720] und die neugebildeten Clubs – ähnlich wie

---

[709] Protokoll der ordentlichen Generalversammlung vom 17.1.1977. Archiv des EFA, Ordner Generalversammlungen.
[710] Protokoll der Präsidiumssitzung vom 10.7.1974. Archiv des EFA, Ordner Sitzungen 1974/1975.
[711] Der „Club Alpbach für europäische Kultur – International", in: Das Österreichische College. Ein Zentrum europäischer Kultur und Wirtschaft, Broschüre, o. J. [1982] sowie Der „Club Alpbach für europäische Kultur – International" breitet sich aus, in: Ein Zentrum in Westeuropa. Situation und Aktivitäten des Österreichischen College 1982–1985, Broschüre, o. J. [1985]. Archiv des EFA, Programme.
[712] Club Alpbach, in: Neue Kronen Zeitung, 28.9.1977; Alpbach allerorten, in: Kleine Zeitung, 28.9.1977; „Forum Alpbach" bekommt Töchter, in: Oberösterreichische Nachrichten, 9.11.1977; Alpbach-Clubs in aller Welt, in: Tiroler Tageszeitung, 7.11.1977.
[713] Protokoll der ordentlichen Generalversammlung vom 13.12.1979. Archiv des EFA, Ordner Generalversammlungen; Gründungsversammlung, in: Linzer Rundschau, 17.1.1980.
[714] Protokoll der Sitzung des Kreises für innere Formung vom 21.8.1982. Archiv des EFA, Ordner Kreis für innere Formung (KIF) 1973–1990.
[715] Der „Club Alpbach für europäische Kultur – International" breitet sich aus, in: Ein Zentrum in Westeuropa. Situation und Aktivitäten des Österreichischen College 1982–1985, Broschüre, o. J. [1985]. Archiv des EFA, Programme.
[716] Protokoll der ordentlichen Generalversammlung vom 17.1.1977. Archiv des EFA, Ordner Generalversammlungen.
[717] Alpbach-Clubs in aller Welt, in: Tiroler Tageszeitung, 7.11.1977.
[718] Protokoll der ordentlichen Generalversammlung vom 13.12.1979. Archiv des EFA, Ordner Generalversammlungen; Alpbach-Clubs in aller Welt, in: Tiroler Tageszeitung, 7.11.1977.
[719] Protokoll der ordentlichen Generalversammlung vom 22.4.1982. Archiv des EFA, Ordner Sitzungen 1982.
[720] Der „Club Alpbach für europäische Kultur – International" breitet sich aus, in: Ein Zentrum in Westeuropa. Situation und Aktivitäten des Österreichischen College 1982–1985, Broschüre, o. J. [1985]. Archiv des EFA, Programme.

zuvor die Collegegemeinschaften – sehr unterschiedlich in ihrem Engagement und in ihrer Beständigkeit waren, hat der „Club Alpbach für europäische Kultur – International" dem Alpbach-Netzwerk trotzdem wichtige Impulse verleihen können. Seine Reakivierung war für das Österreichische College in den 1970er und frühen 1980er Jahren jedenfalls immer wieder ein wichtiges Thema.

5.2 Programm und Teilnehmer der 1970er Jahre

Das Programm des Europäischen Forum Alpbach wurde bei einer Dauer von 13 bis 17 Tagen (jeweils den Tag der An- und Abreise mitgerechnet) ab 1971 ohne Unterbrechung mit elf bis 16 Arbeitsgemeinschaften, Plenarveranstaltungen und einem Kunst- bzw. Kulturprogramm fortgesetzt. Zugleich wurden von Otto Molden, der diese 1949 eingeführt hatte, auch die „Europäischen Gespräche" mit einem (ab nun auch so im Programmheft bezeichneten) Politischen, Wirtschafts- und Kunst- oder Kulturgespräch wieder auf das Programm gesetzt, wobei sich diese – wie es bereits zuvor der Fall war – weiterhin auf die gesamte Tagungsdauer verteilten. Nachdem in den vorhergehenden Jahren mehrfach darüber debattiert worden war, ob und inwiefern die Wissenschaft noch vorkommen sollte, fand sie somit weiterhin einen Platz in Alpbach. Die Zeiten der Internationalen Hochschulwochen, die bereits 1970 aus dem Untertitel der Veranstaltung verschwunden waren, hatten jedoch definitiv ein Ende gefunden. Dies zeigte sich nicht nur in der Bedeutung von Politik und Wirtschaft in Alpbach, sondern auch an den Teilnehmern.[721] So setzten sich die jährlich zwischen 700 und 1000 am Forum teilnehmenden Personen etwa 1974 nur zu zwei Fünfteln aus Studierenden zusammen,[722] was von Otto Molden – wenn dies von Seiten der Medien thematisiert wurde – immer wieder damit erklärt wurde, dass das Europäische Forum Alpbach kein „Studentenkongress" (mehr) sein wolle. Vielmehr sei die wiederkehrende Kritik noch auf die Zeiten der „alten" Hochschulwochen zurückführbar.[723]

5.2.1 Wissenschaft, Politik, Wirtschaft und Recht

Als wissenschaftlicher Leiter fungierte noch bis zu seinem Ausscheiden als Vizepräsident des Österreichischen Colleges Simon Moser. Dieser hatte sich im Frühjahr 1970 aus Furcht, dass die „Bänker Alpbach übernehmen" könnten, auch an Hertha Firnberg als angehende Wissenschaftsministerin gewandt, um sie um ihre Unterstützung zu bitten und von ihr auch die Zusage erhalten, dass sie sich für

---

[721] Aufstellungen über die Herkunftsländer wurden im Gegensatz zu früheren Jahren nicht mehr geführt bzw. sind diese nicht erhalten geblieben.
[722] Vertreter aus 23 Nationen in Alpbach, in: Vorarlberger Nachrichten, 26.8.1974; Den Bürger fröhlich sehen, in: Wochenpresse, 11.9.1974.
[723] Protokoll der Sitzung des Kreises für innere Formung vom 1.9.1974 und Protokoll der ersten KIF-Konferenz vom 7./8.12.1980. Archiv des EFA, Ordner Kreis für innere Formung (KIF) 1973–1990.

*Wissenschaftsministerin
Hertha Firnberg, Ernst Bloch
und Alexander Auer (v. l. n. r.)
beim Europäischen Forum
Alpbach 1972*

die Wissenschaft in Alpbach einsetzen werde. Für Firnberg war Alpbach – so ihr langjähriger Mitarbeiter Wolf Frühauf – ein Instrument, um verstärkt für Wissenschaft und Forschung einzutreten bzw. ein wichtiger Platz, um die Bedeutung der Wissenschaft in der Gesellschaft zu demonstrieren.[724] In den kommenden Jahren hat sie das Forum daher nicht nur finanziell unterstützt und dieses wie die ihr vorhergehenden Unterrichtsminister regelmäßig eröffnet, sondern auch zur Abhaltung wissenschaftspolitischer Arbeitskreise – so etwa in Vorbereitung auf das neue Universitätsorganisationsgesetz 1975[725] – und der Ankündung politischer Vorhaben, wie einem neuen Forschungsorganisationgesetz,[726] genutzt.

---

[724] Simon Moser traf sich im Juni 1970 mit Hertha Firnberg, die sich anlässlich der 300-Jahr-Feierlichkeiten der Universität in Innsbruck befand. Als Bruno Kreisky 1970 seine erste Regierung bildete, wurde Hertha Firnberg als Ministerin ohne Portefeuille in diese aufgenommen und mit dem Auftrag ausgestattet, die Gründung eines Bundesministeriums für Wissenschaft und Forschung vorzubereiten. Das Ministerium wurde per Gesetz im Juli 1970 ins Leben gerufen. Interview mit Dr. Wolf Frühauf am 1.12.2014.

[725] So fand 1973 eine Arbeitsgemeinschaft zum Thema „Hochschulstruktur und Hochschulreform" statt, bei der Repräsentanten von Studentenverbänden und Mitarbeiter des Wissenschaftsministeriums teilnahmen, um vor allem das Mitbestimmungsproblem zu diskutieren. Vgl.: Tagungsbericht: Europäisches Forum Alpbach 1973. Archiv des EFA, Berichte; Interview mit Dr. Wolf Frühauf am 1.12.2014.

[726] Forschung wird organisiert werden, in: Die Presse, 27.8.1973; Firnberg: Auch die Forschung außerhalb der Universität organisieren, in: Linzer Volksblatt, 27.8.1973; Firnberg plädierte in Alpbach für Forschungsorganisationsgesetz, in: 27.8.1973.

Anders als in den vorhergehenden Jahren, als die Gestaltung des wissenschaftlichen Programms vorwiegend bei Simon Moser lag, wurde nun – wohl als weitere Reformmaßnahme in Reaktion auf die Krise der späten 1960er Jahre und der in diesem Zusammenhang immer wieder geäußerten Kritik an Moser – auch ein wissenschaftlicher Beirat eingerichtet.[727] Erste Mitglieder des neuen Gremiums, an dessen Einführung bereits in den vorhergehenden Jahren immer wieder gedacht worden war, wurden 1971 (noch unter dem Vorsitz von Moser) Hans Albert, Friedrich Hacker, Peter Atteslander, Erica Cremer, Gunther Eigler, Peter Heintel, Norbert Leser, Adolf Nussbaumer, Franz Schupp und Karl Steinbuch.[728]

Als Simon Moser 1974 als Vizepräsident des Österreichischen Colleges und wissenschaftlicher Leiter zurücktrat, wurde der deutsche Philosoph Hans Albert zum wissenschaftlichen Hauptberater und blieb dies bis zum Ende der „Ära Molden II". Hans Albert war 1955 als Assistent an der Kölner Universität am Lehrstuhl für Sozialpolitik zum ersten Mal nach Alpbach gekommen, nachdem er vom Philosophen Ernst Topitsch, der damals intensiv an den Alpbacher Veranstaltungen Anteil nahm, auf das Forum aufmerksam gemacht worden war. In Folge kam er jedes Jahr wieder (ohne jemals ein Seminar zu leiten), lernte hier 1958 Karl Popper, mit dem er bereits zuvor korrespondiert hatte, kennen und wurde einer der bedeutendsten „Popperianer" Deutschlands. Nach dem Rücktritt von Simon Moser 1974 war er zunächst als Vizepräsident des Österreichischen Colleges und wissenschaftlicher Leiter vorgesehen. Nachdem Albert, der in den 1960er Jahren ein Hauptprotagonist im Positivismusstreit, einer Auseinandersetzung zwischen Vertretern des Kritischen Rationalismus und der Frankfurter Schule über Methoden und Werturteile in den Sozialwissenschaften, war,[729] verschiedene Personen – darunter auch den Bischof in Innsbruck – kritisiert hatte, wurde dies jedoch in „wissenschaftlicher Hauptberater" geändert.[730] In Folge bestand seine Aufgabe darin, in den (regelmäßig im Wiener „Hotel Regina" stattfindenden[731]) Programmkonferenzen einen Vorschlag für das Generalthema und die Themen der einzelnen Arbeitsgemeinschaften zu machen sowie Personen vorzuschlagen, die zu diesen eingeladen werden könnten.[732] Wie aus den Programmheften hervorgeht, waren neben Albert nun jedoch zahlreiche weitere Personen – darunter etwa der spätere Vizepräsident des Österreichischen Colleges Dieter Bökemann von der

---

[727] Protokoll der Sitzung des Vorstandes vom 20.12.1971. Archiv des EFA, Ordner Sitzungen 1971.
[728] EFA, Ordner Sitzungen 1971.
[729] Vgl. zur vorwiegend im deutschsprachigen Raum ausgetragenen Kontroverse: Hans-Joachim Dahms, Positivismusstreit. Die Auseinandersetzungen der Frankfurter Schule mit dem logischen Positivismus, dem amerikanischen Pragmatismus und dem kritischen Rationalismus, Frankfurt/Main 1994.
[730] Hans Albert, In Kontroversen verstrickt. Vom Kulturpessimismus zum kritischen Rationalismus, Münster 2010, 155f.; Robert Zimmer/Martin Morgenstern (Hg.), Gespräche mit Hans Albert, Münster 2011, 27f.; Religion ist Teil der Probleme unserer Zeit. Der Philosoph Hans Albert über Europa, kritische Aufklärung und Religion, in: http://www.heise.de/tp/artikel/37/37757/ (16.10.2012); Interview mit Univ.-Prof. Dr. Hans Albert am 16.8.2013.
[731] Interview mit Dr. Michael Neider am 11.7.2013.
[732] Interview mit Univ.-Prof. Dr. Hans Albert am 16.8.2013.

Technischen Universität Wien[733] – in die konkrete Planung und Durchführung des wissenschaftlichen Programmes eingebunden.[734]

Wissenschaftliche Arbeitsgemeinschaften wurden mit einer durchschnittlichen Dauer von acht bis zehn Sitzungen 1971 unter dem Generalthema „Wissenschaft – Gesellschaft – Politik" zur „Wissenschaftsplanung", zu „Gesellschaft und Technik", „Geschichtswissenschaft und Politik" oder zur „Politik in der Literatur" eingerichtet.[735] Als 1972 als neues (allerdings nur bis 1976 bestehendes Ordnungsprinzip) Seminargruppen mit mehreren Arbeitsgemeinschaften eingeführt wurden, gab es zum Generalthema „Krise der städtischen Gesellschaft" Seminargruppen zum „Verhalten in der Stadt", zu „Sachzwang und Entscheidungsspielraum", zum „Ort sozialer Konflikte" oder der „Kreativität der Stadt". 1974 wurden unter dem Überthema „Idee und Wirklichkeit" Seminargruppen zu „Grundlagen der Erkenntnis und Moral", zu „Strukturen und Modelle", zu „Verhalten, Handeln, Wartung", „Recht, Politik, Wirtschaft" und „Musik und Literatur" angeboten. 1976 waren es unter dem Generalthema „Grenzen der Freiheit" Seminargruppen zu „Grundlagen der Freiheit", „Freiheit und soziale Ordnung", „Sicherung der Freiheit", „Freiheit und Wirtschaft" oder „Freiheit und Kunst". 1978, als sich das Europäische Forum Alpbach unter dem Generalthema „Wissen und Macht" zusammenfand, standen Arbeitsgemeinschaften (nun wieder ohne Zusammenfassung in Seminargruppen) zum „Problem einer legitimen sozialen Ordnung", zu „Wissenschaft im Wandel", zu „Elementen der Verhaltenssteuerung" oder zu „Engagement und Analyse in der Literatur des 20. Jahrhunderts" auf dem Programm.

Wie in früheren Jahren wurde damit entsprechend dem ursprünglichen Ansatz des Studium Generale eine Vielzahl von Disziplinen in die Programmgestaltung einbezogen, wenn sich – wie bereits in den 1960er Jahren – auch eine stärkere (für Simon Moser sogar zu starke) Hinwendung zu den Gesellschafts- und Sozialwissenschaften bemerkbar machte[736] und das Fehlen interdisziplinärer Seminare, die früher ein wichtiger Bestand waren, kritisiert wurde.[737] Um eine stärkere

---

[733] Bökemann war ursprünglich Leiter des Instituts für Regionalwissenschaft in Karlsruhe. 1971 kam er nach Wien und war als Universitätsprofessor und Vorstand des Instituts für Stadt- und Regionalforschung der Technischen Universität (TU) tätig. Von 1989 bis 1991 fungierte er zusätzlich als Dekan der Fakultät für Raumplanung und Architektur. In den Programmheften des Europäischen Forum Alpbach scheint er ab 1986 als Vizepräsident des Österreichischen Colleges und von 1992 bis 1994 als Mitglied von Präsidium und Vorstand auf.

[734] So wurde in den Programmheften regelmäßig auf jenen Personenkreis verwiesen, dem die Planung und Durchführung des wissenschaftlichen Programmes nach der Diskussion im wissenschaftlichen Beirat übertragen worden war.

[735] Programm: Europäisches Forum Alpbach, 21.8.–6.9.1971. Archiv des EFA, Programme.

[736] Simon Moser sprach 1974 davon, dass das Forum in den letzten Jahren – gemeint ist hier vor allem der Zeitraum ab 1966 – „dem modischen Soziologismustrend" zu große Konzessionen gemacht habe. Vgl.: Simon Moser, 30 Jahre Wissenschaft in Alpbach, in: Bundesministerium für Wissenschaft und Forschung (Hg.), Idee und Wirklichkeit. 30 Jahre Europäisches Forum Alpbach, Wien/New York 1975, 61.

[737] Protokoll der Sitzung des Kreises für innere Formung vom 27.8.1973 und Protokoll der Sitzung des Kreises für innere Formung vom 6.9.1974. Archiv des EFA, Ordner Kreis für innere Formung (KIF) 1973–1990.

„Durchmischung" zu erreichen, wurde daher 1976 ein „Interdisziplinäres Symposium" bestehend aus Vorträgen mit anschließender Podiumsdiskussion eingeführt[738] und Mitte der 1980er Jahre eine „Forumsgruppe für interdisziplinäre Zusammenarbeit" ins Leben gerufen.[739] Diese sollte sich – auch weil immer wieder kritisiert wurde, dass die wissenschaftliche Arbeit in Alpbach gegenüber der Wirtschaft von Jahr zu Jahr mehr an Gewicht verliere – als „dritte Wissenschaftlergruppe" neben den Leitern der Arbeitsgemeinschaften und den Vortragenden nicht nur um eine Intensivierung der Wissenschaften in Alpbach bemühen. Sie sollte sich vor allem um eine Vernetzung der anwesenden Wissenschaftler und eine Stärkung der interdisziplinären Zusammenarbeit im Rahmen des jeweiligen Generalthemas kümmern,[740] weshalb ihre Etablierung auch mit der Einführung eines „Interdisziplinären Gesprächs zum Generalthema" im Rahmen der Plenarveranstaltungen einherging.[741]

Hinsichtlich der anwesenden Wissenschaftler kam weiterhin ein hoher Prozentsatz aus Deutschland. Mit steigender Tendenz gelang es nun aber auch wieder, Wissenschaftler aus dem Ausland, darunter vor allem Frankreich, Italien, England, den USA und später auch Israel, für Alpbach zu gewinnen, was nicht zuletzt deswegen wichtig war, um die fremdsprachigen Arbeitsgemeinschaften und damit die Unterstützung der Nationalkomitees sicherzustellen zu können. So besuchte etwa 1972 nicht nur Ernst Bloch ein drittes und letztes Mal Alpbach, um einen Vortrag zu „Architektur und Utopie" zu halten, sondern auch der Multimedia-Künstler, Philosoph und Lehrende an der Sorbonne Hervé Fischer, um eine Arbeitsgemeinschaft zu leiten.[742] 1973 folgte Imre Lakatos, der als gebürtiger Ungar 1956 in den Westen geflohen war, später an der London School of Economics unterrichtete und wegen der Weiterentwicklung von Poppers wissenschaftstheoretischem Falsifikationismus bekannt wurde.[743] 1974 war es erstmals Vinzenzo Cappelletti,[744] der an der Universität Rom einen Lehrstuhl für Geschichtswissenschaften bekleidete, oder 1975 der Popper-Schüler Alan Musgrave,[745] während Popper selbst nach einer längeren

---

[738] Diese scheint in den Programmheften 1976 und 1977 auf.
[739] Otto Molden, Alpbach und das Weltmodell Europa, in: Ders. (Hg.), Der Beitrag Europas. Erbe und Auftrag. Europäisches Forum Alpbach 1984, Wien 1984, 309; Innovationen und immer mehr Teilnehmer beim „Europäischen Forum Alpbach", in: Ein Zentrum in Westeuropa. Situation und Aktivitäten des Österreichischen College 1982–1985, Broschüre, o. J. [1985]. Archiv des EFA, Programme.
[740] Aufgabe der „Forumsgruppe" sollte es – nach einem Entwurf vom Oktober 1983 – sein, das Generalthema ständig in einem kleinen Kreis interdisziplinär zu diskutieren und Diskussionen im Kreis aller in Alpbach anwesenden Professoren durchzuführen. Außerdem sollte sie die Seminare besuchen, sich von diesen ein Bild machen und unabhängig von den Arbeitsgruppen Beiträge zum Generalthema liefern. Schließlich sollte sie ein Symposium über die interdisziplinären Fragestellungen des Generalthemas durchführen. Vgl.: Sitzungsprotokoll über die Besprechung zur Intensivierung der wissenschaftlichen Arbeit im Rahmen des „Europäischen Forum Alpbach" vom 30.10.1983. Archiv des EFA, Ordner Sitzungen 1983.
[741] Dieses scheint in den Programmheften von 1985 bis 1991 auf.
[742] Tagungsbericht: Europäisches Forum Alpbach 1972. Archiv des EFA, Berichte.
[743] Tagungsbericht: Europäisches Forum Alpbach 1973. Archiv des EFA, Berichte.
[744] Molden, Der andere Zauberberg, 117.
[745] Tagungsbericht: Europäisches Forum Alpbach 1975. Archiv des EFA, Berichte.

Pause in den 1960er Jahren nicht nur 1974 anlässlich des dreißigjährigen Jubiläums in Alpbach war. 1978 – ein Jahr bevor Otto Molden eine Aktion abschloss, die Popper für den Nobelpreis vorschlagen sollte[746] – nahm er auch an einem vielbeachteten Gespräch mit dem australischen Gehirnforscher und Nobelpreisträger John Eccles[747] teil.[748] Das Thema des Gesprächs stellte das Leib-Seele-Problem dar, wobei mit Popper und Eccles zwei alte Bekannte zusammentrafen, die bereits seit 1944 in einem intensiven Gedankenaustausch gestanden und 1977 auch gemeinsam das Buch „The Self and its Brain" publiziert hatten. Die Alpbacher Veranstaltung stellte damit eine Art „Nachlese" zu ihrem vorhergehenden Projekt dar, bei dem Popper über seine Drei-Welten-Theorie und die wechselseitige Interaktion dieser Welten (Welt 1: physikalische Umwelt, Welt 2: subjektive, seelische Erfahrungen und Denkprozesse, Welt 3: Theorien und Ideen) sprach, während Eccles einen Überblick über die Fortschritte auf dem Gebiet der Gehirnforschung gab.[749]

Frauen blieben hierbei jedoch weiterhin die Ausnahme. So wurden einzelne Wissenschaftlerinnen – und wenn, dann vor allem aus dem Ausland[750] – zwar etwas stärker in die Leitung der Arbeitskreise eingebunden. Dass Frauen öffentlich sprachen, kam jedoch so gut wie nie vor. So berichtete auch die Journalistin Elisabeth Welzig, die 1973 als junge Studentin das Europäische Forum Alpbach besuchte, nicht nur davon, dass Alpbach zu einem „Treffpunkt der feinen Gesellschaft" geworden sei, in dem Junge und linke Gruppen fast vollkommen fehlten. Sie kritisierte auch, dass die einzige Frau, die während ihres zwölftägigen Aufenthalts vor das Mikrofon trat, Wissenschaftsministerin Firnberg war.[751]

Die wieder auf das Programm gesetzten „Europäischen Gespräche" wurden 1971 – was Politik und Wirtschaft betrifft – neben einer Plenarveranstaltung mit Außenminister Rudolf Kirchschläger[752] über die „Europäische Außenpolitik in den siebziger Jahren" unter anderem mit einem Wirtschaftsgespräch über aktuelle

---

[746] Otto Molden schloss Anfang August 1979 eine Aktion ab, mit der Karl Popper für den Nobelpreis vorgeschlagen werden sollte. Dieser Aktion haben sich über 30 Personen des öffentlichen Lebens, darunter UN-Generalsekretär Waldheim, Bundeskanzler Kreisky, die Minister Androsch, Firnberg und Pahr, Ralf Dahrendorf, Sir John Eccles oder Otto Wolff von Amerongen, angeschlossen. Vgl.: Sir Karl Popper für Nobelpreis vorgeschlagen, in: Oberösterreichisches Tagblatt, 4.8.1979; Vorschlag: Nobelpreis an Popper, in: Tiroler Tageszeitung, 4.8.1979.

[747] John Eccles erhielt 1963 den Nobelpreis für Medizin und Physiologie.

[748] Otto Molden (Hg.), Wissen und Macht. Europäisches Forum Alpbach 1978, Wien/München/Innsbruck 1979.

[749] Wunderwerk Hirn, Leib, Seele: Wo sich Physiologie und Philosophie treffen, in: Neue Tiroler Zeitung, 29.8.1978; Die Welt der Sprache ist eine reale. Karl Popper und John Eccles sprachen in Alpbach zum Leib-Seele-Problem, in: Die Presse, 28.8.1978; Philosophen in Alpbach: Denken über das Denken, in: Tiroler Tageszeitung, 28.8.1978; Die Macht des Geistes. Karl Popper und John Eccles über das Leib-Seele-Problem, in: Die Furche, 8.9.1978.

[750] Diese Feststellung erlaubt auch Rückschlüsse auf den lange andauernden Ausschluss von Frauen an den österreichischen Universitäten. Um die hierarchischen Geschlechterverhältnisse zu reflektieren, hat etwa die Universität Wien im Rahmen ihres 650-Jahr-Jubiläums 2015 einen Schwerpunkt Gendergerechtigkeit eingeführt. Vgl.: http://www.univie.ac.at/650/erleben-mitmachen/schwerpunkt-gendergerechtigkeit/ (19.2.2015).

[751] „Es wird herrlich konversiert", in: Kleine Zeitung, 14.9.1973.

[752] Kirchschläger gehörte als Parteiloser der Regierung an.

internationale Währungsprobleme inklusive eines Politischen Gesprächs zum Thema „Wohin geht Europa politisch?" fortgesetzt. Erstmals teilgenommen hat an diesem der französische Staats- und Völkerrechtler Guy Héraud, der sich in diesem Jahr auch an einer Arbeitsgemeinschaft beteiligte und seine Anwesenheit dafür nützte, ein von Otto Molden im Rahmen der Europäischen Föderalistischen Parteien mitentwickeltes Konzept für einen modernen europäischen Föderalismus vorzustellen.[753]

1972 folgten ein internationales Bürgermeistergespräch und ein großes, über drei Tage reichendes Wirtschaftsgespräch zum Thema „Welthandel und Währungsordnung. Blockbildung, Isolationismus, Integration", in dessen Rahmen nach der Eröffnung durch Nationalbank-Präsident Wolfgang Schmitz unter anderem Bundeskanzler Kreisky, der damalige luxemburgische Außenminister, spätere Premierminister und Präsident der EG-Kommission Gaston Thorn[754] und nach 1971 ein weiteres Mal Finanzminister Hannes Androsch sprachen. Hierbei nahm Kreisky in seinen „Betrachtungen eines Österreichers zur Europäischen Integration" nicht nur auf seine Alpbacher Reden 1955 und 1960 Bezug und bezeichnete den EFTA-Beitritt – auch wenn sich manche eine größere Lösung vorstellen konnten – angesichts der österreichischen Neutralitätspolitik als richtig. Er nahm auch zu den 1972 abgeschlossenen Freihandelsverträgen zwischen den EFTA-Staaten und der EWG Stellung und erklärte sie als Schritt, der für die österreichische Wirtschaft große Entwicklungsmöglichkeiten bieten würde[755] – stellten die Freihandelsabkommen nach den langjährigen Bemühungen, einen Brückenschlag zur EG zu erreichen, doch einen wichtigen Erfolg dar, die Österreich die Wahrung seiner Neutralitätsverpflichtungen bei einer Mitwirkung am westeuropäischen Integrationsprozess erlaubten.[756] Gaston Thorn, der bereits 1955 als junger Student durch seine spätere Frau Liliane Petit, die in Luxemburg eine Collegegemeinschaft aufgebaut hatte,[757] nach Alpbach gekommen war,[758] sprach hingegen über die EWG zwischen den USA und der Sowjetunion und Hannes Androsch, mit dem das eigentliche Wirtschaftsgespräch begann, über „monetäre Rahmenbedingungen". In den folgenden Jahren sollte er das Österreichische College als Finanzminister nicht nur finanziell stark unterstützen und seine regelmäßigen Aufenthalte in Alpbach – wie vielen in Erinnerung geblieben ist – auch zum Tennisspielen nutzen. Er sollte vor allem seine Kontakte ins Spiel bringen, um hochkarätige Gäste wie etwa Paul Volcker einzuladen,[759] wodurch

---

[753] Molden, Der andere Zauberberg, 110.
[754] Thorn war von 1969 bis 1979 Außen- und Sportminister von Luxemburg und von 1974 bis 1979 auch Premierminister. Präsident der EG-Kommission war er von 1981 bis 1985.
[755] Tagungsbericht: Europäisches Forum Alpbach 1972. Archiv des EFA, Berichte.
[756] Vgl. hierzu und zwei gescheiterten Versuchen Österreichs zu einem „Alleingang" 1963 und 1967 im Überblick: Gehler, 17. Juli 1989: Der EG-Beitrittsantrag, 532ff.
[757] Liliana Thorn-Petit, in: Heinrich Pfusterschmid-Hardtenstein (Hg.), Zeit und Wahrheit. Europäisches Forum Alpbach 1994, Wien 1994, 53ff.
[758] Molden, Der andere Zauberberg, 26f.
[759] Paul Volcker war 1972 als damaliger Under Secretary of the Treasury of Monetary Affairs in Alpbach. Vgl.: Interview mit Dr. Hannes Androsch am 13.3.2015; Tagungsbericht: Europäisches Forum Alpbach 1972. Archiv des EFA, Berichte.

er zu einem wichtigen „Motor" des bereits traditionellen Wirtschaftsgesprächs mit zwei- bis dreihundert Teilnehmern wurde.[760] Dieses verwandelte den kleinen Ort – so etwa die „Wochenpresse" – während seiner zwei- bis dreitägigen Dauer „zum Parkplatz einer stattlichen Mercedesflotte, zum Basar vertraulicher Informationen [und] zum Séparée intimster Gespräche", zu dem wichtige Gäste sogar mit dem Hubschrauber eingeflogen wurden.[761]

Themen beim Wirtschaftsgespräch, das aus Vorträgen und Panelgesprächen bzw. -diskussionen bestand und regelmäßig durch zumindest eine Arbeitsgemeinschaft zu wirtschafts- bzw. besonders währungspolitischen Fragestellungen (unter dem Titel „Wirtschafts- oder Währungspolitisches Seminar", später unter der Bezeichnung „Bankenseminar") ergänzt wurde,[762] waren sowohl die internationale Währungsordnung (insbesondere nach dem Zusammenbruch des Bretton Woods-Systems 1973),[763] die Schaffung einer europäischen Währungsunion, die neuen Herausforderungen für die Weltwirtschaft in Folge der Ölkrisen von 1973 und 1979 oder die „Grenzen der Verschuldung". Zugleich wurde das Wirtschaftsgespräch von Androsch – wie er rückblickend festhält – auch regelmäßig dazu genutzt, um die Öffentlichkeit über die Grundzüge seiner wirtschafts- und finanzpolitischen Herbstarbeit zu informieren.[764] Nicht unwesentlich war hierbei – wie Wolf Frühauf auch für Hertha Firnberg festhält –, dass das Europäische Forum Alpbach für viele Politiker oft die erste Arbeitsstation nach dem Sommer in einer zumeist wenig ereignisreichen Zeit darstellte und Verlass darauf war, dass das in Alpbach Gesagte von den Medien auch aufgegriffen wurde.[765]

Zu den regelmäßigen Teilnehmern am Wirtschaftsgespräch bzw. den wirtschafts- und währungspolitischen Arbeitsgemeinschaften zählten nicht nur der heimische Wirtschafts- und Bankenadel – darunter etwa die Nationalbank-Präsidenten Wolfgang Schmitz und Stephan Koren, CA-Generaldirektor Heinrich Treichl oder Fritz Diwok als Generalsekretär des Verbandes österreichischer Banken und Bankiers – sondern auch Ökonomen ausländischer Provenienz. So beteiligte sich etwa auch Fritz Machlup 1973 ein weiteres Mal an der Führung des Währungspolitischen Seminars. Mit Jürgen Ponto, Alfred Herrhausen und vor allem Otto Wolff von Amerongen konnten auch Größen der deutschen Industrie- und Bankenwelt angesprochen werden, wobei – so Erhard Busek – nicht unwichtig war, dass die Frauen von Herrhausen und Wolff von Amerongen Österreicherinnen waren.[766]

---

[760] Vorschau auf das Europäische Forum Alpbach 1973. Archiv des EFA, Mappe 14; Prominenz in Alpbach. Das 33. „Forum" erwartet heuer etwa 1000 Teilnehmer, in: Kärntner Tageszeitung, 10.5.1977.
[761] Hochschulwochen: Der Informations-Basar, in: Wochenpresse, 27.9.1978.
[762] Diese wurden im Programmheft bei den „Arbeitsgemeinschaften" angeführt.
[763] Das Bretton Woods-System bezeichnet die nach 1945 geschaffene internationale Währungsordnung mit Wechselkursbandbreiten und dem US-Dollar als Ankerwährung.
[764] Interview mit Dr. Hannes Androsch am 13.3.2015.
[765] Interview mit Dr. Wolf Frühauf am 1.12.2014.
[766] Interview mit Dr. Erhard Busek am 3.6.2014. Vgl. hierzu auch: Lieber Udo, lieber Doktor. Die seltsame Freundschaft zwischen Alfred Herrhausen und Udo Proksch, in: Der Spiegel, Nr. 11, 1989.

Wirtschaftsgespräch beim Europäischen Forum Alpbach 1973

Jürgen Ponto, der Vorstandssprecher der Dresdner Bank war, kam 1974 und 1976 nach Alpbach. Alfred Herrhausen, der nicht nur die Deutsche Bank zur Marktführerin in Westdeutschland machte, sondern in den späten 1980er Jahren auch mit seinem Eintreten für einen teilweisen Schuldenerlass der Entwicklungsländer für Aufsehen sorgte, besuchte das Forum erstmals 1977 und von dann an regelmäßig bis 1984. Beide sollten später zu Opfern der linksradikalen Terrorgruppe Rote Armee Fraktion (RAF) werden,[767] was auch in Alpbach Trauer und Bestürzung auslöste.[768]

Otto Wolff von Amerongen, der erstmals 1969 am Europäischen Forum Alpbach teilgenommen hatte, leitete in Nachfolge seines Vaters den mächtigen Otto Wolff-Konzern. Dieser war 1904 in Köln als Schrott- und Eisenhandel gegründet worden und erlebte während des Ersten Weltkrieges und der Weimarer Republik einen rasanten Aufstieg. Wie in den letzten Jahren mehrfach thematisiert wurde, ermöglichte dem Konzern nach einer Krise zu Beginn der 1930er Jahre nicht zuletzt eine Zusammenarbeit mit dem NS-Staat sein Überleben und die Entwicklung zu einem der führenden Stahlhäuser Deutschlands, bis es 1990 an Thyssen verkauft wurde.[769] Gleichzeitig stand er von 1969 bis 1988 auch dem Deutschen

---

[767] Jürgen Ponto wurde 1977 getötet. Alfred Herrhausen wurde 1989 durch ein Bombenattentat ermordet, für das die RAF die Verantwortung übernahm, das jedoch nie vollständig aufgeklärt werden konnte. Vgl. aus der Vielzahl an Publikationen zur RAF etwa: Wolfgang Kraushaar (Hg.), Die RAF und der linke Terrorismus, Hamburg 2007.

[768] Pontos Schatten über Alpbach, in: Kurier, 22.8.1977.

[769] Vgl. zur Geschichte des Konzerns: Peter Danylow/Ulrich S. Soénius (Hg.), Otto Wolff. Ein Unternehmen zwischen Wirtschaft und Politik, München 2005. Mit der Tätigkeit des Konzerns in der NS-Zeit und der Mitwirkung am Handel von Raubgütern, der dem NS-Staat Devisen beschaffen

Besuch des Club of Rome beim Europäischen Forum Alpbach 1974, v. l. n. r.: Eduard Pestel, Aurelio Peccei und Otto Molden

Industrie- und Handelstag und von 1955 bis 2000 dem Ost-Ausschuss der Deutschen Wirtschaft vor, der in den Jahrzehnten der politischen Spaltung Europas ein wichtiges Bindeglied zwischen Ost und West darstellte und Otto Wolff von Amerongen zum „heimlichen Osthandelsminister" machte.[770] In Alpbach zählte er nicht nur zu den prominentesten Teilnehmern am Wirtschaftsgespräch. Als Otto Molden die alten Nationalkomitees wiederbeleben wollte, wurde er in Nachfolge von Hermann J. Abs auch zum Vorsitzenden des Deutschen Nationalkomitees für das Europäische Forum Alpbach[771] und 1982 – als erster „Nicht-Altalpbacher" in das Präsidium des Österreichischen College aufgenommen,[772] dem er beinahe ein ganzes Jahrzehnt als Vizepräsident angehörte.

Ein weiterer besonderer Gast – diesmal jedoch nicht im Rahmen des Wirtschaftsgesprächs – stellte sich 1974 mit dem Club of Rome ein, der als Nichtregierungsorganisation durch einen globalen Gedankenaustausch zwischen Wissenschaftlern, Ökonomen und Politikern zu einer Lösung der „Weltproblematik"

---

sollte, beschäftigt sich die Dokumentation „Hehler für Hitler – die geheimen Aufträge der Firma Otto Wolff" von Werner Rügemer und Ingolf Gritschneder. Ein weiterer Film von Gerhard Friedl mit dem Titel „Hat Wolff von Amerongen Konkursdelikte begangen?" thematisiert dessen Rolle bei mehreren Firmenzusammenbrüchen.

[770] Vgl. etwa: Wolff von Amerongen verstorben, in: Manager Magazin online, 9.3.2007, online: http://www.manager-magazin.de/unternehmen/karriere/a-470806.html (8.1.2015).

[771] Molden, Der andere Zauberberg, 107 sowie Protokoll der ordentlichen Generalversammlung vom 28.1.1974. Archiv des EFA, Ordner Generalversammlungen.

[772] Protokoll der außerordentlichen Generalversammlung vom 11.8.1982. Archiv des EFA, Ordner Generalversammlungen und Protokoll der Sitzung des Präsidiums des Österreichischen College am 1.9.1982. Archiv des EFA, Ordner Sitzungen 1982.

beitragen will. Maßgeblich war hierfür, dass das Europäische Forum Alpbach in der Frühgeschichte des „Clubs" keine unwichtige Rolle spielte und damit auch in seine Annalen eingegangen ist. So hatten mit Aurelio Peccei, Erich Jantsch und Alexander King nicht nur drei Gründungsmitglieder des Clubs bereits 1969 am Symposium „Die gemeinsame Verantwortung der Industrieländer für die Lösung von Weltproblemen der Zukunft" teilgenommen.[773] Sie hatten in Alpbach auch Verbündete gewinnen können und waren im Anschluss hieran – was damals ein Novum war – sogar von Bundeskanzler Josef Klaus zu einem Besuch nach Wien eingeladen worden. 1974 hielt der Club of Rome, nachdem es kurz zuvor auch eine Einladung von Bundeskanzler Kreisky gegeben hatte,[774] im Rahmen des Europäischen Forum Alpbach eine Veranstaltung zum Thema „Options of Mankind" ab und warnte – den ersten beiden von ihm beauftragten Berichten („Die Grenzen des Wachstums" 1972 und „Menschheit am Wendepunkt" 1974) folgend – vor einer weiteren Ausbeutung der Rohstoffquellen und dem rasanten Bevölkerungswachstum.[775] Rund ein Jahr später, im Juni 1975, sollte er erneut nach Alpbach zurückkehren, um eine mit dem Österreichischen College organisierte und vom Land Tirol finanziell unterstützte Veranstaltung zum Problem der Ernährung einer wachsenden Weltbevölkerung abzuhalten.[776]

Beim Europäischen Forum Alpbach gab es 1975 – als Erweiterung des politischen Themenspektrums – im Rahmen der Plenarveranstaltungen hingegen erstmals eine intensivere Diskussion über die Rechtspolitik, die – getragen von Justizminister Christian Broda – in der Reformpolitik von Bundeskanzler Kreisky einen wichtigen Stellenwert einnahm. Den unmittelbaren Anlass hierfür stellte – so Michael Neider, der erstmals 1968 Alpbach besucht hatte, ab 1970 ein enger Mitarbeiter von Broda war und 1991 zum Vizepräsidenten des Österreichischen Colleges bestellt wurde[777] – eine private Veranstaltung bei Fritz Czerwenka dar. Bei dieser wurde von Czerwenka, der studierter Jurist und Rechtsberater des Österreichischen Colleges war, sowie Broda, der bei der Rechtsreform der Diskussion über Rechtsfragen einen hohen Stellenwert einräumte, beschlossen, dass in Alp-

---

[773] Tagungsbericht des Europäischen Forum Alpbach 1969. Fünfundzwanzigste Internationale Hochschulwochen des Österreichischen College, 23.8.–8.9.1969 (Alpbach Korrespondenz, Nr. 29/30, 15.2.1970). Archiv des EFA, Berichte.

[774] Kreisky hatte im Februar 1974 auf Vorschlag von Peccei zu einer Nord-Süd-Konferenz nach Salzburg eingeladen und hierin auch Vertreter des Club of Rome inkludiert. Vgl.: Jürgen Streich, 30 Jahre Club of Rome. Anspruch – Kritik – Zukunft, Basel/Boston/Berlin 1997, 44ff.

[775] Club of Rome in Alpbach: Mäßig optimistisch, in: Kleine Zeitung, 30.8.1974; Aufbruch oder Rückblick, in: Die Presse, 31.8.1975.

[776] Dabei unterließ es Peccei nicht, auf seinen Besuch in Alpbach 1969 zu verweisen und auch darauf einzugehen, dass dieser Auswirkungen in dreierlei Hinsicht hatte – bei der Methodensuche, hinsichtlich der Einladung zu Bundeskanzler Klaus und bei der Gründung des International Institute for Applied Systems Analysis (IIASA) in Laxenburg. Vgl.: Im Kampf gegen den Hunger, in: Kurier, 26.6.1975; Welt der ungenützten Möglichkeiten, in: Die Presse, 28.6.1975 sowie Aurelio Peccei, Introductory Lecture, in: Food for a Doubling World Population. Report on the Club of Rome Conference. Organized by the Austrian College Society at Alpbach, Tyrol, June 25–27, 1975, 18f. Archiv des EFA, Berichte.

[777] In Folge scheint er bis 1998 als Mitglied des Vorstandes auf, dann als Mitglied des Rates.

bach auch eine intensivere Auseinandersetzung mit dem Recht stattfinden sollte.[778] Nach Bundeskanzler Kreisky, Wissenschaftsministerin Firnberg und Finanzminister Hannes Androsch wollte somit auch Broda das Europäische Forum Alpbach als Diskussionsforum für seine Anliegen und zur Propagierung seiner politischen Vorhaben nützen. In Folge wurden ab 1975 und somit erst nach dem Abschluss der Großen Strafrechtsreform und zentralen Teilen der Familienrechtsreform als wichtigste Rechtsreformen der Ära Kreisky[779] bis Anfang der 1990er Jahre regelmäßig Rechtsgespräche im Rahmen der Plenarveranstaltungen durchgeführt und dem Recht auch in den Arbeitsgemeinschaften wieder größere Bedeutung geschenkt. Gestartet wurden die neuen Rechtsgespräche (allerdings nicht unter dieser Bezeichnung) mit den Themen „Rationale Rechtspolitik: Gesetzgebung und sozialer Wandel" und der „Rechtsübereinstimmung in Europa",[780] um mit „Körperschaften und Grundfreiheiten" (1976),[781] dem „Konflikt um konkurrierende Grundrechte" (inklusive eines Vortrags von Broda zum geplanten neuen Medienrecht, 1977)[782] sowie dem „Recht und der Macht" (1978)[783] und der Verständlichkeit der Rechtssprache (1979)[784] fortzusetzen.

1976, als das Generalthema „Grenzen der Freiheit" lautete und erstmals der Ökonom und spätere Nobelpreisträger James Buchanan[785] in Alpbach war, der – wie Hayek und Popper –Mitglied der neoliberalen Mont Pèlerin Gesellschaft war, folgte ein Politisches Gespräch zu „Freiheit zwischen Diktatur und Anarchie". An diesem nahmen unter anderem Georg Ackermann-Kahn als Generalsekretär des Europarats, Bundeskanzler Kreisky und der deutsch-britische Soziologe, Politiker und damalige Direktor der London School of Economics Ralf Dahrendorf teil.[786] Desgleichen wurde als weitere Novität im Programm (an der Schnittstelle zwischen Politischem und Kulturgespräch) ein Nachtgespräch zur geistigen Situation in Osteuropa und Russland abgehalten.[787] Nachdem der politischen Situation hinter dem Eisernen Vorhang bereits in früheren Zeiten große Aufmerksamkeit geschenkt worden war und sich das Österreichische College immer wieder um Teilnehmer aus Osteuropa bemüht hatte, „Leute aus dem Osten" nach 1968 (auch mangels Stipendien von amerikanischen Stiftungen) aber gefehlt hatten,[788] nah-

---

[778] Interview mit Dr. Michael Neider am 5.6.2014.
[779] Das neue Strafgesetzbuch wurde Ende 1973/Anfang 1974 beschlossen. Das „Herzstück" der Familienrechtsreform, das Bundesgesetz über die Neuordnung der persönlichen Rechtswirkungen der Ehe, das die Partnerschaft in der Ehe einführte, passierte am 1.7.1975 den Nationalrat. Vgl. im Detail: Wirth, Christian Broda, 385ff.
[780] Programm: Europäisches Forum Alpbach, 23.8.–5.9.1975. Archiv des EFA, Programme.
[781] Programm: Europäisches Forum Alpbach, 21.8.–4.9.1976. Archiv des EFA, Programme.
[782] Vgl. zu Brodas Rede in Alpbach 1977: Wirth, Christian Broda, 487f.
[783] Programm: Europäisches Forum Alpbach, 19.8.–2.9.1978. Archiv des EFA, Programme.
[784] Programm: Europäisches Forum Alpbach, 18.8.–31.8.1979. Archiv des EFA, Programme.
[785] James M. Buchanan wurde 1986 der Nobelpreis für Ökonomie verliehen.
[786] Vgl. zum Europäischen Forum Alpbach 1976: Otto Molden (Hg.), Zu den Grenzen der Freiheit. Europäisches Forum Alpbach 1976, Wien/München/Zürich/Innsbruck 1977.
[787] Molden, Der andere Zauberberg, 122.
[788] Protokoll der Sitzung des Kreises für innere Formung vom 26.8.1974. Archiv des EFA, Ordner Kreis für innere Formung (KIF) 1973–1990.

Dissidentengespräch beim Europäischen Forum Alpbach 1976

men hieran eine Reihe von Dissidenten aus Osteuropa und der Sowjetunion teil. So sprachen nach einer Einleitung des Schriftstellers Ota Filip, der 1974 die Tschechoslowakei verlassen musste[789] und das Alpbacher Gespräch mitorganisiert hatte[790] eingangs mit Andrej Amalrik, Natalja Gorbanewskaja und Wladimir Maximow russische Literaten und Regimekritiker aus dem Umfeld der Exilzeitschrift „Kontinent", während sich an der anschließenden Diskussion auch der aus der DDR stammende Schriftsteller Horst Bienek, der ungarische Schriftsteller Gyula Borbándi und der aus der Tschechoslowakei stammende Literat, Publizist und spätere Kulturminister Pavel Tigrid beteiligten. An der Alpbacher „Gipfelkonferenz der Emigrierten und der zwangsexilierten Dissidenten aus Osteuropa und der Sowjetunion",[791] die auch die Präsentation von Protestliedern durch Alexander Galitsch (ursprünglich aus der UdSSR) und Karel Kryl (ursprünglich aus der Tschechoslowakei) vorsah, nahmen somit eine Reihe prominenter Regimekritiker teil. Ihr wohl berühmtester (1974 des Landes verwiesener) Vertreter Alexander Solschenizyn fehlte jedoch – auch wenn er zunächst ebenfalls auf der „Einladungsliste" von Otto Molden gestanden hatte.[792] Mit seinem 1973 veröffentlichten Buch „Archipel

---

[789] Vgl. zu Ota Filip, der ein guter Freund von Otto Molden war: Milan Tvrdík, Ota Filip im tschechischen und deutschen Kulturkontext, in: Klaus Schenk/Almut Todorow/Milan Tvrdík (Hg.), Migrationsliteratur. Schreibweisen einer interkulturellen Moderne, Tübingen/Basel 2004, 3–14.
[790] Interview mit Koschka Hetzer-Molden am 12.3.2014.
[791] Der selbstverantwortete Mut zur Freiheit, in: Kleine Zeitung, 31.8.1976.
[792] Protokoll der Sitzung des Präsidiums des Österreichischen Colleges vom 25.2.1976. Archiv des EFA, Ordner Sitzungen 1976.

GULAG" hatte Solschenizyn maßgeblich dazu beigetragen, dass die sowjetischen und osteuropäischen Dissidenten größere Aufmerksamkeit im Westen fanden.[793]

1977, als Ralf Dahrendorf ein weiteres Mal in Alpbach war, beschäftigte sich das Politische Gespräch mit Strategien zur internationalen Konfliktregelung. Hierbei wurde in einem Vortrag von Gaston Thorn nicht nur das geteilte Europa thematisiert. Es stand auch der arabisch-israelische Konflikt bzw. der israelisch-ägyptische Friedensprozess in Folge des Jom-Kippur-Krieges 1973 auf dem Programm, an dem sich etwa der frühere Ministerpräsident Yitzak Rabin beteiligte,[794] der im Vorfeld angekündigte amerikanische Außenminister Henry Kissinger aber fernblieb.[795] Aufgegriffen wurde damit ein Thema der „großen Weltpolitik", die auch immer stärker die österreichische Außenpolitik dominierte – entwickelte Bundeskanzler Kreisky, unterstützt durch seine prägende Rolle bei der Sozialistischen Internationale, nach dem Abschluss der Freihandelsverträge zwischen der EWG und den EFTA-Staaten doch eine immer stärker an globalen Fragen orientierte aktive Außen- und Neutralitätspolitik, in der die Nahost-Frage und der Nord-Süd-Dialog eine maßgebliche Rolle spielten.[796] Gleichfalls besuchte in diesem Jahr erstmals auch eine größere (Wissenschaftler-)Delegation aus Israel das Europäische Forum Alpbach, nachdem Otto Molden im vorhergehenden Jahr mehrfach in Israel gewesen war, um potentielle Teilnehmer zu gewinnen und in Israel auch die Gründung eines neuen Nationalkomitees in die Wege geleitet hatte.[797] So beteiligten sich auch Hans Kreitler (Universität Tel Aviv) an der Leitung einer Arbeitsgemeinschaft und Emanuel Gutmann (Hebräische Universität Jerusalem) am Politischen Gespräch mit Rabin, während Joseph Agassi (Universität Tel Aviv) zum Thema „Glaube und Rationalität" und Nathan Rotenstreich (Hebräische Universität Jerusalem) neben Wissenschaftsministerin Firnberg über die Zukunft der Forschung sprachen.[798]

1978, als im Rahmen der Plenarveranstaltungen nicht nur der griechisch-türkische Konflikt, sondern auch die „kulturellen Beziehungen zwischen Persien und Europa" auf der Tagesordnung standen, nahm neben Dahrendorf auch der vormalige Generaldirektor des Außenministeriums und nunmehrige Professor an der Universität Jerusalem Shlomo Avineri am Politischen Gespräch über die Legi-

---

[793] Sonja Hauschild, Propheten oder Störenfriede? Sowjetische Dissidenten in der Bundesrepublik Deutschland und Frankreich und ihre Rezeption bei den Intellektuellen (1974–1977), Dipl.-Arb., Saarbrücken 2005; Alexander von Plato/Tomá Vilímek, Opposition als Lebensform. Dissidenz in der DDR, der ČSSR und in Polen, Berlin 2013.
[794] Rabin Alpbach: Nur Kissinger-Taktik möglich, in: Vorarlberger Nachrichten, 5.9.1977.
[795] Alpbach mit Rabin und Kissinger, in: AZ. Tagblatt für Österreich, 16.7.1977.
[796] Röhrlich, Kreiskys Außenpolitik, 270ff.; Erich Bielka/Peter Jankowitsch/Hans Thalberg (Hg.), Die Ära Kreisky. Schwerpunkte der österreichischen Außenpolitik, Wien/München/Zürich 1983; Robert Kriechbaumer, Die Ära Kreisky. Österreich 1970–1983 in der historischen Analyse, im Urteil der politischen Kontrahenten und in Karikaturen von Ironimus, Wien/Köln/Weimar 2004, 261ff.
[797] Dieses scheint in den folgenden Jahren (1977 bis 1987) auch regelmäßig in den Programmheften des Europäischen Forum Alpbach als Unterstützer auf.
[798] Unsere Premiere in Alpbach. Eine sehr persönliche Reportage. Archiv des EFA, Ordner Presse 1977.

timität der Macht in der Gegenwart teil. Zugleich waren auch Agassi und Kreitler wiederum anwesend, der in diesem Jahr auch dem Vizegeneraldirektor der Arabischen Liga Mohammed H. El Farra die Hand schüttelte, was auch den Medien in Israel eine Meldung wert war. Dass sich die beiden – trotz Friedensprozess – die Hand reichten und anschließend ein längeres Privatgespräch führten, wurde hier als „nicht alltäglich" bezeichnet, von Kreitler aber damit erklärt, dass dies wohl dem „Geist von Alpbach entsprechen" würde. Avineri nützte die Gelegenheit hingegen zu informellen Kontakten mit Außenminister Willibald Pahr und UN-Generaldirektor Kurt Waldheim, die sich in diesem Jahr ebenfalls mit Vorträgen zu „Weltpolitik und Macht" in Alpbach einfanden.[799] Im folgenden Jahr sollte Avineri, der Alpbach bis ins Jahr 2010 immer wieder besuchte, ebenso wie Kreitler wiederkehren, um sich an der Leitung eines Seminars zu beteiligen.

5.2.2 Das Kunst- und Kulturprogramm und der Aufreger „Artopia" – ein Künstlerfreistaat in Alpbach

Das Kunst- und Kulturprogramm, das besonders unter der Finanzkrise der späten 1960er Jahren gelitten hatte, wurde 1971 mit dem schon traditionellen Kunst- und Kulturgespräch bzw. Konzerten und Ausstellungen – darunter nach wie vor Buchausstellungen, die es wie die Schallplattenkonzerte bzw. Hörstunden noch bis Mitte des Jahrzehnts geben sollte – fortgesetzt. Bis es an neuer Attraktivität gewinnen konnte, sollte es – ähnlich wie in den anderen Programmschienen – jedoch dauern. Hierzu gehörte nicht nur, dass zunächst vor allem auf „Altbewährtes" gesetzt wurde und erst in der zweiten Hälfte des neuen Jahrzehnts wichtige Neuerungen eingeführt wurden, sondern erst nach und nach auch neue Mitarbeiter gewonnen werden konnten, die sich aktiv in die Gestaltung des Programms einbrachten.

So wurde 1971 – ähnlich wie im Bereich der Wissenschaft – zwar ein erster künstlerischer Beirat eingerichtet, für den Bert Breit, Herbert Eisenreich, Paul Flora, Wolfgang Hutter, Walter Kasten, Arnold Keyserling (Verlag „Die Palme"), Arthur Koestler (mit Vorbehalt), Györgi Ligeti, Wolfgang Pfaundler, Jörg Polzin (Universal Edition), Alfred Schmeller (Direktor des Museums des 20. Jahrhunderts) und Friedrich Torberg gewonnen werden konnten. Im Gegensatz zum wissenschaftlichen Beirat konnte sich dieser – so Otto Molden, der nun selbst als „kultureller Hauptberater" fungierte – jedoch nie wirklich durchsetzen.[800]

Immerhin gelang es mit Günther Theuring in Nachfolge von Ernst Hartmann ab 1973 aber, einen neuen Berater für das Musikprogramm zu finden.[801] Theuring, der 1930 in Paris als Kind österreichischer Eltern geboren wurde, hatte seine

---

[799] Forum Alpbach ist ein Kongress der besonderen Art, in: Israel Nachrichten, 15.10.1978; Begegnung zwischen Wissen und Macht, in: Illustrierte Neue Welt, Sept./Okt. 1978.
[800] Protokoll der ersten KIF-Konferenz vom 7./8.12.1980. Archiv des EFA, Ordner Kreis für innere Formung (KIF) 1973–1990.
[801] Protokoll der Generalversammlung vom 11.4.1973. Archiv des EFA, Ordner Generalversammlungen.

erste musikalische Ausbildung bei den Wiener Sängerknaben erhalten und später an der Wiener Musikakademie studiert. Ab 1955 fungierte er als Leiter des Wiener Akademie-Kammerchores und gründete 1959 den Wiener Jeunesse-Chor. Als Dirigent war er seit 1960 international tätig und wurde 1973 Ordinarius einer Dirigentenklasse (Chor) an der Universität für Musik und darstellende Kunst in Wien – zwei Jahre nachdem er das Ensemble Contraste Wien, das sich vor allem in der Interpretation von Musik der zweiten Wiener Schule einen Namen machte, ins Leben gerufen hatte bzw. zwei Jahre bevor er gemeinsam mit dem Kulturamt der Stadt Wien die Wiener Meisterkurse gründete und deren künstlerische Leitung übernahm.[802]

Weitere wichtige Kooperationen ergaben sich mit dem Architekten und Karikaturisten Gustav Peichl sowie mit der Kulturjournalistin Koschka Hetzer. Peichl wurde in Österreich vor allem durch die Planung von sechs ORF-Landesstudios und als Karikaturist unter dem Synonym „Ironimus" bekannt, nachdem Fritz Molden in der „Presse" erstmals 1954 eine Zeichnung von ihm publiziert hatte.[803] Am Europäischen Forum Alpbach hatte er erstmals 1968 aktiv am Programm teilgenommen und sollte dieses in den folgenden Jahren vor allem im Bereich der Ausstellungen unterstützen. Koschka Hetzer, die 1973 erstmals das Europäische Forum Alpbach besuchte, berichtete in den folgenden Jahren nicht nur mehrfach für den ORF über Alpbach. Sie brachte sich vor allem auch im Bereich Theater und Literatur immer stärker in die Programmgestaltung ein und wurde nach der Sängerin Laurence Dutoit 1984 die zweite Ehefrau Otto Moldens.[804]

Was den konkreten Programmablauf betrifft, wurde 1971 – neben einer Ausstellung mit Bühnengestaltungen von Fritz Wotruba[805] – unter anderem ein Kunstgespräch zum Thema „Kunst und Gegenwart" angeboten, zu dem mit Fritz Wotruba, Gottfried von Einem und Otto Mauer eine Reihe alter Bekannter eintrafen.[806] 1972, als das Forum im Zeichen der „Krise der städtischen Gesellschaft" stand und sich eine größere Diskussion mit Fragen der Stadtentwicklung beschäftigte, stand die Ausstellung „Profitopolis oder der Mensch braucht eine andere Stadt" auf dem Programm.[807] Zugleich wurde eine Aufführung des Wiesbadener „Ensemble 70" offeriert, das den jungen deutschen Komponisten Volker David Kirchner nach Alpbach brachte,[808] der hier auch sein „Xenion", eine Komposition

---

[802] http://www.wiener-meisterkurse.at/index.php?ch=gtheuring (25.11.2013); http://www.musiklexikon.ac.at/ml/musik_T/Theuring_Guenther.xml (25.11.2013).
[803] Gustav Peichl, in: Karl Schwarzenberg (Hg.), Fepolinski revisited. Fritz Molden zum 75. Geburtstag, Wien 1998, 110f.
[804] Interview mit Koschka Hetzer-Molden am 12.3.2014. Vgl. hierzu auch: Koschka Hetzer-Molden, „Wir kennen uns aus Alpbach", in: Die Presse, 18.8.2012.
[805] Ausstellungen in Alpbach eröffnet, in: Tagblatt, 23.8.1971; Ausstellungen eröffnet, in: Vorarlberger Nachrichten, 23.8.1971.
[806] Kunst – Provokation der Gegenwirklichkeit, in: Volkszeitung Klagenfurt, 24.8.1971; „Märchenhaft wichtig!", in: Kurier (Morgenausgabe), 24.8.1971.
[807] Alpbach zeigt „Profitopolis", in: Salzburger Nachrichten, 29.8.1972; Provokation mit „Profitopolis", in: Linzer Volksblatt, 28.8.1972.
[808] Vgl. zu Volker David Kirchner: http://www.volkerdavidkirchner.de/ (12.12.2014).

für Geige, Bratsche, Cello, Klavier und Schlagzeug, als „Gastgeschenk für Alpbach" zur Uraufführung brachte.[809]

1973 wurde nicht nur mit jungen Schweizer und österreichischen Literaten (Alois Schöpf, Peter Turrini und Peter Henisch[810]) an die Präsentation junger Schriftsteller beim Europäischen Forum Alpbach in früheren Jahren angeknüpft.[811] Auch beim Kunstgespräch über junge europäische Maler wurde ein Thema aufgegriffen, das bereits Tradition hatte, aber nicht an den Glanz früherer Jahre anschließen konnte.[812] Vielmehr sorgte eine begleitende, von Peter Baum (damals Kunstkritiker und angehender Leiter der Neuen Galerie in Linz) zusammengestellte Ausstellung für Aufregung. Schuld daran war ein Bild des steirischen Malers Alfred Klinkan, „auf dem ein unanständiges Wort geschrieben und dieses auch noch gemalt war". Wegen seiner „Obszönität" sollte es noch vor Beginn des Forums aus dem Programm genommen werden. Nach dem geschlossenen Protest der versammelten Künstler wurde es dann aber doch gezeigt. Lange zu sehen war es allerdings nicht. Mit Beginn des Wirtschaftsgesprächs wurde die gesamte Ausstellung geschlossen, da sie den Wirtschaftskapitänen bzw. – so Fritz Neeb – wichtigen Geldgebern nicht zumutbar war. Die Kunst hatte sich damit – wie auch in den Medien kritisch vermerkt wurde – der Wirtschaft unterzuordnen.[813]

Im Jubiläumsjahr 1974, als das Europäische Forum Alpbach mit zahlreichen Freunden wie Karl Popper, Denis de Rougemont, Gottfried von Einem oder Axel Corti seinen dreißigsten Geburtstag feierte,[814] folgte eine Ausstellung zum Thema „30 Jahre europäische politische Karikatur", womit nach 1968 eine zweite Ausstellung von Karikaturen gezeigt wurde. In den folgenden Jahren sollte die Karikatur ein immer wiederkehrendes Thema in Alpbach sein, womit im Gegensatz zu den großen Kunstausstellungen der 1950er und 1960er Jahre nun also auf das „kleine Format" gesetzt wurde. Zusammengestellt wurde sie von Gustav Peichl, der bereits an der Ausstellung 1968 mitgewirkt hatte, und dem in Berlin geborenen, später in den Niederlanden lebenden Karikaturisten Fritz Behrendt, der sich – nicht zuletzt aufgrund eigener Erfahrungen mit dem Kommunismus[815] – seit 1950

---

[809] Erst- und Uraufführung als Gastgeschenk für Alpbach, in: Neue Vorarlberger Tageszeitung, 31.8.1972; Uraufführung. Gastgeschenk für Alpbach, in: Die Presse, 31.8.1972; Uraufführung in Alpbach, in: Vorarlberger Nachrichten, 31.8.1972; Gastgeschenk für Alpbach, in: Tiroler Nachrichten, 31.8.1972.

[810] Peter Henisch räumte später in seinem Buch „Pepi Prohaska Prophet" dem Europäischen Forum Alpbach auch einen kleinen „Gastauftritt" ein. Vgl.: Peter Henisch, Pepi Prohaska Prophet, Salzburg/Wien 1986, 255ff.

[811] Lesung in Alpbach: Bekanntschaft mit junger Schweizer Literatur, in: Tiroler Tageszeitung, 1.9.1973; http://www.aloisschoepf.at/pdf/lebenslauf06.pdf (14.12.2014).

[812] „Kunstgespräch", in: Tiroler Tageszeitung, 29.8.1973.

[813] „Es wird herrlich konversiert", in: Kleine Zeitung, 14.9.1973; Alpbach. Ein Bildungsforum in Bergnot, in: Report, Juni 1974, 7ff.

[814] Eine Einladung erging auch an Ernst Krenek, der in diesem Jahr jedoch nicht nach Alpbach kam. Vgl.: Korrespondenzen des Österreichischen Colleges mit Ernst Krenek, in: Ernst Krenek Institut, Privatstiftung, Box 23/8.

[815] Fritz Behrendt wurde 1925 in Berlin geboren und kam mit seinen Eltern, die Deutschland aus politischen Gründen verlassen mussten, 1937 nach Holland. Von 1943 bis Kriegsende war er Schü-

mit politischen Zeichnungen beschäftigte und später für renommierte Zeitungen in den USA, den Niederlanden, Deutschland, der Schweiz, Skandinavien, Israel oder Österreich tätig war. Erstmals zum Forum gestoßen war er 1968. In Folge sollte er nicht nur zu einem „Wahlalpbacher" werden, sondern sich an vielen Aktivitäten des Österreichischen Colleges bzw. des Europäischen Forum Alpbach beteiligen.[816]

Zu einer ersten wichtigen Innovation kam es jedoch erst 1976, nachdem nicht zuletzt eine Befragung durch den „Kreis für innere Formung" ergeben hatte, dass bei den Teilnehmern der Wunsch nach mehr Kunst und Kultur vorhanden war.[817] Um diesem nachzukommen, wurde nun ein Theaterworkshop eingeführt. Hierbei sollte es Aufgabe des in diesem Jahr von Hans Gratzer (später Leiter des Schauspielhauses in Wien) geführten Workshops sein, in Zusammenarbeit zwischen Berufs- und Laienschauspielern, darunter auch Fritz und Hanna Molden, eine Präsentation des Schauspiels „Josef II – Grenzen der Freiheit" vorzubereiten und dieses später vor den anderen Teilnehmern des Forums zur Aufführung zu bringen.[818] Mit dem Workshop wurde – so Hannes Kar – das erste Seminar umgesetzt, in dem eine künstlerische Aktivität entwickelt wurde,[819] dem in den folgenden Jahren noch einige ähnliche Beispiele folgen sollten.[820] Gleichzeitig wurde mit dem Humanic-Werbechef, Erfinder der legendären „fraaanz"-Werbespots und späteren Leiter des Kulturfestivals „steirischer herbst" Horst Georg Haberl[821] sowie dem

---

ler in der Amsterdamer Kunstgewerbeschule. Anfang 1945 wurde er von der Gestapo verhaftet und blieb bis Kriegsende im SS- und Polizeigefängnis von Amsterdam. Nach Kriegsende wurde er zu den Mitbegründern des linken niederländischen Jugendverbands ANJV und ging 1947 als Leiter einer internationalen Jugendbrigade nach Jugoslawien, um beim Wiederaufbau des Landes mitzuwirken. 1949 folgte eine Einladung in die DDR durch den damaligen Leiter der Freien Deutschen Jugend (FDJ) Erich Honecker, worauf Behrendt als Referent für Sichtwerbung im Zentralrat der FDJ arbeitete. Im Dezember desselben Jahres wurde er wegen Vertretung des „jugoslawischen Standpunkts" in der Frage der nationalen Unabhängigkeit als angeblicher Titoist verhaftet und musste sechs Monate in Einzelhaft verbringen. Im Frühsommer 1950 kam er auf Druck der niederländischen Regierung wieder frei. Vgl. zu Fritz Behrendt, seinen Arbeiten und seiner Biographie: Fritz Behrendt, Haben Sie Marx gesehen? Das Gesicht des Stalinismus in 80 Bildern gezeichnet von Fritz Behrendt, Wien/München/Zürich/Innsbruck 1978; Fritz Behrendt, Bitte nicht drängeln. Grafische Kommentare von Fritz Behrendt, München 1988 oder Fritz Behrendt, Fritz Behrendt: Ein europäischer Zeichner, Wien 2005.

[816] Federn für die Freiheit, in: Tiroler Tageszeitung, 17.8.1985.
[817] Vgl.: Protokoll der Strukturreformkonferenz vom 20.10.1975, Kurzprotokoll: Besprechung des künstlerischen Programms des Europäischen Forum Alpbach 1976 vom 28.11.1975 und Schreiben von Otto Molden an Alexander Auer vom 13.11.1975. Archiv des EFA, Ordner Sitzungen 1974/1975.
[818] Nach der Alpbacher Vorführung wurde das Stück nach dessen Überarbeitung durch Knut Boeser dann auch im Schauspielhaus zur Uraufführung gebracht. Vgl.: Ein Traum, der nicht zu erfüllen ist. Presse-Gespräch mit Knut Boeser anlässlich der Uraufführung von Joseph II, in: Die Presse, 15.6.1978.
[819] Interview mit Prof. Ing. Hannes Kar am 22.1.2014.
[820] Zu verweisen ist hier etwa auf den Ballett-Workshop 1977, der vom israelischen Choreographen Moshe Efrati geleitet wurde, oder den Theater-Workshop mit Bernd Palma 1981.
[821] Haberl, der von 1988 bis 1995 den „steirischen herbst" leitete, war von 1969 bis 1995 Werbechef von Humanic und lud als solcher zahlreiche Künstler (wie Axel Corti, H. C. Artmann, Wolfgang Bauer oder Andreas Okopenko) für die Gestaltung der Humanic-Spots ein. Diese Werbe-Spots entwickelten sich – verbunden mit dem Anliegen, die Kunst in die Öffentlichkeit zu bringen –

Grazer Video- und Aktionskünstler Richard Kriesche auch die Videokunst auf das Programm gesetzt,[822] die auch 1977 wieder mit Haberl präsent war.[823] Nachdem in den 1950er und frühen 1960er Jahren der „Experimentalfilm" eine Zeitlang auf dem Programm gestanden hatte, wurde somit auch die audiovisuelle Kunst wieder thematisiert. Mit Lesungen von Herbert Zbigniew und Barbara Frischmuth (1976) oder Gert Jonke und Wolfgang Bauer (1977) sowie einer von Christian Brandstetter und Gustav Peichl zusammengestellten Ausstellung zum Thema „Die Skizze" (1976)[824] bzw. einer von Eika Patka (Galerie nächst St. Stephan) kuratierten Schau mit Arbeiten von Friederike Petzold, László Moholy-Nagy, Raoul Hausmann, Gerhard Ruhm, Arnulf Rainer, Maria Lassnig oder Bruno Gironcoli (1977) wurde aber auch auf „traditionellere" Bausteine gesetzt.[825]

1978 wurden mit der von Gustav Peichl und Christian Brandstetter zusammengestellten Ausstellung „Die veruntreute Landschaft" ein weiteres Mal Bausünden bzw. Fragen der Stadtplanung angesprochen. Eine wichtige Neuerung erfolgte jedoch im Bereich der Literatur. So standen nicht nur Lesungen von Friederike Mayröcker und Ernst Jandl auf dem Programm, der sich mit dem Künstler und Medientheoretiker Peter Weibel sowie dem Komponisten Otto M. Zykan auch an einer Arbeitsgemeinschaft zum Thema „Grenzüberschreitungen in der Kunst der Gegenwart" beteiligte.[826] Es wurde zum ersten Mal auch der Paula von Preradovic-Preis für junge Österreichische Literatur verliehen, der anlässlich des 90. Geburtstages von Paula von Preradovic vom Österreichischen College und dem Fritz Molden Verlag ins Leben gerufen worden war. Um den Preis, der mit 15.000 Schilling dotiert war, konnten sich junge Literaten bis 35 Jahre bewerben. Erstmals vergeben wurde er an die Grazer Dichterin Roswitha Hamadani.[827] Weitere Träger des danach noch bis 1990 und somit über den Konkurs des Fritz Molden Verlages hinaus[828] alle zwei Jahre vergebenen Literaturpreises wurden Maria Anastasia Druckenthaner (1980),[829] Peter Hagenah (1982),[830] Elisabeth Rosen-

---

zu wahren Avantgarde-Kunstwerken und sind in die österreichische TV-Geschichte eingegangen. Vgl.: Als Kunst in der Werbung ausfranzte, in: Kurier, 8.8.2014 oder Andrea Doczy, „Warum aus dem „franz" ein „shoemanic" wurde …" Diskussion der geänderten Werbestrategie der Firma Humanic, Dipl.-Arb., Wien 2009.

[822] Forum Apbach: Alles über Video: Kunst und Kassette, in: Neue Kronen Zeitung, 21.8.1976; Alpbach: „Video – Metasprache der Wirklichkeit", in: Tiroler Tageszeitung, 25.8.1976.

[823] Haberl zeigte gemeinsam mit Hartmut Skerbisch eine Video-Film-Installations-Show mit Arbeiten von Peter Campus, Keith Sonnier, oder William Wegmann. Vgl.: Video-Art-Kritik an Television, in: Kleine Zeitung, 21.8.1977; Video-Abend beim Forum Alpbach, in: Neue Tiroler Zeitung, 26.8.1977.

[824] Programm: Europäisches Forum Alpbach, 21.8.–4.9.1976. Archiv des EFA, Programme.

[825] Das Alpbacher Erfolgsgeheimnis, in: Salzburger Volkszeitung, 22.8.1977.

[826] Alpbach: Grenzgänger der Kunst und ihr Material, in: Tiroler Tageszeitung, 26.8.1978.

[827] Molden, Der andere Zauberberg, 128; Paula-von-Preradovic-Preis, in: Süd-Ost-Tagespost, 17.11.1977; Preradovic-Preis für Lyrik, in: Salzburger Tagblatt, 25.1.1978; Preradovic-Preis an Roswitha Hamadani, in: Die Presse, 3.6.1978; Paula-von-Preradovic-Preis verliehen, in: Salzburger Tagblatt, 26.8.1978.

[828] Der Verlag musste 1982 Konkurs anmelden. Vgl. hierzu: Molden, Der Konkurs.

[829] Molden, Der andere Zauberberg, 128.

[830] Programm: Europäisches Forum Alpbach, 21.8.–3.9.1982. Archiv des EFA, Programme.

mayer (1984),[831] Barbara Wiener und Norbert Huber (1986),[832] Romana Weilguni (1988)[833] und Sabine Scholl (1990).[834]

1979 folgten eine Präsentation der Werke des russischen Dissidenten Andrej Donatowitsch Sinjawskij,[835] polnische Literaten der Gegenwart und eine von Fritz Behrendt zusammengestellte Karikaturen-Ausstellung mit dem Titel „Menschen und Menschenrechte. Zeichner zur unvollkommenen Gesellschaft".[836] Gleichfalls standen ein Kunstgespräch „zur verwalteten Kultur" mit Vorträgen von Unterrichtsminister Fred Sinowatz und Arnulf Rainer sowie eine anschließende Forumsdiskussion mit Peter Turrini und André Heller und Gustav Peichl auf dem Programm.[837] Zu einem der größten „Aufreger" in der Geschichte des Europäischen Forum Alpbach entwickelte sich jedoch der in diesem Jahr in Alpbach ausgerufene Künstlerfreistaat „Artopia", der mit Gustav Peichl, André Heller und Horst Georg Haberl von drei Personen konstituiert wurde, die sich bereits mehrfach am Programm des Forum beteiligt hatten,[838] in dieser Konstellation aber nur einmal zusammenarbeiteten.[839]

Den formellen Rahmen für die „Staatsgründung" stellte die Arbeitsgemeinschaft „Wege und Irrwege in der Kunst" dar, die Peichl, Heller und Haberl – wie bereits vor Beginn des Forums feststand – nutzen wollten, um nicht nur über neue Wege in der Kunst zu plaudern, sondern sie auch zu gehen.[840] Um eine „Alternative zur technokratisch dominierten Wirklichkeit" (und zum immer stärker politik- und wirtschaftsdominierten Forum) aufzuzeigen, sollte ein Gegenmodell eines kreativen Gemeinwesens zugunsten von Kunst und Fantasie bzw. – so André Heller – ein Ort zum „Auszittern, zum Besinnen" und „zum Umsetzen von Sehnsüchten" geschaffen werden.[841] Die Gründung von „Artopia" war nicht nur mit der Kreierung einer „Staatsbezeichnung" durch Haberl aus den Begriffen „Art"

---

[831] Preisverleihungen, in: Wiener Zeitung, 5.9.1984.
[832] Programm: Europäisches Forum Alpbach, 16.8.–29.8.1986. Archiv des EFA, Programme.
[833] Programm: Europäisches Forum Alpbach, 20.8.–31.8.1988. Archiv des EFA, Programme.
[834] Programm: Europäisches Forum Alpbach, 18.8.–29.8.1990. Archiv des EFA, Programme.
[835] Diese umfasste einerseits eine Präsentation durch Heribert Sasse und andererseits eine Lesung durch den Autor.
[836] Kunst in Alpbach, in: Süd-Ost-Tagespost, 28.7.1979; Alpbach hörte polnische Halbuntergrund-Literatur, in: Neue Tiroler Zeitung, 25.8.1979; Menschenrechte in der Karikatur, in: Neue Kronen Zeitung, 19.8.1979.
[837] Programm: Europäisches Forum Alpbach, 18.8.–31.8.1979. Archiv des EFA, Programme.
[838] André Heller war – wie ausgeführt – 1967 und 1968 in Alpbach. Hinsichtlich der Karikaturen-Ausstellung von 1974 hieß es, dass zu dieser ein Film geplant sei, bei dem vier Karikaturisten, einer davon Gustav Peichl, im Zentrum stehen sollten. André Heller wurde als Moderator und Gesprächspartner genannt. Vgl. hierzu: Sie sticheln im Quartett, in: Bunte Österreich. Illustrierte, 9.1.1975.
[839] Interview mit André Heller am 26.2.2015.
[840] Zappa-Hymne, Sternspritzer zur Gründung von „Artopia", in: Salzburger Volkszeitung, 21.8.1979. Ähnlich äußerte sich André Heller auch in einem Interview mit dem deutschen Satiremagazin „Pardon". Hier sagte er, dass es ihm wichtig sei, von der „Konzeptkunst" zur „Verwirklichungskunst" zu kommen. Vgl.: Künstler heute: Vom Selbstverwirklicher zum Kronzweifler, in: Pardon. Das satirische Monatsmagazin, Nr. 1, Nov. 1979, 100f.
[841] Igel gegen Grätzel, in: Der Spiegel, Nr. 35, 1979, 192f.

Ausrufung des Küstlerfreistaats „Artopia" beim Europäischen Forum Alpbach 1979

und „Utopie" und der Errichtung eigener Grenztafeln verbunden. Sie umfasste auch die Proklamation einer eigenen Verfassung (ebenfalls durch Haberl),[842] die Schaffung einer eigenen Hymne mit dem Worten „Artopia – Kuckuck, Artopia – Gloria" (nach einem Text von André Heller und einer Komposition des amerikanischen Rockmusikers Frank Zappa) sowie die Entwicklung einer eigenen Fahne mit einem Igel (nach einer Zeichnung von Johann Hauser aus der Künstlergruppe der psychiatrischen Anstalt in Gugging). Desgleichen verfügte „Artopia" mit der vor allem von Markus Peichl betreuten „Artopia Press" auch über ein eigenes Presse-Organ[843] und mit dem ARF („Artopischer Rundfunk") sogar über ein eigenes Kabelfernsehen. Verwirklicht wurde damit das erste private Fernsehen in Österreich, dessen Umsetzung für André Heller im Rückblick auch den eigentlichen Ausgangspunkt für das Projekt bildete.[844] Der neue Sender konnte nicht nur an verschiedenen Stellen in Alpbach – wie dem Kongresszentrum und Gasthäusern –

---

[842] Vgl. zu den sieben Grundsätzen der Artopia-Verfassung: Wörgeler Rundschau. Unterinntaler Heimatblatt, 5.9.1979.
[843] Markus Peichl ist der Sohn von Gustav Peichl und wurde ein bedeutender Journalist. Er war u. a. Chefredakteur beim „Wiener" oder Gründer des deutschen Magazins „Tempo".
[844] Interview mit André Heller am 26.2.2015.

empfangen werden. Auch im ORF wurden täglich nach der „Zeit im Bild 2" rund fünf Minuten aus dem Programm des ARF übertragen.[845]

Für die Beteiligten war „Artopia" – wie auch Gustav Peichl festhält – ein „Riesenspass", der unzählige Aktionen, Diskussionen, ephemere Skulpturen oder Kinderworkshops umfasste und von zahlreichen nationalen und internationalen Künstlern unterstützt wurde.[846] So lieferten nicht nur der bekannte Zukunftsforscher Robert Jungk und der Journalist Günter Wallraff, sondern auch die Schriftsteller Friedrich Torberg, Peter Turrini und Christine Nöstlinger sowie die Maler Friedensreich Hundertwasser, Wolfgang Hutter, Josef Mikl oder Arnulf Rainer Beiträge für die „Artopia Press", während aus den USA sogar eine Sympathiebekundung von Andy Warhol eintraf[847] und der Filmemacher Hans-Jürgen Syberberg „Artopia" einen persönlichen Besuch abstattete.[848] Trotzdem wurde dem Künstlerfreistaat, der – so André Heller – eigentlich harmlos war,[849] ein vorzeitiges Ende gesetzt. Ausschlaggebend war hierfür einerseits, dass sich die „Artopier" wiederholt den Unmut der Alpbacher Bevölkerung zugezogen hatten. So hatten diese nicht nur bei ihrem Eröffnungszug durch das Dorf die Alpbacher Erntekrone mitgeführt und diese in gewisser Weise „entehrt", sondern auch einen „Spektakelaltar" für das Deponieren für Wünschen und Sehnsüchten bzw. eine „Votivtafel" mit den Worten „Erlöser verloren – Auskunft gegenüber" vor dem Gemeindeamt bzw. vis-à-vis der Pfarrkirche aufgestellt und damit die religiösen Gefühle der Bevölkerung verletzt.[850] Andererseits begann der Künstlerfreistaat schon bald das gesamte Forum zu überlagern und sämtliche Aufmerksamkeit zu absorbieren,[851] was den Veranstaltern nicht recht sein konnte – zumal sich die „Artopier" auch nicht scheuten, öffentlich Kritik am Forum zu äußern. So wurde bei einem aus Alpbach im Fernsehen übertragenen „Club 2" mit Otto Molden, Hans Albert, Robert Jungk und André Heller von Jungk und Heller nicht nur bemängelt, dass das Forum eine Arroganz gegenüber dem Merkwürdigen und Nichtvertrauten zeige, sondern sich in Alpbach eine elitäre, abgeschottete Schicht breitgemacht hatte und das Forum immer mehr zu einem „closed circle" der Begüterten geworden sei.[852]

---

[845] Kunstrepublik gegründet, in: Kurier, 4.8.1971; Kunstrepublik gegründet, in: Kronen Zeitung, 4.8.1979; Kunstrepublik gegründet, in: Wiener Morgen Kurier, 4.8.1979; Zappa-Hymne, Sternspritzer zur Gründung von „Artopia", in: Salzburger Volkszeitung, 21.8.1979; Immer mehr Karajan, immer weniger Arena, in: Tiroler Tageszeitung, 27.8.1979; Artopia, ein Sommernachtsmärchen, in: Wörgeler Rundschau. Unterinntaler Heimatblatt, 5.9.1979.
[846] Gustav Peichl. Der Doppelgänger. Architekt und Karikaturist, aufgezeichnet von Robert Fleck, Wien/Köln/Weimar 2013, 14.
[847] Vgl. hierzu die Nummern 1 bis 5 der „Artopia Press".
[848] Zuvor hatte André Heller in dessen Film „Hitler, ein Film aus Deutschland" mitgewirkt. Vgl.: Es wird wieder Heller im ORF; in: AZ Tagblatt für Österreich, 19.8.1979; Utopien der Kunst und die politische Realität, in: Tiroler Tageszeitung, 24.8.1979.
[849] Interview mit André Heller am 26.2.2015.
[850] ARTopia Kuckuck, in: Die Presse, 21.8.1979; Heiße Diskussion um „Artopia", in: Neue Tiroler Zeitung, 23.8.1979; Koschka Hetzer-Molden, „Wir kennen uns aus Alpbach", in: Die Presse, 17.8.2012; Interview mit Prof. Ing. Hannes Kar am 22.1.2014.
[851] Interview mit Prof. Ing. Hannes Kar am 22.1.2014.
[852] Club 2 „Utopie und Wirklichkeit – Gespräche in Alpbach", in: ORF, FS 2, 23.8.1979.

Von den Medien wurde das Experiment „Artopia" – wie auch der genannte „Club 2" zeigt – breit rezipiert. Hierbei wurde nicht nur darauf verwiesen, dass „Artopia" den realen Staat, zu dem man ein Gegenmodell sein wollte, auffallend stark imitiere.[853] Es wurde auch mehrfach eine Parallele zu Edwin Lipburger und die bereits auf das Jahr 1971 zurückreichende „Republik Kugelmugel" gezogen,[854] die ähnlich wie die Wiener Arena-Besetzung 1976[855] mit der Frage nach der Kunst und ihrem Raum in der Gesellschaft verbunden war. Aufgeworfen wurde dabei besonders die Ungleichbehandlung der beiden Projekte durch Justiz und Staat – erging es Lipburger doch deutlich schlechter als den „Artopiern".

Lipburger, der die Gründung der „Republik Kugelmugel" ebenfalls mit der Anbringung von Hoheitsschildern verbunden hatte, war wegen Amtsanmaßung zu einer längeren Gefängnisstrafe verurteilt worden und wurde erst aufgrund eines Gnadenakts durch den Bundespräsidenten Anfang September 1979 nach 72-tägiger Haft entlassen.

Wie in der „Tiroler Tageszeitung" festgehalten wurde, soll sich zwar auch die Bezirkshauptmannschaft Kufstein mit den neuen „Ortstafeln" in Alpbach beschäftigt[856] bzw. – so Gustav Peichl – auch der Verfassungsschutz für „Artopia" interessiert haben.[857] Im Gegensatz zu Lipburger hatte dessen Umsetzung für die Beteiligten jedoch keine folgenschweren Konsequenzen. Vielmehr richteten an die „Artopier" nicht nur Unterrichtsminister Fred Sinowatz und Außenminister Willibald Pahr, sondern auch UN-Generalsekretär Kurt Waldheim und Kardinal Franz König Grußbotschaften,[858] weshalb von den Medien auch mit dem Verweis auf „Artopia" Druck für die Freilassung Lipburgers ausgeübt wurde. Von der „Artopiern" selbst wurde die Frage nach der Solidarität mit Lipburger dahin-

---

[853] Artopia ging vorbei, in: Die Presse, 31.8.1979.

[854] Ihre Entstehung geht auf das Jahr 1971 zurück, in dem Lipburger ohne Baugenehmigung mit der Errichtung seines Kugelhauses in Katzelsdorf bei Wiener Neustadt begann. Später rief er die „Republik Kugelmugel" aus und stellte vor seinem Haus Ortsschilder auf. 1982 wurde die „Republik Kugelmugel" nach Wien verlegt, worauf ein jahrelanger Rechtsstreit mit der Stadt Wien folgte. Vgl.: http://www.republik-kugelmugel.com (23.1.2015), http://www.stadtbekannt.at/Republik-Kugelmugel (23.1.2015).

[855] Im ehemaligen Auslandsschlachthof in Sankt Marx veranstalteten die Wiener Festwochen 1975 und 1976 ein Alternativkultur-Programm für ein junges Zielpublikum. Nach der letzten Vorstellung sollte das Gebäude verkauft und abgerissen werden. Ausgehend von Studenten der Architekturklasse von Gustav Peichl kam es jedoch zu einer Besetzung und der Forderung nach der Errichtung eines selbstverwalteten Kulturzentrums. Trotzdem wurde der Abriss beschlossen. Als Alternative wurde den Protestierenden von der Stadt Wien der vormalige Inlandsschlachthof (ebenfalls in Sankt Marx) angeboten. Vgl.: Rosemarie Nowak, Kampf um einen Schlachthof – Arenabesetzung. Eine Bewegung der Gegensätze, in: Wolfgang Kos (Hg.), Alt-Wien. Die Stadt, die niemals war, Wien 2004, 304–311; Leonhard Weidinger, Arena. Die Besetzung des Auslandsschlachthofes St. Marx im Sommer 1976 als kulturelles und politisches Ereignis, Dipl.-Arb., Wien 1998.

[856] Bürgermeister Alfons Moser soll hierauf den Vorschlag gemacht haben, die Grenztafeln zu schmücken, um sie noch stärker als utopische Ortsschilder kenntlich zu machen. Vgl.: Aufregung in Artopia, in: Tiroler Tageszeitung, 21.8.1979.

[857] Peichl, Der Doppelgänger, 114.

[858] Vgl. hierzu die ersten vier Nummern der „Artopia Press".

gehend beantwortet, dass sie bereits am ersten Tag seine Auslieferung an die „Republik Artopia" gefordert hätten. Nachdem sie vom Gnadengesuch erfahren hatten, hätten sie jedoch geschwiegen, um dieses nicht zu gefährden.[859]

5.3 Dialogkongresse zur Förderung des Austausches von Westeuropa mit anderen Kulturräumen

Der neue Aufschwung, den das Österreichische College ab Mitte der 1970er Jahre erlebte, zeigte sich auch bei der Einführung der Dialogkongresse. Mit ihnen wurde 1978 eine zweite Konferenzreihe begründet, die den Austausch des westeuropäischen mit einem anderen Kultur- und Wirtschaftsraum stärken sollte, nachdem sich auch beim Europäischen Forum Alpbach selbst eine immer stärkere Verlagerung zu globalen Fragen bemerkbar gemacht hatte.[860] Als reine Expertenkongresse, die den Interessen von Otto Molden entsprachen und angesichts der österreichischen Außenpolitik in der Zeit lagen, wandten sich diese im Gegensatz zum Forum jedoch ausschließlich an Fachleute für die kulturelle, politische, wirtschaftliche und soziale Zusammenarbeit sowie an Experten für die historischen Beziehungen und bildeten – so der ehemalige Außenminister Willibald Pahr – bis zu ihrer Einstellung Anfang der 1990er Jahre eine hilfreiche Plattform für die Förderung zwischenstaatlicher Kontakte.[861]

Ihre Entstehungsgeschichte geht auf das Jahr 1975 zurück, als vom seinerzeitigen US-Botschafter John P. Humes angeregt wurde, anlässlich der 200-Jahres-Feier der USA eine spezielle Veranstaltung im Rahmen des Europäischen Forum Alpbach durchzuführen.[862] Nachdem das Programm zu einem solchen Kongress bereits ausgearbeitet war, das Österreichische College deswegen bereits mit dem US-State-Department und anderen offiziellen US-Stellen in Kontakt stand, fand der erste Dialogkongress auf Wunsch von Bundeskanzler Kreisky nach Besprechungen mit ihm, Wissenschaftsministerin Firnberg, dem Tiroler ÖVP-Landeshauptmann Eduard Wallnöfer und dem Präsidenten der Bundeskammer der gewerblichen Wirtschaft Rudolf Sallinger jedoch mit „Schwarzafrika" statt. Kreisky hatte bereits als Außenminister den Nord-Süd-Beziehungen eine große Aufmerksamkeit geschenkt und maßgeblich zur 1964 erfolgten Gründung des Wiener Instituts für

---

[859] Vgl.: Er gab sich die Kugel, in: Profil, 27.8.1979; Unter uns gesagt, in: Neue Kronen Zeitung, 1.9.1979; André Heller, Haltung statt Unterhaltung, in: Profil, 3.9.1979; Freies „Kugelmugel" und Hellers Diplomatie, in: Wiener Morgen Kurier, 5.9.1979; Kugelhaus-Erbauer endlich befreit, in: Neue Kronen Zeitung, 6.9.1979.

[860] Zuvor war dies punktuell der Fall. Zu verweisen ist insbesondere auf die Jahre 1959, 1962 und 1965, als die Entwicklungsländer, Asien und Europa und die Vereinigten Staaten von Amerika auf dem Programm standen.

[861] Willibald Pahr, Österreich in der Welt, in: Oliver Rathkolb/Otto M. Maschke/Stefan August Lütgenau (Hg.), Mit anderen Augen gesehen. Internationale Perzeptionen Österreichs 1955–1990, Wien/Köln/Weimar 2002, 13f.

[862] Protokoll der Sitzung des Vorstandes des Österreichischen College vom 1.10.1975. Archiv des EFA, Ordner Sitzungen 1974/1975.

Entwicklungsfragen beigetragen und räumte – wie bereits vorausgeschickt wurde – auch als Bundeskanzler dem Nord-Süd-Dialog bzw. der Entwicklungshilfe, die er auch in Alpbach ansprach,[863] einen wichtigen Stellenwert ein.[864]

Beim ersten Dialogkongress trafen von 11. bis 17. Juni 1978 nach der Eröffnung durch Wissenschaftsministerin Firnberg, die Bundeskanzler Kreisky krankheitsbedingt vertreten musste, etwa 250 Teilnehmer[865] aus rund zehn afrikanischen Staaten (Elfenbeinküste, Nigeria, Senegal, Malawi, Kenia, Niger, Zentralafrika, Ghana, Burkina-Faso, Sambia) und verschiedenen westeuropäischen Staaten (darunter BRD, Frankreich, Belgien, den Niederlanden oder Großbritannien) zusammen. Darunter befanden sich nicht nur zahlreiche Vertreter von Regierungen und multinationalen Organisationen, sondern – wie die „Tiroler Tageszeitung" berichtete – auch der Regierungschef sowie der Außen- und Kulturminister der Elfenbeinküste, der Erziehungsminister von Kenia und der Kardinal von Senegal,[866] um in fünf „Plattformen", einer politischen, wirtschaftlichen, kulturellen, anthropologisch-soziologischen und historischen Plattform, sowie weiteren Plenarveranstaltungen mit anschließender Podiumsdiskussion über die Beziehungen von Westeuropa zu „Schwarzafrika" zu diskutieren. Abgerundet wurde das Programm durch künstlerische Veranstaltungen bzw. Darbietungen von Künstlergruppen von der Elfenbeinküste, die mit ihren Tanzaufführungen auch den Ort selbst zur Bühne machten.[867]

Das positive Echo führte nicht nur dazu, die Fortführung der Dialogkongresse zu sichern, sondern auch zu Überlegungen, einen wissenschaftlichen Hauptberater zu installieren, zu dem in der Vorstandssitzung vom 18. Juli 1978 der Soziologieprofessor an der Universität Linz Klaus Zapotoczky bestimmt wurde.[868] Es wurden auch Pläne entwickelt, die Dialogkongresse mit der Einrichtung eines „Interkontinentalen Zentrums" zu verbinden. Otto Molden hatte sich bereits im Vorfeld des ersten Dialogkongresses die Schaffung einer ständigen Kontaktstelle in einem vergrößerten College bzw. in diesem Zusammenhang sogar eine Übersiedlung in die damals gerade in Bau befindliche UNO-City vorstellen können[869] und bei der Eröffnung des Europäischen Forum Alpbach 1978 auch

---

[863] So hatte Kreisky sowohl 1960 als 1972, als das eigentliche Thema die europäische Integration war, zum Nord-Süd-Dialog Stellung genommen und 1972 auch über seinen „Marshall Plan für die dritte Welt" gesprochen.

[864] Vgl. hierzu: Röhrlich, Kreiskys Außenpolitik; Bielka/Jakowitsch/Thalberg, Die Ära Kreisky oder zusammenfassend auch: Kriechbaumer, Die Ära Kreisky, 261ff.

[865] Protokoll der Sitzung des Präsidiums vom 11.7.1978. Archiv des EFA, Ordner Sitzungen 1977/1978.

[866] Im Bergdorf Alpbach ist Schwarzafrika zu Gast, in: Tiroler Tageszeitung, 14.6.1978.

[867] Programm: Dialogkongress Westeuropa – Schwarzafrika, 11.–17.6.1978. Archiv des EFA, Programme; Otto Molden (Hg.), Dialog Westeuropa – Schwarzafrika. Inventur und Analyse der gegenseitigen Beziehungen, Wien/München/Zürich/Innsbruck 1979; Dialogkongress in Alpbach wurde gestern eröffnet, in: Tiroler Tageszeitung, 12.6.1978; Im Bergdorf Alpbach ist Schwarzafrika zu Gast, in: Tiroler Tageszeitung, 14.6.1978.

[868] Protokoll der Sitzung des Vorstandes vom 18.8.1978. Archiv des EFA, Ordner Sitzungen 1977/1978. Vgl. hierzu auch: Die „Dialogkongresse", in: Das Österreichische College. Ein Zentrum europäischer Kultur und Wirtschaft, Broschüre, o. J. [1982]. Archiv des EFA, Programme.

[869] Protokoll der Präsidiumssitzung vom 15.3.1977. Archiv des EFA, Ordner Sitzungen 1977/1978.

öffentlich die Schaffung eines „Interkontinentalen Zentrums" in Aussicht gestellt.[870]

In den kommenden Monaten verfolgte er die Schaffung eines solchen Zentrums weiter und konnte in der Generalversammlung vom 27. März 1980 berichten, dass der „dritte Schritt zur Expansion des Österreichischen Colleges" durch die Gründung des Institute for Intercontinental Cooperation (IICC) unternommen worden sei.[871] Dieses sollte somit neben das Europäischen Forum Alpbach und das Europäische Forum Wien treten, das in den 1960er Jahren sanft entschlafen war und ebenfalls wieder reaktiviert werden sollte.[872] Hierbei sollte das IICC „innerhalb des Österreichischen Colleges" – wie es bereits zuvor hieß – (mittels einer Kartei) primär der Inventarisierung wichtiger Daten bzw. der Aufarbeitung und Weiterpflege des Materials, das aus den Dialogkongressen hervorging, aber auch der Pflege zwischenstaatlicher Beziehungen dienen.[873] Zumindest auf dem Papier dürfte es somit zur Gründung des Instituts für interkontinentale Zusammenarbeit gekommen sein. Spuren in den Unterlagen des Österreichischen Colleges hat es jedoch nur sehr rudimentär hinterlassen.[874]

Die Dialogkongresse selbst wurden in den folgenden Jahren mit rund 250 bis 280 Teilnehmern mit finanzieller Unterstützung der Bundesregierung, des Landes Tirol, der Bundeskammer der gewerblichen Wirtschaft und teilweise der Europäischen Gemeinschaften fortgesetzt.[875] So kam es 1979 – wie es bereits 1975 angedacht worden war[876] – zu einem Dialogkongress mit Südamerika,[877] dem im Oktober 1982 auch ein von der Banco do Brasil in Kooperation mit dem Österreichischen College organisierter „Antwortkongress" in Rio de Janeiro folgte. Dieser führte unter dem Titel „Alpbach-Dialogue Latin America/Western Europe – Finance and Banking" vor allem Wirtschaftsführer aus Lateinamerika und

---

[870] „Wissen und Macht": Roter Faden durch die Geschichte, in: Neue Tiroler Zeitung, 21.8.1978.

[871] Protokoll der ordentlichen Generalversammlung vom 27.3.1980. Archiv des EFA, Ordner Generalversammlungen.

[872] Nach Michael Neider organisierte dieses in Folge auch regelmäßig Veranstaltungen. Vgl.: Protokoll der Sitzung des Vorstandes des Österreichischen College vom 1.10.1975 und vom 30.10.1976. Archiv des EFA, Ordner Sitzungen 1974/1975 und 1976; Interview mit Dr. Michael Neider am 9.1.2014.

[873] Unterlage „Das Institut für interkontinentale Zusammenarbeit des Österreichischen College", Aktennotiz vom 18.11.1980, Aktennotiz über eine Besprechung von Otto Molden mit GD Androsch am 20.11.1981 und Schreiben an Dr. Hannes Androsch (CA-Bankverein) vom 26.11.1981. Archiv des EFA, Ordner IICC Schwarz-Afrika.

[874] So wurden in einem „Institutsverzeichnis" als Aktivitäten des Österreichischen Colleges die Führung des Europäischen Forum Alpbach, des Europäischen Forum Wien und des Instituts für interkontinentale Zusammenarbeit (IICC) genannt. In den Unterlagen des Österreichischen Colleges wurde es jedoch kaum erwähnt. Vgl. Handbuch der Institute, Forschungsstellen und Forschungsgesellschaften für Regionalismus, Föderalismus und Nationalitätenfragen, zusammengestellt, bearbeitet und kommentiert von Theodor Veiter, München 1988, 218.

[875] Molden, Der andere Zauberberg, 127f.

[876] Protokoll der Sitzung des Vorstandes des Österreichischen College vom 1.10.1975. Archiv des EFA, Ordner Sitzungen 1974/1975.

[877] Otto Molden (Hg.), Dialog Westeuropa – Lateinamerika. Inventur und Analyse der gegenseitigen Beziehungen, Wien/München/Zürich/New York 1981.

Indira Gandhi und Otto Molden (v. l. n. r.) beim Dialogkongress 1983

Westeuropa zusammen.[878] 1980 folgte ein Dialogkongress mit Japan, 1981 einer mit den USA und 1982 einer mit den ASEAN-Staaten.[879]

Einen besonderen Höhepunkt stellte ein Jahr darauf der Dialogkongress Westeuropa-Indien vom 17. bis 22. Juni 1983 dar, der – neben 300 erwarteten Gästen[880] – sogar die indische Ministerpräsidentin und damalige Sprecherin der Blockfreien Staaten als Vertreterin für über eine Milliarde Menschen nach Alpbach führte. Indira Gandhi befand sich im Juni 1983 auf einer Europareise[881] und schloss diese auf Einladung von Bundeskanzler Fred Sinowatz[882] nicht nur mit

---

[878] Banco do Brasil, Dialogue Latin America – Western Europe. Finance and Banking. Proceedings Anales, o. O., o. J.; Die „Dialogkongresse", in: Broschüre: Das Österreichische College. Ein Zentrum europäischer Kultur und Wirtschaft, Broschüre, o. J. [1982] sowie Gespräche Westeuropas mit außereuropäischen Kultur- und Wirtschaftsräumen in Österreich, in: Ein Zentrum in Westeuropa. Situation und Aktivitäten des Österreichischen College 1982–1985, Broschüre, o. J. [1985]. Archiv des EFA, Programme; Schreiben von Otto Molden an Bruno Kreisky vom 31.5.1983. StBKA, Prominenten-Korrespondenz, Otto Molden.

[879] Die „Dialogkongresse", in: Das Österreichische College. Ein Zentrum europäischer Kultur und Wirtschaft, Broschüre, o. J. [1982]. Archiv des EFA, Programme.

[880] Schreiben von Otto Molden an Bruno Kreisky vom 31.5.1983. StBKA, Prominenten-Korrespondenz, Otto Molden.

[881] Indira Gandhi heute in Wien, in: Arbeiter Zeitung, 16.6.1983; Politik kurz notiert, in: Tiroler Tageszeitung, 17.6.1983.

[882] Bundesministerium für Auswärtige Angelegenheiten, Außenpolitischer Bericht 1983, Wien 1983, 402.

einem offiziellen Besuch in Wien ab, wo sie mit Sinowatz und Bundespräsident Rudolf Kirchschläger zusammentraf. Sie reiste im Anschluss daran auch nach Innsbruck[883] und stattete am 18. Juni 1983 dem Dialogkongress einen Besuch ab.[884] Nach Alpbach begleitet wurde sie nicht nur von SPÖ-Außenminister Erwin Lanc, Landeshauptmann Eduard Wallnöfer und dem indischen Außenminister Narasimha Rao, sondern auch von Alt-Bundeskanzler Kreisky,[885] für den der Aufenthalt von Gandhi in Österreich ein Wiedersehen mit einer alten Bekannten brachte. Wie Kreisky in seinen Memoiren ausgeführt hat, hatte er bereits als Jugendlicher mit Begeisterung die Schriften Ihres Vaters Jawaharlal Nehru gelesen. Dieser war nicht nur ein enger Mitkämpfer Mahatma Gandhis im indischen Unabhängigkeitskampf und von 1947 bis zu seinem Tod 1964 der erste Ministerpräsident Indiens. 1953 war er von Außenminister Karl Gruber auch als Vermittler in die Staatsvertragsverhandlungen eingeschaltet worden, um die Haltung der Sowjetunion zu einer möglichen österreichischen Neutralität zu sondieren. Persönlich getroffen hatte Kreisky Nehru erstmals im Juni 1955 in Wien und in diesem Zusammenhang Indira Gandhi kennengelernt. Als er 1963 Indien besuchte, kam es nicht nur zu einem Wiedersehen mit Nehru, sondern auch zu einem weiteren Treffen mit dessen Tochter, die 1966 Ministerpräsidentin von Indien wurde und dieses Amt bis 1977 und dann neuerlich von 1980 bis 1984 bekleidete. 1971 war sie unter den ersten, die Kreisky als Bundeskanzler besuchten. In den folgenden Jahren waren sie sich immer wieder begegnet[886] – so bei einem Staatsbesuch Kreiskys in Indien 1980 – und führten einen regen Gedankenaustausch per Briefwechsel, aber auch „gemeinsame Projekte" durch.[887] Als Indira Gandhi im Juni 1983 Österreich besuchte, lag Kreisky zwar in der Universitätsklinik in Freiburg im Breisgau. Um sie zu sehen und nach Alpbach zu begleiten, flog er jedoch kurzfristig nach Innsbruck.[888] In Alpbach, wo sich in diesem Jahr besonders viel Prominenz einfand,[889]

---

[883] Indira Gandhi in Innsbruck, in: Tiroler Tageszeitung, 18./19.6.1983; Indira Gandhis 100-Minuten Besuch in Innsbruck, in: Tiroler Tageszeitung, 20.6.1983.

[884] Ein genauer Ablauf-Plan ihres Österreich-Besuches findet sich in der Stiftung Bruno Kreisky Archiv. Vgl.: Programmentwurf (Stand 18.5.1983) für den Besuch von Premierministerin Indira Gandhi in Österreich 1983. StBKA, Länderbox Indien 2.

[885] Alpbach, Zwei große Kulturen begegnen einander, in: Tiroler Tageszeitung, 20.6.1983.

[886] Bruno Kreisky, Im Strom der Politik. Der Memoiren zweiter Teil. Herausgegeben von Oliver Rathkolb, Johannes Kunz und Margit Schmidt, Wien/München/Zürich 2000; 259f. und 270ff.

[887] Zu verweisen ist hierbei auf gemeinsame Einsätze bei UNO-Friedensmissionen oder den maßgeblich von Willy Brandt und Kreisky vorbereiteten Gipfel von Cancún im Oktober 1981, um Fragen der Entwicklungspolitik und eine Neuorientierung der Nord-Süd-Beziehungen zu besprechen. Vgl. im Überblick: Margit Franz, Sanskrit to Avantgard. Indo-österreichische Initiativen zur Dokumentation und Förderung von Kunst und Kultur, in: Gabriela Krist/Tatjana Bayerová (Hg.), Heritage, Conservation and Research in India. 60 Years of Indo-Austrian Collaboration, Wien/Köln/Weimar 2010, 18ff.

[888] Kreisky, Im Strom der Politik, 272.

[889] So waren neben mehreren österreichischen Ministern (Außenminister Lanc, Wissenschaftsminister Fischer, Finanzminister Salcher), dem Präsidenten der Bundeskammer der gewerblichen Wirtschaft Sallinger und CA-Generaldirektor Androsch auch Vertreter der EG und des Europarats sowie Jürgen Warnka, Bonns Minister für wirtschaftliche Zusammenarbeit, in Alpbach.

hielt Gandhi im Rahmen ihres rund fünfstündigen Aufenthalts[890] nicht nur eines der Referate am Eröffnungstag des Dialogkongresses,[891] sondern fand inmitten des größten Sicherheitsaufgebotes, das der kleine Ort je gesehen hatte, auch die Zeit, um Dirndl für ihre Enkelkinder zu besorgen.[892] Auf das mit Indira Gandhi während der Fahrt nach Alpbach geführte Gespräch über „eine Konferenz der Freunde" zur Verbesserung der Situation der Vereinten Nationen nahm Kreisky wenig später noch einmal brieflich Bezug.[893] Als ihm 1984 für sein Lebenswerk in New Delhi der Jawaharlal-Nehru-Preis verliehen wurde, musste ihm dieser jedoch von Indira Gandhis Sohn überreicht werden. Sie selbst war im November desselben Jahres einem Attentat zum Opfer gefallen.[894] Ihr Besuch in Alpbach im Juni 1983 sollte damit ihr letzter Aufenthalt in Europa bleiben.[895]

Die Dialogkongresse wurden hingegen 1984 unter dem Schwerpunkt „Westeuropa – USA – Japan" und 1985 mit dem Thema „Westeuropa – Nord- und Südwestpazifik" fortgesetzt.[896] Der für das Folgejahr geplante Kongress zwischen Westeuropa und den Staaten des Arabischen Golf-Kooperationsrates[897] musste jedoch kurzfristig abgesagt werden.[898] Der Grund hierfür war – so Otto Molden im Mai 1986 –, dass die Araber dem College vorwarfen, Beziehungen zum jüdischen Weltbund zu haben und dass sich durch eine Teilnahme die gemäßigten arabischen Staaten von den radikalen Staaten spalten könnten.[899] 1987 folgte ein Dialogkongress „Westeuropa – USA",[900] aber auch eine Diskussion, ob die Dialogkongresse fort-

---

[890] Programmentwurf (Stand 18.5.1983) für den Besuch von Premierministerin Indira Gandhi in Österreich 1983. StBKA; Länderbox Indien 2; Schreiben von Otto Molden an Bruno Kreisky vom 31.5.1983. StBKA, Prominenten-Korrespondenz, Otto Molden.

[891] Weitere Reden hielten u. a. Wissenschaftsminister Heinz Fischer und der indische Außenminister Narasimha Rao. Vgl.: Otto Molden (Hg.), Dialogkongress Westeuropa – Indien des Österreichischen College in Alpbach. Eröffnungsansprachen, Plenarvorträge, Abschlussberichte der Plattformen, Wien 1983.

[892] Privateinkäufe für ihre Enkel, in: Tiroler Tageszeitung, 20.6.1983; Koschka Hetzer-Molden, „Wir kennen uns aus Alpbach", in: Die Presse, 18.8.2012.

[893] Briefentwurf von Bruno Kreisky, undatiert und Schreiben von Indira Gandhi an Bruno Kreisky vom 10.7.1984. StBKA, Prominenten-Korrespondenz, Indira Gandhi.

[894] Kreisky, Im Strom der Politik, 272f.

[895] Gespräche Westeuropas mit außereuropäischen Kultur- und Wirtschaftsräumen in Österreich, in: Ein Zentrum in Westeuropa. Situation und Aktivitäten des Österreichischen College 1982–1985, Broschüre, o. J. [1985]. Archiv des EFA, Programme.

[896] Otto Molden (Hg.), Dialog Westeuropa – Nord- und Südwestpazifik. Inventar der gegenseitigen Beziehungen, Wien 1985.

[897] Am Kongress sollten neben zehn europäischen Staaten folgende Staaten aus dem arabischen Raum teilnehmen: Bahrain, Kuwait, Oman, Qatar, Saudi-Arabien und die Vereinigten Arabischen Emirate. Vgl. Programm: Dialogkongress Westeuropa – Staaten des arabischen Golf-Kooperationsrates. Archiv des EFA, Programme.

[898] Protokoll der Sitzung des Vorstandes vom 3.6.1986. Archiv des EFA, Ordner Sitzungen 1986/1987.

[899] Zuvor hatte bereits ein für 1984 vorgesehener „Dialogkongress Westeuropa – arabische Länder" abgesagt werden müssen. Vgl.: Protokoll der Sitzung des Präsidiums vom 29.10.1983. Archiv des EFA, Ordner Sitzungen 1983; Protokoll der Sitzung des Präsidiums vom 16.5.1986. Archiv des EFA, Ordner Sitzungen 1986/1987.

[900] Otto Molden (Hg.), Dialogkongress Westeuropa – USA. Eröffnungsansprachen und Plenarvorträge, Wien 1987.

gesetzt oder eventuell durch „Alpbacher Internationale Mediengespräche" ersetzt werden sollten.[901] Der Grund dafür war, dass inzwischen viele Kulturräume bearbeitet waren[902] und ein Dialogkongress mit den kommunistisch besetzten Regionen ausgeschlossen wurde, da – so Otto Molden in einer Sitzung vom 30. Oktober 1987 – „das Österreichischen College mit totalitären Despotien prinzipiell keine Veranstaltungen" durchführe.[903] Zugleich wurden die Voraussetzungen für die Fortführung der Dialogkongresse angesichts der allgemeinen Finanzsituation des Österreichischen College auch in finanzieller Hinsicht immer schwieriger – war die Organisation der Dialogkongresse, die anfangs als wichtiger Beitrag zu einer Finanzierung des Österreichischen Colleges begrüßt worden waren,[904] doch sehr kostenintensiv und mit teuren Reisen verbunden.[905] Trotzdem gelang eine neuerliche Fortsetzung, wobei die Dialogkongresse nicht zuletzt von den politischen Veränderungen in der Sowjetunion und Osteuropa profitierten. Nachdem 1988 (und somit ein Jahr bevor Österreich offiziell den Beitritt zu den Europäischen Gemeinschaften beantragt hatte) über das Verhältnis von EG und EFTA-Staaten debattiert worden war,[906] stand 1989 auf Wunsch von ÖVP-Außenminister Alois Mock[907] ein Dialogkongress „Westeuropa – Sowjetunion" auf dem Programm, an dem Vertreter aus elf europäischen Staaten und der Sowjetunion teilgenommen haben.[908] 1990 folgte ein weiterer Kongress zu „Westeuropa – Osteuropa",[909] 1991 noch einmal einer zu den ASEAN-Staaten,[910] 1992 ein Dialogkongress mit der Ukraine, die 1991 unabhängig geworden war,[911] und 1993 einer zu den Iberischen Staaten.[912] Dann aber wurden

---

[901] Protokoll der Sitzung des Präsidiums vom 18.5.1987, Protokoll der Sitzung des Vorstandes vom 16.6.1987, Protokoll der Sitzung des Präsidiums vom 17.12.1987. Archiv des EFA, Ordner Sitzungen 1986/1987; Generalversammlung vom 11.12.1987. Archiv des EFA, Ordner Generalversammlungen.

[902] Bereits 1984 war deswegen an die Veranstaltung eines jährlichen Dialogkongresses Westeuropa-USA gedacht worden. Vgl.: Protokoll der Präsidiumssitzung vom 19.7.1984. Archiv des EFA, Ordner Sitzungen 1984/1985.

[903] Protokoll der Sitzung des Vorstandes vom 30.10.1987. Archiv des EFA, Ordner Sitzungen 1986/1987.

[904] Protokoll der Sitzung des Vorstandes des Österreichischen Colleges vom 1.10.1975. Archiv des EFA, Ordner Sitzungen 1974/1975.

[905] Interview mit Dr. Michael Neider am 9.1.2014.

[906] Otto Molden (Hg.), Dialogkongress Europäische Gemeinschaften – EFTA-Staaten, Wien 1988. Eröffnungsansprachen, Plenarvorträge und Zusammenfassungen der Round Tables, Wien 1988.

[907] Protokoll der Sitzung des Präsidiums vom 7.9.1988. Archiv des EFA, Ordner Sitzungen 1988/1989 und Protokoll der Generalversammlung vom 10.3.1989. Archiv des EFA, Ordner Generalversammlungen.

[908] Otto Molden (Hg.), Dialogkongress Westeuropa – Sowjetunion. Eröffnungsansprachen, Plenarvorträge und Zusammenfassungen der Round Tables, Wien 1989.

[909] Otto Molden (Hg.), Dialogkongress Westeuropa – Osteuropa. Eröffnungsansprache, Plenarvorträge und Zusammenfassungen der Round Tables, Wien 1990.

[910] Otto Molden (Hg.), Dialogkongress Europa – ASEAN-Staaten. Eröffnungsansprache, Plenarvorträge und Zusammenfassungen der Round Tables, Wien 1991.

[911] In diesem Zusammenhang wurde auch die neue Fahne in Alpbach gehisst. Vgl.: Heinrich Pfusterschmid-Hardtenstein (Hg.), Dialog Ukraine. Dialogkongress 1992, Wien 1993.

[912] Heinrich Pfusterschmid-Hardtenstein (Hg.), Europa im Werden. Dialog mit den Iberischen Staaten, Wien 1994.

die Dialogkongresse vor dem Hintergrund der großen Krise der späten 1980 und frühen 1990er Jahre eingestellt.[913] Ein Zeichen dafür, dass sie immer schwerer zu finanzieren waren, stellte auch deren zeitliche Platzierung dar. Fanden die Dialogkongresse anfangs im Juni oder Anfang Juli statt, verschob sich ihre Durchführung immer mehr in die zweite Augusthälfte und somit in Richtung des Europäischen Forum Alpbach. Ausschlaggebend war hierfür, dass eine zeitliche Zusammenlegung mit dem Forum größere Einsparungen bringen sollte.[914]

5.4 Programm und Teilnehmer bis 1992

Das Europäische Forum Alpbach setzte sich in den 1980er Jahren aus den gewohnten Programmschienen – darunter 13 bis 17 Arbeitsgemeinschaften – zusammen. Daneben wurden im neuen Jahrzehnt aber auch neue Programmbausteine – wie die „Alpbach-Portraits" oder die „Kurzveranstaltungen" – eingeführt bzw. das Wirtschaftsprogramm mit neuen Angeboten ausgebaut. Die Dauer der Gesamtveranstaltung lag weiterhin bei 14 Tagen, verkürzte sich 1990 und 1991, als die bereits angesprochene Krise besonders virulent wurde, jedoch auf zwölf Tage. Die Anzahl der Gesamtteilnehmer (Voll- und Kurzteilnehmer, Mitarbeiter des Forums und Journalisten) stieg weiterhin an und lag 1980 bei 870 bzw. 1984 bei ca. 1080 Personen.[915] 1987 wurde das Forum von 1360[916] bzw. 1988 von 1162 Teilnehmern besucht,[917] wobei dieser Anstieg vor allem auf die neu eingeführten „Kurzveranstaltungen" zurückführbar war, und die Jugend weitgehend fehlte. So befanden sich etwa 1980 nur 112 und 1984 nur mehr 74 Stipendiaten in Alpbach.[918]

5.4.1 Wissenschaft, Politik, Recht, Kunst und Wirtschaft

Wissenschaftliche Arbeitsgemeinschaften, die in der Regel zu zehn Sitzungen zusammentrafen, wurden 1982 unter dem Generalthema „Erkenntnis und Gestaltung der Wirklichkeit" zu den „Zielen und Methoden wissenschaftlicher Erkenntnis", zu „Biologischen Grundlagen der Moral", zur „Theorie und Praxis der Friedenssicherung" oder zur „Wahrnehmung und künstlerischen Gestaltung" angeboten.[919] 1985 folgten unter dem Generalthema „Evolution und die Zukunft des Menschen"

---

[913] Interview mit Dr. Michael Neider am 9.1.2014.
[914] Protokoll der Sitzung des Vorstandes vom 3.11.1989. Archiv des EFA, Ordner Sitzungen 1988/1989.
[915] Teilnehmer-Statistik 1980–1984. Beilage zum Protokoll der Sitzung des Vorstandes vom 4.6.1985. Archiv des EFA, Ordner Sitzungen 1984/1985.
[916] Protokoll der Generalversammlung vom 11.12.1987. Archiv des EFA, Ordner Generalversammlungen.
[917] Protokoll der Sitzung des Vorstandes vom 28.10.1988. Archiv des EFA, Ordner Sitzungen 1988/1989.
[918] Teilnehmer-Statistik 1980–1984. Beilage zum Protokoll der Sitzung des Vorstandes vom 4.6.1985. Archiv des EFA, Ordner Sitzungen 1984/1985.
[919] Programm: Europäisches Forum Alpbach, 21.8.–3.9.1982. Archiv des EFA, Programme.

Arbeitsgemeinschaften zur „Soziobiologie des Menschen", zur „Gefährdung der Erdatmosphäre" oder zur „Evolution sozialer Strukturen".[920] 1986 waren es unter dem Überthema „Autonomie und Kontrolle. Steuerungskrisen der modernen Welt" Arbeitsgemeinschaften zum „Problem der Steuerung des Erkenntnisgeschehens", zu „Krisenphänomenen und der Biosphäre und ihren sozialen Auswirkungen", zum „Feminismus" oder der „Manipulation der Fruchtbarkeit",[921] und 1988 waren es unter dem Generalthema „Erkenntnis und Entscheidung – Die Wertproblematik in Wissenschaft und Praxis" Arbeitsgemeinschaften zu „Erkenntnis und Entscheidung in der Forschung", zu „Geschichte im Widerstreit der Wertungen" oder zu „Glaubensentscheidung und wissenschaftlicher Erkenntnis."[922]

Besonders auffallend ist hierbei einerseits, dass nun auch die Naturwissenschaften und die Medizin wieder stärker unter den angebotenen Arbeitsgemeinschaften vertreten waren[923] und auch im Bereich der wissenschaftlichen Plenarveranstaltungen eine größere Rolle spielten. So wurden in mehreren Vorträgen etwa die vergleichsweise noch junge Gentechnik, die künstliche Befruchtung oder die Beziehung von Medizin und Ethik angesprochen, was zu mehrfachen Besuchen von Elisabeth Herz-Kremenak führte, die das Europäische Forum Alpbach bereits seit dessen Anfängen kannte[924] und ihm später auch einen Großteil ihres Vermögens vermachte.[925] Sie hatte 1947 als junge Medizinstudentin erstmals an den Internationalen Hochschulwochen in Alpbach teilgenommen und hier später auch ihren Mann, den Diplomaten Martin Herz, kennengelernt, der ein guter Freund von Otto und Fritz Molden war. Mit ihm gemeinsam lebte sie nach der Hochzeit 1957 in Asien und den USA, wo sie ehrenamtlich als Ärztin bzw. in Washington auch als Psychotherapeutin und Lehrende an der Georgetown University tätig war.[926] Andererseits sticht die genannte Arbeitsgemeinschaft über den „Feminismus" unter der Leitung von Kurt Fischer und Dorothea Pfersmann mit Vorträgen von Ruth Wodak und Hertha Firnberg ins Auge.[927] Nachdem Fragen der Geschlechterdemokratie in Alpbach lange ausgeklammert worden waren und auch während der 1970er Jahre, als die zweite Frauenbewegung auf sich aufmerksam machte, keinen Eingang in das offizielle Programm gefunden hatten, wurde nun somit auch erstmals[928] das Verhältnis der Geschlechter angesprochen. Mit

---

[920] Programm: Europäisches Forum Alpbach, 17.8.–30.8.1985. Archiv des EFA, Programme.
[921] Programm: Europäisches Forum Alpbach, 16.8.–29.8.1986. Archiv des EFA, Programme.
[922] Programm: Europäisches Forum Alpbach, 20.8.–31.8.1988. Archiv des EFA, Programme.
[923] Vgl. zum Fehlen der Naturwissenschaften in den vorhergehenden Jahren etwa: Geld schlägt Geist, in: Trend 10 (1977) 141.
[924] Sie beteiligte sich etwa neben Hans Tuppy 1985 an der Plenarveranstaltung „Medizin und Ethik – Neubestimmung oder Neuorientierung".
[925] Schriftliche Mitteilung von Philippe Narval, M. Sc. vom 8.4.2015.
[926] Damals und heute, in: Alpbach News, Nr. 15, 1.9.2006, 7; Margaret Bender (Hg.), Foreign at Home and Away. Foreign-Born Wives in the U. S. Foreign Service, Lincoln 2002.
[927] Programm: Europäisches Forum Alpbach, 16.–29.8.1986. Archiv des EFA, Programme.
[928] 1988 folgte eine Arbeitsgemeinschaft über „Veränderungen im Rollenverständnis der Geschlechter" mit Rosemarie Nave-Herz und Burkhart Strümpel und 1991 eine Arbeitsgemeinschaft über „Gleichberechtigung und Ungleichheit der Geschlechter in der Gesellschaft. Normen – Prinzi-

Karl Popper und Konrad Lorenz (v. l. n. r.) beim Europäischen Forum Alpbach 1983

einer Paneldiskussion zum „Verdrängungssyndrom – Wahrheit, Lügen und Legenden über Demokratie, Faschismus und Nationalsozialismus" mit Fritz Molden, Anton Pelinka, Peter Broucek, Ernst Topitsch und Ernst Nolte wurde 1986 aber auch der Umgang mit der NS-Vergangenheit ein Thema in Alpbach. Anlass hierfür war einerseits der damals virulente „Historikerstreit" in Deutschland[929] und andererseits die Waldheim-Debatte in Österreich,[930] wobei – so Fritz Molden, der als Moderator fungierte –, „Tagesaktualitäten" jedoch ausgeklammert werden sollten.[931] Waldheim, den Molden bereits aus seiner Zeit bei Außenminister Gruber kannte[932] und der bereits in den 1940er Jahren in Alpbach zu Gast war,[933] sollte

---

pien – Klischees" mit Dorothea Gaudart und Adalbert Podlech. Vgl.: Programm: Europäisches Forum Alpbach, 20.–31.8.1988 und Programm: Europäisches Forum Alpbach, 17.–28.8.1991. Archiv des EFA, Programme.

[929] Dieser drehte sich ausgehend von einem Artikel Noltes um die Singularität des Holocausts und dessen Bedeutung für das Geschichtsbild der Deutschen.

[930] Barbara Toth (Hg.), 1986. Das Jahr, das Österreich veränderte, Wien 2006.

[931] Verdrängungssyndrom, in: Wiener Zeitung, 28.8.1986; Wie versuchbar ist der Bürger?, in: Die Presse, 28.8.1986; Vorbeigeredet und zugedeckt: Faschismusdebatte in Alpbach, in: Arbeiter Zeitung, 28.8.1986.

[932] Molden, Besatzer, Toren, Biedermänner, 47. Wie 2011 im „Profil" berichtet wurde, hatte Gruber damals auch Kenntnis von der SA-Mitgliedschaft Waldheims, ließ diese und ein bereits eingeleitetes Entnazifizierungsverfahren jedoch „applanieren". Während der Waldheim-Debatte präsentierte Gruber ein eigenes „Weißbuch". Vgl.: Marianne Enigl, Das Tagebuch des Generals, in: Profil, 26.11.2011.

[933] Vgl. hierzu das Fotoarchiv des EFA.

damit nicht thematisiert werden. Später übernahm Fritz Molden auch eine diplomatische Sondermission, um das angekratzte Image Österreichs in Folge der Wahl Kurt Waldheims zum österreichischen Bundespräsidenten und der im Zuge seiner Kandidatur geführten Diskussion über dessen Tätigkeit in der Wehrmacht und über den Umgang Österreichs mit der NS-Vergangenheit zu verbessern.[934]

Die Vortragenden stammten wie in den Jahren zuvor aus mehreren europäischen Staaten und den USA, womit sich in Umkehrung zu den 1970er Jahren nun eine abnehmende Internationalität bemerkbar machte. Diese zeigte sich nicht nur darin, dass 1985 die französischsprachigen Arbeitsgemeinschaften eingestellt werden mussten,[935] sondern auch die italienischsprachigen immer schwerer zu halten waren. Zu den besonders prominenten Teilnehmern am wissenschaftlichen Programm zählten etwa 1982 Ernst Gombrich, der Alpbach erstmals 1954 besucht hatte, der bereits genannte Ökonom und Nobelpreisträger James Buchanan (1984, 1987, 1989) und wiederum Karl Popper, der Alpbach in den 1980er Jahren wiederholt besuchte. So feierte er 1982 nicht nur seinen 80. Geburtstag mit einer Laudatio seines Freundes Friedrich von Hayek in Alpbach. 1983 traf er hier auch mit dem österreichischen Nobelpreisträger Konrad Lorenz zusammen,[936] der bereits 1951 einen Vortrag in Alpbach gehalten hatte,[937] und 1978 ursprünglich als dritter Teilnehmer für das Gespräch mit Eccles vorgesehen war.[938] Beide beteiligten sich an einer Plenarveranstaltung über die evolutionäre Erkenntnistheorie und somit jener Denkrichtung, die Lorenz durch sein 1973 erschienenes Buch „Die Rückseite des Spiegels" mitgeprägt hatte. Bei der Arbeit zu seinem Buch war Lorenz – so Klaus Taschwer und Benedikt Föger – erstmals auf die verwandten Ansichten Poppers aufmerksam geworden und von den Ähnlichkeiten so angetan gewesen, dass er Popper einen Brief geschrieben hatte. Nichts ahnend, dass sie beiden sich schon lange kannten, hatte er diesen mit den Worten „Dear Sir Karl" begonnen, worauf ihm Popper retournierte, dass er der „Karli Popper" sei, mit dem er schon als Kind gespielt habe bzw. er jener sei, der „schlecht laufen und schlecht schießen konnte" und „beim Indianerspielen zumeist an den Marterpfahl gefesselt worden war."[939]

Ein Jahr darauf kam es zu einer Neuauflage des eben angesprochenen Gesprächs mit John Eccles bzw. zu einer Diskussion über die Wechselwirkungen zwi-

---

[934] In seinen Memoiren verteidigte er Waldheim, der von der ÖVP als Bundespräsident vorgeschlagen worden war, noch 2007. Vgl.: Molden, „Vielgeprüftes Österreich", 178ff.
[935] Protokoll der Generalversammlung vom 19.12.1985. Archiv des EFA, Ordner Generalversammlungen.
[936] Lorenz erhielt 1973 gemeinsam mit Karl von Frisch und Nikolaas Tinbergen den Nobelpreis für Physiologie und Medizin. Vgl. zu seinem Besuch in Alpbach: Duell Seite an Seite, in: Volkszeitung Klagenfurt, 25.8.1983; Möglichkeiten der Evolution liegen im Menschen selbst. Konrad Lorenz und Karl Popper beim Forum Alpbach, in: Tiroler Tageszeitung, 25.8.1983.
[937] Tagungsbericht: Europäisches Forum Alpbach. Siebente Internationale Hochschulwochen, 18.8.–7.9.1951. Archiv des EFA, Berichte.
[938] Protokoll der ordentlichen Generalversammlung vom 17.1.1977. Archiv des EFA, Ordner Generalversammlungen; Alpbach 1978: Drei Nobelpreisträger, Popper, Waldheim, in: Die Presse, 3.5.1978.
[939] Klaus Taschwer/Benedikt Föger, Konrad Lorenz. Biographie, München 2009, 268.

Finanzminister Hannes Androsch, Außenminister Willibald Pahr und der israelische General und Politiker Moshe Dayan (v. l. n. r.) beim Europäischen Forum Alpbach 1980

schen Welt 1 und Welt 2 im Liaison Gehirn,[940] als auch Hayek erneut in Alpbach war und wie Popper und Eccles die Arbeitsgemeinschaft zum Leib-Seele-Problem unterstützte.[941] Sowohl für Popper als auch für Hayek sollte es einer der letzten Besuche beim Europäischen Forum Alpbach sein. Hayek besuchte dieses 1985[942] ein letztes Mal, Popper war zwar noch für 1985, 1987, 1989 und 1992 im Programm vorgesehen, kam jedoch nicht mehr nach Alpbach.

Die sich insbesondere im Bereich der Dialogkongresse ausdrückende stärkere Hinwendung zu globalen Fragestellungen zeigte sich auch weiterhin in der politischen Diskussion. So folgte 1980 – zweifellos als Höhepunkt der stärkeren Einbindung von Vertretern aus Israel in das Programm des Europäischen Forum Alpbach – ein Besuch von Moshe Dayan, der bereits 1977 als Teilnehmer angekündigt worden war,[943] um hier über das Problem der Menschenrechte und die Beziehungen zwischen Israelis und Arabern zu sprechen.[944] Große Bekanntheit hat er vor allem als Verteidigungsminister während des Sechs-Tage-Kriegs zwischen Israel und den

---

[940] Zwei große alte Herren in Alpbach: Popper und Eccles. Von physischen Ereignissen im Kopf und Bewußtsein, in: Tiroler Tageszeitung, 27.8.1984; Bernulf Kanitscheider, Karl Popper. Das Leib-Seele-Problem und das Europäische Forum Alpbach 1984, in: Mensch. Natur. Gesellschaft 1 (1985) 36–38.
[941] Ausgerechnet zum 40. Geburtstag ..., in: Illustrierte Neue Welt, 8/9, 1984.
[942] Hayek: Vernunft darf nicht als höchste Instanz gelten, in: Die Presse, 19.8.1985.
[943] Moshe Dayan zum Europäischen Forum Alpbach, in: Die Presse, 6.5.1977.
[944] Molden, Der andere Zauberberg, 147.

Demonstrationen gegen den Besuch von Mangosuthu Buthelezi beim Europäischen Forum Alpbach 1988

arabischen Staaten Ägypten, Jordanien und Syrien 1967 sowie als Außenminister bei der Ausarbeitung des Friedensabkommens mit Ägypten von 1979 (Camp David I) erlangt. In den folgenden Jahren kam es zu größeren Gesprächskreisen über die Situation des Weltfriedens, kleineren Plenarveranstaltungen zu den geistigen Beziehungen Südostasiens zu Westeuropa (1983)[945] oder einem Eröffnungsvortrag von Otto Molden zur euro-indischen Bewegung (1986).[946]

1988 folgte schließlich ein Besuch von Mangosuthu Buthelezi, bei dem über die Zukunft von Südafrika und die Abschaffung der Apartheid diskutiert werden sollte, was heftige Proteste auslöste. Schuld daran war, dass mit dem Zulu-Häuptling Buthelezi, der Chief Minister des Homelands Kwa-Zulu und Präsident der Inkatha-Partei war, ein äußerst umstrittener Politiker (und Gegenspieler des von Otto Molden als „marxistisch" abgelehnten ANC[947]) eingeladen wurde. Während viele konservative Kräfte Buthelezi als „pragmatischen" Gegner der Apartheid betrachteten, der auf Marktwirtschaft und Gewaltfreiheit setze, sahen andere in ihm einem Kollaborateur mit dem weißen Minderheitsregime, der eine Schlüsselrolle bei der Durchsetzung der Homeland-Politik[948] spielte und in seinem Bereich

---

[945] Programm: Europäisches Forum Alpbach, 20.–31.8.1983. Archiv des EFA, Programme.
[946] Programm: Europäisches Forum Alpbach, 16.–29.8.1986. Archiv des EFA, Programme.
[947] Otto Molden, Der Gandhi von Südafrika, in: Die Presse, 11.7.1988.
[948] Errichtung von Reservaten, in die Millionen schwarzer Menschen umgesiedelt worden sind, als Mittel der „Rassentrennung".

mit diktatorischen Mitteln herrschte.[949] So kam es auch bereits im Vorfeld des Forums zu einer Auseinandersetzung in der Großen Koalition zwischen SPÖ-Innenminister Karl Blecha und ÖVP-Außenminister Alois Mock hinsichtlich der Einreisegenehmigung für Buthelezi[950] und zu einer Absage von SPÖ-Finanzminister Ferdinand Lacina, am Wirtschaftsgespräch teilzunehmen.[951] Und auch der Eröffnungstag verlief anders als gewohnt. So entfiel aus Sicherheitsgründen nicht nur die feierliche Eröffnung. Auch das Kongresshaus, das durch eine Stacheldrahtumzäunung zu einer Art „Fort Knox" transformiert worden war,[952] wurde von rund 60 Demonstranten der Antiapartheidsbewegung belagert, die hier für die Freilassung von Nelson Mandela (als „Gegenspieler" von Buthelezi) eintraten[953] und deren Kundgebung – so die „Wörgler Rundschau" – sogar von einer Bombendrohung gestört wurde.[954] Die Einladung an Buthelezi wurde somit zu einer der meistkritisierten Entscheidungen in der Geschichte des Europäischen Forum Alpbach, die – so Koschka Hetzer-Molden – auch Auswirkungen auf die öffentlichen Subventionen hatte. Von Medienvertretern, darunter auch Marion Gräfin Dönhoff von der „Zeit" im Hamburg, wurde seine Anwesenheit jedoch fleißig genutzt, um nach Alpbach zu reisen.[955]

Zugleich fand im Bereich der politischen Diskussion auch weiterhin eine Auseinandersetzung mit dem Kommunismus und der Europäischen Integration statt. Dies bedeutete, dass nicht nur weiterhin Dissidenten – wie der russische Autor Lew Kopelew,[956] der nach seiner Ausbürgerung aus der Sowjetunion 1981 in Deutschland lebte – nach Alpbach eingeladen wurden oder die Werke von Dissidenten im Rahmen des Kunst- und Kulturprogramms aufgeführt wurden. Im Rahmen des Politischen Gesprächs wurde auch über die „Krise der politischen Ideologie" (allerdings in einem breiteren Kontext unter Einschluss des Nationalsozialismus und der „Dritte Welt-Ideologie")[957] und angesichts des sich anbahnenden Zusammenbruchs des Kommunismus in der Sowjetunion und in Osteuropa über die „Erosion der Supermächte und der internationalen Nachkriegsordnung" sowie mögliche Szenarien für die weitere Entwicklung debattiert. Nicht selten wurde hierbei auch die Frage nach der zukünftigen Entwicklung Europas gestellt

---

[949] Schwarz-Weiß, in: Wochenpresse, Nr. 33, 19.8.1988; Ein Schwarzer für Weiße, in: Profil, Nr. 34, 22.8.1988; Alpbach: Südafrika in einer Spirale der Gewalt, in: Tiroler Tageszeitung, 22.8.1988.

[950] Buthelezi-Visum: Blecha droht Mock, in: Die Presse, 30.6.1988; Das Visum, in: Die Presse, 1.7.1988; Mock hält Zwist um Buthelezi-Visum für „große Kinderei", in: Die Presse, 1.7.1988.

[951] Erneut Streit um Buthelezi, in: Salzburger Nachrichten, 22.8.1988.

[952] Koschka Hetzer-Molden, „Wir kennen uns aus Alpbach", in: Die Presse, 17.8.2012; Interview mit Koschka Hetzer-Molden am 12.3.2014.

[953] Proteste vor dem Kongresshaus bei Eröffnung des Forums in Alpbach, in: Tiroler Tageszeitung, 22.8.1988.

[954] Forum Alpbach eröffnet. Demonstration und Bombendrohung zum Auftakt, in: Wörgeler Rundschau, 24.8.1988.

[955] Interview mit Koschka Hetzer-Molden am 12.3.2014.

[956] Kopelew kommt nach Alpbach, in: Tiroler Tageszeitung, 20.8.1984; Alpbach bittet für Familie Sacharow, in: Neue Vorarlberger Tageszeitung, 27.8.1984, Kaffee für Frau Kopelew, in: Süd Ost Tagespost, 29.8.1984; Kein Kaffee für die Kopelews, in: Kleine Zeitung, 30.8.1984.

[957] Europäisches Forum Alpbach, 20.8.–3.9.1983. Archiv des EFA, Programme.

– wie etwa 1985 bei einem Gespräch über „Westeuropas Zukunft im Kräftefeld der Supermächte" (unter anderem mit Gaston Thorn), 1988 bei einer Podiumsdiskussion im Rahmen des Gesprächs über die „Erosion der Supermächte" oder 1990 in der Eröffnungsansprache von Otto Molden, in der er ausführte, dass in Alpbach die Veränderungen im Osten genau beobachtet worden seien und nun der Weg zu einem großen „föderalistischen, europäischen Bundesstaat" bereit sei.[958] Molden war somit – auch nach dem Scheitern seiner Europäischen Föderalistischen Partei – seinem alten Konzept eines föderalistischen Europa treu geblieben – auch wenn die realpolitischen Entwicklungen längst in eine andere Richtung gewiesen hatten.

Aufgegriffen wurden diese bzw. konkrete Fragen der europäischen Integration im Rahmen des Europäischen Forum Alpbach etwa 1986 bei einem Gespräch mit SPÖ-Bundeskanzler Franz Vranitzky und Gaston Thorn, bei dem es um die „Eurosklerose" ging.[959] Angesprochen wurde damit die Stagnation im europäischen Integrationsprozess, die sich in den 1970er und frühen 1980er Jahren (mit Ausnahme der Nord- und Süderweiterung der EG) breit gemacht hatte, durch den angestauten Reformdruck ab Mitte der 1980er Jahre aber auch zu neuen Impulsen wie der Unterzeichnung der Einheitlichen Europäischen Akte 1986 führte und 1992 im Vertrag von Maastricht in die Gründung der Europäischen Union mündete. Damit wurden die bis dahin bedeutendsten Reformen der Römischen Verträge von 1957 bzw. die Schaffung der Europäischen Union als Wirtschafts-, Währungs- und Politische Union mit einer gemeinsame Außen- und Sicherheitspolitik umgesetzt,[960] die – nach einem Politischen Gespräch über eine gemeinsame europäische Außenpolitik 1987[961] – in Alpbach 1991 noch als Zukunftsprojekt auf dem Programm gestanden war. Teilgenommen hat an diesem Gespräch über die „Vision eines neuen Europa" neben Außenminister Mock und David W. Martin, dem Vizepräsidenten des Europäischen Parlaments in Straßburg, unter anderem auch der ehemalige französische Wirtschafts- und Finanzminister Jacques Delors, der zu den wichtigsten Persönlichkeiten im europäischen Integrationsprozess zählt und als EG-Kommissionspräsident ab 1985 (bis 1995) wesentlich zum neuen Aufschwung in der europäischen Integration beigetragen hat.[962] Hierbei wurde sein Aufenthalt in Alpbach – wie etwa in der „Presse" festgehalten wurde – auch dazu genutzt, um über den österreichischen EG-Beitrittsantrag aus dem Jahr 1989 und seine Erfolgsaussichten zu sprechen, was von Delors damit beantwortet wurde, dass Österreich Geduld haben solle.[963] Generell hatten in der österreichischen Politik europa-

---

[958] Otto Molden, Alpbach und die weltpolitischen Ereignisse in Europa, in: Ders. (Hg.), Freiheit – Ordnung – Verantwortung. Europäisches Forum Alpbach 1990, Wien 1990, 3.
[959] Otto Molden (Hg.), Autonomie und Kontrolle. Steuerungskrisen der modernen Welt. Europäisches Forum Alpbach 1986, Wien 1987.
[960] Clemens/Reinfeld/Wille, Geschichte der europäischen Integration,182ff.; Kaelble, Kalter Krieg und Wohlfahrtsstaat, 219ff.
[961] Programm: Europäisches Forum Alpbach, 15.–28.8.1987. Archiv des EFA, Programme.
[962] Kaelble, Kalter Krieg und Wohlfahrtsstaat, 222.
[963] Delors rät zu Geduld, in: Die Presse, 27.8.1991.

politische Fragestellungen nach der Unterzeichnung der Freihandelsverträge von 1972 an Bedeutung verloren und vor dem Hintergrund der weltwirtschaftlichen Veränderungen und der spezifischen Herausforderungen in Österreich (Budgetsanierung, innere Reformen) erst wieder Mitte der 1980er Jahre an Wichtigkeit gewonnen. Dann aber wurde die Frage einer EG-Mitgliedschaft zu einem zentralen Thema in der politischen Debatte, was auch dazu geführt hatte, dass 1987 mit dem ehemaligen Handelsminister Fritz Bock als langjährigem Befürworter der Teilnahme Österreichs am Integrationsprozess in Alpbach die Frage gestellt werden konnte, ob „Österreich Mitglied der Europäischen Gemeinschaften werden kann."[964] Besonders heftig wurde in diesem Zusammenhang die Frage debattiert, ob der neutrale Status Österreichs mit einem EG-Beitritt vereinbar sei, weshalb auch der Beitrittsantrag mit einem Neutralitätsvorbehalt versehen war.[965]

Das Mitte der 1970er Jahre eingeführte Rechtsgespräch wurde in den 1980er Jahren mit jährlich stattfindenden Plenarveranstaltungen und juristischen Arbeitsgemeinschaften prolongiert, wobei unter anderem folgende Themen behandelt wurden: Gesetzgebung und Gesellschaftsstruktur (1981), die Umverteilung geistigen Eigentums (in Anwesenheit des Surrealisten Maître Leherb, 1984), Justiz und Menschenrechte (1985) oder Ehe und Familie als Rechtssubjekte (1988). Die prägende Persönlichkeit blieb auch über seine Regierungszeit hinaus Christian Broda, der – wie die ihm ab 1983 nachfolgenden Justizminister – regelmäßig nach Alpbach kam und das Europäische Forum Alpbach 1986 auch nützte, um die maßgeblich von ihm mitentwickelte „Charta des demokratischen Europa für den wirksamen Schutz der Menschenrechte der Flüchtlinge und Gastarbeiter" vorzustellen.[966] Entstanden war der 16 Punkte umfassende Forderungskatalog nicht lange davor auf dem dritten Kongress des C.E.D.R.I., dem 1982 in Basel gegründeten Europäischen Kongress zur Verteidigung der Flüchtlinge und Gastarbeiter, in Limans. Im Jänner 1987, kurz vor seinem Tod, sollte Broda dann auch die Verleihung des Europäischen Menschrechtspreises vor der parlamentarischen Versammlung des Europarats in Straßburg dazu nützen, um „sein" Asylrechtsmodell vor einem noch größeren Publikum zu präsentieren. Den Preis erhielt er insbesondere für seinen Kampf um die weltweite Abschaffung der Todesstrafe und den Anteil Österreichs an der Ausarbeitung des Sechsten Zusatzprotokolls zur Europäischen Menschrechtskonvention.[967]

Im Bereich des Kunst- und Kulturprogramms wurde das neue Jahrzehnt – ähnlich wie zu Beginn der 1970er Jahre – mit alten „Bekannten" eingeleitet. So wurde 1980 nicht nur eine Ausstellung zum fünften Todestag von Fritz Wotruba mit einer

---

[964] Programm: Europäisches Forum Alpbach, 15.–28.8.1987. Archiv des EFA, Programme.
[965] Gehler, 17. Juli 1989: Der EG-Beitrittanstrag, 540ff.
[966] Christian Broda, Asylrecht – Menschenrecht, in: Otto Molden (Hg.), Autonomie und Kontrolle. Steuerungskrisen der modernen Welt. Europäisches Forum Alpbach 1986, Wien 1987, 101–114. Die Rede ist auch im Archiv Christian Broda in der Österreichischen Nationalbibliothek dokumentiert: ÖNB, Handschriftensammlung, AChB, Nachtrag, XVIII.8.2.
[967] Wirth, Christian Broda, 517ff. sowie Renner Institut/C.E.D.R.I./Amnesty International (Hg.), Asylrecht ist Menschenrecht. Internationales Symposium in memoriam Christian Broda, Wien/Basel 1987.

Arbeitskreis mit Ernst Krenek (vorne links) beim Europäischen Forum Alpbach 1980

Auswahl seiner Kleinplastiken gezeigt,[968] sondern auch der 80. Geburtstag von Ernst Krenek in Anwesenheit des Komponisten mit der Aufführung seiner Werke – darunter insbesondere das „Alpbach Quintett" – gefeiert und einer der Hörsäle im Paula von Preradovic-Haus nach ihm benannt.[969] 1981 folgte eine Ausstellung mit den Werken von Werner Scholz,[970] der bereits einer der künstlerischen Höhepunkte der ersten Internationalen Hochschulwochen 1945 gewesen war, gefolgt von einer Ausstellung der Werke von Joseph Beuys (vorwiegend mit Zeichnungen)[971] im Jahr 1983 und einer Präsentation von Zeichnungen Paul Floras, der ebenfalls bereits 1945 an den Internationalen Hochschulwochen teilgenommen hatte. An diese schlossen nicht nur erneut drei von Fritz Behrendt gestaltete Karikaturen-Ausstellungen („Federn für die Freiheit – 40 Jahre europäische politische Karikatur" 1985,[972] „Graphische Satire zum Europäischen Forum Alpbach" 1988[973] und „Glasnost und Perestrojka. Karikaturen aus der Sowjetunion"

---

[968] Österreichisches College (Hg.), Gedächtnisausstellung Fritz Wotruba zum 5. Todestag am 28.8.1980 beim „Europäischen Forum Alpbach" 1980, Wien 1980. Archiv des EFA, Kunstprogramme.
[969] Krenek beteiligte sich in diesem Jahr auch an der Führung einer Arbeitsgemeinschaft. Vgl.: Ernst Krenek feiert heute in Alpbach 80. Geburtstag, in: Neue Tiroler Zeitung, 23.8.1980; Musik in vielen Sprachen, in: Die Presse, 23./24.8.1980; Junge Lyrikerin und ein gefeierter Komponist, in: Tiroler Tageszeitung, 26.8.1980.
[970] Österreichisches College (Hg.), Ausstellung. Werner Scholz: Werke von 1930 bis 1980, Wien o. J. [1981]. Archiv des EFA, Kunstprogramme.
[971] Österreichisches College (Hg.), Joseph Beuys. Zeichnungen. Collagen, Videobänder, Multiples. August 1983 beim „Europäischen Forum Alpbach" 1983, Wien 1983. Archiv des EFA, Kunstprogramme.
[972] Federn für die Freiheit, in: Tiroler Tageszeitung, 17.8.1985.
[973] Vgl. hierzu: Bitte nicht drängeln. Grafische Kommentare von Fritz Behrendt, München 1988.

Aufführung der Kirchenoper „Der Weg nach Emmaus" beim Europäischen Forum Alpbach 1982 in der Alpbacher Pfarrkirche, im Vordergrund händeschüttelnd: Otto Molden

1990[974]), sondern auch eine von Jan Hoet (Direktor des Museums für Gegenwartskunst in Gent) zusammengestellte Ausstellung über aktuelle österreichische Malerei (1987) mit Werken von Herbert Brandl, Josef Danner, Michael Kienzer, Franz West und Otto Zitko[975] sowie eine Präsentation von zeitgenössischer ungarischer Kunst in österreichischen Privatsammlungen (1991) an.[976] Mit einer Ausstellung zum postmodernen Städtebau (1988) wurde aber auch das Thema Architektur wieder aufgegriffen, das im Gegensatz zu seinen Vorgänger-Ausstellungen diesmal jedoch auf wenig öffentliche Resonanz stieß.[977]

Mehr Aufmerksamkeit konnte da schon das Musikprogramm in den frühen 1980er Jahren auf sich ziehen. So kam es 1982 nicht nur zur Uraufführung von Stücken mehrerer österreichischer Komponisten (Rainer Bischof, Iván Eröd, Kurt Rapf, Erich Urbanner),[978] sondern vor allem zur Erstaufführung der Kirchenoper „Der Weg nach Emmaus", die als weitere Auftragskomposition für das Forum auf Initiative von Günther Theuring entstanden war.[979] Thema war die Urgeschichte

---

[974] Als die Federn Flügel bekamen …, in: Tiroler Tageszeitung, 20.8.1990.
[975] Österreichisches College (Hg.), Europäisches Forum Alpbach 1987. Aktuelle Österreichische Malerei, Wien 1987. Archiv des EFA, Kunstprogramme.
[976] Programm: Europäisches Forum Alpbach, 17.–28.8.1991. Archiv des EFA, Programme.
[977] Programm: Europäisches Forum Alpbach, 20.–31.8.1988. Archiv des EFA, Programme.
[978] Programm: Europäisches Forum Alpbach, 21.8.–3.9.1982. Archiv des EFA, Programme.
[979] In der Medienberichterstattung war zu lesen, dass die Komposition vom Österreichischen College in Auftrag gegeben wurde bzw. die Produktion in der Alpbacher Dorfkirche mit Unterstützung des

des Christentums. Hierbei wurden in drei Akten der Tod Jesu, die Auferstehung und die erste Verfolgung der Christen aus der Perspektive des „kleinen Mannes" behandelt. Die Komposition wurde von Thomas Christian David, dem Sohn des Komponisten Johann Nepomuk David und Lehrenden an der Wiener Musikhochschule geschaffen,[980] das Libretto stammte von Herbert Vogg, damals hauptberuflich Geschäftsführer des renommierten Musikverlages Doblinger. Die Regie wurde von Bernd Palma und die Ausstattung, die eine weitgehende Adaptierung der Alpbacher Dorfkirche umfasste, von Gerhard Jax vorgenommen. Da die Armut des frühen Christentums wiedergegeben werden sollte, wurde der Altarraum mit einem Holzpodest verkleidet und die Kirche mit blässlichen Vorhangfetzen verhängt. Die Kostüme der Sänger waren aus demselben Grund in Brauntönen gehalten, aber mit Goldstaub besprüht, während der Kammerchor Wörgl, der das Volk darstellte, grell geschminkt in Tiroler Tracht erschien.[981] Die Aufführung wurde nicht nur im ORF übertragen, sondern fand auch in den Printmedien eine breite Beachtung. Immer wieder wurde in diesem Zusammenhang auf die internationale Zusammensetzung des Sänger-Ensembles hingewiesen und nicht nur betont, dass die Rolle der Ruth von der Taiwanesin Tai Li Chu gesungen wurde, sondern der „Alpbacher Jesus" von einem Afro-Amerikaner (Zelotes Edmund Toliver) gegeben wurde.[982] Bei der Alpbacher Bevölkerung stieß die Aufführung – so kurz nach der Ausrufung des Künstlerstaates „Artopia" – hingegen nicht nur auf Zustimmung, da sie den kirchlichen Ablauf für einige Tage durcheinanderbrachte.[983] Eine noch

---

österreichischen und bayrischen Fernsehens möglich war. Nach Hannes Kar wurde sie vom ORF in Auftrag gegeben. Vgl.: Bericht von Volkmar Parschalk über „Der Weg nach Emmaus", in: Im Rampenlicht, ORF Ö1, 29.8.1982; Alpbach: David-Oper „Weg nach Emmaus" uraufgeführt. Auf den Spuren der Wiener Schule, in: Neue Kronen Zeitung, 31.8.1982; Mündliche Mitteilung von Prof. Ing. Hannes Kar vom 15.4.2015.

[980] Thomas Christian David (1925–2006) wurde in Wels als Sohn des Komponisten Johann Nepomuk David geboren und erhielt seine Ausbildung an der Leipziger Thomasschule und der Leipziger Musikhochschule, wo er Komposition, Klavier und Flöte studierte. Nach Lehrertätigkeiten am Mozarteum, an der Akademie für Musik und darstellende Kunst in Wien sowie an der Universität Teheran fungierte er von 1973 bis 1987 als Professor für Tonsatz und Komposition an der Wiener Musikhochschule. Von 1986 bis 1988 war er Präsident des Österreichischen Komponistenbundes. Vgl.: http://www.doblinger-musikverlag.at/dyn/kataloge/DAVID_Prospekt_2006.pdf (5.2.2015).

[981] Der Kammerchor Wörgl singt in Wien Kirchenoper „Weg nach Emmaus", in: Tirol aktuell. Unterländer Nachrichten, 8.9.1983.

[982] Uraufführung in Alpbach: Kirchenoper „Weg nach Emmaus", in: Tiroler Tageszeitung, 27.8.1982; Bericht von Volkmar Parschalk über „Der Weg nach Emmaus", in: Im Rampenlicht, ORF Ö1, 29.8.1982; Der Weg nach Emmaus, in: Neues Volksblatt, 30.8.1982; Alpbach: „Der Weg nach Emmaus", eine Oper um Jesu Sterben und Auferstehung, in: Tiroler Tageszeitung, 30.8.1982; Eine Kirchenoper für Europa-Wochen in Alpbach, in: Neues Volksblatt Linz, 30.8.1982; Alpbach: David-Oper „Weg nach Emmaus" uraufgeführt. Auf den Spuren der Wiener Schule, in: Neue Kronen Zeitung, 31.8.1982; So und nicht anders ... Uraufführung von Th. Davids Kirchenoper „Der Weg nach Emmaus" in Alpbach, in: Die Presse, 1.9.1982; Alpbach: „Der Weg nach Emmaus". Welturaufführung der Kirchenoper, in: Sonntagspost, 5.9.1982; Farbig und dicht, in: Die Furche, 1.9.1982; Der Alpbacher Jesus ist ein Neger, in: Samstag, 11.9.1982.

[983] „Der Weg nach Emmaus". Welturaufführung der Kirchenoper, in: Sonntagspost Wörgl, 5.9.1982; Interview mit Prof. Ing. Hannes Kar am 22.1.2014.

größere Aufregung hatte im Vorfeld – so Koschka Hetzer-Molden – jedoch die Idee Palmas evoziert, dass einer der Sänger nackt auftreten sollte, worauf ihn erst Otto Molden dazu bewegen konnte, dass lediglich die Füße unbedeckt blieben.[984]

1983 folgte ein Gespräch zum Thema „Das Theater als Zeitzünder" mit dem brasilianischen Regisseur, Theatertheoretiker und Begründer des „Theaters der Unterdrückten" Augusto Boal, dem Kritiker Hellmuth Karasek, dem österreichischen Theatergründer und Regisseur Conny Meyer sowie dem aus der DDR kommenden Schriftsteller Heiner Müller.[985] Weitere Literaten, die in den folgenden Jahren auf dem Programm standen, waren etwa Martin Walser (1986),[986] Barbara Frischmuth (1987),[987] ein erneutes Mal Friedrich Dürrenmatt (1989)[988] oder Rolf Hochhuth (1991),[989] während die Ankündigung, dass Arthur Miller 1985 nach Alpbach kommen werde, ins Nichts verlief.[990] Desgleichen wurden – wie bereits vorausgeschickt – häufig Dissidenten bzw. regimekritische Künstler aus der Sowjetunion und Osteuropa eingeladen, wobei – wie bereits beim großen Dissidententreffen 1976 – Ota Filip eine zentrale Rolle spielte. Beispiele hierfür sind etwa das Kulturgespräch 1981 mit Róża Thun-Woźniakowska (Polen) oder Wladimir Woinowitsch (ursprünglich Sowjetunion, nun BRD),[991] die Aufführung eines Stücks („Die Witwe des Dichters") der aus der Tschechoslowakei ausgewanderten Schriftstellerin Iva Procházková 1984,[992] die Präsentation russischer Untergrundlieder (1985)[993] oder das Kulturgespräch 1988, bei dem nicht nur über die ukrainische Literatur zwischen gestern und morgen, sondern auch über die Literatur in der Tschechoslowakei nach dem Prager Frühling debattiert wurde.[994] Beim Mitte der 1980er Jahre wiederaufgenommenen Nachtprogramm traten hingegen auch der Hamburger Autor Gerlach Fiedler, der „König von Sankt Pauli" Hans Eppendorfer,

---

[984] Wie in der „Arbeiter-Zeitung" berichtet wurde, hatte das Thema Nacktheit bereits beim gemeinsamen Theaterworkshop mit Franz Schuh 1981 ein Problem dargestellt. 1985 wurde eine weitere Inszenierung von Palma (Bachkantate „Der Streit zwischen Phoebus und Pan") in Wörgl aufgeführt. Vgl.: Ein Gombrowicz-Fragment in Alpbach: Die Operette der Geschichte, in: Arbeiterzeitung, 5.9.1981; Koschka Hetzer-Molden, „Wir kennen uns aus Alpbach", in: Die Presse, 17.8.2012; Schriftliche Mitteilung von Koschka Hetzer-Molden an die Verfasserin vom 6.2.2015.

[985] Das arme und das müde Theater: Zum Kulturgespräch des Europäischen Forums, in: Tiroler Tageszeitung, 1.9.1983; Zur Diskussion aufgerufen, in: Salzburger Nachrichten, 1.9.1983; Lethargie und Formbesinnung. Alpbacher Kulturgespräch über „Das Theater als Zeitkünder", in: Die Presse, 1.9.1983.

[986] Programm: Europäisches Forum Alpbach, 16.–29.8.1986. Archiv des EFA, Programme.

[987] Ein Abend österreichischer Literatur. Frischmuth, Sasse und Sutter lesen, in: Tiroler Tageszeitung, 22.8.1987.

[988] Die knorrige Demonstration. Friedrich Dürrenmatt in Alpbach: der Ernst und die Lächerlichkeit, in: Der Standard, 1.9.1989.

[989] Programm: Europäisches Forum Alpbach, 17.–28.8.1991. Archiv des EFA, Programme.

[990] Evolution und Zukunft der Menschheit, in: Wiener Zeitung, 30.1.1985.

[991] Vgl.: Ota Filip, Dissidenten sind keine! und Róża Thun-Woźniakowska, Die Fassade stürzte ein, in: Die Furche, Nr. 37, 16.9.1981.

[992] „Die Witwe des Dichters" und die tschechoslowakische Zensur: Uraufführung beim Europäischen Forum Alpbach, in: Tiroler Tageszeitung, 27.8.1984.

[993] Programm: Europäisches Forum Alpbach, 17.–30.8.1985. Archiv des EFA, Programme.

[994] Programm: Europäisches Forum Alpbach, 20.–31.8.1988. Archiv des EFA, Programme.

Koschka Hetzer-Molden und Friedrich von Hayek (v. l. n. r.) beim Europäischen Forum Alpbach 1985

die deutschen Schauspielerinnen Anne Bennent, Eva Maria Hagen (die Mutter von Nina Hagen) und Ortrud Beginnen sowie die berühmte tschechische Sängerin Hanna Hegerova auf. Wichtig war es für Koschka Hetzer-Molden, die das Nachtprogramm gestaltete, vor allem Künstler nach Alpbach zu holen, die zuvor noch nicht in Österreich waren.[995]

Dass die Wirtschaft auch weiterhin eine wichtige Rolle spielte, verdeutlicht hingegen eine Imagebroschüre aus dem Jahr 1982 mit dem Titel „Das Österreichische College – Ein Zentrum europäischer Kultur und Wirtschaft".[996] Nachdem die Wirtschaft in Alpbach kontinuierlich an Bedeutung gewonnen, aber in der Selbstbeschreibung lange nicht diesen Platz eingenommen hatte, wurde sie damit erstmals an prominenter Stelle in einem Werbeblatt für das Österreichische College genannt. Im Programm des Europäischen Forum Alpbach war sie nicht nur weiterhin durch das „Bankenseminar", sondern nun auch durch ein neues „Industrie- und Handelsseminar"[997] sowie das große Wirtschaftsgespräch vertreten,[998] in dessen

---

[995] Interview mit Koschka Hetzer-Molden am 12.3.2014.
[996] Das Österreichische College. Ein Zentrum europäischer Kultur und Wirtschaft, Broschüre, o. J. [1982]. Archiv des EFA, Programme.
[997] Innovationen und immer mehr Teilnehmer beim „Europäischen Forum Alpbach", in: Ein Zentrum in Westeuropa. Situation und Aktivitäten des Österreichischen College 1982–1985, Broschüre, o. J. [1985]. Archiv des EFA, Programme.
[998] Dieses bestand weiterhin aus Vorträgen und Paneldiskussionen bzw. -gesprächen, umfasste ab 1982 aber auch fallweise eigene Workshops.

Rahmen unter anderem die Wirtschaftskrise in Folge des zweiten Ölpreisschocks (1981 und 1983),[999] Wirtschaft und Umwelt (1985),[1000] die Budgetkonsolidierung (1987),[1001] „Für einen einheitlichen europäischen Wirtschaftsraum – Die Schaffung des EG-Binnenmarktes als Herausforderung für die EFTA-Staaten" (1988)[1002] oder „Der Westen und der Neuaufbau der Wirtschaft im Osten" (1991)[1003] Thema waren. Desgleichen wurde 1983 als neues Programmelement die „Alpbacher Weltwirtschaftsprognose" eingeführt, in der eine Erörterung der wichtigsten sich abzeichnenden Trendänderungen und eine Art weltwirtschaftliche Gesamtanalyse vorgenommen werden sollte.[1004] Entstanden ist die „Alpbacher Weltwirtschaftsprognose" auf Basis eines Vorschlags von Georg Zimmer-Lehmann.[1005] Vorbereitet wurde sie in den kommenden Jahren erst von Fritz Diwok, der Generalsekretär des Verbandes Österreichischer Banken und Bankiers war, dann von Helmut Frisch.[1006] In den Programmheften wurde sie – wie auch das Wirtschaftsgespräch – teilweise unter den „Europäischen Gesprächen", aber auch als eigene „Großkategorie" angeführt.[1007]

Zu den prominentesten Teilnehmern an der wirtschafts- (politischen) Diskussion zählten – neben den Spitzen der österreichischen Bankenwelt oder Herbert Krejci als Generalsekretär der Vereinigung österreichischer Industrieller – weiterhin Otto Wolff von Amerongen, Alfred Herrhausen oder der Börsen- und Finanzexperte André Kostolany, der das Forum in seinen Memoiren als „gigantisches Caféhaus" bzw. als Ideen-, Tratsch- und vor allem Kontaktbörse beschrieben hat.[1008] Hierbei stellte – so „Der Trend" im Jahr 1985 – insbesondere das Wirtschaftsgespräch eine Einrichtung dar, aus der „nur der kontaktscheueste Besucher keinen Gewinn" ziehen konnte – wurde im Beitrag doch auch ein Besucher damit zitiert, dass er selbst mit fünf Sekretärinnen nicht jene Termine organisieren könnte, die er in Alpbach an zwei Tagen wahrnehmen könne, weshalb er für Alpbach viel Geld ausgebe, um viel Geld zu sparen.[1009]

Organisiert wurde das Wirtschaftsgespräch noch bis Mitte des Jahrzehnts von Georg Zimmer-Lehmann. Als er sich 1984 erst als Generalsekretär des Österreichi-

---

[999] Programm: Europäisches Forum Alpbach, 22.8.–4.9.1981 und Programm: Europäisches Forum Alpbach, 20.8.–3.9.1983. Archiv des EFA, Programme.
[1000] Programm: Europäisches Forum Alpbach, 17.–30.8.1985. Archiv des EFA, Programme.
[1001] Programm: Europäisches Forum Alpbach, 15.–28.8.1987. Archiv des EFA, Programme.
[1002] Programm: Europäisches Forum Alpbach, 20.–31.8.1988. Archiv des EFA, Programme.
[1003] Programm: Europäisches Forum Alpbach, 17.–28.8.1991. Archiv des EFA, Programme.
[1004] Schreiben von Georg Zimmer-Lehmann an das Präsidium des Österreichischen College vom 18.1.1983. Archiv des EFA, Ordner Sitzungen 1982–1983.
[1005] Schreiben von Georg Zimmer-Lehmann an das Präsidium des Österreichischen College vom 18.1.1983. Archiv des EFA, Ordner Sitzungen 1982–1983.
[1006] Der Wirtschaftswissenschaftler (Technische Universität Wien) und Finanzexperte war von 1978 bis 1997 Präsident des Verwaltungsrates der Österreichischen Postsparkasse. Zugleich leitete er für viele Jahre den Staatsschuldenausschuss.
[1007] Die „Alpbacher Weltwirtschaftsprognose" wurde ab 1987 als eigener Programmpunkt angeführt. 1990 wurde ein „Alpbacher Weltwirtschaftssymposium" mit der „Alpbacher Weltwirtschaftsprognose", dem Wirtschaftsgespräch und einem Workshop angekündigt.
[1008] André Kostolany, Mehr als Geld und Gier. Kostolanys Notizbuch, 2. Aufl., München 2006, 150ff.
[1009] Alpbacher Pastorale, in: Der Trend 10 (1985) 79ff.

schen Colleges[1010] und später auch aus der Vorbereitung des Wirtschaftsgesprächs zurückzog, verlor dieses jedoch mehr und mehr an Glanz. Hinzu kam, dass auch Hannes Androsch, der 1981 vom Finanzministerium in die Funktion des Generaldirektors der Creditanstalt wechselte,[1011] sein Engagement für das Wirtschaftsgespräch schließlich beendete. Er prägte zwar auch noch nach seinem Wechsel an die Spitze der Creditanstalt für einige Jahre als regelmäßiger Teilnehmer die Wirtschaftsgespräche maßgeblich mit. Ab Mitte der 1980er Jahre blieb er dieser Veranstaltung jedoch fern und kehrte erst Jahre später nach Alpbach zurück. Damit hatte das Forum – wie auch intern festgehalten wurde[1012] – zwei wichtige Träger, deren weitreichende Verbindungen für das Wirtschaftsgespräch äußerst hilfreich waren, verloren. Hinzu kam, dass die Androsch nachfolgenden Finanzminister – vor allem Herbert Salcher und Ferdinand Lacina (beide SPÖ) – ein distanziertes Verhältnis zum Europäischen Forum Alpbach hatten und das Vorgehen des Österreichischen Colleges mitunter Ärger und Kritik bei diesen hervorrief. So wurde etwa Herbert Salcher damit brüskiert, dass er im Gegensatz zu Androsch bei seinem ersten Besuch in Alpbach nicht zu einem großen Eröffnungsvortrag gebeten wurde,[1013] während die Einladung an Buthelezi bei Ferdinand Lacina auf so starke Empörung gestoßen war, dass er – wie bereits genannt – seinen Besuch in Alpbach 1988 absagte.[1014]

5.4.2 Alpbach-Portraits, Kurzveranstaltungen und die Alpbacher Technologiegespräche

Weitere Neuerungen betrafen – neben der „Alpbacher Weltwirtschaftsprognose" – 1984 die Einführung der „Alpbach Portraits", um ein Gegengewicht zu den großen wirtschaftlichen und politischen Veranstaltungen zu setzen. In ihrem Rahmen sollten ab nun bis zum Jahr 2000 jährlich bis zu vier Personen vorgestellt werden, die mit dem Forum verbunden waren oder sonst eine wichtige Rolle im geistigen Leben spielten.[1015] Vor allem wurden auf Vorschlag von Fritz Czerwenka[1016] ab 1980 jedoch sogenannte „Kurzveranstaltungen" ins Programm aufgenommen, die

---

[1010] Protokoll der Sitzung des Präsidiums vom 19.7.1984. Archiv des EFA, Ordner Sitzungen 1984/1985 sowie Protokoll der Generalversammlung am 3.12.1984. Archiv des EFA, Ordner Generalversammlungen.
[1011] Vgl. zur Biographie von Hannes Androsch: Liselotte Palme, Androsch. Ein Leben zwischen Geld und Macht, Wien 1999 sowie zum „Steuerfall Androsch", den Auseinandersetzungen mit Kreisky und dem Wechsel vom Finanzministerium in die Creditanstalt: Wirth, Christian Broda, 491ff.
[1012] Protokoll der Sitzung des Präsidiums vom 4.4.1991. Archiv des EFA, Ordner Sitzungen 1990/1991.
[1013] Salchers Rache an Alpbach, in: Die Presse, 2.9.1983.
[1014] Erneut Streit um Buthelezi, in: Salzburger Nachrichten, 22.8.1988.
[1015] Innovationen und immer mehr Teilnehmer beim „Europäischen Forum Alpbach", in: Ein Zentrum in Westeuropa. Situation und Aktivitäten des Österreichischen College 1982–1985, Broschüre, o. J. [1985]. Archiv des EFA, Programme.
[1016] Protokoll der Generalversammlung vom 11.3.1992. Archiv des EFA, Ordner Generalversammlungen.

von einer anderen Institution in Kooperation mit dem Österreichischen College durchgeführt wurden. So wurden neben dem Banken-, Handels- und Industrieseminar in Zusammenarbeit mit dem Wissenschafts-[1017] und Verteidigungsministerium oder der Österreichischen Vereinigung für Agrarwissenschaftliche Forschung nicht nur verstärkt Arbeitsgemeinschaften organisiert, die sich an ein spezielles Zielpublikum wandten.[1018] Es wurden jährlich auch bis zu vier „Kurzveranstaltungen" durchgeführt – wenn es auch Kritik gab, dass das Programm durch ihre zu starke Forcierung „zerflattern" und das Forum zu einer „Art Supermarkt" von „Fremdveranstaltungen" verkommen würde.[1019] Partner waren etwa die Genossenschaften, einzelne Ministerien oder die Gulbenkian Foundation aus Lissabon (1987), nachdem es 1984 auch zur Gründung eines portugiesischen Nationalkomitees gekommen war.[1020] Aber auch die Vereinigung Österreichischer Industrieller, der Verband der Versicherungsunternehmen Österreichs, die Bundeskammer der gewerblichen Wirtschaft und das Österreichische Forschungszentrum Seibersdorf wurden eingebunden. Die wichtigste Motivation für die Einführung der „Kurzveranstaltungen", die gemeinsam mit dem Wirtschaftsgespräch immer stärker die zweite Forumshälfte dominierten, stellten zweifellos finanzielle Erwägungen dar.[1021] Zugleich sollten sie aber auch neue Personen nach Alpbach bringen,[1022] was dazu führte, dass die Anzahl der Kurzteilnehmer 1984 bei einer Gesamtbeteiligung von 1079 Personen (inkl. Mitarbeitern und Journalisten) 225 Personen ausmachte.[1023]

Historisch bedeutsam sind die „Kurzveranstaltungen" vor allem deshalb, weil in ihrem Kontext die „Alpbacher Technologiegespräche" entstanden sind. Diese sind nicht nur bis heute ein wichtiger Bestandteil des Europäischen Forum Alpbach, während andere im Bereich der „Kurzveranstaltungen" eingegangene Kooperationen nicht von Dauer waren. Sie tragen mit der Leistung eines Mitveranstalterbeitrags auch zur Finanzierung des Forums bei und nehmen insofern eine Sonderstellung ein, als ihre Programmierung über viele Jahre ausschließlich von den Kooperationspartnern vorgenommen wurde.[1024]

[1017] Hinzuweisen ist in diesem Zusammenhang auf die Arbeitsgemeinschaft „Österreichische Forschungspolitik für die 80er Jahre" 1982 und die Arbeitsgemeinschaft „Technologiebewertung – Technologiefolgenabschätzung" (in Zusammenarbeit mit der ÖAW und dem BMWF) 1985.

[1018] Im Programmheft wurden diese bei den „Arbeitsgemeinschaften" angeführt.

[1019] Protokoll der Abschluss-Sitzung des Kreises für innere Formung vom 30.8.1985. Archiv des EFA, Ordner Kreis für innere Formung (KIF) 1973–1990.

[1020] Dieses scheint ab 1984 auch in den Programmheften als Unterstützer des Europäischen Forum Alpbach auf.

[1021] Interview mit Dr. Michael Neider am 9.1.2014.

[1022] Innovationen und immer mehr Teilnehmer beim „Europäischen Forum Alpbach", in: Ein Zentrum in Westeuropa. Situation und Aktivitäten des Österreichischen College 1982–1985, Broschüre, o. J. [1985]. Archiv des EFA, Programme.

[1023] Im Vergleich dazu betrug die Anzahl der Teilnehmer am Wirtschaftsgespräch 206 Personen. Vgl.: Teilnehmer-Statistik 1980–1984. Beilage zum Protokoll der Sitzung des Vorstandes vom 4.6.1985. Archiv des EFA, Ordner Sitzungen 1984/1985 sowie Susanne Maria Schonner, Europäisches Forum Alpbach, Dipl.-Arb., Innsbruck 1994, 54.

[1024] Interview mit Philippe Narval, M. Sc. am 28.4.2014.

Die Initiative für die Einführung der Technologiegespräche ging von Günter Hillebrand vom Forschungszentrum Seibersdorf aus, das aus der Österreichischen Studiengesellschaft für Atomenergie hervorgegangen war und später in Austrian Research Centers bzw. Austrian Institute of Technology umbenannt wurde,[1025] an dem heute die Republik Österreich (Bundesministerium für Verkehr, Innovation und Technologie) mit 50,46 Prozent und der Verein zur Förderung von Forschung und Innovation (Industriellenvereinigung Österreich) mit 49,54 Prozent beteiligt sind. Als Hillebrand Anfang der 1980er Jahre erstmals das Europäische Forum Alpbach besuchte, gewann er den Eindruck, dass Forschung und Technologie nicht ausreichend im Programm berücksichtigt waren, weshalb er den Kontakt zu Fritz Neeb suchte. Dieser war damals Generalsekretär des Österreichischen Colleges und hatte kurzzeitig als Direktor in Seibersdorf fungiert. Als er Neeb auf das Manko bei den Alpbacher Veranstaltungen aufmerksam machte, zeigte sich dieser offen für eine Erweiterung und forderte ihn auf, etwas zu entwickeln. In Folge wurde Hillebrand aktiv, worauf wenig später erstmals Technologiegespräche durchgeführt wurden und damit ein Thema Eingang in das Europäische Forum Alpbach fand,[1026] das auch im politischen Diskurs immer wichtiger wurde. Wie Herbert Gottweis und Michael Latzer ausgeführt haben, war eine explizite staatliche Forschungs- und Technologiepolitik in Österreich nach 1945 zunächst nicht vorhanden. Nachdem lange auf eine „Imitationsstrategie" gesetzt worden war, setzte erst ab den späten 1960er Jahren ein politisches Umdenken in Richtung Innovation bzw. der Förderung eigenständiger Entwicklungen ein. In gesetzlicher Hinsicht war dies mit der Verabschiedung des Forschungsförderungsgesetzes 1967 verbunden, das die Grundlage für die Institutionalisierung von zwei Forschungsförderungsfonds, dem Fonds zur Förderung der wissenschaftlichen Forschung (FWF) und dem Forschungsförderungsfonds der gewerblichen Wirtschaft (FFF), bildete.[1027] Ein weiterer wichtiger Schritt folgte 1970 mit der Einrichtung des Bundesministeriums für Wissenschaft und Forschung, das 1972 eine erste Forschungskonzeption vorlegte. Gezielte technologische Maßnahmen wurden jedoch erst in den 1980er Jahren gesetzt, wie etwa die 1982 in Alpbach fertiggestellte „Forschungskonzeption '80",[1028] eine zwischen 1985 und 1987 ausgeschüttete Techno-

---

[1025] Das Austrian Institute of Technology ist heute die größte außeruniversitäre Forschungseinrichtung in Österreich. Die Präsentation der neuen „Marke" AIT erfolgte im Rahmen der Alpbacher Technologiegespräche 2009. Vgl.: Marcus Rößner, Von der Österreichischen Studiengesellschaft für Atomenergie zum Reaktorzentrum Seibersdorf, Dipl.-Arb., Wien 2013; Gerhard Schwach, 25 Jahre Forschungszentrum Seibersdorf, Wien 1982; Peter Müller, Das Forschungszentrum Seibersdorf als Drehscheibe zwischen Wissenschaft und Wirtschaft, Wien/München/Zürich 1986; Michael Hlava/Daniel Pepl, Re-Branding: Von den Austrian Research Centers (ARC) zum AIT Austrian Institute of Technology, in: Christoph Harringer/Hannes Maier (Hg.), Change Communications Jahrbuch 2011, Berlin/Heidelberg 2011, 149–162, insbes. 156.
[1026] Interview mit Prof. DI Dr. Günter Hillebrand am 19.1.2015.
[1027] Rupert Pichler/Michael Stampfer/Reinhold Hofer, Forschung, Geld und Politik. Die staatliche Forschungsförderung in Österreich 1945–2005, Innsbruck/Wien/Bozen 2007.
[1028] Im Rahmen des Europäischen Forum Alpbach 1982, wo sich sowohl eine Arbeitsgemeinschaft als auch eine Plenarveranstaltung mit dem Thema beschäftigten, wurde die in mehrjähriger Arbeit

Martin Bernhofer, Thomas Oliva und Günter Hillebrand (v. l. n. r.) bei den Alpbacher Technologiegesprächen 2003

logiemilliarde oder das Technologiepolitische Konzept der Bundesregierung aus dem Jahr 1989 verdeutlichen. Hiermit war – so noch einmal Gottweis/Latzer – ein Prozess in Bewegung gesetzt worden, der sich auch in den kommenden Jahren fortsetzen sollte.[1029]

Die Technologiegespräche wurden zunächst als Kooperation des Österreichischen Forschungszentrums Seibersdorf mit der Bundeskammer der gewerblichen Wirtschaft unter dem Titel „Technologie und Wirtschaft" durchgeführt.[1030] 1986 löste die Vereinigung Österreichischer Industrieller die Bundeskammer

---

vorbereitete „Forschungskonzeption '80" fertiggestellt und im Herbst der Öffentlichkeit präsentiert. Vgl.: Forschungskonzept bis zum Jahr 1990, in: Oberösterreichische Nachrichten, 23.8.1982; Forschungskonzeption mit sozialem Schwerpunkt, in: Die Presse, 30.8.1982; Zukunft von Wissenschaft und Forschung geht jeden an, in: Tiroler Tageszeitung, 30.8.1982; Firnberg legt neue Forschungsthemen fest. Von Biomedizin bis zu Frauenproblemen, in: Die Presse, 20.10.1982 sowie Raoul Kneucker, Forschungspolitik in Alpbach, in: Manfred Jochum/Raoul Kneucker (Hg.), Alpbacher Technologiegespräche 1999–2003, Innsbruck 2004, 13.

[1029] Herbert Gottweis/Michael Latzer, Forschungs- und Technologiepolitik, in: Herbert Dachs u. a. (Hg.), Politik in Österreich, Wien 2006, 711–725.

[1030] Die Kurzveranstaltung „Technologie und Wirtschaft" scheint erstmals 1984 im Programmheft des Europäischen Forum Alpbach auf. Ein Jahr zuvor war die „Technologiefeindlichkeit" Thema einer Kurzveranstaltung der Industriellenvereinigung zum Thema „Entzauberung der Wissenschaft – Modelle der Wirtschaft". Vgl. hierzu: Für sinnvollen Dialog. Schwärmer – Technokraten, in: Neue Tiroler Tageszeitung, 31.8.1983; „Macher" und „Schwärmer", in: Salzburger Nachrichten, 31.8.1983.

der gewerblichen Wirtschaft als Mitveranstalter ab, worauf zunächst Christian Domany und später Thomas Oliva als Partner von Hillebrand fungierten. Oliva, der erstmals 1964 noch als junger Student das Europäische Forum Alpbach besucht hatte,[1031] war es dann auch, der der Veranstaltung den ab 1990 verwendeten Titel „Alpbacher Technologiegespräche" gab und die Hinzuziehung des ORF als weiteren Kooperationspartner vorschlug.[1032] Dieser kam 1994 als dritter Co-Veranstalter dazu, wobei der ORF zunächst durch den damaligen Marketingchef Franz Manola, dann durch den Leiter der Wissenschaftsredaktion und späteren Hörfunkintendanten Manfred Jochum und schließlich durch Martin Bernhofer (seit 2002 Leiter der Hörfunk-Wissenschaftsredaktion) im Veranstalterteam der Alpbacher-Technologiegespräche vertreten war. Weitere Kooperationspartner kamen etwa mit dem Bundesministerium für Wissenschaft oder dem Bundesministerium für Verkehr, Innovation und Technologie hinzu, die die Technologiegespräche auch genützt haben, um in ihrem Rahmen eigene Arbeitskreise abzuhalten. Nachdem die Industriellenvereinigung mit der Pensionierung von Oliva 2009 als Mitveranstalter ausgestiegen ist,[1033] wurden – so Günter Hillebrand, der noch bis 2013 in die Vorbereitung der Alpbacher Technologiegespräche eingebunden war[1034] – dann auch die Helmholtz-Gemeinschaft und der European Research Council (ERC) als Themenpartner an Bord geholt.[1035]

Der Programmaufbau der Technologiegespräche sah bereits in den 1980er Jahren eine Kombination aus Plenarveranstaltungen und Arbeitsgemeinschaften unter einem Generalthema mit einer Dauer von ein bis zwei, später auch drei Tagen vor, womit sie sich an der Struktur des Europäischen Forum Alpbach orientierten. Hierbei sollten in den Plenarveranstaltungen verschiedene Themen bzw. aktuelle Fragen der Wissenschaft und Technik möglichst aus mehreren Perspektiven angesprochen werden, während die Arbeitsgemeinschaften anwendungsorientierten Fragestellungen und der Erarbeitung konkreter Lösungsvorschläge vorbehalten waren.[1036] Im zeitlichen Verlauf betrachtet, hatten die Technologiegespräche zunächst noch den Charakter eines „Treffens der Insider",[1037] bei denen vor allem österreichische Vertreter aus Politik, Verwaltung, Wirtschaft und einzelnen Interessenvertretungen als Referenten auftraten. Mit dem starken Wachsen der Technologiegespräche in den 1990er Jahren sind in steigendem Umfang aber auch international renommierte Experten und Spitzenwissenschaftler nach

---

[1031] Interview mit Dr. Thomas Oliva am 21.1.2015.
[1032] Interview mit Prof. DI Dr. Günter Hillebrand am 19.1.2015.
[1033] Die Industriellenvereinigung ist mit der Pensionierung von Thomas Oliva als Mitveranstalter der Technologiegespräche ausgeschieden. Zum letzen Mal scheinen die Industriellenvereinigung und Oliva im Tagungsprogramm 2008 auf.
[1034] Günter Hillebrand scheint in den Programmheften noch im Jahr 2013 als Ansprechpartner für die Technologiegespräche auf.
[1035] Interview mit Prof. DI Dr. Günter Hillebrand am 19.1.2015.
[1036] Erich Gornik, Alpbacher Technologiegespräche. Technologie- und Innovationsplattform, in: Manfred Jochum/Raoul Kneucker (Hg.), Alpbacher Technologiegespräche 1999–2003, Innsbruck 2004, 19.
[1037] Kneucker, Forschungspolitik in Alpbach, 13.

Alpbach gekommen, um eine Vielzahl an Themen – von den neuen Informationstechnologien und den Life Sciences bis hin zum Forschungs- und Technologiemanagement oder dem Wissen als Produktions- und Innovationsfaktor – zu behandeln.[1038] Der zentrale Ausgangspunkt bei der Programmgestaltung war – so Thomas Oliva – dabei, dass zunächst Ausschau nach den besten Köpfen in einem interessanten Feld gehalten wurde und um diese herum das Programm entwickelt wurde. Einen ersten wichtigen Unterstützer fanden die Technologiegespräche in dem aus Österreich stammenden und später in die USA emigrierten Physiker Frederic de Hoffmann,[1039] der 1972 auch bei der Veranstaltung eines großen Symposiums über die „Zukunft der Wissenschaft und Technik in Österreich" eine maßgebliche Rolle gespielt hatte.[1040] In Folge profitierten die Technologiegespräche auch von der Unterstützung von Haim Harari, dem Präsidenten des renommierten israelischen Weizmann-Instituts, der später auch in die Gründung des Institute of Science and Technology Austria (IST Austria) eingebunden war.[1041] So nahm Harari ab 1993 nicht nur mehrfach selbst an den Technologiegesprächen teil, sondern hat mit seinem Netzwerk immer wieder dazu beigetragen, namhafte Experten nach Alpbach zu bringen.[1042]

Besonders auffallend ist in diesem Zusammenhang, dass eine große Anzahl von Nobelpreisträgern oft gleichzeitig die Technologiegespräche besucht haben. So kam etwa Renato Dulbecco, der 1975 den Nobelpreis für Medizin erhalten hatte, 1993 nach Alpbach, um über das „Human Genome Project" zu sprechen.[1043] 1995 versammelten sich mit den Chemikern John Kendrew und Jean-Marie Lehn sowie dem Physiker Johannes Bednorz und dem Wirtschaftswissenschaftler James Buchanan sogar vier Nobelpreisträger an einem Tisch,[1044] um über den „entscheidenden Moment in der Entdeckung" zu diskutieren. Hierbei erlaubte – wie auch in der Presse festgehalten wurde – nicht nur die thematische Spannweite der versammelten Wissenschaftler, sondern auch der zeitliche Abstand, in dem diese zwischen 1962 und 1987 den Nobelpreis erhalten hatten, reizvolle Einblicke in die Ent-

---

[1038] Einen Überblick über die Themen der Technologiegespräche gibt folgende Broschüre: AIT (Hg.), Alpbacher Technologiegespräche/Alpbach Technology Forum, Think Future, o. J., online: http://www.alpbach-technologyforum.com/uploads/media/Imagebroschuere.pdf (8.3.2015).
[1039] Interview mit Dr. Thomas Oliva am 21.1.2015.
[1040] Wolfgang L. Reiter, Naturwissenschaften und Remigration, in: Sandra Wiesinger-Stock/Erika Weinzierl/Konstantin Kaiser (Hg.), Vom Weggehen. Zum Exil von Kunst und Wissenschaft, Wien 2006, 200ff.
[1041] Vgl. zur Entstehung des IST Austria: http://ist.ac.at/de/ueber-ist-austria/geschichte/ (10.3.2015).
[1042] Interview mit Dr. Thomas Oliva am 21.1.2015; Interview mit Prof. DI Dr. Günter Hillebrand am 19.1.2015.
[1043] Das „Human Genome Project" wurde 1990 mit der Intention gestartet, das menschliche Genom vollständig zu entschlüsseln. Vgl.: Standard-Gespräch mit dem Nobelpreisträger Renato Dulbecco zur Krebs-Forschung: „Medikamenten-Designer" geben Hoffnung, in: Der Standard, 27.8.1993; Wenn der Chef einen Gen-Test will, in: Die Presse, 30.8.1993.
[1044] John Kendrew erhielt 1962 gemeinsam mit dem aus Österreich stammenden Max F. Perutz den Nobelpreis für Chemie. Jean-Marie Lehn bekam 1987 zusammen mit Donald Cram und Charles Pedersen den Nobelpreis für Chemie. Johannes Georg Bednorz erhielt diesen 1987 für Physik, James Buchanan – wie bereits ausgeführt – 1986 für Wirtschaftswissenschaften.

Jean-Marie Lehn und Anton Zeilinger (v. l. n. r.) bei den Alpbacher Technologiegesprächen 2000

wicklung von Wissenschaft und Forschung.[1045] Der anwesende Jean Marie-Lehn, der über die Verbindungen zu Harari nach Alpbach gekommen war,[1046] sollte in den kommenden Jahren zu einem Stammgast in Alpbach werden. So war er auch 1998 (und dann regelmäßig bis 2011) Gast der Technologiegespräche, als auch der Physiker Klaus von Klitzing in Alpbach war, um gemeinsam über das Fremde und das Neue und ihre Auswirkungen auf den Arbeitsmarkt zu sprechen.[1047] Weitere Beispiele sind etwa die Physiker Charles Townes, Gerard 't Hooft, Jack Steinberger, Carlo Rubbia, Frank Wilczek, Peter Grünberg, Wolfgang Ketterle und Gerd Binning, die Biochemiker Timothy Hunt und Roger Y. Tsien, der Metereologe Paul Crutzen, die Genetiker Werner Arber und Martin Evans sowie der Chemiker Robert Huber, um nur die bis 2010 an den Technologiegesprächen teilnehmenden Wissenschafter zu nennen, die zum damaligen Zeitpunkt bereits Träger des Nobelpreises waren. Exzellente ausländische Wissenschaftler ohne Nobelpreis konnten aber auch mit Alan Colman, der durch sein „Klonschaf" Dolly bekannt wurde, oder dem Evolutionsbiologen Richard Dawkins, der für seine populär-

---

[1045] Geistesblitze, wissenschaftliches Opium und kryptische Moleküle, in: Die Presse, 26./27.8.1995; Nobelpreisträger über ihre Entdeckungen. Der entscheidende Moment, in: Wiener Zeitung, 26.8.1995; Der Aha-Effekt in Alpbach, in: Tiroler Tageszeitung, 26./27.8.1995.
[1046] Interview mit Dr. Thomas Oliva am 21.1.2015.
[1047] Alpbacher Technologiegespräche, in: APA Journal Telekom, 24.8.1998.

wissenschaftlichen Bücher auch Literaturpreise erhielt, nach Alpbach geholt werden. Beispiele aus Österreich sind hingegen der Quantenphysiker Anton Zeilinger bzw. die Genetiker Josef Penninger und Markus Hengstschläger oder die Wissenschaftlerin des Jahres 2002 Renée Schroeder.[1048]

Gut in Erinnerung geblieben ist für viele eine Veranstaltung zum Thema „Telemedizin" aus dem Jahr 2005. Bei dieser hat der damalige Vorstand der Universitätsklinik für Kiefer- und Gesichtschirurgie der Universität Wien Rolf Ewers eine Operation am Wiener AKH unter Beteiligung zweier weiterer Mediziner in Japan und den USA in Alpbach geleitet.[1049] Aber auch die optische Darstellung und Veränderung des Gehirnstrombildes bei einem Pianisten während seines Spiels (1999),[1050] der Besuch von Sharon Harari, der Tochter von Haim Harari (2006) bei einer großen Plenarveranstaltung zum Thema Ethik und Medizin[1051] und mehrfache Auftritte von Marc Abrams,[1052] dem Erfinder des Ig-Nobelpreises, mit dem die skurrilsten wissenschaftlichen Leistungen ausgezeichnet werden, haben sich eingeprägt.[1053]

Von Seiten der Politik wurden die „Alpbacher Technologiegespräche" von Anfang an rege besucht. Hierzu gehörte nicht nur, dass regelmäßig österreichische Politiker, oft sogar mehrere Minister gleichzeitig, zu den Technologiegesprächen anreisten, was sich nicht zuletzt durch die Zuständigkeit mehrerer Ministerien für Forschung und Technologie erklärt bzw. darin begründet ist, dass Forschung und Technologie weite Bereiche der Gesellschaft tangieren und somit auch verschiedene Ressorts beschäftigen. Sie haben die Alpbacher Technologiegespräche – wie dies in anderen Bereichen schon früher der Fall war – auch genützt, um politische Vorhaben zu verkünden, womit Alpbach nicht nur zu einem Ort wurde, aus dem technologiepolitische Initiativen, sondern mehr und mehr auch die Forschungspolitik kam.[1054] So waren hier etwa die im Jahr 2000 erfolgte Schaffung eines Infrastrukturministeriums und eines Rats für Forschung und Technologie-

---

[1048] Vgl. im Überblick: AIT (Hg.), Alpbacher Technologiegespräche/Alpbach Technology Forum, Think Future, o. O., o. J, online: http://www.alpbach-technologyforum.com/uploads/media/Image broschuere.pdf (8.3.2015).

[1049] Interview mit Prof. DI Dr. Günter Hillebrand am 19.1.2015; Interview mit Dr. Thomas Oliva am 21.1.2015; Manfred Jochum, 20 Jahre Alpbacher Technologiegespräche – wie die Zeit vergeht, in: Manfred Jochum/Raoul Kneucker (Hg.), Alpbacher Technologiegespräche 1999–2003, Innsbruck 2004, 226. Vgl. zur Operation: http://sciencev1.orf.at/news/20701.html (19.3.2015).

[1050] Jochum, 20 Jahre Alpbacher Technologiegespräche, 226.

[1051] Sharon Harari unterzog sich einer Prä-Implantations-Diagnose und ließ ihre Tochter Alma im Reagenzglas zeugen, um mittels einer Transplantation von Blut-Stammzellen aus deren Nabelschnur das Leben ihres älteren Sohnes Amitai zu retten, der an Fanconi-Anämie litt. Vgl.: Interview mit Dr. Thomas Oliva am 21.1.2015; Bioethik: „Für uns ist das völlig natürlich", in: Die Presse, 14.8.2006.

[1052] Marc Abrams war 2004, 2006 und 2008 in Alpbach und hat 2004 auch an der Aufführung der Minioper „Atom and Eva" mitgewirkt.

[1053] Einen besonderen Unterhaltungswert hatten auch die Besuche des Experimentalphysikers Metin Tolan, der etwa 2010 aus physikalischer Sicht untersucht hat, wie realistisch die James Bond-Filme, die darin vorkommenden Handlungen und Geräte sind. Interview mit Prof. DI Dr. Günter Hillebrand am 19.1.2015.

[1054] Kneucker, Forschungspolitik in Alpbach, 13.

entwicklung,[1055] der in Folge in Alpbach seine Strategiepapiere präsentierte,[1056] ebenso ein Thema wie die Neuordnung der Forschungsförderungslandschaft, die 2002 zur Bildung der Österreichischen Forschungsförderungsgemeinschaft (FFG) führte.[1057] Und auch die Forderungen zur Gründung einer österreichischen „Elite-Universität" kamen aus Alpbach und mündeten nach einem Vorstoß von Anton Zeilinger in der Schaffung des Institute of Science and Technology Austria (IST Austria), das internationalen Vorbildern wie dem Weizmann Institute folgend Spitzenforschung betreiben soll.[1058] Dass sich die politische Diskussion nicht auf Österreich beschränkte bzw. immer wieder auch ausländische Politiker bei den Technologiegesprächen anwesend waren, belegen hingegen die Beispiele Jack Lang (ehemaliger französischer Kulturminister, 1994), Martin Bangemann (EU-Kommissar 1996) oder ab 2003 einzelne Arbeitsgruppen mit verschiedenen Politikern aus den Nachbarstaaten, was von Norman Neureiter (United States Department of State) damit kommentiert wurde, dass er sich viele Dienstreisen in die mittel- und südosteuropäischen Staaten hätte ersparen können, weil er alle wichtigen Forschungspolitiker der Region in Alpbach treffen konnte.[1059]

Ein Zusammentreffen der ganz anderen Art wurde – als eine völlige Novität im Programm des Europäischen Forum Alpbach – hingegen mit „Junior Alpbach" ermöglicht, das ab 1999 Jugendlichen die Möglichkeit geben sollte, einen Tag lang mit ausgewählten Wissenschaftlern zu verbringen. Die Initiative hierfür ging von der gebürtigen Amerikanerin Kathryn List aus, deren Mann, der steirische Forscher und Industrielle Helmut List, mehrfach bei den Technologiegesprächen als Referent aufgetreten ist.[1060] Die Ursprungsidee war nicht nur, für die Kinder der Referenten und Teilnehmer eine sinnvolle Beschäftigungsmöglichkeit zu schaffen, sondern diesen auch einen Einblick in die Tätigkeit ihrer Eltern zu ermöglichen.[1061] Hierbei sollte „Junior Alpbach", das einem internationalen Trend folgend möglichst früh das Interesse für Wissenschaft und Forschung wecken wollte, nie ein eigenes Programm für Jugendliche mit eigenen Referenten sein. Vielmehr haben sich die Veranstalter regelmäßig darum bemüht, die interessantesten Referenten der Technologiegespräche auch für „Junior Alpbach" zu gewinnen, was – so Günter Hille-

---

[1055] Interview mit Prof. DI Dr. Günter Hillebrand am 19.1.2015; Günter Hillebrand, Cross Over des Wissens als Markenzeichen der Wissenschaft, in: Manfred Jochum/Raoul Kneucker (Hg.), Alpbacher Technologiegespräche 1999–2003, Innsbruck 2004, 31.
[1056] So hat dieser im Rahmen der Alpbacher Technologiegespräche 2005 etwa seine „Strategie 2010 – Perspektiven für Forschung, Technologie und Innovation in Österreich" der Öffentlichkeit präsentiert oder 2007 seine „Exzellenzstrategie" vorgestellt. Vgl.: http://www.rat-fte.at/aktivitaeten.html; http://www.rat-fte.at/initiativen/articles/exzellenzstrategie.html (11.3.2015).
[1057] Interview mit Prof. DI Dr. Günter Hillebrand am 19.1.2015. Vgl. hierzu: Alpbacher Technologiegespräche 2002 eröffnet, online: http://sciencev1.orf.at/news/57385.html (11.3.2015).
[1058] Kneucker, Forschungspolitik in Alpbach, 17; Hans Haider, Elisabeth Gehrer. Reportage eines politischen Lebens, Wien 2008, 116ff.; https://ist.ac.at/de/ueber-ist-austria/geschichte/ (14.3.2015).
[1059] Kneucker, Forschungspolitik in Alpbach, 13.
[1060] Interview mit Prof. DI Dr. Günter Hillebrand am 19.1.2015; Interview mit Dr. Thomas Oliva am 21.1.2015.
[1061] Kathryn List, For the Last ten Years, in: Bundesministerium für Unterricht, Kunst und Kultur (Hg.), 10 Jahre Junior Alpbach, Wien o. J. [2008], 4.

brand, Thomas Oliva und Martin Bernhofer – nie ein Problem war:[1062] Konnten für „Junior Alpbach", das wie sein „großes Vorbild" aus Plenarveranstaltungen und Arbeitskreisen besteht, doch so prominente Wissenschafter wie Jean-Marie Lehn, Charles Townes, Anton Zeilinger, Josef Penninger oder Markus Hengstschläger gewonnen werden.[1063] Ein erstes Folgeprojekt stellte die „Junior Academy", eine Veranstaltung der Industriellenvereinigung Wien und der Österreichischen Akademie der Wissenschaften, dar. 2007 folgte auf Vorschlag von Martin Bernhofer dann auch die Etablierung der „Ö1 Kinderuni Alpbach", die sich an ein noch jüngeres Publikum richtet.[1064] Wie bei „Junior Alpbach" sollten die Teilnehmer auch hier primär aus dem Kreis der Kinder der Referenten und Teilnehmer kommen. Gleichzeitig sollte das Programm – wie „Junior Alpbach" im Fall der Jugendlichen – aber auch für andere Kinder offen sein.

Das 2001 ins Programm der Technologiegespräche aufgenommene „Off-Alpbach", mit dem der Kunst ein besonderer Platz in den Technologiegesprächen eingeräumt werden sollte,[1065] erwies sich hingegen als nur von kurzer Dauer und wurde nach nur drei Jahren wieder eingestellt. Einen besonderen Höhepunkt stellte hierbei die Aufführung einer „Spontanoper" im Jahr 2002 dar, bei der die Teilnehmer unter der Leitung von Beko-Vorstandsvorsitzendem Peter Kotauczek Sensoren nützten, um ihre persönlichen Emotionen mittels eines Audiators und Videators in akustische Signale und bildhafte Darstellungen zu verwandeln, um so ein musikalisches Gesamtkunstwerk entstehen zu lassen.[1066] Zahlreiche Nebenveranstaltungen – wie etwa Präsentationen technischer Neuerungen – sind jedoch ein fixer Bestandteil geblieben.

Insgesamt haben sich die „Alpbacher Technologiegespräche" in ihrer rund dreißigjährigen Geschichte – so auch Hannes Androsch, der heute Vorsitzender des AIT-Aufsichtsrates sowie des Rats für Forschung und Technologieentwicklung ist – somit zu einem der wichtigsten Orte für die Diskussion über Fragen der Technologieentwicklung und -politik in Österreich entwickelt.[1067] Androsch zählt seit 2010 nicht nur wieder zu den regelmäßigen Besuchern in Alpbach, sondern ist heute – so Franz Fischler – auch ein wichtiger Ideengeber für die Technologiegespräche.[1068]

[1062] Vgl.: Grußbotschaften, in: Bundesministerium für Unterricht, Kunst und Kultur (Hg.), 10 Jahre Junior Alpbach, Wien o. J. [2008], 3.

[1063] Vgl. hierzu etwa eine Übersicht über die Referenten von 1999 bis 2008, in: Bundesministerium für Unterricht, Kunst und Kultur (Hg.), 10 Jahre Junior Alpbach, Wien o. J. [2008], 6f.

[1064] Interview mit Dr. Thomas Oliva am 21.1.2015.

[1065] Dass es bereits in früheren Jahren eine Schnittstelle zur Kunst gab, verdeutlicht die Ausstellung „Kunst in der Industrie" aus dem Jahr 1987. Vgl.: Programm: Europäisches Forum Alpbach, 15.–28.8.1987. Archiv des EFA, Programme.

[1066] Vgl.: https://calsi.wordpress.com/2011/03/03/off-alpbach-%E2%80%93-ein-ontoasthetisches-experiment%E2%80%9C/ (12.3.2015). Für die Zurverfügungstellung eines Tonmitschnitts danke ich Prof. DI Dr. Günter Hillebrand.

[1067] Interview mit Dr. Hannes Androsch am 13.3.2015.

[1068] Schriftliche Mitteilung von Dr. Franz Fischler an die Verfasserin vom 30.4.2015.

5.4.3 Finanzkrise und mediale Kritik

Bis es so weit war, hatte das Europäische Forum Alpbach, dessen Veranstaltung 1979 mit Kosten von rund 7.000.000 Schilling (inklusive Generalsekretariat)[1069] bzw. Mitte/Ende der 1980er Jahre mit Ausgaben von rund 11.000.000 Millionen Schilling verbunden war,[1070] jedoch eine zweite essentielle Krise zu überstehen.

Ein wichtiger Ausgangspunkt war hierfür, dass das Österreichische College in den 1980er Jahren mit einem starken Rückgang an öffentlichen Subventionen konfrontiert war.[1071] Hinzu kam, dass sich nach dem Ausstieg von Georg Zimmer-Lehmann auch die Beziehungen zur Wirtschaft und den Banken verschlechtert hatten bzw. diese „kaum noch bereit [waren], etwas für Alpbach zu tun".[1072] Dies wirkte sich für das Österreichische College nicht nur dahingehend aus, dass es vor allem durch die Einführung der Kurzveranstaltungen seine Eigeneinnahmen erhöhen musste.[1073] Da die Ausgaben die Einnahmen überwogen, wurde bereits ab Ende der 1970er Jahre auch ein ständig wachsender Schuldenberg aufgebaut, der mit Titeln wie „Einer Legende droht die Pleite"[1074] oder „Rettet Alpbach vor seinen Gründern"[1075] in den Medien ein wiederkehrendes Thema war und trotz mehrerer „Entschuldungsaktionen"[1076] Anfang der 1990er Jahre über 5.000.000 Schilling (inklusive benötigter Rückstellungen für Abfertigungen) ausmachte.[1077]

[1069] Hinzu kamen noch Verbindlichkeiten aus dem Jahr 1978 in der Höhe von rund 1.300.000 Schilling. Der Dialogkongress, der in diesen Zahlen nicht inkludiert ist, war mit Ausgaben von 3.147.636 Schilling verbunden. Protokoll der ordentlichen Generalversammlung vom 27.3.1980. Archiv des EFA, Ordner Sitzungen 1980/1981.

[1070] Protokoll der Generalversammlung vom 22.7.1985. Archiv des EFA, Ordner Sitzungen 1984/1985; Das „Forum Alpbach" kostet elf Mill. S., in: Salzburger Nachrichten, 25.8.1988.

[1071] Zwischen 1975 und 1987 kam es zu einer Verminderung der öffentlichen Subvention von (über) 50 auf ca. 25 Prozent. Vgl.: Protokoll der ordentlichen Generalversammlung vom 11.10.1991. Archiv des EFA, Ordner Generalversammlungen.

[1072] Bericht des Präsidenten Dr. Heinrich Pfusterschmid-Hardtenstein. Beilage zum Protokoll der ordentlichen Generalversammlung vom 6.4.2000. Archiv des EFA, Ordner Sitzungen 2000/2001.

[1073] 1987 setzten sich die Einnahmen des Österreichischen Colleges wie folgt zusammen: Eigeneinnahmen 53,88 Prozent, Subventionen 25,3 Prozent, Spenden 20,82 Prozent. Vgl.: Protokoll der ordentlichen Generalversammlung vom 11.10.1991. Archiv des EFA, Ordner Generalversammlungen.

[1074] Alpbach: einer Legende droht die Pleite, in: Neue Kronen Zeitung, 8.6.1985.

[1075] Rettet Alpbach vor seinen Gründern, in: Wiener Morgen Kurier, 9.10.1985.

[1076] Protokoll der Sitzung des Vorstandes vom 5.7.1979 und 2.11.1979. Archiv des EFA, Ordner Sitzungen 1979; Protokoll der Sitzung des Präsidiums vom 19.1.1983. Archiv des EFA, Ordner Sitzungen 1983; Protokoll der Generalversammlung vom 26.2.1991. Archiv des EFA, Ordner Sitzungen 1990/1991; Salchers Rache an Alpbach, in: Die Presse, 2.9.1983; Kluge Köpfe suchen Spesenbelege, in: Die Presse, 29.8.1985; Österreichisches College: Ständige Überprüfungen, in: Die Presse, 30.8.1985; Forum Alpbach: Verein von Otto Molden schon wieder in Finanznöten, in: Die Ganze Woche, 26.9.1991; Schonner, Europäisches Forum Alpbach, 39ff.

[1077] Protokoll der ordentlichen Generalversammlung vom 11.10.1991. Archiv des EFA, Ordner Generalversammlungen; Wie Alpbach überlebte, in: Die Presse, 18.8.1992; Forum Alpbach 1992 in der Krise. Nach-Gedanken zu einem Phänomen, in: Neue Zeit, 28.8.1992.

Desgleichen wurde – wenn es dem Österreichischen College auch in diesen Jahren gelang, interessante Personen einzuladen[1078] – immer stärker eine mangelnde Attraktivität und Internationalität und das Fehlen der Jugend beklagt und über Alpbach geschrieben, dass es zu einem „Jahrmarkt der Eitelkeiten" geworden sei.[1079] Aufgegriffen wurden damit Punkte, die nicht nur Fritz Molden in einem Interview zumindest teilweise zugeben musste,[1080] sondern die auch bei den Jubiläumsveranstaltungen 1984 und 1989 in Alpbach selbst ein Thema waren. So wurde bei der Eröffnung 1984 vom Rektor der Universität Innsbruck Joseph Rothleitner die Frage aufgeworfen, ob sich das Forum von einer ursprünglich offenen und dynamischen zu einer geschlossenen Gesellschaft gewandelt habe[1081] oder 1989 vom CDU-Politiker und Mitglied der Europäischen Kommission Peter M. Schmidhuber darauf verwiesen, dass mehr junge Leute nach Alpbach geholt werden sollten und der Dialog an Aktualität und Schärfe gewinnen müsse.[1082]

Von den involvierten Politikern, zuletzt Bundeskanzler Franz Vranitzky und Wissenschaftsminister Erhard Busek, wurde zwar beteuert, dass am Europäischen Forum Alpbach nach wie vor ein öffentliches Interesse bestehe und dieses am Leben erhalten werden solle. Gleichzeitig wurden aber auch entschieden Reformen verlangt. So wurde etwa von Vranitzky nicht nur bemängelt, dass die Besetzung der Arbeitskreise immer wieder die gleiche sei und eine wissenschaftliche Geisteshaltung [jene von Karl Popper, Anm. MW] dominiere, sondern auch kritisiert, dass das Wirtschaftsgespräch, wo es 1990 zu einem „Festival der Absagen" gekommen war,[1083] an Qualität verloren habe.[1084] Vor allem wurde eine weitere Unterstützung durch die öffentliche Hand jedoch immer stärker an einen Wechsel in der Führung des Österreichischen Colleges gekoppelt,[1085] weshalb Otto Molden, dem die wachsende Kritik an seiner Person nicht verborgen bleiben konnte, im Frühsommer 1991 seinen Rücktritt für das folgende Jahr ankündigte und diesen in der Generalversammlung vom 11. Oktober 1991 mit Ende Februar 1992

[1078] So verweist auch Michael Neider darauf, dass es dem Österreichischen College selbst in den größten Krisenzeiten immer wieder gelungen ist, ein bis zwei Top-Leute nach Alpbach zu bringen. Interview mit Dr. Michael Neider am 11.7.2013.

[1079] Immer mehr Kritik am Forum Alpbach. Pleitegerüchte! Fehlende Attraktivität, in: Wörgler und Kufsteiner Rundschau, 27.8.1986.

[1080] Zum Teil ein Jahrmarkt der Eitelkeiten, in: Salzburger Nachrichten, 30.8.1986.

[1081] Kritik bei Alpbach-Eröffnung: „Geschlossene Gesellschaft", in: Südost-Tagespost, 21.8.1984; Selbstkritischer Auftakt des Forums Alpbach. Von Auseinandersetzung zu Zustimmung, in: Tiroler Tageszeitung, 20.8.1984; Josef Rothleitner, Eröffnungsansprache, in: Otto Molden (Hg.), Der Beitrag Europas. Erbe und Auftrag. Europäisches Forum Alpbach 1984, Wien 1984, 13–19.

[1082] Peter M. Schmidhuber, Alpbach: Markt der Ideen – Treffpunkt der Menschen. 45. Europäisches Forum Alpbach, in: Otto Molden (Hg.), Geschichte und Gesetz. Europäisches Forum Alpbach 1989, Wien 1989, 261.

[1083] Alpbach – ein Festival der Absagen, in: Die Presse, 29.8.1990.

[1084] Protokoll der Sitzung des Präsidiums vom 4.6.1991 und 3.7.1991. Archiv des EFA, Ordner Sitzungen 1990/1991.

[1085] Protokoll der Sitzung des Präsidiums vom 4.6.1991. Archiv des EFA, Ordner Sitzungen 1990/1991; Forum Alpbach: Verein von Otto Molden schon wieder in Finanznöten, in: Die Ganze Woche, 26.9.1991; Interview mit Dr. Michael Neider am 9.1.2014.

präzisierte. Wie er gleichzeitig ausführte, wollte er sich ein weiteres Mal „politischen Aufgaben"[1086] bzw. dem Aufbau einer überparteilichen Bewegung unter dem Namen „Europäische Nationalbewegung" widmen.[1087] Diese sollte – wie er auch bei der Eröffnung des Europäischen Forum Alpbach 1994 ausführte – die „europäischen Völker zu einer Gemeinschaft, zu den Vereinigten Staaten von Europa, zusammenführen".[1088] Ähnlich wie der Europäischen Föderalistischen Partei in den 1960er Jahren sollte der „Europäischen Nationalbewegung" jedoch kein großer Erfolg beschieden sein.

[1086] Protokoll der ordentlichen Generalversammlung vom 11.10.1991. Archiv des EFA, Ordner Generalversammlungen.
[1087] Schreiben von Otto Molden an Klemens von Klemperer vom 10.11.1994. Wienbibliothek, Nachlass Otto Molden, 2.2.290.
[1088] Otto Molden, Eröffnung, in: Heinrich Pfusterschmid-Hardtenstein (Hg.), Zeit und Wahrheit. Europäisches Forum Alpbach 1994, Wien 1994, 24ff.

6. Das Europäische Forum Alpbach
von 1992 bis 2000 – Jahre des Übergangs

Das Österreichische College hatte zu Beginn der 1990er Jahre in einer schwierigen Situation somit eine neue Führungsspitze zu bestimmen. Dieser sollte es in den kommenden Jahren nicht nur gelingen, das Europäische Forum Alpbach fortzuführen, sondern auch wichtige Schritte zur Sanierung des Österreichischen Colleges zu setzen. Hierzu gehörte nicht nur, dass der Finanzsituation eine besondere Aufmerksamkeit geschenkt werden musste. Teil des Erneuerungsprozesses waren auch Reformen im Programm und den Organisationsstrukturen sowie der Bau eines neuen Kongresshauses, während die Rückkehr der Jugend nach Alpbach durch eine „Rückeroberung" mittels einer „Liebeserklärung" erfolgen sollte.

6.1 Ein neuer Präsident: Heinrich Pfusterschmid-Hardtenstein

Zum neuen Präsidenten des Österreichischen Colleges wurde in der Generalversammlung vom 11. Oktober 1991 Heinrich Pfusterschmid-Hardtenstein gewählt.

Nachdem ursprünglich auch an den ehemaligen ORF-Generalintendanten Gerd Bacher gedacht worden war,[1089] stellte Herbert Krejci einen weiteren Kandidaten dar. Dieser ging 1992 als Generalsekretär der Vereinigung österreichischer Industrieller in Pension und war als Vertreter der Industriellenvereinigung mehrfach in Alpbach gewesen.[1090] Der Vorschlag, dass er an die Spitze des Österreichischen Colleges treten sollte, wurde nicht zuletzt aus finanziellen Erwägungen von Fritz Czerwenka eingebracht. Jener, der Heinrich Pfusterschmid-Hardtenstein als neuen Präsidenten vorsah, wurde nach entsprechenden Vorbesprechungen von Otto Molden vorgelegt und nicht nur mit seiner Unterstützung, sondern auch mit der von Fritz Molden und Alexander Auer am 11. Oktober 1991 angenommen.[1091]

Maßgeblich war hierfür, dass Heinrich Pfusterschmid-Hardtenstein mit dem Europäischen Forum Alpbach seit langer Zeit eng verbunden war und durch seine berufliche Tätigkeit wichtige diplomatische, internationale und politische Erfahrungen in die Leitung des Österreichischen Colleges einbringen konnte. So war er nicht nur bereits als Student in Alpbach gewesen bzw. erstmals 1947 nach Alpbach gekommen. Er gehörte auch zu den frühesten Mitgliedern des Österreichischen Colleges und hatte als gebürtiger Steirer für einige Jahre die College-

---

[1089] Bacher sagte jedoch ab. Interview mit Dr. Michael Neider am 11.7.2013.
[1090] Dieser wäre auch bereit gewesen, die Funktion des Präsidenten des Österreichischen Colleges zu übernehmen. Vgl.: Schreiben von Fritz Czerwenka an Otto Molden vom 7.10.1991. Archiv des EFA, Ordner Sitzungen 1990/1991.
[1091] Protokoll der ordentlichen Generalversammlung vom 11.10.1991. Archiv des EFA, Ordner Generalversammlungen.

gemeinschaft in Graz geleitet.[1092] In beruflicher Hinsicht war er nach seinem Studium der Rechtswissenschaften an der Universität Graz sowie einem Aufenthalt als Fulbright-Student an der University of California in Berkeley, wo er Nationalökonomie belegte, ab 1956 im diplomatischen Dienst tätig. So fungierte er nach einer kurzen Tätigkeit in der Botschaft in Den Haag als Stellvertretender Leiter der österreichischen Delegation bei der Hohen Behörde der EGKS und als Geschäftsträger der österreichischen Botschaft in Luxemburg (1960–1967), als Direktor der Abteilung für wirtschaftliche Integration im Außenministerium (1967–1971), als österreichischer Botschafter in Finnland (1971–1978) oder zuletzt (1986–1992) als österreichischer Botschafter in den Niederlanden. Gleichfalls war er auch für mehrere Jahre (1978–1986) Direktor der traditionsreichen Diplomatischen Akademie in Wien.[1093]

Auch wenn Heinrich Pfusterschmid-Hardtenstein die Leitung des Österreichischen Colleges zunächst nur übernehmen wollte, wenn ein Abbau der Altlasten erfolgt sei,[1094] zeigte er sich dennoch bereit, die Nachfolge von Otto Molden anzutreten. In Folge stand er dem Österreichischen College von März 1992 bis ins Jahr 2000 vor. Weitere Mitglieder des neu gebildeten Präsidiums wurden Dieter Bökemann, Hannes Kar, Thomas Mayr-Harting, Fritz Molden, Michael Neider und Peter Piller.[1095]

6.2 Die Sanierung – Neuerungen im Programm und den Organisationsstrukturen sowie eine Revolte der Jugend

Wie Heinrich Pfusterschmid-Hardtenstein bereits im Vorfeld seiner Wahl festgehalten hatte und als neuer Präsident auch gegenüber den Medien verkündete, war es für ihn ein wichtiges Anliegen, den Prinzipien des Österreichischen Colleges treu zu bleiben und sich seiner Traditionen (ohne allzu viel Beiwerk) zu besinnen. Andererseits wurden von ihm bereits im Vorfeld seiner Wahl zum Präsidenten des Österreichischen Colleges organisatorische Reformen in Aussicht gestellt, um eine Wiederbelebung der erstarrten Strukturen zu erreichen bzw. einer Überalterung und Programmroutine entgegenzutreten,[1096] worauf in den kommenden Jahren

---

[1092] Molden, Alpbach – Geist und Entwicklung eines europäischen Experiments, 45.
[1093] Vgl. hierzu: Heinrich Pfusterschmid-Hardtenstein, Kleine Geschichte der Diplomatischen Akademie Wien. Ausbildung im Bereich der internationalen Beziehungen seit 1754, Wien 2008.
[1094] Protokoll der Sitzung des Vorstandes vom 6.2.1992. Archiv des EFA, Ordner Sitzungen 1992–1994; Protokoll der Generalversammlung vom 11.3.1992. Archiv des EFA, Ordner Generalversammlungen.
[1095] Präsidium des Österreichischen Colleges. Archiv des EFA, Ordner Sitzungen 1990/1991.
[1096] Vorschläge für die künftige Arbeit des Österreichischen Colleges von Heinrich Pfusterschmid-Hardtenstein, Telefax-Depesche vom 21.10.1991. Archiv des EFA, Ordner Sitzungen 1990/1991; Neue Ideen für Alpbach, in: Kurier, 29.4.1992; Forum Alpbach: Neue Ära und neue Akzente, in: Der Standard, 30.4.1992; „Neues" Forum Alpbach hofft auf schwarze Zahlen, in: Tiroler Tageszeitung, 30.6.1992; Neuer Chef des Forums Alpbach: „Wir sind kein Verein, der erstarrten Formen huldigt", in: Tiroler Tageszeitung, 15.8.1992.

Eröffnung des Europäischen Forum Alpbach 1992, v. l. n. r.: Heinrich Pfusterschmid-Hardtenstein, der Tiroler Landeshauptmann Alois Partl, Erhard Busek

zwei Statutenänderungen durchgeführt wurden. Um eine finanzielle Konsolidierung zu erreichen, die sich als längerer Prozess darstellte, war es hingegen nicht nur notwendig, vorhandene Wertgegenstände bzw. das Wotruba-Relief aus dem Paula von Preradovic-Haus zu verkaufen.[1097] Es mussten auch ein rigider Sparkurs gefahren werden, das Vertrauen der alten Fördergeber bzw. Sponsoren wieder gestärkt bzw. neue Unterstützer – wie in verstärktem Ausmaß die Bundesländer – gewonnen werden.[1098] Neuerungen im Programm sowie eine Forcierung des transatlantischen Austausches[1099] mit Unterstützung von Peter Krogh als Dekan der Edmund A. Walsh School of Foreign Service der Georgetown University in Washington[1100] sollten dem Europäischen Forum Alpbach hingegen nicht nur Impulse, sondern – vor allem durch die Einführung von Sommerschulen – auch eine neue Bedeutung verleihen.

Eine wichtige Grundlage für die Abhaltung des Europäischen Forum Alpbach, bei dem ab nun auch Italienisch als dritte Konferenzsprache wegfiel, bildeten im

---

[1097] Das Relief wurde für zwei Millionen Schilling an die EA-Generali Versicherung verkauft. Protokoll der außerordentlichen Generalversammlung vom 17.12.1992. Archiv des EFA, Ordner Generalversammlungen.
[1098] Vgl. hierzu auch: Alpbach Sommerschule ist für Jugend attraktiv, in: Tiroler Tageszeitung, 20./21.8.1994.
[1099] Interview mit Dr. Heinrich Pfusterschmid-Hardtenstein am 23.5.2013.
[1100] Diese Verbindung wirkte sich auch für die Technologiegespräche positiv aus. Interview mit Dr. Thomas Oliva am 21.1.2015.

„schwierigen Jahr" 1992 erhöhte Subventionen des Landes Tirol und der Gemeinde Alpbach,[1101] Zuwendungen der Nationalbank und des Wissenschaftsministeriums sowie die „Steirische Initiative". Diese umfasste mit Unterstützung der steirischen Landesregierung unter ÖVP-Landeshauptmann Josef Krainer und des Club Alpbach Steiermark nicht nur die Entsendung einer größeren Anzahl von Stipendiaten, sondern auch die Gestaltung eines Programmtages.[1102] Hierbei wurde nach Vorbereitungen von Karl Acham einen Tag lang mit jeweils einem Professor der Grazer Universität und einem internationalen Experten wie dem deutschen Biochemiker und Nobelpreisträger Manfred Eigen, dem österreichischen US-Emigranten und Physiker Victor Weisskopf, dem Mathematiker und Begründer der Chaostheorie Benoît Mandelbrot oder dem britischen Historiker Peter Burke das „wissenschaftliche Vermächtnis des 20. Jahrhunderts" in sechs Disziplinen wie der Biologie, Physik oder Geschichte erörtert.[1103] Weitere Programmpunkte des unter dem Generalthema „Entscheidung für Europa. Bewusstsein und Realität" stattfindenden Forums waren Seminare[1104] (unter anderem zu den Themen „Die Naturwissenschaften und das Menschenbild", „Wissenschaft und Metaphysik", „Innereuropäische Konfliktlösungsmechanismen" oder „Meinungsbildung und Meinungsbeeinflussung"), ein Wirtschaftsgespräch über „Reformen und künftige Wirtschaftsstrukturen der GUS-Staaten", ein Politisches Gespräch über „Die ökologische Revolution in der politischen Realität" sowie ein Kulturgespräch über die Rolle des Designs. Im Gegensatz zu früheren Jahren wurden diese wie auch die 1992 noch stattfindende „Alpbacher Weltwirtschaftsprognose" jedoch nicht mehr unter dem Titel „Europäische Gespräche" angekündigt, aber weiterhin von einem Kulturprogramm (unter anderem mit einer Max Weiler-Ausstellung und Zeichnungen von Fritz Behrendt) begleitet.[1105]

Gleichfalls wurde bereits 1992 als wohl wichtigste Neuerung der 1990er Jahre auf Initiative von Erhard Busek in Kooperation mit der Universität Innsbruck und maßgeblicher Beteiligung des Europarechtlers Waldemar Hummer eine Sommerschule für Europäische Integration eingeführt. Diese sollte rund 40 bis 60 Teilnehmer bzw. vorwiegend Studenten aus Ost- und Südosteuropa mittels Stipendien, die vom Wissenschaftsministerium bezahlt wurden, mit den Problemen der europäischen Integration vertraut machen[1106] und damit – so Busek – einerseits zu einer „gewissen Europäisierung" beitragen und Lehrinhalte abdecken, die an den österreichischen Universitäten erst im Aufbau begriffen waren. Andererseits sollte

---

[1101] Alpbacher College: Gemeinderat sagt S 200.000,-Starthilfe zu, in: Wörgeler und Kufsteiner Rundschau, 22.7.1992.
[1102] Protokoll der außerordentlichen Generalversammlung vom 17.12.1992. Archiv des EFA, Ordner Generalversammlungen.
[1103] Nicht mehr warten auf die Weltformel!, in: Die Presse, 19.8.1992; Alpbach: Frischer Wind, der Erschöpfung bringt, in: Kleine Zeitung, 19.8.1992.
[1104] „Seminar" löste nun die Bezeichnung „Arbeitsgemeinschaft" ab.
[1105] Programm: Europäisches Forum Alpbach, 15.–26.8.1992. Archiv des EFA, Programme.
[1106] Protokoll der Generalversammlung vom 11.3.1992. Archiv des EFA, Ordner Generalversammlungen; 60 Akademiker aus dem Ex-Ostblock in Alpbach, in: Tiroler Tageszeitung, 27.8.1992; Hochschule für europäische Integration, in: Dolomiten, 22.8.1992.

sie aber auch einen wichtigen Beitrag zur finanziellen Stabilisierung des Österreichischen Colleges leisten[1107] und ein erster Schritt sein, um mehr junge Leute nach Alpbach zu bringen.[1108] Die neue Ausbildungsschiene, die bei erfolgreicher Absolvierung ein Diplom einbrachte, war somit mit mehreren Zielsetzungen verbunden und entwickelte sich in kurzer Zeit so positiv, dass sie bereits wenig später durch einen Spezialkurs für Europäische Integration und einen Perfektionskurs für Europarecht erweitert wurde. Hierbei richtete sich der Spezialkurs vor allem an Personen, die beruflich mit Integrationsfragen befasst waren, während der Perfektionskurs an Fortgeschrittene im Europarecht adressiert war, die in einem Intensivkurs ihr Wissen vertiefen und aktualisieren wollten.[1109]

Weitere Neuerungen in der Organisationsstruktur und im Programm folgten 1994 und 1995, als das Forum nach seiner auch noch 1992 und 1993 zum Tragen kommenden Verkürzung erstmals wieder 14 Tage dauerte. So wurden in einer ersten Statutenänderung Ende 1994 einerseits die Ziele des Österreichischen Colleges neu formuliert und – erstmals nicht mehr bei der „abendländischen Bildungsgemeinschaft" anknüpfend – wie folgt festgehalten:

a) an der Weiterentwicklung und Sicherung der individuellen Freiheit und der Eigenverantwortung der Bürger mitzuwirken,
b) für eine pluralistische, vom Geiste der Toleranz geleitete Gesellschaft mit parlamentarischer Demokratie einzutreten,
c) der kulturellen und wirtschaftlichen Entfaltung und der Verbesserung der Lebensqualität aller Menschen zu dienen,
d) die Einigung Europas zu fördern und
e) das kulturelle, wissenschaftliche und humanitäre Erbe Europas zu bewahren und zukunftsorientiert zu entwickeln.

Andererseits wurde ein „Arbeitsausschuss" aus dem Präsidenten und den Mitgliedern des Präsidiums gebildet[1110] und Vorsorge für die Bildung eines „Kuratoriums der Sponsoren" sowie die Schaffung eines wissenschaftlichen Kuratoriums getroffen, nachdem die alten Nationalkomitees immer mehr an Bedeutung verloren hatten und auch die wissenschaftliche Arbeit neu aufgestellt werden musste.[1111] Im Mai 1995 wurde dann auch der Vorstand des Österreichischen Colleges neu gebildet und Friedrich Gleißner (bis zu seiner Pensionierung 1992 Leiter der Abtei-

---

[1107] Interview mit Dr. Erhard Busek am 3.6.2014.
[1108] Neuer Stil für Alpbach: Erste Verjüngung durch Sommerakademie, in: Die Presse, 1.4.1992.
[1109] Programm: Europäisches Forum Alpbach, 21.8.–4.9.1999. Archiv des EFA, Programme.
[1110] Diesem gehörten Heinrich Pfusterschmid-Hardtenstein, Friedrich Gleißner, Peter Piller, Thomas Mayr-Harting, Michael Neider und Alexandra Terzic-Auer an.
[1111] Die neuen Statuten wurden in der Generalversammlung vom 3.11.1994 beschlossen. Vgl.: Archiv des EFA, Ordner Statuten. Im Programmheft für das Europäische Forum Alpbach 1995 wurde folgenden Personen dafür gedankt, dass sie sich auf Basis der neuen Statuten mit der Gründung eines Wissenschafts- und eines Wirtschaftskuratoriums befassen: Peter Aichelburg, Heinz Löffler, Hans Tuppy, Klaus Zapotoczky und Heinz Apenzeller. Vgl.: Programm: Europäisches Forum Alpbach, 19.8.–1.9.1995. Archiv des EFA, Programme.

Treffen der Staatsoberhäupter aus acht Nachbarländern 1994 in Alpbach

lung für Handelspolitik und Außenhandel in der Wirtschaftskammer Österreich) zum Vizepräsident gewählt, der mit Erhard Fürst (Vereinigung Österreichischer Industrieller) wesentlich zur Organisation des Wirtschaftsgesprächs beitrug.[1112] Außerdem wurden mit Elisabeth Herz-Kremenak, Ingrid Kurz, Auguste Neider und Alexandra Terzic-Auer erstmals auch mehrere Frauen in den Vorstand aufgenommen.[1113] Bis dato hatte mit Maria-Elisabeth Wanke-Czerwenka erst eine Frau – und das erst seit 1988/1989 – dem Vorstand angehört.[1114] Bis Frauen in die höchsten Führungsebenen des Österreichischen Colleges vorgedrungen waren, hatte es somit fast 50 Jahre gedauert.[1115]

Im Programm wurde 1994, als das Europäische Forum Alpbach sein fünfzigjähriges Jubiläum feierte, als neue Strukturebene die „Europawoche" eingeführt.[1116] In dieser Woche wurden ab nun das Wirtschafts- und das Politische Gespräch (aber nicht mehr das Kunst- oder Kulturgespräch, so eines stattfand) platziert und in diesem Jahr in Kooperation mit der Edmund A. Walsh School of Foreign Service der Georgetown University in Washington eine Veranstaltung über „Europäische Perspektiven – Europa in Perspektive" angeboten. Nicht uninteressant ist dabei,

---

[1112] Personen: 70er, in: Internationale Wirtschaft, Nr. 52, Dez. 1998.
[1113] Mitteilung an die Bundespolizeidirektion Wien vom 6.10.1995 über die in der Generalversammlung vom 4.5.1995 erfolgte Neuwahl des Präsidiums. Archiv des EFA, Ordner Statuten.
[1114] Mitteilung an die Bundespolizeidirektion Wien über die Bestellung von Vereinsfunktionären in der ordentlichen Generalversammlung vom 20.12.1998. Archiv des EFA, Ordner Statuten.
[1115] Vgl. hierzu auch: Nostalgiefestival der Sonderklasse, in: Profil, 30.8.1993.
[1116] Susanna Maria Schonner spricht in diesem Zusammenhang von einer finanziellen Integration der vormaligen Dialogkongresse in das Europäische Forum Alpbach. Vgl.: Schonner, Europäisches Forum Alpbach, 58.

dass auch die Edmund A. Walsh School of Foreign Service damals ein Jubiläum bzw. ihren 75. Geburtstag feierte, womit sich in der gemeinsamen Veranstaltung zwei Jubilare zusammentaten.[1117] Die erste Forumshälfte sollte hingegen vorwiegend der Wissenschaft bzw. wissenschaftspolitischen Fragestellungen, darunter ein Workshop zur Grundlagenforschung oder zu „Wissenschaft und Sicherheitspolitik",[1118] gewidmet sein und umfasste neben einem von der Steiermark gesponserten Eröffnungsvortrag zum Generalthema „Zeit und Wahrheit" sowie einem Eröffnungsvortrag von James Buchanan auch den Höhepunkt der Jubiläumsfeierlichkeiten: Ein Treffen der Staatsoberhäupter aus acht Nachbarländern, die auf Einladung von Bundespräsident Thomas Klestil nach Alpbach kamen, um hier mit dem designierten Präsidenten der Europäischen Kommission Jacques Santer die künftige Entwicklung Europas und der EU zu diskutieren,[1119] der Österreich nach dem Beitrittsgesuch von 1989 und der positiven Volksabstimmung vom 12. Juni 1994 mit 1. Jänner 1995 beitrat.[1120]

1995, als das Europäische Forum Alpbach zum ersten Mal im Internet vertreten war,[1121] kamen nach Vorbereitungen von Klaus Zapotoczky von der Universität Linz und Peter Atteslander von der Universität Augsburg „Gesundheitsgespräche" hinzu.[1122] Damit setzte sich das Forum ab nun aus durchschnittlich zehn Seminaren und Plenarveranstaltungen sowie den „Alpbach-Portraits" in der ersten Tagungswoche, den Technologie- und Gesundheitsgesprächen in der Tagungsmitte und der abschließenden „Europawoche" (mit einem politischen Teil, der nun auch Arbeitsgruppen umfasste, sowie dem Wirtschaftsgespräch) plus einem künstlerischen Rahmenprogramm zusammen. Thema der Seminare unter dem Generalthema „Das Ganze und seine Teile" waren etwa „Strukturen der Materie",

---

[1117] Heinrich Pfusterschmid-Hardtenstein, Vorwort, in: Ders. (Hg.), Zeit und Wahrheit. Europäisches Forum Alpbach 1994, Wien 1994, 12.

[1118] Der Workshop zur Grundlagenforschung wurde in Kooperation mit dem Wissenschaftsministerium, der Österreichischen Akademie der Wissenschaften und dem Fonds zur Förderung der wissenschaftlichen Forschung, jener über „Wissenschaft und Sicherheitspolitik" in Zusammenarbeit mit dem Verteidigungsministerium organisiert.

[1119] Neben Thomas Klestil trafen damals folgende Staatsoberhäupter in Alpbach zusammen: Otto Stich (Schweiz), Michal Kovác (Slowakei), Václav Havel (Tschechische Republik), Milan Kučan (Slowenien), Oscar Luigi Scalfaro (Italien), Fürst Hans Adam II. (Liechtenstein), Árpád Göncz (Ungarn) und Roman Herzog (Deutschland). Vgl.: Der Geist von Alpbach, in: Der Standard, 23.8.1994; Die Union als offene Gesellschaft, in: Die Presse, 23.8.1994; Alle sind Europa, trotzdem ist der europäische Wartesaal überfüllt, in: Tiroler Tageszeitung, 23.8.1994.

[1120] Gehler, 17. Juli 1989: Der EG-Beitrittantrag, 545ff.

[1121] Die erste Website des Europäischen Forum Alpbach wurde am Internetknoten des EDV-Zentrums der Universität Innsbruck eingerichtet. Vgl.: Globales Bergdorf Alpbach. „Europäisches Forum Alpbach" ist heuer erstmals im Internet, in: Tiroler Tageszeitung, 1./2.7.1995; Forum Alpbach erfolgreich im Internet gestartet, in: Vorarlberger Nachrichten, 25.8.1995; Alpbach online, in: APA Journal Medien, 30.8.1995; Forum, in: APA-Journal Innovation, 21.6.1995.

[1122] Diese waren dem Thema „Ethische Probleme der Rationierung in der Medizin" gewidmet und wurden im Programmheft noch nicht unter dem Titel „Gesundheitsgespräche" angekündigt. Vgl.: Programm: Europäisches Forum Alpbach, 19.8.–1.9.1995. Archiv des EFA, Programme sowie Von Frankenstein zu Risikofaktoren. Erstmals „Alpbacher Gesundheitsgespräche" zu Medizinethik und Ressourcenknappheit, in: Ärzte Woche, 6.9.1995.

die „Biomolekulare (Selbst-) organisation", „Individuum und Gemeinschaft in der postkommunistischen Gesellschaftsordnung" oder „Individualismus und Systemdenken in der Soziologie". Beim Politischen Gespräch standen – ein Jahr bevor die künftige Verfassung Europas im Rahmen einer großen Regierungskonferenz der EU beraten werden sollte – hingegen die Verfasstheit der Europäischen Union und beim Wirtschaftsgespräch „unterschiedliche Geschwindigkeiten in der europäischen Wirtschafts- und Sozialpolitik" auf dem Programm. Im Rahmen des künstlerischen Begleitprogramms wurde unter anderem eine Ausstellung zum Thema „Orte schaffen – Orte finden" angeboten, womit ein weiteres Mal die Stadtentwicklung zum Thema gemacht wurde, mit der sich auch eine Plenarveranstaltung beschäftigte.[1123]

Im Folgejahr wurde, nachdem dies in den vorherigen Jahren nicht der Fall war, von Heinrich Pfusterschmid-Hardtenstein aber schon angekündigt worden war[1124] – auch wieder ein Bankenseminar im Rahmen der „Europawoche" in Zusammenarbeit mit der Österreichischen Bankwissenschaftlichen Gesellschaft unter der Leitung von Otto Lucius durchgeführt.[1125] Gleichfalls wurden im Bereich der Seminare Blockveranstaltungen eingeführt, um dem Wunsch der Teilnehmer nach verkürzten Seminaren nachzukommen.[1126] Ein wichtiges Thema stellten hierbei – wie schon 1995 – die Life Sciences dar, die auch in den Technologiegesprächen ein immer wiederkehrender Gegenstand waren, wobei mit Max Birnstiel und Alexander von Gabain[1127] sowie Peter Swetly nicht nur drei Vertreter vom Campus Vienna Biocenter bzw. diesem nahe stehende Personen,[1128] sondern auch internationale Referenten wie Harald zur Hausen (Deutsches Krebsforschungszentrum, Heidelberg) in Alpbach waren.

1998 folgte eine erneute Statutenreform. Mit dieser wurde einerseits die Förderung „der Entwicklung der Wissenschaften und der Technik durch Forschung und Information" als weiterer Aufgabenbereich des Österreichischen Colleges festgehalten. Andererseits wurden mit ihr entscheidende Änderungen in den Organisationsstrukturen vorgenommen, die auch eine wichtige Verjüngung brachten. Maßgeblich war hierfür nicht nur, dass Heinrich Pfusterschmid-Hardtenstein bereits bei der Übernahme der Präsidentschaft Änderungen in diesem Bereich in Aussicht gestellt hatte, sondern dass – wie auch in den Medien berichtet wurde – während des Forums 1997 der Ruf nach Reformen immer lauter geworden war. So kriti-

---

[1123] Programm: Europäisches Forum Alpbach, 19.8.–1.9.1995. Archiv des EFA, Programme.
[1124] Vgl.: Die Forum-Blume blüht wieder, in: Tiroler Tageszeitung, 2.9.1993; Forum Alpbach verpasst sich Verjüngungskur, in: Der Standard, 1.9.1993.
[1125] Alpbacher Bankenseminar 1996, in: Gewerbliche Genossenschaften 5 (1996) 28.
[1126] Protokoll der Generalversammlung vom 11.4.1996. Archiv des EFA, Ordner Generalversammlungen.
[1127] Alexander von Gabain hatte 1995 und 1996 auch an der Programmvorbereitung mitgewirkt. Vgl.: Programm: Europäisches Forum Alpbach, 19.8.–1.9.1995 und Programm: Europäisches Forum Alpbach, 17.–30.8.1996. Archiv des EFA, Programme.
[1128] Vgl. zur Geschichte des Campus Vienna Biocenter und dessen Bedeutung für die Life Sciences in Wien bzw. Österreich: Maria Wirth, Der Campus Vienna Biocenter. Entstehung, Entwicklung und Bedeutung für den Life Sciences-Standort Wien, Innsbruck/Wien/Bozen 2013.

sierte nicht nur Rainer Schrems als Vorsitzender der „Under 40ies-Gruppe" bzw. der „institutionalisierten Jugend" im Österreichischen College eine Überalterung sowie ein Fehlen der Frauen,[1129] die 1997 – nach einem Bericht im „Standard" – 340 der 1150 Teilnehmer ausmachten.[1130] Auch der damalige Vorsitzende der ÖH Innsbruck und spätere Gründer der NEOS (als der jüngsten im österreichischen Parlament vertretenen Partei) Matthias Strolz stieß in dieselbe Kerbe. Da er bereits bei seinem ersten Besuch in Alpbach 1996 den Eindruck gewonnen hatte, dass hinter dem Forum eine großartige Idee steckte, deren Umsetzung aber reformbedürftig sei, Frauen und Junge weitgehend fehlen würden bzw. wenn diese durch die Sommerschulen vertreten waren, keine Verzahnung mit dem Forum stattfinde, zettelte er 1997 eine „Revolte" an.[1131] Er lud für den 23. August 1997 mit einer „Liebeserklärung an die Alpbacher Geistesrepublik" zu einem Gedankenaustausch über die Zukunft des Forums ins Paula von Preradovic-Haus,[1132] zu der rund 70 Personen kamen – darunter auch Heinrich Pfusterschmid-Hardtenstein und Friedrich Gleißner, die zwar erstaunt waren, wie selbstbewusst die Jugend nun aufbegehrte, sich der Diskussion aber nicht verschlossen.[1133] Die von Strolz vorgelegten „Wünsche" umfassten nicht nur den Mut zur Veränderung, mehr Sein als Schein sowie eine neue Referenten- und Teilnehmerzusammensetzung, sondern auch das Verlangen nach mehr Diskussionen, neuen Präsentationsformen und mehr Partizipation[1134] und haben – so Erhard Busek – wesentlich zu einer Reform des Europäischen Forum Alpbach beigetragen.[1135] Ein wichtiger Schritt wurde mit der angesprochenen Statutenänderung vom Februar 1998 gesetzt, nachdem auch die Gruppe um Schrems im Jänner desselben Jahres ihre Reformüberlegungen präsentiert hatte.[1136] In der Statutenreform wurde der bisher 18 Mitglieder umfassende Vorstand massiv aufgestockt und in zwei leitende Organe gesplittet, die zusammen mit dem Präsidenten und Vizepräsidenten in Zukunft das Österreichische College leiten sollten: den Rat, der die Richtlinien für die Tätigkeit der Vereinsorgane und für die Programmgestaltung festlegen und überwachen sollte, und den Leitungsausschuss, bei dem die „tägliche Leitungsarbeit" liegen sollte. Für die inhaltliche Programmvorbereitung und -beratung wurde hingegen ein Kuratorium gebildet, wie es bereits 1994 vorgesehen war. Gleichzeitig wurde – wie auch in den Medien berichtet wurde – vor allem der Leitungsausschuss mit jüngeren Leuten besetzt,

---

[1129] Forum Alpbach am Scheideweg, in: Tiroler Tageszeitung, 20.8.1997; Alpbach: Wenn eine Idee in die Jahre kommt, in: Die Presse, 22.8.1997.
[1130] Alpbach: Mehr Frauen und jüngeres Team, in: Der Standard, 30.8.1997. Vgl. zum Fehlen der Frauen in Alpbach auch: „Wie viele nehmen Drogen und werden doch kein Trakl", in: Neue. Vorarlberger Tageszeitung, 27.8.1996.
[1131] Interview mit Dr. Matthias Strolz am 28.10.2014.
[1132] Einladung zum Gedankenaustausch: „Liebeserklärung an die Alpbacher Geistesrepublik" sowie Text des Einführungsstatements vom 23.8.1997. Privatarchiv Dr. Matthias Strolz.
[1133] Interview mit Dr. Matthias Strolz am 28.10.2014.
[1134] Vgl. hierzu auch: Eine Liebeserklärung an die Reform, in: Tiroler Tageszeitung, 28.8.1997.
[1135] Interview mit Dr. Erhard Busek am 3.6.2014; Erhard Busek, Lebensbilder, Wien 2014, 253f.
[1136] Reformüberlegungen für das Forum Alpbach, in: Wiener Zeitung, 28.1.1998; Weniger „alte Leute" beim Forum Alpbach, in: Kurier Tirol, 28.1.1998.

um dem Ruf nach einer Verjüngung nachzukommen, während Erhard Busek nach seinem Ausscheiden aus der Bundesregierung und als ÖVP-Parteivorsitzender in den Jahren 1994 und 1995 am 19. Juni 1998 zum Vorsitzenden des wissenschaftlichen Kuratoriums gewählt wurde.

1999 wurde als weitere Änderung im Programm schließlich erstmals ein Mediengespräch mit dem ORF und dem Verband Österreichischer Zeitungsherausgeber im Rahmen des Europäischen Forum Alpbach abgehalten, nachdem die Idee hierzu bereits in Zusammenhang mit einer Alternative zu den Dialogkongressen in den 1980er Jahren aufgeworfen worden war. Zugleich konnte in diesem Jahr auch wieder ein künstlerisches „Highlight" offeriert werden, nachdem das Kunst- und Kulturprogramm in den frühen 1990er Jahren äußerst mager ausgefallen, ab 1996 in Kooperation mit Manfred Wagner von der Universität für angewandte Kunst in Wien[1137] aber wieder zugenommen hatte. So war 1997 etwa ein Kulturgespräch zum „Verlust des Musischen in der Bildung" mit Friedrich Achleitner, Nicolas Harnoncourt und Gustav Peichl und der Besuch einer Ausstellung mit Werken von Adolf Frohner bzw. 1998 ein Kulturgespräch zur „bildenden Kunst als Spiegel der Gesellschaft", unter anderem mit Jan Hoet, und der Besuch einer Christian Ludwig Attersee-Ausstellung angeboten worden.[1138] Einen besonderen Höhepunkt stellte jedoch 1999 die Uraufführung des Werks „selbstähnlich" für präpariertes Klavier, Orgelpositiv und Tonband des Tiroler Komponisten Wolfgang Mitterer dar, nachdem das Stück von der Tiroler Landesregierung in Auftrag gegeben worden war, um mit diesem ein wichtiges Ereignis in der Geschichte des Europäischen Forum Alpbach feiern zu können: Die Eröffnung eines neues Kongresshauses, zu der sich auch SPÖ-Bundeskanzler Viktor Klima und der Tiroler ÖVP-Landeshauptmann Wendelin Weingartner einfanden.[1139]

6.3 Ein neues Kongresshaus

Da das in den 1950er Jahren vom Österreichischen College erbaute und 1970 an das Land Tirol verkaufte Paula von Preradovic-Haus trotz mehrfacher Adaptierungen[1140] in die Jahre gekommen war und einen modernen Tagungsbetrieb nicht mehr ermöglichte,[1141] bildete der Bau eines neuen Kongresshauses eine zentrale Voraussetzung für die Fortsetzung der Alpbacher Veranstaltungen.

[1137] Bericht des Präsidenten Dr. Heinrich Pfusterschmid-Hardtenstein. Beilage zum Protokoll der ordentlichen Generalversammlung vom 6.4.2000. Archiv des EFA, Ordner Sitzungen 2000/2001.
[1138] Programm: Europäisches Forum Alpbach, 16.–29.8.1997 sowie Programm: Europäisches Forum Alpbach, 15.–28.8.1998. Archiv des EFA, Programme.
[1139] Alle sind um die Zukunft besorgt, in: Salzburger Nachrichten, 23.8.1999.
[1140] So führte Otto Molden in der Generalversammlung vom 17.12.1992 aus, dass das Gebäude unter seiner Präsidentschaft viermal umgebaut worden sei. Vgl.: Protokoll der außerordentlichen Generalversammlung vom 17.12.1992. Archiv des EFA, Ordner Generalversammlungen.
[1141] Interview mit Dr. Heinrich Pfusterschmid-Hardtenstein am 23.5.2013; Interview mit Dr. Matthias Strolz am 28.10.2014. Vgl. hierzu auch: Wohndorf oder Kongressort?, in: Tiroler Tageszeitung, 15.11.1996.

Eine wichtige Voraussetzung dafür war die Bereitschaft des Landes Tirol, den Neubau mit einer Beteiligung der Gemeinde Alpbach und des Alpbacher Tourismusverbandes zu finanzieren.[1142] Zugleich spielten auch Spenden – darunter insbesondere solche von zwei Liechtensteinischen Stiftungen, die von Herbert Batliner gegründet worden waren – eine Rolle.[1143] Der Neubau selbst, der mit Baukosten von 75 Millionen Schilling verbunden war,[1144] erfolgte in erstaunlich kurzer Zeit. So wurde dieser nach einer über einjährigen Planungszeit in nur 222 Tagen abgeschlossen, weshalb das Europäische Forum Alpbach nach dem Abriss des alten Paula von Preradovic-Hauses im Frühjahr 1998 nur einen Sommer lang auf ein Ersatzquartier, die neue Alpbacher Hauptschule,[1145] ausweichen musste.[1146] Bereits 1999, als das Österreichische College auch in Wien von der Reichsratsstraße in die Invalidenstraße übersiedelte,[1147] konnte es somit wieder an seinem gewohnten Platz in einem modernen und vergrößerten Kongresszentrum tagen,[1148] in dessen Errichtung – so Heinrich Pfusterschmid-Hardtenstein – das Österreichische College von der Planung bis zur Fertigstellung voll eingebunden war.[1149]

Das Projekt für das neue Haus, das nach einem Wettbewerb aus 34 Bewerbungen ausgewählt wurde, stammte vom jungen, 1993 gegründeten, Architektenbüro DIN A4 aus Innsbruck[1150] und sah vor, dass sich die Architektur in besonderer Weise mit der Umgebung verbinden sollte. Ein Großteil des Gebäudes wurde in den Hang eingebettet und begrünt, um das durch eine besondere Bauordnung geschützte Ortsbild von Alpbach nicht zu stören. Durch ein ausgefeiltes Belichtungssystem, das als gestalterischen Höhepunkt einen Glastrichter vorsah, der die beiden Ebenen des Hauses mit Tageslicht versorgen sollte, war es möglich, ein hel-

---

[1142] Eigentümer des neuen Hauses war weiterhin das Land Tirol, der Betreiber der Tourismusverband. Vgl.: Protokoll der Generalversammlung vom 29.4.1997. Archiv des EFA, Ordner Generalversammlungen; Europäisches Forum Alpbach erstmals im neuen Congress-Centrum, in: Tiroler Grenzbote, 25.8.1999.

[1143] Die Stiftung Propter Homines und die Peter Kaiser-Gedächtnisstiftung investierten 3,3 Millionen Schilling in das Haus, deswegen wurde ein Saal auch „Liechtensteinsaal" genannt. Vgl.: Kunstwerk für das Kongresshaus, in: Tiroler Tageszeitung, 18.12.1999.

[1144] Nach Angaben der „Presse" wurden diese zu 80 Prozent vom Land Tirol getragen, den Rest teilten sich die Gemeinde Alpbach und der Tourismusverband Alpbach. Vgl.: Alpbach beginnt schon im neuen Haus, in: Die Presse, 21./22.8.1999.

[1145] Die Hauptschule wurde 1995/1996 gebaut. Vgl.: http://www.alpbach.tirol.gv.at/system/web/zusatzseite.aspx?menuonr=218805513&detailonr=217407790 (17.2.2015).

[1146] Heinrich Pfusterschmid-Hardtenstein, Eröffnung, in: Ders. (Hg.), Die zerrissene Gesellschaft. Europäisches Forum Alpbach 1998, Wien 1999, 13. Vgl. hierzu auch das Vorwort von Heinrich Pfusterschmid-Hardtenstein im Programmheft: Europäisches Forum Alpbach, 15.–28.8.1998. Archiv des EFA, Programme.

[1147] Das Österreichische College war von nun an im dritten Gemeindebezirk in der Invalidenstraße 5 angesiedelt.

[1148] Heinrich Pfusterschmid-Hardtenstein, Eröffnung, in: Ders. (Hg.), Materie, Geist und Bewusstsein. Europäisches Forum Alpbach 1999, Wien 2000, 13.

[1149] Bericht des Präsidenten Dr. Heinrich Pfusterschmid-Hardtenstein. Beilage zum Protokoll der ordentlichen Generalversammlung vom 6.4.2000. Archiv des EFA, Ordner Sitzungen 2000/2001.

[1150] Protokoll der Generalversammlung vom 29.4.1997. Archiv des EFA, Ordner Generalversammlungen.

Ansicht des 1999 eröffneten Kongresszentrums in Alpbach

les und freundliches Gebäude mit einem großen Plenarsaal, fünf Seminarräumen, zwei Foyers und einer großen Terrasse umzusetzen. Die vorhandenen Säle und Foyers wurden – wie es bereits beim alten Kongresszentrum der Fall war – nach zentralen Persönlichkeiten in der Geschichte des Europäischen Forum Alpbach benannt. So trug auch nach 1999 der große Plenarsaal den Namen Schrödinger, während bei der Benennung der kleineren Räume an Friedrich von Hayek, Karl Popper, Gottfried von Einem, Arthur Koestler, aber nicht mehr Max Hartmann oder Ernst Krenek, erinnert wurde und das Foyer nach Otto Molden benannt wurde.[1151] Das Haus selbst sollte weiterhin den Namen von Paula von Preradovic tragen und wurde trotz anfänglicher Skepsis nicht nur von der Bevölkerung positiv aufgenommen[1152] und 2011 vom Europäischen Verband der Veranstaltungs-Centren zum besten Kongresszentrum seiner Größenordnung gekürt.[1153] Es wurde auch von Heinrich Pfusterschmid-Hardtenstein als wichtiges Lebenszeichen bzw. Symbol für die Zukunft des Europäischen Forum Alpbach gewertet[1154] und in einem abschließenden Bericht über seine Präsidentschaft als besondere Leistung hervorgehoben.

[1151] Dank an große Vordenker, in: Sonderbeilage der „Tiroler Tageszeitung" zum neuen Congress Centrum Alpbach, 18.3.1999; Vgl. zum Raumkonzept im Detail: http://www.congressalpbach.com/xxl/de/835765/raumkonzept.html (19.2.2015).

[1152] Alpbach mit neuem Kongresszentrum, in: APA-Journal Touristik, 24.8.1999.

[1153] http://www.congressalpbach.com/ (19.2.2015); http://www.nextroom.at/building.php?id=2840&sid=2550&inc=pdf (19.2.2015).

[1154] Bergdorf Alpbach rüstete sich für die Zukunft, in: Tiroler Tageszeitung, 19.8.1999.

Weitere Punkte des Berichts betrafen einerseits die finanzielle Sanierung des Österreichischen Colleges bzw. einen Schuldenabbau von über 5.000.000 Schilling auf ein Minus von rund 200.000 Schilling, was nur durch eine äußerst sparsame Wirtschaftsführung und die Ausübung aller Leitungsfunktionen ohne Honorierung möglich gewesen war.[1155] Andererseits bezogen sie sich auf die Verjüngung und die Strukturreform mit der Einführung der Sommerschulen, der Statutenänderung 1998, den „Under 40ies" und der „Innsbrucker Initiative" sowie der erstmaligen Abhaltung von „Junior Alpbach" 1999.[1156] Wie Michael Neider betont, hatte Heinrich Pfusterschmid-Hardtenstein das Österreichische College bzw. das Europäische Forum Alpbach, das er in einem „konkursreifen" Zustand übernommen hatte,[1157] somit zu neuem Leben erweckt und hierbei – so Günter Hillebrand – auch von den Technologiegesprächen profitiert, die dem Forum in einer schwierigen Übergangszeit nicht nur Professionalität vorlebten, sondern auch Ansehen brachten[1158] und die mediale Berichterstattung dominierten.[1159]

[1155] Wie Heinrich Pfusterschmid-Hardtenstein betont, wurde trotz des Sparkurses nicht auf die regelmäßige Herausgabe von Berichtsbänden verzichtet. Eine möglichst vollkommene Dokumentation publizieren zu können, war für ihn ein wichtiges Anliegen.
[1156] Bericht des Präsidenten Dr. Heinrich Pfusterschmid-Hardtenstein. Beilage zum Protokoll der ordentlichen Generalversammlung vom 6.4.2000. Archiv des EFA, Ordner Sitzungen 2000/2001.
[1157] Interview mit Dr. Michael Neider am 9.1.2014.
[1158] Interview mit Prof. DI Dr. Günter Hillebrand am 19.1.2015.
[1159] So bezeichnete etwa die „Tiroler Tageszeitung" die Technologiegespräche 1997 als „Herzstück" der Veranstaltung. Vgl.: Forum Alpbach am Scheideweg, in: Tiroler Tageszeitung, 20.8.1997.

7. Das Europäische Forum Alpbach im neuen Jahrtausend – eine neue Blüte

Im neuen Jahrtausend erlebte das Europäische Forum Alpbach – aufbauend auf der vorhergehenden Sanierung – eine neue Blüte. Unter der Leitung zweier neuer Präsidenten fanden nicht nur eine massive Erweiterung des Programms und die Entwicklung neuer Formate statt. Auch was die Anzahl der Teilnehmer betrifft, gab es eine enorme Steigerung. Nachdem ein erster wichtiger Schritt hierzu bereits in den 1990er Jahren mit den neuen Sommerschulen gesetzt worden war, inkludierte dies insbesondere, dass immer mehr Junge nach Alpbach kamen und gezielt um Teilnehmer aus den südost- und osteuropäischen Staaten geworben wurde. Damit war verbunden, dass sich auch das Alpbach-Netzwerk durch die Bildung zahlreicher Initiativgruppen enorm vergrößerte und heute nicht nur in Österreich, sondern in vielen anderen europäischen Staaten kräftige Lebenszeichen gibt.

7.1 Die Präsidentschaft von Erhard Busek

Erhard Busek wurde am 6. April 2000 zum neuen Präsidenten des Österreichischen Colleges gewählt. Busek war als einziger Kandidat nominiert worden und konnte bei seiner Wahl insbesondere auf die Unterstützung von Heinrich Pfusterschmid-Hardtenstein bauen. Von Otto Molden, der sichtlich ausklammerte, dass er einst dasselbe Ziel verfolgt hatte, wurde Busek hingegen mit dem Hinweis darauf, dass er ein ehemaliger Partei- und Spitzenpolitiker sei und Alpbach unabhängig bleiben müsse, abgelehnt. Mit seinem Wunsch, eine Alternative zu suchen, blieb er jedoch allein. Vielmehr stand Busek dem Österreichischen College, das 2003 in „Europäisches Forum Alpbach" umbenannt wurde,[1160] in Folge zwölf Jahre vor. Zu neuen Vizepräsidenten wurden zunächst Kathryn List, die Initiatorin von „Junior Alpbach", und Erich Gornik, Professor für Festkörperelektronik an der Technischen Universität Wien und späterer Geschäftsführer der Austrian Research Centers, gewählt.[1161] 2010 übernahmen nach einer entsprechenden Statutenreform auch der gebürtige Tiroler, ehemalige ÖVP-Landwirtschaftsminister, EU-Kommissar und Vorsitzende des Ökosozialen Forums Franz Fischler und Ursula Schmidt-Erfurth, seit 2004 Vorständin der Wiener Universitätsklinik für Augenheilkunde, dieses Amt, womit das Forum nun über vier Vizepräsidenten verfügte.[1162] Neuer Vorsitzender des wissenschaftlichen Kuratoriums wurde der Physiker Peter Aichelburg

---

[1160] Protokoll der Generalversammlung vom 9.5.2003. Archiv des EFA, Ordner Generalversammlungen.
[1161] Protokoll der ordentlichen Generalversammlung vom 6.4.2000. Archiv des EFA, Ordner Sitzungen 2000/2001 und Ordner Generalversammlungen.
[1162] Protokoll der Generalversammlung vom 22.10.2010. Archiv des EFA, Ordner Generalversammlungen.

von der Universität Wien. Generalsekretär wurde der ehemalige Vorstandsvorsitzende des Modeunternehmens C&A Richard Kruspel.[1163]

Wie Erhard Busek oft betont hat, verfügte er bei der Übernahme der Präsidentschaft nicht nur über eine langjährige Beziehung zum Europäischen Forum Alpbach, sondern vor allem auch zum Ort Alpbach, da seine Eltern ab 1928 hier ihren Urlaub verbracht hatten. Gleichfalls hatte Busek selbst, der 1941 in Wien geboren wurde, mit seiner Mutter während des Zweiten Weltkrieges und in den nachfolgenden Jahren streckenweise die Sommermonate in Alpbach zugebracht. Er hatte das Forum somit bereits als Kind kennengelernt, sich als „Bub die Nase an den Fensterscheiben" der einzelnen Veranstaltungsorte „plattgedrückt" und auch in den folgenden Jahren als „Studiosus" und in seinen verschiedenen Funktionen – im Österreichischen Wirtschaftsbund, der Wiener Landesregierung und Landes-ÖVP, der Bundespartei und als Mitglied der Bundesregierung[1164] – immer wieder besucht.[1165] Als Wissenschaftsminister war er nicht nur in die Sanierung des Forums eingebunden gewesen. Er hatte mit dem Vorschlag zur Einführung der Sommerschulen auch einen wichtigen Beitrag zu dessen Erneuerung geleistet und ab 1998 auch das wissenschaftliche Kuratorium geleitet. Von Heinrich Pfusterschmid-Hardtenstein wurden in seinem bereits zitierten Abschlussbericht daher auch die Hilfestellungen durch Busek besonders betont und – wie in den Medien[1166] – die Kollegialität gewürdigt, mit der die Amtsübergabe erfolgte.[1167]

In finanzieller Hinsicht konnte unter der Präsidentschaft von Erhard Busek die Sanierung des Forums nicht nur abgeschlossen, sondern dieses langfristig auf stabile Beine gestellt werden. Hierbei setzten sich die Einnahmen des Europäischen Forum Alpbach wie bereits in den vorhergehenden Jahren und Jahrzehnten aus unterschiedlichen Quellen (öffentlichen Subventionen, Sponsoring und Teilnahmegebühren) zusammen, wobei im Verlauf der 2000er Jahre – vor dem Hintergrund der noch zu beschreibenden Erweiterungen im Programm – vor allem die Einnahmen aus Sponsoring und Teilnahmegebühren anwuchsen. So setzten sich etwa die Gesamteinnahmen des Forums 2011 mit 1.774.591,62 Euro zu 36 Prozent aus Sponsoring und 33 Prozent aus Teilnahmegebühren für das Forum, zu 7 Prozent aus Sponsoring und Teilnahmegebühren für die Sonderveranstaltun-

---

[1163] Kruspel war ein langjähriger Freund von Busek. Vgl.: Protokoll der ordentlichen Generalversammlung vom 6.4.2000. Archiv des EFA, Ordner Sitzungen 2000/2001 und Ordner Generalversammlungen.

[1164] Vgl. zu Erhard Busek u. a.: Elisabeth Welzig (Hg.), Erhard Busek – Ein Porträt, Wien 1992; Rudolf Bretschneider (Hg.), Mensch im Wort: Erhard Busek. Reden und Aufsätze, Wien 1994; Erhard Busek, Erhard Busek 60, Wien 2001; Erhard Busek. Ein Portrait aus der Nähe. Im Gespräch mit Jelka Kušar, Klagenfurt/Wien 2006; Thomas Köhler/Christian Mertens (Hg.), Charaktere in Divergenz. Die Reformer Josef Klaus und Erhard Busek, Wien 2011; Erhard Busek, AEIOU Europa. Eine Auswahl von Vorträgen und Referaten. Mit einem ausführlichen Interview von Roland Adrowitzer, Klagenfurt/Wien 2012; Busek, Lebensbilder.

[1165] Interview mit Dr. Erhard Busek am 3.6.2014; Zu gescheit!, in: Tiroler Tageszeitung, 28.8.1999; Busek, Lebensbilder, 253.

[1166] Busek-Kontakte, in: A3 Gast, Oktober 1999.

[1167] Bericht des Präsidenten Dr. Heinrich Pfusterschmid-Hardtenstein. Beilage zum Protokoll der ordentlichen Generalversammlung vom 6.4.2000. Archiv des EFA, Ordner Sitzungen 2000/2001.

gen, zu 12,6 Prozent aus anderen Einnahmen (Einnahmen und Sponsoring für die Sommerschulen, Mitgliedsbeiträge etc.) und zu 11,4 Prozent aus öffentlichen Subventionen zusammen.[1168] Motiviert war diese Entwicklung von der Intention, in „keine übermäßige Abhängigkeit von der öffentlichen Hand" zu geraten.[1169] 2005 wurde daher auch die Gründung der „Europäischen Forum Alpbach gemeinnützigen Privatstiftung" vorgenommen, um besser Sponsorengeld aus dem Ausland gewinnen zu können[1170] und 2010 in die Statuten ein eigener Punkt aufgenommen, wonach es nun auch eine Aufgabe des Forums sein sollte, „in geeigneter Weise wirtschaftlich und finanziell Vorsorge zu treffen, dass der Vereinszweck auch langfristig bestmöglich verwirklicht werden kann."[1171]

7.1.1 Programm und Teilnehmer

Was das Programm betrifft, wurden für dessen Gestaltung neben dem wissenschaftlichen Kuratorium für die Seminare nun auch Beiräte für die einzelnen Gespräche installiert[1172] und ab 2000 mehrere Erweiterungen vorgenommen. Diese betrafen mit der Einführung der „Alpbach Talks" sowohl ein stark ausgebautes Tagungsprogramm während des Jahres (in Alpbach, Wien, Innsbruck und anderen Städten) als auch das Programm des Europäischen Forum Alpbach selbst.

So wurde bereits 2000 auf Wunsch des Tiroler Landeshauptmanns Wendelin Weingartner ein „Tiroltag" eingeführt,[1173] um Fragen der Region zu diskutieren und dem Forschungs- und Universitätsstandort Tirol ein „Schaufenster" zu verschaffen. Im Jahr darauf wurden die „Alpbacher Architekturgespräche" installiert, nachdem die Themen Architektur und Stadtentwicklung seit den 1940er Jahren immer wieder – aber nie in Form einer eigenen Programmschiene – Gegenstand der Alpbacher Veranstaltungen waren. So bildete auch für Busek die Erinnerung an das Europäische Forum Alpbach 1972, das unter dem Generalthema „Krise der städtischen Gesellschaft" gestanden und die Präsentation der Ausstellung „Profitopolis oder der Mensch braucht eine andere Stadt" inkludiert hatte, eine wichtige Motivation für die Einführung der Architekturgespräche.[1174] Durchge-

---

[1168] Protokoll der Generalversammlung vom 20.3.2012. Archiv des EFA, Ordner Generalversammlungen.
[1169] Protokoll der Generalversammlung vom 14.4.2009. Archiv der EFA, Ordner Generalversammlungen.
[1170] Protokoll der Generalversammlung vom 23.2.2005 und Protokoll der Generalversammlung vom 24.3.2006. Archiv des EFA, Ordner Generalversammlungen.
[1171] Protokoll der Generalversammlung vom 9.3.2010. Archiv des EFA, Ordner Generalversammlungen.
[1172] Alpbacher Gespräche, in: Europa denken/Thinking Europe, Broschüre, o. J. [2011/2012], online: http://www.alpbach.org/wp-content/uploads/2013/05/forum_alpbach_info.pdf (21.3.2015).
[1173] Interview mit Dr. Erhard Busek am 3.6.2014.
[1174] Interview mit Dr. Erhard Busek am 3.6.2014. Vgl. hierzu auch das Vorwort von Erhard Busek in der Nachlese zu den ersten Architekturgesprächen vom 16.–18.8.2001, online: http://www.atp.ag/fileadmin/user_upload/uploads/ueber_atp/alpbacherarchitekturtage/alpbach2001.pdf (21.3.2015).

führt wurden diese bis inklusive 2005 in Kooperation mit dem Architekturbüro ATP Achammer, Tritthart & Partner sowie D. Swarowski & Co. (Wattens). Danach wurden sie vom Forum alleine organisiert und 2008/2009 durch die „Baukulturgespräche" abgelöst, bei denen nicht die „Diskussion über Form, Funktion, Gestaltung von Bauwerken" allein im Mittelpunkt stehen sollte, sondern vielmehr der „Umgang mit der gebauten Umwelt".[1175] 2002 kam in Kooperation mit der Wirtschaftskammer mit „Networking in der EU" (ab 2010 „Lobbying und Networking in der EU") ein weiterer Programmpunkt hinzu, bei dem es sowohl um die Bedeutung und Einflussmöglichkeiten als auch um die Beschaffenheit von jenem Networking und Lobbying gehen sollte, das für eine erfolgreiche EU-Arbeit notwendig ist. Dabei sollten sowohl die Erfahrungen von Praktikern (Brüsseler Lobbyisten, Vertreter aus den europäischen Institutionen und nationalen Verwaltungen, Repräsentanten europäischer Wirtschaftsverbände und der Medien) als auch die Bearbeitung konkreter Beispiele und Fallstudien auf dem Programm stehen.[1176] 2003 folgte ebenfalls in Kooperation mit der Österreichischen Wirtschaftskammer die Etablierung der „Alpbacher Reformgespräche" (2011/2012 umbenannt in „Perspektiven Gespräche"), um Themen der Gegenwart – reichend vom europäischen Sozialmodell und den Herausforderungen einer globalisierten Wirtschaft bis zur Zukunft der Arbeit[1177] – zu diskutieren und Perspektiven für die Zukunft zu entwickeln. 2007 und 2009 schlossen der „Alpbacher Universitätstag" bzw. das „Fachhochschulforum" an, für deren Einführung der Wunsch der Universitäten und der Fachhochschulen maßgeblich war, in Alpbach nicht nur in anderen Programmschienen – wie den Technologiegesprächen – vorzukommen, sondern über eigene Foren für die Präsentation ihrer Forschungen bzw. Leistungen zu verfügen.[1178] Das bereits traditionelle Bankenseminar wurde hingegen 2010 von den „Finanzmarktgesprächen" abgelöst, nachdem 2008 zu den bestehenden Sommerschulen auch noch ein Kurs für „Health Care and Social System" hinzugekommen war. Verbunden war damit sowohl eine thematische Erweiterung als auch die Öffnung für ein breiteres Publikum. Während sich das Bankenseminar an Vertreter aus der Bankenwelt gewandt und für diese relevante Fachthemen behandelt hatte,[1179] sollten sich die Finanzmarktgespräche – auch vor dem Hintergrund der Bankenkrise und der gestiegenen politischen Bedeutung der Finanzwirtschaft – nun mit Fragen der Finanzmärkte in einem breiteren gesellschaftlichen und politischen Kontext beschäftigen und für alle offen sein, die Interesse daran hatten.[1180]

Mit Ende der Präsidentschaft von Erhard Busek setzte sich das Europäische Forum Alpbach, das sich auch weiterhin unter einem jährlichen Generalthema

---

[1175] http://www.alpbach.org/de/unterveranstaltung/baukulturgesprache-3/ (21.3.2015).
[1176] http://www.alpbach.org (21.3.2015).
[1177] http://www.alpbach.org (21.3.2015).
[1178] Interview mit Philippe Narval, M. Sc. am 28.4.2014.
[1179] Damit war auch eine Abschottung gegenüber den anderen Teilnehmern verbunden. Interview mit Dr. Verena Ehold; Interview mit Mag. Jürgen Busch am 28.10.2014.
[1180] Protokoll der Generalversammlung vom 22.10.2010. Archiv des EFA, Ordner Generalversammlungen; Interview mit Dr. Erhard Busek am 3.6.2014.

immer mehr zu einem eng getakteten Großkongress mit einer Dauer von 17 Tagen entwickelt hatte, somit aus einer Vielzahl an Programmschienen bzw. drei sie zusammenfassenden Säulen zusammen:

1. den ab 1992 eingeführten Sommerschulen,
2. der Seminarwoche als dem akademisch orientierten traditionellen Kern zu Beginn des Forums mit bis zu 16 Seminaren, die von jeweils zwei Wissenschaftlern geleitet wurden
3. und den hieran anschließenden Alpbacher Gesprächen (als Überbegriff für das Politische, Wirtschafts-, Technologie-, Gesundheits-, Baukultur- und Finanzmarktgespräch sowie das Mediengespräch, das es noch bis einschließlich 2004 gab, den Tiroltag, das Universitäten- und Fachhochschulforum und das Networking in der EU[1181]) als in sich geschlossene Konferenzen von zwei bis drei Tagen mit Paneldiskussionen und Arbeitskreisen.[1182]

Desgleichen bestand auch weiterhin ein das gesamte Forum begleitendes Kunst- und Kulturprogramm, das immer mehr von Busek selbst gestaltet und ebenfalls ausgebaut wurde.[1183] So wurde neben Ausstellungen (darunter auch weiterhin solche von Fritz Behrendt[1184]), Lesungen und musikalischen Darbietungen 2000 einerseits ein bis 2011 bestehender Filmworkshop eingeführt und im Rahmen des Kulturgesprächs eine Kooperation mit den „Wiener Vorlesungen" gestartet, die 1987 als Dialogforum der Stadt Wien gegründet worden waren.[1185] Andererseits wurden – wie auch in einer neuen Imagebroschüre betont wurde – ab 2001 regelmäßig Kompositionen zur Aufführung gebracht, die für das Europäische Forum Alpbach in Auftrag gegeben worden waren,[1186] und 2010 die 2009 ausgestellte

---

[1181] Als Mitveranstalter sind in den 2000er Jahren beim Wirtschaftsgespräch etwa die Industriellenvereinigung oder bei den Gesundheitsgesprächen PHARMING – Verband der pharmazeutischen Industrie Österreichs zu nennen. Vgl. zu den Mitveranstaltern und unterstützenden Institutionen der „Gespräche", für die es nun auch eigenständige Programmhefte gab, wie es zuvor nur bei den Technologie- und Gesundheitsgesprächen der Fall war, die Tagungsprogramme ab 2000. Archiv des EFA, Programme.

[1182] Die von Heinrich Pfusterschmid-Hardtenstein eingeführte „Europa-Woche" wurde nicht mehr als Strukturierungsebene verwendet. Vgl.: Europa denken/Thinking Europe, Broschüre, o. J. [2011/2012], online: http://www.alpbach.org/wp-content/uploads/2013/05/forum_alpbach_info. pdf (21.3.2015).

[1183] Interview mit Dr. Erhard Busek am 3.6.2014.

[1184] 2005 wurde eine weitere Ausstellung mit Karrikaturen von Behrendt gezeigt. 2009 stand eine Vernissage in memoriam Fritz Behrendt auf dem Programm. Vgl.: Programm: Europäisches Forum Alpbach, 18.8.–3.9.2005; Programm: Europäisches Forum Alpbach, 20.8.–5.9.2009. Archiv des EFA, Programme.

[1185] Vgl. zu den Wiener Vorlesungen: Hubert Christian Ehalt (Hg.), Wiener Vorlesungen. 20 Jahre – Dialogforum der Stadt Wien, Weitra 2007; Hubert Christian Ehalt, Wien und die Wissenschaft, in: Hubert Christian Ehalt/Oliver Rathkolb (Hg.), Wissens- und Universitätsstadt Wien. Eine Entwicklungsgeschichte seit 1945, Göttingen 2015, 18f.

[1186] Diese Stücke wurden teilweise von anderen Stellen (Land Tirol, Südtirol, Unterrichtsministerium), teilweise vom Forum in Auftrag gegeben und jeweils am Tag der Eröffnung zur Uraufführung

UN-Generalsekretär Ban Ki-moon beim Europäischen Forum Alpbach 2009

Skulpturengruppe „Thinkers at Work" von Ucki Kossdorff erworben, die seither einen fixen Platz im Kongresszentrum in Alpbach hat.[1187]

Die Anzahl der Teilnehmer, die 1997 noch bei 1150 gelegen hatte,[1188] stieg parallel zur Erweiterung des Programms von rund 2500 Personen im Jahr 2002 auf über 4.000 Personen aus 64 Staaten im Jahr 2011 an, wobei sich allein 2011 677 Referenten unter den über 4000 Teilnehmern befanden. Neben einer enorm gestiegenen Zahl von Besuchern, wobei die meisten Anmeldungen zunächst noch die Technologie- und später die Wirtschaftsgespräche verbuchen konnten, kam so auch eine kaum mehr überschaubare Anzahl von Wissenschaftlern, Politikern, Wirtschaftstreibenden und Künstlern nach Alpbach, worunter sich so prominente Personen wie der Philosoph Peter Sloterdijk (2001), weiterhin James Buchanan (2001), EU-Kommissarin Viviane Reding (2005 und 2009), die Soziologin Saskia Sassen (2008), der Künstler Hermann Nitsch (2009), die Friedensnobelpreisträgerin Shirin Ebadi (2010) oder UN-Generalsekretär Ban Ki-moon (2009 und 2010) befanden.

---

führung gebracht. Von 2001 bis 2011 waren folgende Komponisten vertreten: Franz Hackl, Paolo Tomada, Thomas Larcher, Eduard Demenz Stanze, Aliser Sijaric, Johannes Maria Staud, Sebastian Themessel, Bertl Mütter, Elisabeth Naske und Gerald Resch. Vgl. hierzu insbesondere die 2010 vom Europäischen Forum Alpbach zusammengestellte CD „Compositions Commissioned by the European Forum Alpbach".

[1187] Alpbacher Kulturprogramm, in: Europa denken/Thinking Europe, Broschüre, o. J. [2011/2012], online: http://www.alpbach.org/wp-content/uploads/2013/05/forum_alpbach_info.pdf (21.3.2015).

[1188] Alpbach: Mehr Frauen und jüngeres Team, in: Der Standard, 30.8.1997.

In diesem Zusammenhang mehrfach artikulierte Forderungen, dass das Forum zu keiner „Massenveranstaltung" werden dürfe, eine Beschränkung der Teilnehmerzahl eingeführt werden solle und verhindert werden müsse, dass das Forum – wie von manchen „Altalpbachern" gefordert wurde – von Studenten nicht „überlaufen" werden dürfe, wurden von Busek jedoch zurückgewiesen. Für ihn sollte das Forum für alle Interessierten frei bleiben und insbesondere ein Ort für die Jugend sein. Ein besonderes Anliegen war für ihn daher auch, vermehrt Stipendien für die Teilnahme am Europäischen Forum Alpbach zu vergeben und auch hier eine Steigerung von 413 Voll- und Teilstipendien im Jahr 2002 auf ca. 700 Stipendien im Jahr 2011 erreichen zu können.[1189] Diese sollten – wie es bereits bei den Sommerschulen der Fall war – nicht zuletzt jungen Leuten aus Ost- und Südosteuropa zugutekommen, wobei beim Akquirieren der nötigen Gelder nicht nur die „Wirtschaftsvergangenheit" von Busek half, sondern auch gezielt an jene westlichen Unternehmen herangetreten wurde, die in diesen Ländern investierten.[1190] Maßgeblich war hierfür, dass Busek seit vielen Jahren ein besonderes Interesse und Engagement für den zentraleuropäischen Raum entwickelt hatte,[1191] der sich nicht nur in einer Vielzahl von Funktionen ausdrückte, sondern auch darin mündete, dass er diese miteinander verbinden wollte.[1192] Neben seiner Tätigkeit als Vorsitzender des Instituts für den Donauraum und Mitteleuropa (IDM), Koordinator der Southeast European Cooperative Initiative (SECI),[1193] Regierungsbeauftragter für die EU-Erweiterung, Sonderkoordinator des Stabilitätspakts für Südosteuropa und Vorsitzender des Centers for Democracy and Reconciliation in Southeast Europe wollte er auch seine Präsidentschaft im Europäischen Forum Alpbach dafür nützen, um gezielt junge Teilnehmer aus den ehemals kommunistischen Ländern hinter dem Eisernen Vorhang bzw. den aus dem Jugoslawienkrieg hervorgegangenen Nachfolgestaaten „nach Europa zu holen" – wie dies (was Osteuropa betrifft) bereits in früheren Jahren immer wieder ein Ziel in Alpbach war. Viele von ihnen sind – wie auch Michael Neider betont – mittlerweile in wichtige Positionen, sei es in der Politik oder an den Universitäten, in ihren Heimatländern aufgestiegen[1194] und haben maßgeblich zur Erweiterung des Alpbach-Netzwerkes beigetragen.

[1189] Protokoll der Generalversammlung vom 9.5.2003 und Protokoll der Generalversammlung vom 20.3.2012. Archiv des EFA, Ordner Generalversammlungen.
[1190] Interview mit Dr. Erhard Busek am 3.6.2014; Busek, Ein Portrait aus der Nähe, 258.
[1191] Vgl. in diesem Zusammenhang: Martin David, Von Wien nach Prag via Helsinki oder Erhard Busek und die tschechische Menschenrechtsbewegung. Eine vorläufige Bilanz, Dipl.-Arb., Wien 1999.
[1192] Interview mit Dr. Erhard Busek am 3.6.2014.
[1193] Erhard Busek, 10 Years Southeast European Cooperative Initiative. From Dayton to Brussels, Wien/New York 2006.
[1194] Ein Beispiel hierfür ist Verica Trstenjak, die unter anderem Generalsekretärin der Regierung der Republik Slowenien war und heute Universitätsprofessorin für Europarecht an der Universität Wien ist. Interview mit Dr. Erhard Busek am 3.6.2014; Interview mit Dr. Michael Neider am 9.1.2014.

*7.1.2 Initiativgruppen, Clubs und Sommerschulen im Ausland –
das Alpbach-Netzwerk*

Das Alpbach-Netzwerk, das erstmals in den 1940er Jahren mit den Collegegemeinschaften begründet und in den 1970er Jahren mit dem „Club Alpbach für europäische Kultur – International" reanimiert worden war, erlebte in den 2000er Jahren ausgehend von der „Revolte" von Matthias Strolz, der später von Busek auch dafür „eingespannt" wurde, junge Leute nach Alpbach zu bringen, eine enorme Dynamik.

Ausschlaggebend war hierfür, dass Strolz den in den 1990er Jahren (noch) bestehenden Clubs in Wien, Graz, Linz, Amsterdam und der Slowakei, zu denen bis 2000 auch ein Club in Alpbach dazukam,[1195] eine erste „Initiativgruppe" in Innsbruck hinzufügte. Mit dieser wollte er zwar beim vorhandenen „role-model" ansetzen, gleichzeitig aber eine neue, dynamischere und offenere, Generation des alten Club-Gedankens umsetzen, was sich auch im Namen widerspiegeln sollte. Damit war der Startschuss für die Bildung weiterer Initiativgruppen und Clubs in Brüssel („Team Europe"), Wien, Graz und später in vielen anderen Städten gegeben, womit das Alpbach-Netzwerk bis 2011/2012 auf mehr als 30 regionale Clubs und Initiativgruppen in über 20 Ländern anwuchs,[1196] während sich die Idee, auch thematisch strukturierte Clubs einzurichten, wie dies mit dem „Club Medica" versucht wurde, nicht durchsetzen konnte.[1197] Im 1998 geschaffenen Leitungsausschuss waren die Initiativgruppen und Clubs, die sich als eigenständige Vereine konstituiert haben, zunächst durch Matthias Strolz, dann durch Michael Traindt, Bernhard Marckhgott, Verena Ehold und Jürgen Busch vertreten. Nach einer ersten Formierungsphase unter Strolz und einer starken Ausweitung der Initiativgruppen und Clubs unter Marckhgott, wurde es für Ehold und Busch zu einer zentralen Aufgabe, zur weiteren Konsolidierung und Internationalisierung eines aktiven Netzwerks beizutragen. Gleichzeitig haben sie – in Verbindung mit dem Wunsch, eine Institutionalisierung und Normierung zu erreichen, die durch die enorme Zunahme der Initiativgruppen und Clubs notwendig war – auch begonnen, Standards zu entwickeln und zu einer Demokratisierung beizutragen. Dies führte dazu, dass die bis dato seitens des Vorstands in den Leitungsausschuss kooptierten Vertreter des Netzwerkes ab 2008 von den Gruppen selbst vorgeschlagen bzw. formal gewählt wurden – wie es erstmals mit Jürgen Busch und Filip Radunovic bzw. bald darauf und seither standardmäßig auch bei Veronika Hopfgartner und ihrem Team[1198] der Fall war. Andererseits wurde 2010, nach einem längeren Diskussionsprozess und einer ersten „Charta" 2007, ein eigenes Regelwerk für das Zusammenspiel im Netzwerk geschaffen.[1199]

[1195] Programm: Europäisches Forum Alpbach, 17.8.–2.9.2000. Archiv des EFA, Programme.

[1196] Clubs und Initiativgruppen, in: Europa denken/Thinking Europe, Broschüre, o. J. [2011/2012], online: http://www.alpbach.org/wp-content/uploads/2013/05/forum_alpbach_info.pdf (21.3.2015).

[1197] Interview mit Dr. Matthias Strolz am 28.10.2014; Interview mit Dr. Verena Ehold am 28.10.2014.

[1198] Das waren Bernhard Adamec (Club Alpbach Niederösterreich) und Nermin Caluk (IG Sarajevo).

[1199] Die sogenannten Rules of Procedure wurden von der EFA-AN (European Forum Alpbach Associates Network) General Assembly in ihrer Generalversammlung am 31. August 2010 angenommen.

Matthias Strolz und Erhard Busek (v. l. n. r.) beim Europäischen Forum Alpbach 2000

Die Aufgabe der Initiativgruppen und Clubs sollte es – wie dies bereits bei den Collegegemeinschaften und später beim „Club Alpbach für europäische Kultur – International" der Fall war – sein, den „Spirit of Alpbach" auch während des Jahres weiterzutragen, eigene Veranstaltungen und internationale Netzwerk-Treffen zu organisieren und Teilnehmer für das Forum zu werben. Desgleichen haben es die Initiativgruppen und Clubs auch übernommen, eigene Stipendien für das Forum aufzustellen und im Rahmen des Forums ein „Standing Committee" zu bilden, das seit der erstmaligen Einrichtung im Jahr 1999[1200] für die Organisation eines speziellen Rahmenprogramms für die Stipendiaten verantwortlich ist. Nachdem viele Initiativen zunächst kritisch beäugt wurden und zum Teil auch als „Konkurrenzveranstaltungen" zum eigentlichen Forum betrachtet wurden, haben es mehrere in diesem Rahmen entwickelte Formate – wie die „Speakers' Night", die „International Evenings" oder die Kamingespräche – mittlerweile ins offizielle Programm geschafft. Desgleichen haben die neuen Initiativgruppen und Clubs auch

---

Interview mit Dr. Verena Ehold am 28.10.2014; Interview mit Mag. Jürgen Busch am 28.10.2014; Schriftliche Mitteilung von Dr. Verena Ehold an Philippe Narval, M. Sc. vom 30.7.2014; Schriftliche Mitteilung von Mag. Jürgen Busch an die Verfasserin vom 25.3.2015; Information von Mag. Veronika Hopfgartner vom 27.3.2015 und 10.4.2015.

[1200] Interview mit Dr. Matthias Strolz am 28.10.2014.

Eröffnung der Ausstellung „€uroXibition" im österreichischen Parlament 2013, im Vordergrund dritte von links: Nationalratspräsidentin Barbara Prammer

Einfluss auf das bereits vorhandene Programm gewonnen. Hierzu gehört, dass nicht nur die Seminarwoche durch den Andrang der Jungen wieder an Bedeutung gewonnen hat,[1201] sondern ihre Vertreter auch nach und nach in weitere Gremien des Forums vorgedrungen sind.[1202]

Besonders aktiv haben sich in den letzten Jahren neben den Gruppen in Graz, Niederösterreich, Wien und Südtirol die Initiativgruppen in den südost- und osteuropäischen Ländern gezeigt.[1203] Hierzu gehört auch, dass der Club Belgrad und die Initiativgruppe Kiew Sommerschulen nach Alpbacher Vorbild entwickelt und umgesetzt haben. So hat der Club Belgrad 2007 erstmals die „ASSEI Belgrade" (Alpbach Summer School on European Integration in Belgrade) organisiert und

---

[1201] Interview mit Dr. Erhard Busek am 3.6.2014.

[1202] Dies hat zunächst (noch unter der Präsidentschaft von Erhard Busek) das Kuratorium für die Seminarwoche und später (unter der Präsidentschaft von Franz Fischler) nach einem „Testlauf", bei dem die Vertreter des Netzwerkes aufgerufen worden waren, Sprecher für die Gespräche vorzuschlagen, auch die Programmbeiräte für die „Gespräche" betroffen. Mittlerweile wird das Forum Alpbach Netzwerk auch immer stärker in die Gestaltung der Arbeitskreise eingebunden. Information von Mag. Veronika Hopfgartner vom 27.3.2015; EFA-Leistungsbericht 2012–2015. Archiv des EFA.

[1203] Einige dieser Clubs und Initiativgruppen (wie die IG Priština, IG Ukraine, IG Moldova, IG Czech Republic) mussten jedoch auch aufgelöst werden, da sie nicht aktiv waren oder mit ihren Aktivitäten den Grundprinzipien des Forums zuwiderhandelten. Vgl.: Interview mit Dr. Erhard Busek am 3.6.2014; Interview mit Dr. Verena Ehold am 28.10.2014, Interview mit Mag. Jürgen Busch am 28.10.2014; Schriftliche Mitteilung von Mag. Veronika Hopfgartner vom 10.4.2015.

seither regelmäßig Studierende aus der gesamten Region in eigenen Sommerschulen versammelt,[1204] während die nach dem Belgrader Vorbild von der Initiativgruppe in Kiew organisierte „ASSEI Kiev" mit Teilnehmern aus Weißrussland, Polen, dem Baltikum und den Staaten des Kaukasus lediglich zweimal (2010 und 2011) durchgeführt wurde.[1205] Ein wichtiges Zeichen der Verständigung haben der Club Alpbach Belgrad und die Initiativgruppe im Kosovo zudem durch eine gemeinsame Ausstellung mit dem Titel „€uroXibition" gesetzt, die Bilder von zehn Fotografen bzw. deren Sicht auf Europa gezeigt hat und nach der Eröffnung in Priština im Dezember 2011 auch in Belgrad, Alpbach, Brüssel und Wien zu sehen war.[1206] Für Erhard Busek, der die Schirmherrschaft über das Projekt übernommen hatte, stellte die Aktion der beiden Gruppen nicht nur eine „berührende Tätigkeit" dar, sondern auch ein wichtiges Signal für eine friedliche Zukunft auf dem Balkan, bei der auf die Jugend gesetzt werden müsse. Generell komme solchen Aktionen mehr Bedeutung zu, als „allen möglichen Konferenzen und Staatsbesuchen", da auf diese Weise Europa „konkret" geschehe.[1207]

7.2 Die Präsidentschaft von Franz Fischler – aktuelle Entwicklungen ...

Mit der Übernahme der Präsidentschaft durch Franz Fischler ist das Europäische Forum Alpbach in seine jüngste, in die Gegenwart und Zukunft reichende Phase eingetreten. Franz Fischler, der das Europäische Forum Alpbach erstmals 1987 besucht hatte, um als Referent bei einer Arbeitsgemeinschaft zur „Wiederentdeckung der Land- und Forstwirtschaft als Lebensgrundlage der postindustriellen Gesellschaft" zu fungieren[1208] und bereits seit 2010 Vizepräsident des Forums war, wurde in der Generalversammlung vom 20. März 2012 zum neuen Präsidenten gewählt. Seither leitet er das Forum gemeinsam mit vier Vizepräsidenten: dem ehemaligen SPÖ-Innen-, Wissenschafts- und Verkehrsminister Caspar Einem, dessen Vater Gottfried von Einem bereits eine enge Beziehung zum Forum hatte, der ehemaligen Grünen-Politikerin, Politikwissenschaftlerin und Leiterin des

---

[1204] Vgl.: http://www.beoalpbach.org/ (213.2015).

[1205] Ich danke Jürgen Busch für diese Information. In der Broschüre über das Europäische Forum Alpbach aus dem Jahr 2011/2012 heißt es fälschlicherweise, dass die ASSEI Belgrad zum ersten Mal 2008 stattfand. Vgl.: Schriftliche Mitteilung von Mag. Jürgen Busch an die Verfasserin vom 25.3.2015; Clubs und Initiativgruppen, in: Europa denken/Thinking Europe, Broschüre, o. J. [2011/2012], online: http://www.alpbach.org/wp-content/uploads/2013/05/forum_alpbach_info.pdf (21.3.2015).

[1206] http://www.beoalpbach.org/projects/other-projects/euroxibition (21.3.2015); http://www.erstestiftung.org/blog/euroxibition-in-vienna-2/ (21.3.2015).

[1207] Busek, Lebensbilder, 254f.; Interview mit Dr. Erhard Busek am 3.6.2014; http://www.beoalpbach.org/projects/other-projects/euroxibition/ (21.3.2015).

[1208] Die Arbeitsgemeinschaft wurde in Zusammenarbeit mit der Österreichischen Vereinigung für Agrarwissenschaftliche Forschung durchgeführt. Vgl.: Programm: Europäisches Forum Alpbach, 15.–28.8.1987. Archiv des EFA, Programme.

Salzburg Centre of European Union Studies Sonja Puntscher Riekmann, dem Präsidenten der Österreichischen Nationalbank Claus J. Raidl und weiterhin Ursula Schmidt-Erfurth. Eine wichtige Funktion kommt zudem Philippe Narval als neuem Geschäftsführer zu, nachdem die Position eines Generalsekretärs mit der Amtsübernahme durch Fischler eingespart wurde.[1209]

Der Tätigkeit des neuen Teams wurde – ausgehend davon, dass der Organisationsentwicklung eine verstärkte Beachtung geschenkt wurde – eine Studie von Narval über die Entwicklungsmöglichkeiten des Forums zugrunde gelegt. In dieser wurde festgehalten, dass das Forum im Laufe seiner Geschichte eine Reihe namhafter Persönlichkeiten anziehen konnte und besonders durch sein Stipendienprogramm einen wichtigen Beitrag zur Europäischen Integration leiste. Gleichzeitig wurde aber auch kritisiert, dass sein gegenwärtiger Erfolg darin begründet sei, ein Lobbying- und Networking-Event für die politische und wirtschaftliche Elite in Österreich zu sein und das Forum das Image einer ÖVP-nahen Veranstaltung habe.[1210] Als Auftrag für die kommenden Jahre wurde daher einerseits vorgeschlagen, dass das Forum die Diversität unter seinen Teilnehmern erhöhen bzw. den Einfluss von Politik und Interessengruppen minimieren und verstärkt junge Führungskräfte und Verantwortungsträger ansprechen soll. Andererseits wurde empfohlen, interaktive und innovative Formate zu entwickeln, neue internationale Partnerschaften einzugehen und die europäische Ausrichtung (nochmals) zu verstärken. Was die Inhalte betrifft, wurde eine Fokussierung auf die Themen Demokratie, Europa und Nachhaltigkeit vorgeschlagen.[1211]

Ausgehend von dieser Studie und einem anschließenden Strategieseminar, in dem – so Franz Fischler – der „Fahrplan" für die nächsten drei Jahre festgelegt wurde,[1212] waren die kommenden Jahre von einer thematischen Schwerpunktsetzung in diesen drei Bereichen ebenso geprägt wie vom Bestreben, eine stärkere Verschränkung im Programm sowie zwischen den jungen und arrivierten Teilnehmern herzustellen und – durchaus mit Experimentiercharakter – in Alpbach und bei Projekten während des Jahres an der Einführung neuer Formate zu arbeiten. Desgleichen stellte es für das neue Team ein wichtiges Anliegen dar, bei den Wirtschafts- und Politischen Gesprächen von einem zu starken Österreich-Bezug wegzukommen und die Programmgestaltung stärker selbst wahrzunehmen, nachdem diese in den vorhergehenden Jahren zum Teil stark von den Kooperationspartnern

---

[1209] Protokoll der Generalversammlung vom 20.3.2012. Archiv des EFA, Ordner Generalversammlungen.

[1210] In diesem Zusammenhang verweist auch Caspar Einem darauf, dass das Forum in den 1990er und 2000er Jahren in SPÖ-Kreisen als ÖVP-nahe galt und von Busek nicht jene parteipolitische Öffnung umgesetzt wurde, wie sie von vielen erhofft worden war. Einem hatte das Forum erstmals Mitte der 1990er Jahre im Rahmen der Technologiegespräche besucht und als Wissenschaftsminister eine Zeit lang den Plan verfolgt, mit den Wissenschaftstagen in Steyr ein „Gegen-Alpbach" aufzubauen. Interview mit Dr. Caspar Einem am 14.4.2015.

[1211] Die Studie basierte auf über 60 qualitativen Interviews mit Vertretern des Forums bzw. seines Netzwerks, Intellektuellen und internationalen Meinungsbildern. Vgl.: Philippe Narval, Perspectives and new approaches in the development of the European Forum Alpbach, Wien 2012.

[1212] Interview mit Dr. Franz Fischler am 14.4.2015.

beeinflusst worden war.[1213] Für die einzelnen Gespräche wurden daher neue Programmbeiräte eingerichtet, wobei lediglich die Technologiegespräche eine Ausnahme bilden, bei denen die Programmierung nach wie vor im Wesentlichen von den Kooperationspartnern vorgenommen wird.[1214]

Was die konkrete Entwicklung betrifft, kam es bereits 2012 zu einer noch von Erhard Busek vorbereiteten Erweiterung des Forums um Rechtsgespräche, womit eine Programmschiene wiederaufgenommen wurde, die es bereits in den 1970er und 1980er Jahren gegeben hatte.[1215] Desgleichen wurde eine von Fischler vorbereitete Neugestaltung des Tirol-Tages mit einer stärkeren Fokussierung auf die Europaregion Tirol und der Etablierung eines Preises für junge Forscherinnen vorgenommen.[1216]

Die Jahre 2013 und 2014 waren hingegen durch das Ausprobieren neuer Formate gekennzeichnet, bei denen es um die Interaktion der Teilnehmer, den Erwerb von Kompetenzen und die Lösung konkreter Aufgaben gehen sollte. Dabei wurden – so Narval – ganz gezielt neue Arbeitsmethoden, Kommunikationsanordnungen und Moderationstechniken zum Einsatz gebracht, die in den Startups im Sillicon Valley, im Design- und Kreativbereich oder von der systemischen Organisationsentwicklung entwickelt worden sind.[1217] So wurden unter dem Jahr einerseits sogenannte „Innovationslabors" organisiert, um unterschiedliche Personengruppen – von internationalen „Impulsgebern" und jungen Entscheidungsträgern bis zu Wissenschaftlern und Mitgliedern der Zivilgesellschaft – zusammenzubringen, um einen konstruktiven Beitrag zum Reformdialog zu leisten.[1218] Die behandelten Themen reichten dabei von der Politikgestaltung und der Rolle des Parlamentarismus im 21. Jahrhundert bis zu einer nachhaltigen Energieversorgung und leistbarem Wohnbau.[1219] Andererseits wurde das Forum selbst durch mehrere Beteiligungsformate ergänzt.

Dies umfasste 2013 die Etablierung eines Planspiels im Bereich des Programmpunkts „Entscheidungsfindungen in der EU" (vormals „Networking und Lobbying in der EU"), bei dem die Entscheidungsprozesse in der EU anhand eines aktuellen Themas simuliert werden, die Schaffung einer Medienakademie und jene von „Alpbach in Motion". Dabei sollte die Medienakademie jungen Journalisten aus ganz Europa die Möglichkeit geben, praktische Erfahrungen zu sam-

---

[1213] Neue Kooperationspartner haben sich im Bereich der Wirtschaftsgespräche ergeben, wo die Wirtschaftskammer Österreichs und die Arbeiterkammer die Industriellenvereinigung abgelöst haben.
[1214] EFA Leistungsbericht 2012–2015. Archiv des EFA; Interview mit Dr. Franz Fischler am 14.4.2015; Interview mit Dr. Caspar Einem am 14.4.2015.
[1215] Interview mit Dr. Erhard Busek am 3.6.2014; Programm: Europäisches Forum Alpbach, 16.8.–1.9.2012. Archiv des EFA, Programme.
[1216] Protokoll der Generalversammlung vom 20.3.2012. Archiv des EFA, Ordner Generalversammlungen.
[1217] Interview mit Philippe Narval, M. Sc. am 28.4.2014 und am 14.4.2015.
[1218] Interview mit Dr. Franz Fischler am 14.4.2015; Interview mit Dr. Caspar Einem am 14.4.2015.
[1219] Bisher fanden folgende Innovationslabors oder -konferenzen statt: Re:think 2013. Innovationslabor mit jungen politischen Führungskräften (Juni 2013, Linz); Energieforum Alpenraum 2014 (Februar 2014, München); Re:think Wohn.Bau.Politik (März 2014, Aspern/Wien), Re:think Austria (April 2014, Frankenfels).

Innovationslabor „Re:think Austria" zur Zukunft des Parlamentarismus 2014 in Frankenfels/ Niederösterreich

meln,[1220] während mit „Alpbach in Motion" eine Art Klausur für junge Führungskräfte aus der Wirtschaft geschaffen wurde, in der diese – begleitet durch Mentoren wie es sie auch bei der Medienakademie gibt – Lösungsansätze für drängende Zukunftsprobleme erarbeiten und diese beim Wirtschaftsgespräch zur Diskussion stellen. Zudem wurde 2013 auch ein „Barcamp", eine Art „Ad-hoc-Konferenz", bei der sich alle Anwesenden das Programm selbst erarbeiten müssen, organisiert, um eine stärkere Verschränkung zwischen den einzelnen Gruppen der Seminarwoche zu erreichen.[1221] Bei einem im Rahmen der Baukulturgespräche erstmals durchgeführten „Science Slam" ging es hingegen darum, dass die Finalisten einer Ausschreibung ihre Vorstellungen zum Thema „Nachhaltige Stadtentwicklung" in Form eines Wettstreits präsentierten.[1222]

2014 folgten die „Alpbach Politik Labs", die junge politische Führungskräfte mit Zukunftsfragen der politischen Kommunikation und Strategie vertrauen machen sollten,[1223] die Etablierung des „EuregioLabs" und die Präsentation von dessen Ergebnissen beim Tiroltag,[1224] ein „Alpbach IdeaJam" (mit einem ähn-

---

[1220] Ihre konkrete Aufgabe besteht darin, in den „Alpbach News", einer regelmäßig gedruckten Zeitung vor Ort, auf der Website und den Social Media-Kanälen des Forums laufend über das Geschehen in Alpbach zu berichten.
[1221] Interview mit Dr. Franz Fischler am 14.4.2015; Interview mit Dr. Caspar Einem am 14.4.2015.
[1222] Programm: Europäisches Forum Alpbach, 12.–31.8.2013. Archiv des EFA, Programme.
[1223] http://www.alpbach.org/de/unterveranstaltung/politiklabs_2014/ (27.3.2015).
[1224] Im Vorfeld des Forums haben sich Experten der Europaregion Tirol aus Wissenschaft, Wirtschaft und Zivilgesellschaft im Rahmen des „EuregioLabs" mit der Entwicklung eines konkreten Maß-

lichen Setting wie beim vorhergehenden „Barcamp") sowie die Einführung der „Alpbacher Hochschulgespräche",[1225] die das Universitäten- und Fachhochschulforum ablösten und mit einer thematischen Neuausrichtung verbunden waren: Während es beim Universitäten- und Fachhochschulforum darum ging, eine Präsentationsplattform für die Universitäten und Fachhochschulen zur Verfügung zu stellen, sollten die neuen Hochschulgespräche einen Rahmen bieten, um die Entwicklung des tertiären Bildungssektors, die Zukunft des Lernens und damit in Verbindung stehende Fragen zu besprechen.[1226] Zudem trat bei den Politischen Gesprächen auch die neue „Alpbach-Laxenburg Group" erstmals zusammen,[1227] die als gemeinsame Gründung mit dem International Institute for Applied Systems Analysis (IIASA)[1228] einen neuartigen Think Tank bilden soll,[1229] bei dem internationale Top-Vertreter aus verschiedenen Teilgesellschaften zusammenkommen, um sich mit den wirtschaftlichen und sozialen Veränderungen der Zeit zu beschäftigen und Szenarien für eine nachhaltige Entwicklung zu entwerfen. Das Forum soll dadurch neue interessante Referenten und Themen gewinnen. Gleichzeitig soll die Arbeit der Gruppe – wie es auch bei den Innovationslabors und mittlerweile auch bei „Alpbach in Motion" der Fall ist[1230] – aber nicht auf die sommerliche Veranstaltung in Alpbach beschränkt sein, da es – so Caspar Einem – für das Forum ein wichtiges Bestreben ist, Anstöße für eine weitere Zusammenarbeit, Folgeprojekte und Netzwerke zu geben, die dann von selbst „weiterleben".[1231]

Die Anzahl der Teilnehmer ist in den letzten Jahren nochmals gestiegen und hat in den verschiedenen Programmschienen des Europäischen Forum Alpbach – den Sommerschulen, der Seminarwoche und den verschiedenen Gesprächen – 2014 insgesamt 4.551 Personen aus 67 Staaten umfasst. Ein zentrales Anliegen war es hierbei auch für Franz Fischler und sein Team, jungen Leuten die Teilnahme am Europäischen Forum Alpbach zu ermöglichen, die sich auch in diesen Jahren rebellisch zeigten und ihre Präsenz ebenso weiter einforderten[1232] wie die verstärkte

---

nahmenkatalogs zum Thema „Integration" beschäftigt, den sie in Alpbach zur Diskussion stellten. Vgl.: http://www.alpbach.org/de/unterveranstaltung/tiroltag/ (21.4.2015).

[1225] Programm: Europäisches Forum Alpbach, 13.–29.8.2014. Archiv des EFA, Programme.
[1226] Interview mit Dr. Franz Fischler am 14.4.2015.
[1227] Protokoll der Generalversammlung vom 19.3.2014. Archiv des EFA, Ordner Generalversammlungen.
[1228] http://www.iiasa.ac.at/ (27.3.2015).
[1229] Die „Alpbach-Laxenburg Group" wurde im August 2013 von Pavel Kabat (Direktor des IIASA) und Franz Fischler gegründet. Der Ausgangspunkt waren ein Gespräch mit UN-Generalsekretär Ban Ki-moon und Gespräche zwischen dem Präsidenten der EU-Kommission José Manuel Barroso, dem österreichischen Bundespräsidenten Heinz Fischer und hochrangigen Vertretern der UNO beim Europäischen Forum Alpbach 2013. Vgl.: http://www.alpbach.org/de/efa15/programm-3/alpbach-laxenburg-group/ (30.3.2015).
[1230] Die Teilnehmer von „Alpbach in Motion" haben mittlerweile – ähnlich wie die Initiativgruppen und Clubs – ein eigenes Netzwerk gebildet, das unabhängig vom Forum arbeitet.
[1231] Interview mit Dr. Franz Fischler am 14.4.2015; Interview mit Dr. Caspar Einem am 14.4.2015.
[1232] So machte die Jugend beim „Perspektiven Gespräch" 2012 darauf aufmerksam, dass über sie diskutiert werde, sie aber nicht am Podium vertreten sei. Vgl.: Ein Aufstand der Jugend, in: Wiener Zeitung online, 22.8.2012, http://www.wienerzeitung.at/nachrichten/oesterreich/politik/481451_Ein-kurzer-Jugend-Aufstand-in-Alpbach.html (20.4.2015).

Franz Fischler, EU-Kommissionspräsident José Manuel Barroso, Bundespräsident Heinz Fischer und der Präsident von Tansania Jakaya Mrisho Kikwete (1. Reihe v. l. n. r.) beim Europäischen Forum Alpbach 2013

Vertretung der Frauen auf den Podien.[1233] So konnten 2014 bereits 771 Stipendiaten am Forum teilnehmen, wobei ein Großteil der Stipendien von den Initiativgruppen und Clubs vergeben wurde, die bis 2014 auf 36 Vereine in 25 Ländern (Albanien, Armenien, Belgien, Bosnien-Herzegowina, Bulgarien, Deutschland, Frankreich, Griechenland, Großbritannien, Italien, Kosovo, Kroatien, Liechtenstein, Mazedonien, Mittlerer Osten, Montenegro, Österreich, Russland, Rumänien, Serbien, Tschechische Republik, Ukraine) angewachsen sind und mit dem Club Alpbach Senza Confini auch eine grenzüberschreitende Gruppe (Österreich – Slowenien – Italien) umfassen.[1234]

[1233] 2013 erregte die Aktion „Dorf der Denkerinnen" der Initiativgruppe Wien mediale Aufmerksamkeit, bei der laufend das Verhältnis von Frauen zu Männern in den offiziellen Forums-Veranstaltungen auf einem Transparent festgehalten wurde. Das Forum hat der stärkeren Einbeziehung von Frauen in das Tagungsgeschehen in den letzten Jahren eine verstärkte Beachtung geschenkt. Trotzdem besteht – auch weil von Frauen häufiger Absagen kommen, als Sprecherinnen zu fungieren – noch ein Aufholbedarf. Die Anzahl der Stipendiatinnen konnte von 2010 bis 2014 von 51,2 Prozent auf 57,6 Prozent erhöht werden. Bei den Gesamtzahl der Teilnehmer lag der Frauenanteil 2010 bei 29,1 Prozent und 2014 bei 33,3 Prozent. Hinsichtlich der Sprecherinnen konnte von 2010 bis 2014 eine Erhöhung von 37,0 Prozent auf 41,2 Prozent und bei den Plenarreferentinnen von 23,0 Prozent auf 26,6 Prozent erreicht werden. Vgl.: http://www.dorfderdenkerinnen.at/ (21.4.2015) und EFA Leistungsbericht 2012–2015. Archiv des EFA.
[1234] Die Initiativgruppen und Clubs haben 359 Personen die Teilnahme ermöglicht. Die gemeinnützige Privatstiftung des Europäischen Forum Alpbach konnte durch Eigenmittel und die Unterstützung durch Sponsoren 274 Stipendien finanzieren. Die restlichen Stipendien wurden über

Der Andrang zum Forum, das sich auch weiterhin über 17 (2013 sogar über 20) Tage erstreckte, ist damit größer denn je. 2014 wurde mit einer finanziellen Beteiligung des Landes Tirol, Südtirols und des Trentinos, der Gemeinde Alpbach und des Tourismusverbandes daher auch der Grundstein für eine Erweiterung des 1999 eröffneten Kongresszentrums gelegt, die einen zusätzlichen Plenarraum sowie vier weitere Seminarräume bringen soll.[1235] Das Forum, das in Wien bereits im Juni 2012 neue Räumlichkeiten am Franz-Josefs-Kai im ersten Gemeindebezirk bezogen hat,[1236] soll damit mehr „Platz für die Denker" erhalten und auch hinsichtlich der Räumlichkeiten optimal für die Zukunft gerüstet sein.[1237]

7.3 ... und ein Blick in die Zukunft

In den kommenden Jahren soll der 2012 eingeschlagene Weg, verstärkt an neuen Formaten zu arbeiten, weiterverfolgt werden, da es – so Franz Fischler, Caspar Einem und Philippe Narval – für das Forum immer wieder ein zentrales Anliegen sein muss, an den eigenen Strukturen zu arbeiten, um flexibel auf neue Bedürfnisse und Herausforderungen reagieren zu können.[1238]

Weitere Innovationen wird es bereits beim Europäischen Forum Alpbach 2015 mit der „Alpbach Summer School on Entrepreneurship" und der „Alpbach Summer School on Facilitation and Participatory Leadership" geben. Hierbei wird es die Aufgabe der erstgenannten Sommerschule sein, junge Forscher dahingehend auszubilden, von einer wissenschaftlichen Idee zum Markterfolg zu kommen, während den Teilnehmern der „Alpbach Summer School on Facilitation and Participatory Leadership" das Rüstzeug mitgegeben werden soll, um Gruppenprozesse möglichst partizipativ und lösungsorientiert zu führen.[1239] Nachdem in den letzten Jahren intensiv am Einsatz neuer „Kulturtechniken" gearbeitet wurde, soll damit die vom Forum praktizierte Methode nun auch für Interessierte erlernbar gemacht werden und besonders für die Teilnehmer aus den ost- und südosteuropäischen Staaten bzw. jenen Ländern mit wenig gefestigten demokratischen Strukturen ein interessantes Angebot darstellen.[1240] Zudem soll ebenfalls bereits 2015 mit der Initiative „Culture First" auch der Kunst ein neuer Stellenwert eingeräumt werden, indem sie nicht nur im Rahmen des Kunst- und Kulturprogramms stattfinden,[1241]

Kooperationen vergeben. Vgl.: Europäisches Forum Alpbach, Alpbacher Momente 2013/2014, Wien 2014, online: http://www.alpbach.org/wp-content/uploads/2014/11/DEUTSCH_Alpacher Momente2014_iPad.pdf (27.3.2015).

[1235] http://www.congressalpbach.com/xxl/de/835796/_articleId/2412224/index.html?_mobile=mobile (27.3.2015).
[1236] Seither lautet seine Adresse Franz-Josefs-Kai 13.
[1237] Zwischen Fischer und Fischler: Verwechslungen am Tiroltag, in: Die Presse, 18.8.2014.
[1238] Das Europäische Forum Alpbach (EFA) – Zukunftsbild 2015+. Archiv des EFA.
[1239] https://www.alpbach.org/efa15/programm-3/sommerschulkurse-2/ (21.4.2015).
[1240] Interview mit Dr. Franz Fischler am 14.4.2015.
[1241] Hierzu gehört, dass auch weiterhin Auftragskompositionen zur Aufführung gebracht werden. Diese stammten 2012 von Klaus Lang, 2013 von Hermann Pallhuber und 2014 von Joanna Wozny.

sondern in die einzelnen Programmschienen integriert werden soll. In Form von Interventionen sollen Künstler damit Denkanstöße zur Eröffnung jedes der Alpbacher Gespräche geben.[1242]

Der Ausbau des Kongresszentrums soll 2016 abgeschlossen sein. Ein neuerlicher Anstieg der Teilnehmer ist mit dem erweiterten Haus jedoch nicht intendiert, zumal die Besucher bereits jetzt nicht nur in Alpbach, sondern auch in den benachbarten Orten beherbergt werden müssen, um die seit 2000 rasant angestiegene Zahl an Teilnehmern unterbringen zu können. Vielmehr soll der zusätzliche Platz den neuen Formaten, dialogorientierten Prozessen und einer Qualitätssicherung dienen, wobei dies – so Caspar Einem – durchaus bedeuten kann, dass traditionellere Bestandteile des Forums zurückgebaut werden, um mehr Raum für die Kommunikation zu haben.[1243]

Welche Themen in den kommenden Jahren einen Schwerpunkt in der Arbeit des Forums bilden sollen, wird demnächst in einem weiteren Strategieseminar festgelegt. Heiße „Anwärter" sind für Franz Fischler – ohne dem Seminar vorgreifen zu wollen – auch weiterhin die Bereiche Nachhaltigkeit, Bildung und Europa. Dabei soll die Bildung jedoch stärker in Verbindung mit der Frage, wie Innovationen zustande kommen, diskutiert werden und beim Thema Europa eine stärkere Außensicht berücksichtigt werden. Fragen, die in diesem Zusammenhang eine wichtige Rolle spielen können, betreffen etwa die politische oder wirtschaftliche Rolle Europas in der Welt von morgen bzw. wo seine Schwächen und Stärken liegen.[1244]

Die zentralen Linien, die die Arbeit der nächsten Jahre bestimmen sollen, stehen jedoch bereits fest. Demnach wird es das Forum auch weiterhin zu seinen Kernaufgaben zählen, inter- bzw. transdisziplinäres Denken ebenso zu fördern, wie den internationalen Dialog und die Integration Europas. Vor allem will das Forum aber auch in Zukunft ein Ort der Begegnung für Jung und Alt bzw. für Interessierte und Entscheidungsträger aus unterschiedlichen Bereichen sein,[1245] wobei an der Diversität seiner Teilnehmer weitergearbeitet werden soll.[1246] Damit verbunden ist – wie bereits 1945 – das Bestreben, eine gesellschaftliche Wirkung zu erzielen.[1247]

Wenn sich das Forum im Laufe seiner Geschichte auf dem Weg von den Internationalen Hochschulwochen bis zum modernen Kongress der Gegenwart auch mehrfach verändert hat und mit der zunehmenden Komplexität der Gesellschaft und den finanziellen Erfordernissen zahlreiche neue Themenbereiche und Pro-

---

[1242] Interview mit Dr. Franz Fischler am 14.4.2015; EFA-Leistungsbericht 2012–2015. Archiv des EFA.
[1243] So gab es etwa 2014 keine „Perspektiven Gespräche" mehr. Interview mit Dr. Franz Fischler am 14.4.2015; Interview mit Dr. Caspar Einem am 14.4.2015.
[1244] Interview mit Dr. Franz Fischler am 14.4.2015.
[1245] Das Europäische Forum Alpbach (EFA) – Zukunftsbild 2015+. Archiv des EFA.
[1246] Wie Franz Fischler betont, betrifft dies nicht nur das Verhältnis der Geschlechter, sondern auch die Frage der sozialen Milieus. Das Kongresshaus wird nach der Erweiterung barrierefrei sein. Interview mit Dr. Franz Fischler am 14.4.2015.
[1247] Interview mit Dr. Franz Fischler am 14.4.2015.

grammschienen hinzugekommen sind, haben sich viele seiner tragenden Grundsätze somit dennoch erhalten. Daran, wie diese von Jahr zu Jahr erneut in die Praxis umgesetzt bzw. mit Leben erfüllt werden, wird die Arbeit des Forums auch in Zukunft zu messen sein. Der Bedarf an Orten der Wissenserzeugung und -vernetzung bzw. an konkreten Foren für den Austausch zwischen den Generationen und für den interkulturellen bzw. transnationalen Dialog ist angesichts der mannigfaltigen Aufgaben, die sich in nationaler und globaler Perspektive stellen, jedenfalls gegeben.

Literatur

100 Jahre Universal Edition (Themenheft), Österreichische Musikzeitschrift 8/9 (2001).
Isabella Ackerl/Ingeborg Schödl, Sie haben uns nicht zurückgeholt. Verlorene Intelligenz. Österreichische Wissenschaftler 1918–1945, Wien 2005.
Hans Albert, Wissenschaft in Alpbach, in: Das Forum Alpbach 1945–1994. Eine Dokumentation anlässlich des 50. „Europäischen Forum Alpbach", veranstaltet vom Österreichischen College, Wien 1994, 17–22.
Hans Albert, In Kontroversen verstrickt. Vom Kulturpessimismus zum kritischen Rationalismus, Münster 2010.
Gerd Amann (Hg.), Tirol – Frankreich 1946–1960. Spurensicherung einer Begegnung, Innsbruck 1991.
Alexander Auer (Hg.), Das Forum Alpbach 1945–1994. Die Darstellung einer europäischen Zusammenarbeit. Eine Dokumentation anlässlich des 50. „Europäischen Forum Alpbach", veranstaltet vom Österreichischen College, Wien 1994.
Alexander Auer, Kunst und Kultur zwischen Auslöschung und Wiedergeburt, in: Ders. (Hg.), Das Forum Alpbach 1945–1994. Die Darstellung einer europäischen Zusammenarbeit. Eine Dokumentation anlässlich des 50. „Europäischen Forum Alpbach", veranstaltet vom Österreichischen College, Wien 1994, 31–32.
Alpbach. Die Alpbacher Elegie (Paula von Preradovic) und Die unsichtbare Generation (Otto Molden), Wien/Linz/München 1952.
Banco do Brasil, Dialogue Latin America – Western Europe. Finance and Banking. Proceedings Anales, o. O., o. J.
Jürg Bär, Eindrücke eines Schweizers von den College-Wochen, in: Simon Moser (Hg.), Wissenschaft und Gegenwart. I. Internationale Hochschulwochen des Österreichischen College in Alpbach, Innsbruck 1946, 275–277.
Fritz Behrendt, Haben Sie Marx gesehen? Das Gesicht des Stalinismus in 80 Bildern gezeichnet von Fritz Behrendt. Wien/München/Zürich/Innsbruck 1978.
Fritz Behrendt, Bitte nicht drängeln. Grafische Kommentare von Fritz Behrendt, München 1988.
Fritz Behrendt, Fritz Behrendt: Ein europäischer Zeichner, Wien 2005.
Ingrid Belke, Karl R. Popper im Exil in Neuseeland von 1937–1945, in: Friedrich Stadler (Hg.), Vertriebene Vernunft II/1. Emigration und Exil österreichischer Wissenschaft 1930–1940, unv. Neuauflage, Münster 2004, 140–154.
Julien Benda, Die geistige Einheit Europas, in: Simon Moser (Hg.), Weltbild und Menschenbild. III. Internationale Hochschulwochen 1947 des Österreichischen College, Innsbruck/Wien 1948, 55–72.
Margaret Bender (Hg.), Foreign at Home and Away. Foreign-Born Wives in the U. S. Foreign Service, Lincoln 2002.
Klaus Benke, Erika Cremer. Pionierin der Gaschromatographie, in: Ders., Biographien und wissenschaftliche Lebensläufe von Kolloidwissenschaftlern, deren Lebensdaten mit 1996 in Verbindung stehen, Nehmten 1999, 311–334.

Gerhard Benetka, „Der Fall Stegmüller", in: Friedrich Stadler (Hg.), Elemente moderner Wissenschaftstheorie, Wien 2000, 123–176.

Volker Rolf Berghahm, Transatlantische Kulturkriege: Shepard Stone, die Ford-Stiftung und der europäische Antiamerikanismus, Stuttgart 2004.

Maurice Besset, Franzosen in Alpbach, in: Simon Moser (Hg.), Wissenschaft und Gegenwart. I. Internationale Hochschulwochen des Österreichischen College in Alpbach, Innsbruck 1946, 274–275.

Maurice Besset, Der „hônnete homme" als europäische Möglichkeit, in: Simon Moser (Hg.), Erkenntnis und Wert. II. Internationale Hochschulwochen des Österreichischen College in Alpbach, Innsbruck/Wien 1947, 217–228.

Erich Bielka/Peter Jakowitsch/Hans Thalberg (Hg.), Die Ära Kreisky. Schwerpunkte der österreichischen Außenpolitik, Wien/München/Zürich 1983.

Andrea Bina, Das Theater am Fleischmarkt. Experimente in der dramatischen und bildenden Kunst in Wien zwischen 1945 und 1960, Dipl.-Arb., Wien 1994.

Reinhard Blänkner, Nach der Volksgeschichte, in: Manfred Hettling (Hg.), Volksgeschichte im Europa der Zwischenkriegszeit, Bonn 2003, 326–366.

Bernhard A. Böhler, Monsignore Otto Mauer. Ein Leben für Kirche und Kunst, Wien 2003.

Peter Böhmer, Wer konnte, griff zu. „Arisierte Güter" und NS-Vermögen im Krauland-Ministerium (1945–1949), Wien/Köln/Weimar 1999.

Christoph Braendle, Fritz Molden. Ein österreichischer Held. Romanbiographie, Graz/Wien/Köln 2001.

Felix Braun, Dank an Alpbach, in: Simon Moser (Hg.), Weltbild und Menschenbild. III. Internationale Hochschulwochen 1947 des Österreichischen College, Innsbruck/Wien 1948, 367–368.

Rudolf Bretschneider (Hg.), Mensch im Wort: Erhard Busek. Reden und Aufsätze, Wien 1994.

Christian Broda, Asylrecht – Menschenrecht, in: Otto Molden (Hg.), Autonomie und Kontrolle. Steuerungskrisen der modernen Welt. Europäisches Forum Alpbach 1986, Wien 1987, 101–114.

Christian Buckard, Arthur Koestler. Ein extremes Leben 1905–1983, München 2004.

Bundesministerium für Auswärtige Angelegenheiten, Außenpolitischer Bericht 1983, Wien 1983.

Bundesministerium für Inneres, Die Nationalratswahlen vom 18.11.1962, Wien 1962.

Bundesministerium für Inneres, Die Nationalratswahlen vom 6.3.1966, Wien 1966.

Bundesministerium für Wissenschaft und Forschung (Hg.), Idee und Wirklichkeit. 30 Jahre Europäisches Forum Alpbach, Wien/New York 1975.

Erhard Busck, Erhard Busek 60, Wien 2001.

Erhard Busek, Ein Portrait aus der Nähe. Im Gespräch mit Jelka Kušar, Klagenfurt 2006.

Erhard Busek, 10 Years Southeast European Cooperative Initiative. From Dayton to Brussels, Wien/New York 2006.

Erhard Busek, Alpbach – der andere Zauberberg? Der Beitrag des Europäischen Forums zur Philosophie in Österreich, in: Michael Benedikt (Hg.), Auf der Suche nach authentischem Philosophieren, Wien 2010, 827–851.
Erhard Busek, AEIOU Europa. Eine Auswahl von Vorträgen und Referaten. Mit einem ausführlichen Interview von Roland Adrowitzer, Klagenfurt/Wien 2012.
Erhard Busek, Lebensbilder, Wien 2014.
Paolo Caneppele/Alexander Horwath (Hg.), Kollektion. Fünfzig Objekte: Filmgeschichten aus der Sammlung des Österreichischen Filmmuseums, Wien 2014.
David Cesarani, Arthur Koestler, The Homeless Mind, London 1999.
Heng-an Chen, Die Sexualitätstheorie und Theoretische Biologie von Max Hartmann in der ersten Hälfte des zwanzigsten Jahrhunderts, Wiesbaden 2003.
Gabriele Clemens/Alexander Reinfeldt/Gerhard Wille, Geschichte der europäischen Integration, Paderborn 2008.
Vanessa Conze, Richard Coudenhove-Kalergi. Umstrittener Visionär Europas, Gleichen 2004.
Vanessa Conze, Abendland gegen Amerika! „Europa" als antiamerikanisches Konzept im westeuropäischen Konservatismus (1950–1970) – Das CEDI und die Idee des „Abendlandes", in: Jan C. Behrends/Árpád Klimó/Patrice G. Poutrus (Hg.), Antiamerikanismus im 20. Jahrhundert. Studien zu Ost- und Westeuropa, Bonn 2005, 204–224.
Barbara Coudenhove-Kalergi, Zuhause ist überall. Erinnerungen, Wien 2013.
Hans-Joachim Dahms, Positivismusstreit. Die Auseinandersetzungen der Frankfurter Schule mit dem logischen Positivismus, dem amerikanischen Pragmatismus und dem kritischen Rationalismus, Frankfurt/Main 1994.
Peter Danylow/Ulrich S. Soénius (Hg.), Otto Wolff. Ein Unternehmen zwischen Wirtschaft und Politik, München 2005.
Martin David, Von Wien nach Prag via Helsinki oder Erhard Busek und die tschechische Menschenrechtsbewegung. Eine vorläufige Bilanz, Dipl.-Arb., Wien 1999.
Anselm Doering-Manteuffel, Wie westlich sind die Deutschen? Amerikanisierung und Westernisierung im 20. Jahrhundert, Göttingen 1999.
Heinrich Drimmel, Das Verhältnis von Hochschule und Staat nach dem neuen österreichischen Hochschulgesetz, in: Otto Molden (Hg.), Erkenntnis und Aktion. Vorträge und Gespräche des Europäischen Forums Alpbach 1955, Wien 1955, 27–42.
Hubert Christian Ehalt (Hg.), Wiener Vorlesungen: 20 Jahre – Dialogforum der Stadt Wien, Weitra 2007.
Hubert Christian Ehalt, Wien und die Wissenschaft, in: Hubert Christian Ehalt/Oliver Rathkolb (Hg.), Wissens- und Universitätsstadt Wien. Eine Entwicklungsgeschichte seit 1945, Göttingen 2015, 15–22.
Hubert Christian Ehalt/Oliver Rathkolb (Hg.), Wissens- und Universitätsstadt Wien. Eine Entwicklungsgeschichte seit 1945, Göttingen 2015.
Tamara Ehs, Neue Österreicher. Die austrofaschistischen Hochschullager der Jahre 1936 und 1937, in: Christoph Jahr/Jens Thiel (Hg.), Lager vor Auschwitz. Gewalt und Integration im 20. Jahrhundert, Berlin 2013, 250–267.

Thomas Eickhoff, Politische Dimensionen einer Komponistenbiographie im 20. Jahrhundert – Gottfried von Einem, Stuttgart 1998.
Gottfried von Einem, Ich hab' unendlich viel erlebt. Aufgezeichnet von Manfred A Schmid, überarbeitete Neuauflage, Wien 2002.
Klaus Eisterer, Die französische Besatzungspolitik, Tirol und Vorarlberg 1945/46, Innsbruck 1991.
Thomas H. Eliot, The Salzburg Seminar: The First Forty Years, Ipswich 1987.
Gerald Feldman/Oliver Rathkolb/Theodor Venus/Ulrike Zimmerl, Österreichs Banken und Sparkassen im Nationalsozialismus und in der Nachkriegszeit, München 2006.
Ernst Fischer, Erinnerungen und Reflexionen. Erinnerungen bis 1945, Reinbek 1969.
Stefan Flamisch, Arthur Koestlers Verhältnis zum Kommunismus und seine Rolle im Kongress für kulturelle Freiheit, Dipl.-Arb., Wien 2009.
Paul Flora, Ein Schloss für ein Zierhuhn. 31 Zeichnungen und eine autobiographische Einleitung, 2. Aufl., Innsbruck/Wien/München 1965.
Paul Flora, Damals, in: Jochen Jung (Hg.), Vom Reich zu Österreich. Kriegsende und Nachkriegszeit, erinnert von Augen- und Ohrenzeugen, Salzburg/Wien 1983, 204–213.
Johannes Feichtinger, Wissenschaft zwischen den Kulturen. Österreichische Hochschullehrer in der Emigration 1933–1945, Frankfurt/Main 2001.
Fritz Fellner/Doris A. Corradini, Österreichische Geschichtswissenschaft im 20. Jahrhundert. Ein biographisch-bibliographisches Lexikon, Wien/Köln/Weimar 2006.
Michaela Feurstein-Prasser, Von der Besatzungspolitik zur Kulturmission. Französische Schul- und Bildungspolitik in Österreich 1945–1955, Univ.-Diss., Wien 2002.
Paul Feyerabend, Eindrücke 1945–1954, in: Jochen Jung/Gerhard Amanshauser (Hg.), Vom Reich zu Österreich. Kriegsende und Nachkriegszeit in Österreich erinnert von Augen- und Ohrenzeugen, Salzburg 1983, 263–271.
Paul Feyerabend, Zeitverschwendung, 3. Aufl., Frankfurt/Main 1995.
Ali Fisher, Collaborative Public Diplomacy. How Transnational Networks Influenced American Studies in Europe, New York 2013.
Christian Fleck, Autochthone Provinzialisierung. Universität und Wissenschaftspolitik nach dem Ende der nationalsozialistischen Herrschaft in Österreich, in: Österreichische Zeitschrift für Geschichtswissenschaft 7 (1996) 67–92.
Christian Fleck, Wie Neues nicht entsteht. Die Gründung des Instituts für Höhere Studien in Wien durch Ex-Österreicher und die Ford Foundation, in: Österreichische Zeitschrift für Geschichtswissenschaften 1 (2000) 129–177.
Christian Fleck, Österreichs Wissenschaften in den Augen amerikanischer Besucher, in: Wiener Zeitschrift zur Geschichte der Neuzeit 1 (2005) 119–134.
Robert Fleck (Hg.), Gustav Peichl. Der Doppelgänger. Architekt und Karikaturist, aufgezeichnet von Robert Fleck, Wien/Köln/Weimar 2013.
Forschungsinstitut für europäische Gegenwartskunde (Hg.), Perspektiven 52/53. Ein Jahrbuch, Wien 1953.

Josef Frank, Die Rolle der Architektur, in: Europäische Rundschau 17 (1948) 777–781.

Wilhelm Frank, Emigrationsland Schweiz, in: Friedrich Stadler (Hg.), Vertriebene Vernunft II/1. Emigration und Exil österreichischer Wissenschaft 1930–1940, Neuaufl., Münster 2004, 952–955.

Margit Franz, Sanskrit to Avantgarde. Indo-österreichische Initiativen zur Dokumentation und Förderung von Kunst und Kultur, in: Gabriela Krist/Tatjana Bayerová (Hg.), Heritage Conservation and Research in India. 60 Years of Indo-Austrian Collaboration, Wien/Köln/Weimar 2010, 15–33.

Ivo Frenzel, Alpbach als geistige Heimat oder: Wer ist Alt-Alpbacher?, in: Heinrich Pfusterschmid-Hardtenstein (Hg.), Zeit und Wahrheit. Europäisches Forum Alpbach 1994, Wien 1994.

Lothar Gall, Der Bankier. Hermann Josef Abs. Eine Biographie, München 2004.

Michael Gehler, Karl Gruber, Reden und Dokumente 1945–1953, Wien/Köln/Weimar 1994.

Michael Gehler, 17. Juli 1989: Der EG-Beitrittsantrag. Österreich und die europäische Integration 1945–1995, in: Rolf Steininger/Michael Gehler (Hg.), Österreich im 20. Jahrhundert. Vom Zweiten Weltkrieg bis zur Gegenwart, Band 2, Wien/Köln/Weimar 1997, 515–595.

Michael Gehler, Der lange Weg nach Europa. Österreich vom Ende der Monarchie bis zur EU, Innsbruck/Wien/München/Bozen 2002.

Michael Gehler, Anpassung, Mittun, Resistenz und Widerstand. Charakteristika, Probleme und Ambivalenzen von Oppostionsverhalten am Beispiel des Karl Gruber 1934–1945, in: Dokumentationsarchiv des Widerstandes (Hg.), Jahrbuch 2002: Schwerpunkt Widerstand und Verfolgung, Wien 2002, 69–87.

Michael Gehler, Österreichs Außenpolitik der Zweiten Republik. Von der alliierten Besatzung bis zum Europa des 21. Jahrhundert, Innsbruck/Wien/Bozen 2005.

Michael Gehler, Vom Marshall-Plan bis zur EU. Österreich und die europäische Integration von 1945 bis zur Gegenwart, Innsbruck/Wien/Bozen 2006.

Michael Gehler, Österreichs Weg in die Europäische Union, Innsbruck/Bozen/Wien 2009.

Michael Gehler, Europa. Ideen, Institutionen, Vereinigung, 2. überarb. Aufl, München 2010.

Michael Gehler/Rolf Steininger (Hg.), Österreich und die europäische Integration seit 1945. Aspekte einer wechselvollen Entwicklung, 2. überarb. Auflage, Wien/Köln/Weimar 2014.

Erich Gornik, Alpbacher Technologiegespräche. Technologie- und Innovationsplattform, in: Manfred Jochum/Raoul Kneucker (Hg.), Alpbacher Technologiegespräche 1999–2003, Innsbruck 2004, 19–23.

Johanna Gehmacher, Jugend ohne Zukunft. Hitler-Jugend und Bund Deutscher Mädel in Österreich vor 1938, Wien 1994.

Peter Goller, Die Lehrkanzeln für Philosophie an der philosophischen Fakultät der Universität Innsbruck (1848 bis 1945), Innsbruck 1989.

Herbert Gottweis/Michael Latzer, Forschungs- und Technologiepolitik, in: Herbert Dachs u. a. (Hg.), Politik in Österreich, Wien 2006, 711–725.

Markus Grassl/Reinhard Kapp/Eike Rathgeber, Österreichs neue Musik nach 1945: Karl Schiske, Wien/Köln/Weimar 2008.
Gerhard Habarta, Lexikon der phantastischen Künstler, o. O. [Wien] 2009.
Hans Haider, Elisabeth Gehrer. Reportage eines politischen Lebens, Wien 2008.
Thomas Hanifle, „Im Zweifel auf Seiten der Schwachen". Claus Gatterer. Eine Biographie, Innsbruck/Wien 2005.
Ernst Hartmann, Musik als Wahrheit und Forderung, in: Simon Moser (Hg.), Gesetz und Wirklichkeit. IV. Internationale Hochschulwochen 1948 des Österreichischen College in Alpbach, Innsbruck/Wien 1949, 257–264.
Sonja Hauschild, Propheten oder Störenfriede? Sowjetische Dissidenten in der Bundesrepublik Deutschland und Frankreich und ihre Rezeption bei den Intellektuellen (1974–1977), Dipl.-Arb., Saarbrücken 2005.
Derek Heater, Europäische Einheit. Biographie einer Idee. Übersetzt und annotiert von Wolfgang Schmale und Brigitte Leucht, Bochum 2005.
Peter Henisch, Pepi Prohaska Prophet, Salzburg/Wien 1986.
Günter Hillebrand, Cross Over des Wissens als Markenzeichen der Wissenschaft, in: Manfred Jochum/Raoul Kneucker (Hg.), Alpbacher Technologiegespräche 1999–2003, Innsbruck 2004, 29–32.
Ernst Hilmar, Keimzelle neuer Musik. Ein Wiener Musikverlag, in: Kristian Sotriffer (Hg.), Das größere Österreich. Geistiges und soziales Leben von 1880 bis zur Gegenwart. Hundert Kapitel mit einem Essay von Ernst Krenek: Von der Aufgabe, ein Österreicher zu sein, Wien 1982, 312–316.
Michael Hlava/Daniel Pepl, Re-Branding: Von den Austrian Research Centers (ARC) zum AIT Austrian Institute of Technology, in: Christoph Harringer/Hannes Maier (Hg.), Change Communications Jahrbuch 2011, Berlin/Heidelberg 2011, 149–162.
Eric Hobsbawm, Gefährliche Zeiten. Ein Leben im 20. Jahrhundert, München 2006.
Michael Hochgeschwender, Freiheit in der Offensive? Der Kongress für kulturelle Freiheit und die Deutschen, München 1998.
Jörg K. Hoensch, Nationalsozialistische Europapläne im Zweiten Weltkrieg. Versuch einer Synthese, in: Richard G. Plaschka (Hg.), Mitteleuropa-Konzeptionen in der ersten Hälfte des 20. Jahrhunderts, Wien 1995, 307–325.
Dietmar Horst, Der Tänzer auf den Wellen. Das merkwürdige Leben des Rudolf Charles von Ripper, Hall/Wien, 2010.
Alexander Horwath (Hg.), Das sichtbare Kino. Fünfzig Jahre Filmmuseum: Texte, Bilder, Dokumente, Wien 2014.
Andreas Huber, Rückkehr erwünscht. Im Nationalsozialismus aus „politischen" Gründen vertriebene Lehrende der Universität Wien, Wien 2015 (im Erscheinen).
Manfred Jochum, 20 Jahre Alpbacher Technologiegespräche – wie die Zeit vergeht, in: Manfred Jochum/Raoul Kneucker (Hg.), Alpbacher Technologiegespräche 1999–2003, Innsbruck 2004, 225–226.
Manfred Jochum/Raoul Kneucker (Hg.), Alpbacher Technologiegespräche 1999–2003, Innsbruck 2004.

Tony Judt, Das vergessene 20. Jahrhundert. Die Rückkehr des politischen Intellektuellen, München 2010.
Gabriele Jutz/Peter Tscherkassy (Hg.), Peter Kubelka, Wien 1995.
Hartmut Kaelble, Kalter Krieg und Wohlfahrtsstaat. Europa 1945–1989, München 2011.
Patricia Käppeli, Politische Systeme bei Dürrenmatt. Eine Analyse des essayistischen und dramatischen Werks, Wien/Köln/Weimar 2013.
Silvia Kargl, Gottfried von Einems Bedeutung für die Geschichte des Balletts in Deutschland und Österreich nach 1945, in: Ingrid Fuchs (Hg.), Gottfried von Einem-Kongress Wien 1998. Kongressbericht, Tutzing 2003, 125–135.
Gabriele Kerber/Auguste Dick/Wolfgang Kerber, Erwin Schrödinger 1887–1961. Dokumente, Materialien und Bilder, Wien 2011.
Ernst Klee, Das Personenlexikon zum Dritten Reich. Wer war was vor und nach 1945, Frankfurt/Main 2003.
Ernst Klee, Das Kulturlexikon zum Dritten Reich. Wer war was vor und nach 1945, Frankfurt/Main 2007.
Klemens von Klemperer, Voyage Through the Twentieth Century: A Historian's Recollections and Reflections, New York 2009.
Horst Knapp, Wirtschaft zwischen Theorie und Praxis, in: Alexander Auer (Hg.), Das Forum Alpbach 1945–1994. Die Darstellung einer europäischen Zusammenarbeit. Eine Dokumentation anlässlich des 50. „Europäischen Forum Alpbach", veranstaltet vom Österreichischen College, Wien 1994, 27–29.
Raoul Kneucker, Forschungspolitik in Alpbach, in: Manfred Jochum/Raoul Kneucker (Hg.), Alpbacher Technologiegespräche 1999–2003, Innsbruck 2004, 13–17.
Franz Knipping, Denis de Rougemont (1906–1985), in: Heinz Duchhardt/Małgorzata Morawiec/Wolfgang Schmale/Winfried Schulze (Hg.), Europa-Historiker. Ein biographisches Handbuch, Band 3, Göttingen 2007, 157–175.
Arthur Koestler/John R. Smythies (Hg.), Das neue Menschenbild. Die Revolutionierung der Wissenschaften vom Leben, Wien/München/Zürich 1970.
Gretl Köfer, Widerstandsbewegung und politische Parteien in Tirol, in: Anton Pelinka/Rolf Steininger (Hg.), Österreich und die Sieger. 40 Jahre 2. Republik – 30 Jahre Staatsvertrag, Wien 1986, 37–51.
Thomas Köhler/Christian Mertens (Hg.), Charaktere in Divergenz. Die Reformer Josef Klaus und Erhard Busek, Wien 2011.
Otto Kolleritsch (Hg.), Der Musikverlag und seine Komponisten im 21. Jahrhundert. Zum 100-jährigen Jubiläum der Universal Edition, Wien/Graz 2002.
Martin Kolozs (Hg.), Wolfgang Pfaundler – Fotograf, Volkskundler, Freiheitskämpfer und Herausgeber von „das Fenster", Innsbruck 2007.
Eszter Kondor, Aufbrechen. Die Gründung des Österreichischen Filmmuseums, Wien 2014.
Thomas König, Die Entstehung eines Gesetzes: Österreichische Hochschulpolitik in den 1950er Jahren, in: Österreichische Zeitschrift für Geschichtswissenschaften 2 (2012) 57–81.
Julia Kopetzky, Die „Affäre Krauland". Ursachen und Hintergründe des ersten großen Korruptionsskandals der Zweiten Republik, Dipl. Arb., Wien 1996.

Ilse Korotin, Deutsche Philosophen aus der Sicht des Sicherheitsdienstes des Reichsführers SS: Dossier: Simon Moser. Jahrbuch für Soziologie-Geschichte 1993, 337–344.

Ilse Korotin, Deutsche Philosophen aus der Sicht des Sicherheitsdienstes des Reichsführers SS – Schwerpunkt Österreich, in: Marion Heinz/Goran Gretić (Hg.), Philosophie und Zeitgeist im Nationalsozialismus, Würzburg 2006, 45–66.

Wolfgang Kos (Hg.), Kampf um die Stadt. Politik, Kunst und Alltag um 1930. (361. Sonderausstellung des Wien Museums, 19. November 2009–28.März 2010), Wien 2010.

André Kostolany, Mehr als Geld und Gier. Kostolanys Notizbuch, 2. Aufl., München 2006.

Wolfgang Kraushaar (Hg.), Die RAF und der linke Terrorismus, Hamburg 2007.

Bruno Kreisky, Die außenpolitische Situation Österreichs nach dem Staatsvertrag, in: Otto Molden (Hg.), Erkenntnis und Aktion. Vorträge und Gespräche des Europäischen Forum Alpbach 1955, Wien 1955, 77–87.

Bruno Kreisky, Im Strom der Politik. Der Memoiren zweiter Teil. Herausgegeben von Oliver Rathkolb, Johannes Kunz und Margit Schmidt, Wien/München/Zürich 2000.

Stephen Kresge/Leif Wenar (Hg.), Hayek on Hayek. An Autobiographical Dialogue, London 1994.

Robert Kriechbaumer, Die Ära Kreisky. Österreich 1970–1983 in der historischen Analyse, im Urteil der politischen Kontrahenten und in Karikaturen von Ironimus, Wien/Köln/Weimar 2004.

Waldemar Krönig/Klaus-Dieter Müller, Nachkriegssemester. Studium in Kriegs- und Nachkriegszeit, Stuttgart 1990.

Claus Dieter Krohn, Die Emigration der Österreichischen Schule der Nationalökonomie in die USA, in: Friedrich Stadler (Hg.), Vertriebene Vernunft II/1. Emigration und Exil österreichischer Wissenschaft 1930–1940, Neuaufl., Münster 2004, 402–415.

Daniel Kuby, Paul Feyerabend in Wien 1946–1955. Das Österreichische College und der Kraft-Kreis, in: Michael Benedikt/Reinhold Knoll u. a. (Hg.), Auf der Suche nach authentischem Philosophieren in Österreich 1951 bis 2000, Wien 2010, 1041–1056.

Wolfgang Kudrnofsky, Hände hoch! Die Ilias will ich hören!" Otto Molden, in: Ders., Vom Dritten Reich zum Dritten Mann. Helmut Qualtingers Welt der Vierziger Jahre, Wien/München/Zürich 1973, 199–211.

Friedrich Kurrent, Peter Kubelka zum 60. Geburtstag nachgeliefert, in: Gabriele Jutz/Peter Tscherkassy (Hg.) Peter Kubelka, Wien 1995, 22–26.

Jörg Lampe, Vom Sinn der Alpbacher Kunstausstellungen, in: Simon Moser (Hg.), Weltbild und Menschenbild. III. Internationale Hochschulwochen 1947 des Österreichischen College, Innsbruck/Wien 1948, 277–290.

Christopher Long, Josef Frank, Life and Work, Chicago 2002.

Wilfried Loth (Hg.), Walter Hallstein. The forgotten European?, Basingstoke 1998.

Renate Lotz-Rimbach, Zur Biografie Leo Gabriels. Revision und Ergänzung der Selbstdarstellung eines Philosophen und Rektors der Universität Wien, in: Zeitgeschichte 6 (2004) 370–392.

Francis O. Matthiessen, From the Heart of Europe, New York 1948.

Claudia Maurer Zenck, Ernst Krenek – ein Komponist im Exil, Wien 1980.

Christoph Mentschl, Papierene Zeitzeugen am Institut für Zeitgeschichte, in: Hubert Szemethy u. a. (Hg.), Gelehrte Objekte – Wege zum Wissen. Aus den Sammlungen der Historisch-Kulturwissenschaftlichen Fakultät der Universität Wien, Wien 2013, 243–261.

Fritz Molden, Besetzer, Toren, Biedermänner. Ein Bericht aus Österreich 1945–1962, Wien 1980.

Fritz Molden, Der Konkurs. Aufstieg und Fall eines Verlegers, Hamburg 1984.

Fritz Molden, Begrüßung und Information der Teilnehmer, in: Otto Molden (Hg.), Erkenntnis und Entscheidung. Die Wirtschaftsproblematik in Wissenschaft und Praxis. Europäisches Forum Alpbach 1987, Wien 1988, 1–9.

Fritz Molden, Fepolinski & Waschlapski auf dem berstenden Stern. Bericht einer unruhigen Jugend, München 1991.

Fritz Molden, Explodiert vor Tatentrieb, in: Dokumentationsarchiv des österreichischen Widerstandes (Hg.), Erzählte Geschichte. Berichte von Männern und Frauen in Widerstand und Verfolgung, Band 2: Katholiken, Konservative, Legitimisten, Wien 1992, 413–417.

Fritz Molden, Retrospektive eines interessierten Adabeis, in: Heinrich Pfusterschmid-Hardtenstein (Hg.), Zeit und Wahrheit. Europäisches Forum Alpbach 1994, Wien 1994, 50–53.

Fritz Molden, Es begann mit Grubers Zigaretten, in: Alexander Auer (Hg.), Das Forum Alpbach 1945–1994. Die Darstellung einer europäischen Zusammenarbeit. Eine Dokumentation anlässlich des 50. „Europäischen Forum Alpbach", veranstaltet vom Österreichischen College, Wien 1994, 45–47.

Fritz Molden, Ripsky, in: Ders., Aufgewachsen hinter grünen Jalousien. Vergessene Geschichten aus Österreichs bürgerlicher Welt, Wien 1995, 113–127.

Fritz Molden, „Die Moskauer Deklaration war eine Offenbarung". Zeitzeugeninterview, in: Helmut Wohnout (Hg.), Demokratie und Geschichte. Jahrbuch des Karl von Vogelsang-Instituts zur Erforschung der Geschichte der christlichen Demokratie in Österreich, Jg. 5, Wien/Köln/Weimar 2001, 13–37.

Fritz Molden, „Vielgeprüftes Österreich". Meine politischen Erinnerungen, Wien 2007.

Otto Molden, Gedanken zum europäischen Freiheitskampf, in: Simon Moser (Hg.), Wissenschaft und Gegenwart. I. Internationale Hochschulwochen des Österreichischen College in Alpbach, Innsbruck 1946, 67–74.

Otto Molden, Das Österreichische College als Weg zur neuen Universität, in: Simon Moser (Hg.), Wissenschaft und Gegenwart. I. Internationale Hochschulwochen des Österreichischen College in Alpbach, Innsbruck 1946, 165–169.

Otto Molden, Die Vorhut Europas, in: Simon Moser (Hg.), Gesetz und Wirklichkeit. IV. Internationale Hochschulwochen 1948 des Österreichischen College in Alpbach, Innsbruck/Wien 1949, 21–28.

Otto Molden, Die unsichtbare Generation, in: Alpbach, Wien/Linz/München 1952, 17–44.

Otto Molden (Hg.), Erkenntnis und Aktion. Vorträge des Europäischen Forum Alpbach 1955, Wien 1955.

Otto Molden, Der Ruf des Gewissens. Der österreichische Freiheitskampf 1938–1945, 3. Auflage, Wien/München 1958.

Otto Molden, Alpbach – Geist und Entwicklung eines europäischen Experiments. Soziologie einer geistigen Gemeinschaft der Gegenwart, in: Ders. (Hg.), Geist und Gesicht der Gegenwart, Zürich 1962.

Otto Molden, Zu den Grenzen der Freiheit. Europäisches Forum Alpbach 1976, Wien 1977.

Otto Molden (Hg.), Dialog Westeuropa – Schwarzafrika. Inventur und Analyse der gegenseitigen Beziehungen, Wien/München/Zürich/Innsbruck 1979.

Otto Molden (Hg.), Dialog Westeuropa – Lateinamerika. Inventur und Analyse der gegenseitigen Beziehungen, Wien/München/Zürich/New York 1981.

Otto Molden, Der andere Zauberberg. Das Phänomen Alpbach. Persönlichkeiten und Probleme Europas im Spiegelbild geistiger Auseinandersetzung, Wien/München/Zürich/New York 1981.

Otto Molden (Hg.), Dialog Westeuropa ASEAN-Staaten. Inventar und Analyse der gegenseitigen Beziehungen, Wien 1982.

Otto Molden (Hg.), Dialogkongress Westeuropa – Indien des Österreichischen College in Alpbach. Eröffnungsansprachen, Plenarvorträge, Abschlussberichte der Plattformen, Wien 1983.

Otto Molden (Hg.), Der Beitrag Europas. Erbe und Auftrag. Europäisches Forum Alpbach 1984, Wien 1984.

Otto Molden, Alpbach und das Weltmodell Europa, in: Ders. (Hg.), Der Beitrag Europas. Erbe und Auftrag. Europäisches Forum Alpbach 1984, Wien 1984, 301–310.

Otto Molden (Hg.), Dialogkongress Westeuropa – Nord- und Südwestpazifik. Inventar und Analyse der gegenseitigen Beziehungen. Eröffnungsansprachen, Plenarvorträge, Abschlussberichte der Plattformen, Wien 1985.

Otto Molden (Hg.), Autonomie und Kontrolle. Steuerungskrisen der modernen Welt. Europäisches Forum Alpbach 1986, Wien 1987.

Otto Molden (Hg.), Dialogkongress Westeuropa – USA. Eröffnungsansprachen und Plenarvorträge, Wien 1987.

Otto Molden (Hg.), Dialogkongress Europäische Gemeinschaften – EFTA-Staaten. Eröffnungsansprachen, Plenarvorträge und Zusammenfassungen der Round Tables, Wien 1988.

Otto Molden (Hg.), Geschichte und Gesetz. Europäisches Forum Alpbach 1989, Wien 1989.

Otto Molden (Hg.), Dialogkongress Westeuropa – Sowjetunion. Eröffnungsansprachen, Plenarvorträge und Zusammenfassungen der Round Tables, Wien 1989.

Otto Molden (Hg.), Freiheit – Ordnung – Verantwortung. Europäisches Forum Alpbach 1990, Wien 1990.

Otto Molden, Alpbach und die weltpolitischen Ereignisse in Europa, in: Ders. (Hg.), Freiheit – Ordnung – Verantwortung. Europäisches Forum Alpbach 1990, Wien 1990, 1–4.

Otto Molden (Hg.), Dialogkongress Westeuropa – Osteuropa. Eröffnungsansprache, Plenarvorträge und Zusammenfassungen der Round Tables, Wien 1990.

Otto Molden (Hg.), Dialogkongress Europa – ASEAN-Staaten. Eröffnungsansprache, Plenarvorträge und Zusammenfassungen der Round Tables, Wien 1991.

Otto Molden, Österreich sollte das Zentrum werden, in: Dokumentationsarchiv des österreichischen Widerstandes (Hg.), Erzählte Geschichte. Berichte von Männern und Frauen in Widerstand und Verfolgung, Band 2: Katholiken, Konservative, Legitimisten, Wien 1992, 54–56.

Otto Molden, Ich glaub', ich hab' dann die Angst dadurch verloren, in: Dokumentationsarchiv des österreichischen Widerstandes (Hg.), Erzählte Geschichte. Berichte von Männern und Frauen in Widerstand und Verfolgung, Band 2: Katholiken, Konservative, Legitimisten, Wien 1992, 109–110.

Otto Molden, Fast alle Gruppierungen waren da dabei, in: Dokumentationsarchiv des österreichischen Widerstandes (Hg.), Erzählte Geschichte. Berichte von Männern und Frauen in Widerstand und Verfolgung, Band 2: Katholiken, Konservative, Legitimisten, Wien 1992, 418–422.

Otto Molden, Eröffnung, in: Heinrich Pfusterschmid-Hardtenstein (Hg.), Zeit und Wahrheit. Europäisches Forum Alpbach 1994, Wien 1994, 24–26.

Otto Molden, Odyssee meines Lebens und die Gründung Europas in Alpbach, Wien/München 2001.

Walter J. Moore, Erwin Schrödinger. Eine Biographie, Darmstadt 2012.

Simon Moser, Österreichs Bergwelt und Bergvolk, Innsbruck/Wien/München 1937.

Simon Moser/Josef Wenter, Das Land in den Bergen. Vom Wehrbauer zum Gebirgsjäger, Innsbruck 1942.

Simon Moser (Hg.), Wissenschaft und Gegenwart. I. Internationale Hochschulwochen des Österreichischen College in Alpbach, Innsbruck 1946.

Simon Moser, Was wir wollen, in: Ders. (Hg.), Wissenschaft und Gegenwart. I. Internationale Hochschulwochen des Österreichischen College in Alpbach, Innsbruck 1946, 13–20.

Simon Moser, Die Berge und wir, in: Ders. (Hg.), Wissenschaft und Gegenwart. I. Internationale Hochschulwochen des Österreichischen College in Alpbach, Innsbruck 1946, 155–163.

Simon Moser, Was wir erreichten, in: Ders. (Hg.), Wissenschaft und Gegenwart. I. Internationale Hochschulwochen des Österreichischen College in Alpbach, Innsbruck 1946, 171–177.

Simon Moser (Hg.), Erkenntnis und Wert. II. Internationale Hochschulwochen des Österreichischen College in Alpbach, Salzburg 1946.

Simon Moser (Hg.), Weltbild und Menschenbild. III. Internationale Hochschulwochen 1947 des Österreichischen College, Innsbruck/Wien 1948.

Simon Moser (Hg.), Gesetz und Wirklichkeit. IV. Internationale Hochschulwochen 1948 des Österreichischen College in Alpbach, Innsbruck/Wien 1949.

Simon Moser (Hg.), Information und Kommunikation. Referate und Berichte der 23. Internationalen Hochschulwochen Alpbach 1967, München/Wien 1968.

Simon Moser, 30 Jahre Wissenschaft in Alpbach, in: Bundesministerium für Wissenschaft und Forschung (Hg.), Idee und Wirklichkeit. 30 Jahre Europäisches Forum Alpbach, Wien/New York 1975, 55–64.

Karl Müller, Die Bannung der Unordnung. Zur Kontinuität österreichischer Literatur seit den dreißiger Jahren, in: Friedrich Stadler (Hg.), Kontinuität und Bruch. 1938 – 1945 – 1955. Beiträge zur österreichischen Kultur- und Wissenschaftsgeschichte, unv. Neuauflage 2004, 181–216.

Peter Müller, Das Forschungszentrum Seibersdorf als Drehscheibe zwischen Wissenschaft und Wirtschaft, Wien/München/Zürich 1986.

Tim Müller, Die Macht der Menschenfreunde – Die Rockefeller Foundation, die Sozialwissenschaften und die amerikanische Außenpolitik im Kalten Krieg, in: John Kriege/Helke Rausch (Hg.), American Foundations and the Coproduction of World Order in the Twentieth Century, Göttingen 2012, 146–172.

Museums- und Heimatschutzverein Schwaz (Hg.), Der Maler Werner Scholz (1898–1982). (Sondernummer der Heimatblätter. Schwazer Kulturzeitschrift, Nr. 51/Sept. 2003), Schwaz 2003.

Robert Muth, Das wissenschaftliche Konzept 1945: Simon Mosers damaliges wissenschaftliches Denken, in: Alexander Auer (Hg.), Das Forum Alpbach 1945–1994. Die Darstellung einer europäischen Zusammenarbeit. Eine Dokumentation anlässlich des 50. „Europäischen Forum Alpbach", veranstaltet vom Österreichischen College, Wien 1994, 42–44.

Fritz Neeb, Wir hätten sogar die Waffen gehabt, in: Dokumentationsarchiv des österreichischen Widerstandes (Hg.), Erzählte Geschichte. Berichte von Männern und Frauen in Widerstand und Verfolgung, Band 2: Katholiken, Konservative, Legitimisten, Wien 1992, 112–114.

Wolfgang Neugebauer, Der österreichische Widerstand 1938–1945, Wien 2008.

Beate Neuss, Geburtshelfer Europas? Die Rolle der Vereinigten Staaten im europäischen Integrationsprozess 1945–1958, Baden-Baden 2000.

Jürgen Nordmann, Der lange Marsch zum Neoliberalismus. Vom Roten Wien zum freien Markt. Popper und Hayek im Diskurs, Hamburg 2005.

Rosemarie Nowak, Kampf um einen Schlachthof – Arenabesetzung. Eine Bewegung der Gegensätze, in: Wolfgang Kos (Hg.), Alt-Wien. Die Stadt, die niemals war, Wien 2004, 304–311.

Gerhard Oberkofler, Erika Cremer. Ein Leben für die Chemie, Innsbruck/Wien 1998.

Corinna Oesch, Yella Hertzka (1873–1948). Vernetzungen und Handlungsräume in der österreichischen und internationalen Frauenbewegung, Innsbruck/Wien/Bozen 2014.

Österreichische HochschülerInnenschaft (Hg.), Österreichische Hochschulen im 20. Jahrhundert. Austrofaschismus, Nationalsozialismus und die Folgen, Wien 2013.

Österreichische Staatsdruckerei (Hg.), Österreichischer Amtskalender für das Jahr 1958, Wien 1958.

Willibald Pahr, Österreich in der Welt, in: Oliver Rathkolb/Otto M. Maschke/Stefan August Lütgenau (Hg.), Mit anderen Augen gesehen. Internationale Perzeptionen Österreichs 1955–1990, Wien/Köln/Weimar 2002, 1–16.

Kurt Palm, Vom Boykott zur Anerkennung. Brecht und Österreich, Wien 1983.

Kurt Palm, Der Edelmarder im Hühnerstall, in: kunst/fehler, Mai 1998, online: http://www.kunstfehler.at/ShowArticle.asp?AR_ID=370&KF_ID=23 (4.9.2014).

Liselotte Palme, Androsch. Ein Leben zwischen Geld und Macht, Wien 1999.

Thomas Pammer, Austrofaschismus und Jugend: gescheiterte Beziehung und lohnendes Forschungsfeld?, in: Florian Wenninger/Lucile Dreidemy (Hg.), Das Dollfuß/Schuschnigg-Regime 1933–1938. Vermessung eines Forschungsfeldes, Wien/Köln/Weimar 2013, 395–409.

Ulrich Papenkort, „Studium generale". Geschichte und Gegenwart eines hochschul-pädagogischen Schlagwortes, Weinheim 1993.

Wolfgang Pfaundler, Das ist Alpbach, Wien/München 1964.

Wolfgang Pfaundler/Johann Zellner, Alpbach. Das schönste Dorf Österreichs – Kultur und Geschichte einer Tiroler Berggemeinde, Alpbach 1994.

Heinrich Pfusterschmid-Hardtenstein (Hg.), Dialog Ukraine. Dialogkongress 1992, Wien 1993.

Heinrich Pfusterschmid-Hardtenstein, Zeit und Wahrheit. Europäisches Forum Alpbach 1994, Wien 1994.

Heinrich Pfusterschmid-Hardtenstein, Vorwort, in: Ders. (Hg.), Zeit und Wahrheit. Europäisches Forum Alpbach 1994, Wien 1994, 11–12.

Heinrich Pfusterschmid-Hardtenstein (Hg.), Europa im Werden. Dialog mit den Iberischen Staaten, Wien 1994.

Heinrich Pfusterschmid-Hardtenstein, Eröffnung, in: Ders. (Hg.), Die zerrissene Gesellschaft. Europäisches Forum Alpbach 1998, Wien 1999, 13–17.

Heinrich Pfusterschmid-Hardtenstein, Eröffnung, in: Ders. (Hg.), Materie, Geist und Bewusstsein. Europäisches Forum Alpbach 1999, Wien 2000, 13–17.

Heinrich Pfusterschmid-Hardtenstein, Kleine Geschichte der Diplomatischen Akademie Wien. Ausbildung im Bereich der internationalen Beziehungen seit 1754, Wien 2008.

Rupert Pichler/Michael Stampfer/Reinhold Hofer, Forschung, Geld und Politik. Die staatliche Forschungsförderung in Österreich 1945–2005, Innsbruck/Wien/Bozen 2007.

Alexander von Plato/Tomá Vilímek, Opposition als Lebensform. Dissidenz in der DDR, der ČSSR und in Polen, Berlin 2013.

Irmgard Plattner, Kultur und Kulturpolitik, in: Michael Gehler (Hg.), Tirol, Wien/Köln/Weimar 1999, 223–312.

Dagmar Pöpping, Abendland. Christliche Akademiker und die Utopie der Antimoderne 1900–1945, Berlin 2002.

Wilfried Posch, Clemens Holzmeister. Architekt zwischen Kunst und Politik, Salzburg/Wien 2010.

Felix Pronay, „Nieder mit die Hakinger!", in: Dokumentationsarchiv des österreichischen Widerstandes (Hg.), Erzählte Geschichte. Berichte von Männern und Frauen in Widerstand und Verfolgung, Band 2: Katholiken, Konservative, Legitimisten, Wien 1992, 119–120.

Felix Pronay, Ich bin nicht entdeckt worden, in: Dokumentationsarchiv des österreichischen Widerstandes (Hg.), Erzählte Geschichte. Berichte von Männern und Frauen in Widerstand und Verfolgung, Band 2: Katholiken, Konservative, Legitimisten, Wien 1992, 324–324.

Barbara Porpaczy, Frankreich – Österreich 1945–1960. Kulturpolitik und Identität, Innsbruck/Wien/München 2002.

Oliver Rathkolb (Hg.), Gesellschaft und Politik am Beginn der Zweiten Republik. Vertrauliche Berichte der US-Militäradministration aus Österreich 1945 in englischer Originalfassung, Wien/Köln/Graz 1985.

Oliver Rathkolb, Raoul Bumballa, ein politischer Nonkonformist 1945, in: Rudolf A. Ardelt/Wolfgang J. A. Huber/Anton Staudinger (Hg.), Unterdrückung und Emanzipation. Festschrift für Erika Weinzierl, Wien/Salzburg 1985, 295–317.

Oliver Rathkolb, Vom Freimaurerlied zur Bundeshymne, in: Gert Kerschbaumer/Karl Müller (Hg.), Begnadet für das Schöne. Der rot-weiß-rote Kulturkampf gegen die Moderne, Wien 1992, 22–29.

Oliver Rathkolb, Ludwig Jedlicka: Vier Leben und ein typischer Österreicher. Biographische Skizze zu einem der Mitbegründer der Zeitgeschichtsforschung, in: Zeitgeschichte 6 (2005) 351–370.

Oliver Rathkolb, Die paradoxe Republik. Österreich 1945 bis 2005, Wien 2005.

Oliver Rathkolb, Internationalisierung Österreichs seit 1945, Innsbruck/Wien/Bozen 2006.

Oliver Rathkolb (Hg.), Der lange Schatten des Antisemitismus. Kritische Auseinandersetzungen mit der Geschichte der Universität Wien im 19. und 20. Jahrhundert, Göttingen 2013.

Oliver Rathkolb/Theodor Venus/Ulrike Zimmerl (Hg.), Bank Austria Creditanstalt. 150 Jahre österreichische Bankengeschichte im Zentrum Europa, Wien 2005.

Manfried Rauchensteiner, Die Zwei. Die große Koalition in Österreich 1945–1966, Wien 1987.

Ludwig Reichhold, Geschichte der ÖVP, Graz/Wien/Köln 1975.

Wolfgang L. Reiter, Naturwissenschaften und Remigration, in: Sandra Wiesinger-Stock/Erika Weinzierl/Konstantin Kaiser (Hg.), Vom Weggehen. Zum Exil von Kunst und Wissenschaft, Wien 2006, 177–218.

Renner Institut/C.E.D.R.I./Amnesty International (Hg.), Asylrecht ist Menschenrecht. Internationales Symposium in memoriam Christian Broda, Wien/Basel 1987.

Caroline Y. Robertson-von Trotha, 60 Jahre Studium Generale und 20 Jahre angewandte Kulturwissenschaft. Entstehung – Dokumente – Konzeptionen, Karlsruhe 2009.

Elisabeth Röhrlich, Kreiskys Außenpolitik. Zwischen österreichischer Identität und internationalem Programm, Göttingen 2009.

Marcus Rößner, Von der Österreichischen Studiengesellschaft für Atomenergie zum Reaktorzentrum Seibersdorf, Dipl.-Arb., Wien 2013.
Josef Rothleitner, Eröffnungsansprache, in: Otto Molden (Hg.), Der Beitrag Europas. Erbe und Auftrag. Europäisches Forum Alpbach 1984, Wien o. J., 13–19.
Timothy W. Ryback/Susanne J. Fox (Hg.), The Salzburg Seminar. The First Fifty Years, Salzburg 1997.
Friedrich Saathen, Einem-Chronik. Dokumentation und Deutung, Wien/Köln/Graz 1982.
Jörg Sackenheim, Bildende Kunst in Alpbach, in: Simon Moser (Hg.), Erkenntnis und Wert. II. Internationale Hochschulwochen des Österreichischen College in Alpbach, Innsbruck/Wien 1947, 355–357.
Frances Stonor Saunders, Wer die Zeche zahlt. Der CIA und die Kultur im Kalten Krieg, Berlin 2001.
Veronika Schallhart, Tourismus im Alpbachtal, Dipl.-Arb., Wien 1992.
Michael Scammell, Koestler. The Literary and Political Odyssey of a Twentieth Century Skeptic, New York 2009.
Axel Schild, Zwischen Abendland und Amerika. Studien zur westdeutschen Ideenlandschaft der 50er Jahre, München 1992.
Wolfgang Schmale, Geschichte Europas, Wien/Köln/Weimar 2000.
Peter M. Schmidhuber, Alpbach: Markt der Ideen – Treffpunkt der Menschen. 45. Europäisches Forum Alpbach, in: Otto Molden (Hg.), Geschichte und Gesetz. Europäisches Forum Alpbach 1989, Wien 1989, 257–262.
Matthias Schmidt, Ernst Krenek. Zeitgenosse des 20. Jahrhunderts. Zum 100. Geburtstag, Wien 2000.
Oliver Schmidt, Networks of Patronage: American Foundations and the Origin of the Salzburg Seminar, in: Guiliana Gemelli/Roy MacLeod (Hg.), American Foundations in Europe: Grant-Giving Policies, Cultural Diplomacy and Trans-Atlantic Relations, 1920–1980, Bruxelles 2003, 145–163.
Susanna M. Schonner, Europäisches Forum Alpbach, Dipl.-Arb., Innsbruck 1995.
Michael Schorner, Comeback auf Umwegen. Die Rückkehr der Wissenschaftstheorie in Österreich, in: Friedrich Stadler (Hg.), Vertreibung, Transformation und Rückkehr der Wissenschaftstheorie, Wien/Berlin 2010, 189–252.
Walter Schuster, Facetten des NS-„Kunsthandels" am Beispiel Wolfgang Gurlitt, in: Gabriele Anderl/Alexandra Caruso (Hg.), NS-Kunstraub und die Folgen, Innsbruck/Wien/Bozen 2005.
Karl Schwarzenberg (Hg.), Fepolinski revisited. Fritz Molden zum 75. Geburtstag, Wien 1998.
Naser Secerovic, Koestlers „Die Herren Call-Girls", in: Robert G. Weigel (Hg.), Arthur Koestler: Ein heller Geist in dunkler Zeit, Tübingen 2009, 91–101.
Christian Seiler, André Heller. Feuerkopf. Die Biografie, München 2012.
Lore Sexl/Anne Hardy, Lise Meitner, Hamburg 2002.
Gertrud Spat, Ernst Krenek und Tirol, in: Das Fenster 70 (2000) 6704–6712.
Friedrich Stadler, 40 Jahre Institut für Wissenschaft und Kunst 1946–1986. 40 Jahre fortschrittliche Bildungsarbeit, in: Mitteilungen des Instituts für Wissenschaft und Kunst 3 (1986) 66–77.

Friedrich Stadler, Emigration in der Wissenschaft – Wissenschaft von der Emigration. Ein ungeschriebenes Kapitel österreichischer Zeitgeschichte, in: Ders. (Hg.), Vertriebene Vernunft I. Emigration und Exil österreichischer Wissenschaft, unv. Neuauflage, Münster 2004, 9–41.

Friedrich Stadler (Hg.), Vertriebene Vernunft I und II. Emigration und Exil österreichischer Wissenschaft, unv. Neuauflage, Münster 2004.

Friedrich Stadler, Kontinuität und Bruch 1938 – 1945 – 1955. Beiträge zur österreichischen Kultur- und Wissenschaftsgeschichte, unv. Neuauflage, Münster 2004.

Friedrich Stadler (Hg.), Österreichs Umgang mit dem Nationalsozialismus. Die Folgen für die naturwissenschaftliche und humanistische Lehre, Wien 2004.

Friedrich Stadler (Hg.), Vertreibung, Transformation und Rückkehr der Wissenschaftstheorie, Wien/Berlin 2010.

Friedrich Stadler, Paul Feyerabend and the Forgotten „Third Vienna Circle", in: Ders. (Hg.), Vertreibung, Transformation und Rückkehr der Wissenschaftstheorie, Wien/Berlin 2010, 169–187.

Friedrich Stadler/Andreas Huber/Herbert Posch, Eliten/dis/kontinuitäten im Wissenschaftsbereich in der II. Republik. Zur Reintegration der im Nationalsozialismus aus „politischen" Gründen vertriebenen Lehrenden der Universität Wien nach 1945, Projektbericht an den Zukunftsfonds, Wien 2011.

Maria Steiner, Paula Wessely. Die verdrängten Jahre, Wien 1996.

Rolf Steininger, Südtirol zwischen Diplomatie und Terror 1947–1969. Darstellung in drei Bänden, Bozen 1999.

Johannes Steinmauer, Land der Hymnen. Eine Geschichte der Bundeshymnen Österreichs, Wien 1997.

Joseph P. Strelka, Arthur Koestler. Autor – Kämpfer – Visionär, Göttingen 2006.

John L. Stewart, Ernst Krenek. Eine kritische Biographie, Tutzing 1990.

Cyrus L. Sulzberger, Unconquered Souls: The Resistentialists, Woodstock 1973.

Jürgen Streich, 30 Jahre Club of Rome. Anspruch – Kritik – Zukunft, Basel/Boston/Berlin 1997.

Hans Heinz Stuckenschmidt, Zum Hören geboren. Ein Leben mit der Musik unserer Zeit, München/Zürich 1979.

Klaus Taschwer/Benedikt Föger, Konrad Lorenz. Biographie, München 2009.

Christian W. Thomsen, Leopoldskron, Salzburg 1983.

Liliana Thorn-Petit, in: Heinrich Pfusterschmid-Hardtenstein (Hg.), Zeit und Wahrheit. Europäisches Forum Alpbach 1994, Wien 1994, 53–55.

Frank Tichy, Friedrich Torberg. Ein Leben in Widersprüchen, Salzburg/Wien 1995.

Barbara Toth (Hg.), 1968. Das Jahr, das Österreich veränderte, Wien 2006.

Peter Tregear, Ernst Krenek and the politics of musical style, Lanham, Md. 2013.

Milan Tvrdík, Ota Filip im tschechischen und deutschen Kulturkontext, in: Klaus Schenk/Almut Todorow/Milan Tvrdík (Hg.), Migrationsliteratur. Schreibweisen einer interkulturellen Moderne, Tübingen/Basel 2004, 3–14.

Universal Edition (Hg.), Universal Edition 1901–2001, Wien 2000.

Julia Walleczek, Erika Cremer, Die Chemie über Allem, in: Helmut Alexander (Hg.), Innovatives Tirol. Techniker – Erfinder – Unternehmer, Innsbruck 2007, 84–91.

Leonhard Weidinger, Arena. Die Besetzung des Auslandsschlachthofes St. Marx im Sommer 1976 als kulturelles und politisches Ereignis, Dipl.-Arb., Wien 1998.

Robert Weigel (Hg.), Arthur Koestler. Ein heller Geist in dunkler Zeit, Tübingen 2009.

Hans Weiss/Krista Federspiel, Wer?, Eigenverlag 1988.

Egon und Emmy Wellesz, Egon Wellesz. Leben und Werk, herausgegeben von Franz Endler, Wien/Hamburg 1981.

Elisabeth Welzig (Hg.), Erhard Busek – Ein Porträt, Wien 1992.

Günther Winkler, Rechtswissenschaft und Politik, Wien/New York 1998.

Maria Wirth, Christian Broda. Eine politische Biographie, Göttingen 2011.

Maria Wirth, Der Campus Vienna Biocenter. Entstehung, Entwicklung und Bedeutung für den Life Sciences-Standort Wien, Innsbruck/Wien/Bozen 2013.

Barbara Wolbring, Trümmerfeld der bürgerlichen Welt. Universität in den gesellschaftlichen Reformdiskursen der westlichen Besatzungszonen (1945–1949), Göttingen 2014.

Verena Zankl, Romanorum statt Pyjama. Die Internationalen Hochschulwochen in St. Christoph am Arlberg (1945–1958), in: Sandra Unterweger/Roger Vorderegger/Verena Zankl (Hg.), Bonjour Autriche. Literatur und Kunst in Tirol und Vorarlberg 1945–1955, Innsbruck/Wien/Bozen 2010, 71–102.

Anita Ziegerhofer-Prettenthaler, Botschafter Europas. Richard Nikolaus Coudenhove-Kalergi und die Paneuropa-Bewegung in den zwanziger und dreißiger Jahren, Wien 2004.

Brigitte Zimmel/Gabriele Kerber (Hg.), Hans Thirring. Ein Leben für Physik und Frieden, Wien/Köln/Weimar 1992.

Robert Zimmer/Martin Morgenstern (Hg.), Gespräche mit Hans Albert, Münster 2011.

Manfred Zuleeg (Hg.), Der Beitrag Walter Hallsteins zur Zukunft Europas. Referate zu Ehren von Walter Hallstein, Baden-Baden 2003.

Filmdokumente

Alpbach – ein Dorf in Europa. 35 Jahre Europäisches Forum Alpbach, TV-Dokumentation von Hannes Kar, ORF 1978 [1979]. ORF-Archiv.
Brennpunkt Alpbach. 40 Jahre Europäisches Forum Alpbach, TV-Dokumentation von Hannes Kar, ORF 1984. ORF-Archiv.
Alpbach 1984–2000. Dokumentation von Hannes Kar. Archiv Prof. Ing. Hannes Kar.
Europäisches Forum Alpbach 2005. Europa – Macht und Ohnmacht (60 Jahre Europäisches Forum Alpbach), TV-Dokumentation von Josef Kuderna, ORF 2005. ORF-Archiv.

Interviews

Interview mit Univ.-Prof. Dr. Hans Albert am 16.8.2013
Interview mit Dr. Hannes Androsch am 13.3.2015
Interview mit Alexandra Terzic-Auer am 14.8.2013
Interview mit Dr. Arnulf Braunizer am 15.8.2013
Interview mit Mag. Jürgen Busch am 28.10.2014
Interivew mit Dr. Erhard Busek am 3.6.2014
Interview mit Cecily Corti am 16.8.2014
Interview mit Barbara Coudenhove-Kalergi am 8.2.2014
Interview mit Dr. Verena Ehold am 28.10.2014
Interview mit Dr. Caspar Einem am 14.4.2015
Interview mit Univ.-Prof. Dr. Ivo Fischer am 26.8.2014
Interview mit Dr. Franz Fischler am 14.4.2015
Interview mit Dr. Wolf Frühauf am 1.12.2014
Interview mit André Heller am 26.2.2015
Interview mit Prof. DI Dr. Günter Hillebrand am 19.1.2015
Interview mit Prof. Ing. Hannes Kar am 22.1.2014
Interview mit Prof. Peter Kubelka am 14.1.2014
Interview mit Dr. Inge Lehne am 12.11.2014
Interview mit Prof. Fritz Molden (†) am 18.4.2013
Interview mit Koschka Hetzer-Molden am 12.3.2014
Interview mit Philippe Narval, M. Sc. am 28.4.2014 und 14.4.2015
Interview mit Dr. Michael Neider am 11.7.2013 und 9.1.2014
Interview mit Dr. Thomas Oliva am 21.1.2015
Interview mit Dr. Heinrich Pfusterschmid-Hardtenstein am 23.5.2013
Interview mit Prof. Rudolf Schönwald am 14.5.2013
Interview mit Dr. Matthias Strolz am 28.10.2014
Interview mit Elisabeth Waltz-Urbancic am 8.2.2014

Archive/Institutionen/Private Sammlungen

Archiv des Europäischen Forum Alpbach (EFA), Wien
Archiv der Gesellschaft der Musikfreunde, Wien: Archiv Gottfried von Einem
Archiv des Karlsruher Instituts für Technologie (KIT), Karlsruhe: Nachlass Simon Moser
Bundesministerium für Europa, Integration und Äußeres, Wien
Ernst Krenek Institut Privatstiftung, Krems
Hoover Institution Archives, Stanford, CA, USA
Österreichische Nationalbibliothek, Handschriftensammlung, Wien: Archiv Christian Broda (AChB), Nachlass Friedrich Torberg
Österreichisches Staatsarchiv (ÖStA), Archiv der Republik (AdR), Wien
Privatarchiv Koschka Hetzer-Molden, Wien
Privatarchiv Dr. Günter Hillebrand, Eisenstadt
Privatarchiv Dr. Michael Neider, Wien
Privatarchiv Dr. Matthias Strolz, Wien
Privatarchiv Alexandra Terzic-Auer, Alpbach
Stiftung Bruno Kreisky Archiv (StBKA), Wien
Universität Innsbruck, Universitätsarchiv
Universität Innsbruck, Institut für Zeitgeschichte: Nachlass Hans Gamper
Archiv der Universität Wien
Wienbibliothek, Handschriftensammlung: Nachlass Otto Molden
Zentralbibliothek für Physik (ZBP), Wien: Nachlass Erwin Schrödinger, Nachlass Hans Thirring

Bildnachweis

Archiv des EFA mit weiteren Angaben zur Provenienz:
Robert Muth: 17
Wolfgang Pfaundler: 35; 76 (unten); 107; 139
Schulda-Müller: 36
U. Haussmann: 70; 76 (oben); 82; 85; 91; 105
F. M. Salus: 122; 126
F. V. Habermüller: 113; 146; 147; 150
Gattinger: 164; 170; 173; 181
Murauer: 158; 172; 177; 199
Markus Prantl: 216
Mike Rantz: 220
Philipp Naderer: 208
Luiza Puiu: 224; 226

Archiv des EFA ohne weitere Angaben zur Provenienz:
18; 27; 51; 61; 99; 178; 186; 189; 219

Wolfgang Pfaundler: 87
Hans Klaus Techt/APA/picturedesk.com: 202

Personenregister

Abrams, Marc 190
Abs, Hermann J. 75, 77, 93, 147
Acham, Karl 200
Achleitner, Friedrich 206
Ackermann-Kahn, Georg 149
Adama, Richard 119
Adenauer, Konrad 77
Adorno, Theodor 67, 84
Agassi, Joseph 151f.
Aichelburg, Peter 211
Aichinger, Ilse 81
Albert, Hans 70, 140, 159
Amalrik, Andrej 150
Androsch, Hannes 128, 144f., 149, 172, 183, 192
Aragon, Louis 29
Arber, Werner 189
Arbesser, Max 45, 48
Arendt, Hannah 115
Argan, Guilio Carlo 79
Artmann, H. C. 81, 87
Atteslander, Peter 140, 203
Auer, Alexander 41–44, 50, 59, 73f., 83, 86, 94, 112–114, 117, 119, 121, 123, 131, 133, 139, 197
Auer, Eva 44
Avineri, Shlomo 151f.

Bacher, Gerd 197
Balthasar, Hans Urs von 30
Bamm, Peter 84
Bangemann, Martin 191
Bär, Jürg 111f.
Barroso, José Manuel 226
Bartley, William W. 113
Batliner, Herbert 207
Bauer, Wolfgang 156
Baum, Peter 154
Bednorz, Johannes 188
Beginnen, Ortrud 181
Behler, Hannes 29
Behrendt, Fritz 154, 157, 177, 200, 215
Bellow, Saul 98
Benda, Julien 50
Bennent, Anne 181
Bergengruen, Werner 29
Bergstraesser, Arnold 67
Bernhofer, Martin 186f., 192
Bertalanffy, Ludwig von 108
Besset, Maurice 27, 33f., 47, 50, 79, 86, 98
Béthouart, Émile 33, 36, 51f., 93, 124
Bielka, Erich 32
Bienek, Horst 150

Binning, Gerd 189
Birnstiel, Max 204
Blecha, Karl 174
Bloch, Ernst 114f., 125–127, 139, 142
Boal, Augusto 180
Bock, Fritz 78, 116, 176
Böck-Greissau, Josef 57
Böhm, Johann 57
Bökemann, Dieter 134, 140, 198
Borbándi, Gyula 150
Brandstetter, Christian 156
Braun, Felix 81
Braunizer, Arnulf 49, 72
Brecht, Bert 83
Breit, Bert 152
Bresgen, Cesar 84
Broda, Christian 148f., 176
Broucek, Peter 170
Brunner, Karl 27
Brunner, Otto 98–100
Buchanan, James 149, 171, 188, 203, 216
Bühler, Charlotte 115
Bühler, Karl 115
Burke, Peter 200
Busch, Jürgen 218
Busch, Werner 45, 50, 53
Busek, Erhard 127, 145, 194, 199f., 205f., 211–215, 217–219, 221, 223
Buthelezi, Mangosuthu 173f., 183

Cappelletti, Vinzenzo 142
Carnap, Rudolf 114
Catherwood, Cullum 95
Cerha, Friedrich 81, 84, 119
Chain, Ernst B. 38, 66
Chu, Tai Li 179
Colman, Alan 189
Cornides, Wilhelm 101
Corti, Axel 121, 154
Corti, Cecily 121
Coudenhove-Kalergi, Barbara 62, 120
Coudenhove-Kalergi, Richard 54, 109f.
Cremer, Erika 37, 140
Crutzen, Paul 189
Czerwenka, Dorothea 44
Czerwenka, Fritz 43, 50, 112, 122, 129, 133f., 137, 148, 183, 197

D'Arms, Edward F. 95f.
Dahrendorf, Ralf 149, 151
David, Thomas Christian 179
Dawkins, Richard 189

251

Dayan, Moshe 172
Delors, Jacques 175
Demus, Klaus 98
Diwok, Fritz 145, 182
Domany, Christian 187
Dönhoff, Marion 174
Drimmel, Heinrich 73
Druckenthaner, Maria Anastasia 156
Dulbecco, Renato 188
Dulles, Allen W. 16, 56, 94
Dulles, John Foster 56
Dürrenmatt, Friedrich 81, 83, 180
Duschek, Adalbert 57
Dutoit, Laurence 153
Dutschke, Rudi 125

Ebadi, Shirin 216
Eccles, John 143, 171f.
Eder, Walter 84
Ehold, Verena 218
Eigen, Manfred 200
Eigler, Gunther 140
Einem, Caspar 221, 225, 227f.
Einem, Gottfried von 82–84, 119, 153f., 208, 221
Eisenreich, Herbert 117, 152
Eisler, Georg 119
El Farra, Mohammed H. 152
Eppendorfer, Hans 180
Eröd, Iván 84, 178
Esslin, Martin 124
Evans, Martin 189
Ewers, Rolf 190

Farkas, Ferenc 130
Feigl, Herbert 113f.
Feyerabend, Paul 48, 70, 72, 98, 113f.
Fiedler, Gerlach 180
Figl, Leopold 61, 75, 77
Filip, Ota 150, 180
Finet, Paul 78
Firnberg, Hertha 138f., 143, 145, 149, 151, 161f., 169
Fischel, Jindřich 125
Fischer, Heinz 226
Fischer, Hervé 142
Fischer, Ivo 23–25, 31, 33
Fischer, Kurt 169
Fischler, Franz 192, 211, 221–223, 225–228
Flora, Paul 31, 47, 152, 177
Frank, Josef 38
Frank, Philipp 66
Frankl, Viktor 48, 108
Frenzel, Ivo 62, 73
Frisch, Helmut 182

Frischmuth, Barbara 156, 180
Fritz, Kurt von 67
Frühauf, Wolf 139, 145
Fürst, Erhard 202

Gabain, Alexander von 204
Gabriel, Leo 98–100
Galitsch, Alexander 150
Gamper, Hans 37, 52
Gandhi, Indira 164–166
Gandhi, Mahatma 165
Garosci, Aldo 116
Gatterer, Claus 31
Gaulle, Charles de 117
Geiger, Theodor Julius 67
Georgi, Yvonne 83, 119
Gide, André 106
Giedion, Sigfried 52
Gigon, Olof 30, 32
Giscard d'Estaing, Edmond 75
Gleißner, Friedrich 201, 205
Gombrich, Ernst 66, 171
Gorbanewskaja, Natalja 150
Gornik, Erich 211
Gratzer, Hans 155
Gredler, Willfried 124
Gruber, Karl 17, 22f., 25, 30, 34, 37, 56, 122, 165, 170
Grünberg, Peter 189
Gschnitzer, Franz 57
Grünewald, Eduard 23, 26
Gulda, Friedrich 124
Gurlitt, Cornelius 85
Gurlitt, Wolfgang 84–86
Gutmann, Emanuel 151

Haberl, Horst Georg 155–158
Haberler, Gottfried 52, 66
Hacker, Friedrich 66, 115, 140
Haeussermann, Ernst 122, 124
Hagen, Eva Maria 181
Hagenah, Peter 156
Hallstein, Walter 77
Hamadani, Roswitha 156
Hansen-Löve, Fritz 45, 50, 95f. 96, 98f., 112
Harari, Haim 188f.
Harari, Sharon 190
Harnoncourt, Nicolas 206
Hartmann, Ernst 81, 84, 112, 118, 122, 152
Hartmann, Max 70–72, 91, 208
Hausen, Harald zur 204
Hauser, Johann 158
Havel, Václav 124
Hayek, Friedrich 38, 52, 66–70, 108, 126, 149, 171f., 181, 208

Hegerova, Hanna 181
Heidegger, Martin 19
Heintel, Erich 47f.
Heintel, Peter 140
Heisenberg, Werner 38
Heller, André 125, 157–159
Heller, Clemens 59
Helms, Hans G. 117
Hengstschläger, Markus 190, 192
Henisch, Peter 154
Henz, Rudolf 80
Héraud, Guy 144
Herr, Michel (Cap.) 30
Herrhausen, Alfred 145, 146, 182
Herz, Martin 169
Herczeg, Karl L. 98, 100
Herz-Kremenak, Elisabeth 169, 202
Hetzer-Molden, Koschka 153, 174, 180f.
Hichel, (Oberst) 27
Hillebrand, Günter 185–187, 209
Hitler, Adolf 24, 95
Hobsbawm, Eric J. 114
Hochhuth, Rolf 180
Hoet, Jan 178, 206
Hoffmann, Frederic de 188
Holgerson, Alma 29
Holzmeister, Clemens 52
Hooft, Gerard 't 189
Hook, Sidney 105
Hopfgartner, Veronika 218
Hörbiger, Attila 29
Horkheimer, Max 67
Howell, William G. 79
Huber, Norbert 157
Huber, Robert 189
Humes, John P. 161
Hummer, Waldemar 200
Hundertwasser, Friedensreich 159
Hunt Timothy 189
Hurdes, Felix 34, 52, 57, 95
Hutter, Wolfgang 152, 159

Ionesco, Eugène 117

Jandl, Ernst 156
Janschka, Fritz 95
Jantsch, Erich 148
Jax, Gerhard 179
Jedlicka, Ludwig 98–101, 112
Jochum, Manfred 187
Joham, Josef 75, 93
Joll, James 38
Jones, Alun (Lord Chalfont) 124
Jonke, Gert 156
Jungk, Robert 130, 159

Kai-shek, Chiang 111
Kamitz, Reinhard 43f., 74–77, 93, 117
Kar, Hannes 131, 155, 198
Karasek, Hellmuth 180
Keckeis, Peter 27
Kelsen, Hans 65f.
Kendrew, John 188
Ketterle, Wolfgang 189
Keyserling, Arnold 152
Kienböck, Victor 75
Kikwete, Jakaya Mrisho 226
Kilga, Bernhard 45
Kimmel, Josef 110
Ki-moon, Ban 216
King, Alexander 148
Kirchner, Volker David 153
Kirchschläger, Rudolf 143, 165
Kissinger, Henry 151
Kitt, Ferdinand 90
Klaus, Josef 116, 129, 133, 148
Klaus, Václav 128
Klecatsky, Hans 129
Klemperer, Klemens von 15
Klestil, Thomas 203
Klima, Viktor 206
Klinkan, Alfred 154
Klitzing, Klaus von 189
Koestler, Arthur 106–108, 114, 126, 152, 208
Kogon, Eugen 73f., 105
Kolař, Jiři 120
Kolb, Ernst 91
Kolm-Veltée, Walter 79
König, Franz (Kardinal) 121, 160
König, René 113
Kopelew, Lew 174
Koren, Stephan 145
Körner, Theodor 57, 61, 91
Kotauczek, Peter 192
Kossdorff, Ucki 216
Kostolany, André 182
Kraft, Julius 67
Kraft, Viktor 48
Krainer, Josef 200
Krauland, Peter 52
Kreisky, Bruno 75f., 115f., 121, 135, 144, 148f., 161f., 165f.
Kreitler, Hans 151f.
Krejča, Otomar 124
Krejci, Herbert 182, 197
Krenek, Ernst 81f., 98, 118f., 177, 208
Krenn, Erich 119
Kriesche, Richard 156
Krogh, Peter 199
Kronlechner, Peter 88
Kruspel, Richard 212

Kryl, Karel 150
Kubelka, Peter 87f.
Kundera, Milan 127
Kurrent, Friedrich 79
Kurz, Ingrid 202

Lacina, Ferdinand 174, 183
Lakatos, Imre 142
Lampe, Jörg 36
Lanc, Erwin 165
Landertshammer, Franz 57
Lang, Jack 191
Lazarsfeld, Paul 66
Lebert, Hans 117
Leherb, Maître 176
Lehn, Jean-Marie 188, 192
Lehne, Inge (Reut-Nicolussi) 23, 30, 31
Leser, Norbert 140
Liehm, Antonín Jaroslav 127
Ligeti, Györgi 81, 152
Lipburger, Edwin 160
List, Helmut 191
List, Kathryn 191, 211
Lorenz, Konrad 170f.
Löwith, Karl 67
Lube, Fritz 123
Lucius, Otto 204

Machlup, Fritz 66, 76, 123f., 130, 145
Madariaga, Salvador de 52
Mandela, Nelson 174
Mandelbrot, Benoît 200
Mann, Golo 66
Manola, Franz 187
March, Arthur 30, 71
Marckhgott, Bernhard 218
Marcuse, Herbert 124, 126
Marecek, Heinz 125
Marquet, Mario 43, 50
Martin, David W. 175
Matthiesen, Francis O. 38
Mauer, Otto (Monsignore) 73, 96, 99, 119, 153
Mautner-Markhof, Manfred 42
Maximow, Wladimir 150
Mayer, Luise 42
Mayer-Gunthof, Franz 105
Mayr-Harting, Thomas 198
Mayröcker, Friederike 156
Meitner, Lise 66, 70, 72
Meyer, Conny 180
Migsch, Alfred 37
Mikl, Josef 86
Miller, Arthur 180
Mises, Ludwig von 67
Mitterer, Wolfgang 206

Mock, Alois 167, 174f.
Molden, Ernst 13, 56
Molden, Fritz 13, 15–17, 25, 31, 41, 43, 45, 50, 56, 76, 89, 94f., 102, 107f., 110, 112, 122f., 129, 131, 133f., 153, 155f., 169–171, 194, 197f.
Molden, Hanna 155
Molden, Otto 9f., 13–18, 21–23, 25–28, 30f., 33–35, 41f., 45–47, 49f., 52f., 56, 70, 73, 76, 83, 89, 92–95, 100–102, 109–112, 115, 117, 123, 129, 131, 133–138, 140, 143f., 147, 150–153, 159, 161f., 164, 166f., 169, 173, 175, 178, 180, 194, 197f., 208, 211
Morton, Frederic 79
Moser, Alfons 24, 25, 122
Moser, Simon 10, 13, 18–21, 23f., 27f., 32, 40f., 47, 49f., 53, 62f., 65, 68, 73, 76, 112–115, 122f., 126, 129, 133f., 138, 140f.
Mosing, Peter 48, 137
Müller, Hans 42
Müller, Heiner 180
Münzenberg, Willi 106
Musgrave, Alan 142
Muth, Robert 23, 30

Nabokov, Nicolas 105
Narval, Philippe 222f., 227
Nayer, Manfred 137
Neeb, Fritz 45, 112, 123, 129, 133f., 154, 185
Nehru, Jawaharlal 165
Neider, Auguste 202
Neider, Michael 11, 134, 148, 198, 209, 217
Nesvadba, Josef 127
Neureiter, Norman 191
Neuwirth, Gösta 84
Nitsch, Hermann 210
Nitsche, Roland 30
Nolte, Ernst 170
Nöstlinger, Christine 159
Nussbaumer, Adolf 140

Oliva, Thomas 186–188, 192

Pahr, Willibald 152, 160f., 172
Palma, Bernd 179f.
Pap, Arthur 66
Partl, Alois 199
Patka, Eika 156
Patzak, Julius 118
Peccei, Aurelio 147f.
Peichl, Gustav 127, 153f., 156f., 159, 160, 206
Peichl, Markus 158
Pelinka, Anton 170
Pella, Giuseppe 75
Penninger, Josef 190, 192
Pestel, Eduard 147

Petit, Liliane 144
Pezzei, Hartl 23
Pfaundler, Wolfgang 47, 152
Pfersmann, Dorothea 169
Pfusterschmid-Hardtenstein, Heinrich 48, 65, 197–199, 204f., 207–209, 211f.
Philippe, André 52
Piaget, Jean 108
Piller, Peter 198
Pithart, Petr 127
Polieri, Jacques 120
Pollak, Oscar 57
Polzin, Jörg 152
Pomianovski, Jerzy 124
Ponto, Jürgen 145, 146
Popper, Karl 38, 49, 66–70, 81, 113, 140, 142f., 149, 154, 170–172, 194, 208
Prachensky, Markus 86
Prawy, Marcel 123
Preradovic, Paula von 13, 91, 130, 156
Procházková, Iva 180
Pronay (Blach), Maria 44, 48
Pronay, Felix 43f., 50, 112, 121–123, 127, 129–131, 134
Puntscher Riekmann, Sonja 222

Qualtinger, Helmut 80

Rabin, Yitzak 151
Radunovic, Filip 218
Raidl, Claus J. 222
Rainer, Arnulf 157
Rainer, Roland 98, 117
Rao, Narasimha 165
Rapf, Kurt 84
Reding, Viviane 216
Redlich, Hans 38, 66, 82
Richter, Hans 79
Ripper, Rudolf Charles von 95, 98f.
Rockefeller, John D. 56
Rohn, Walter 100
Romanik, Felix 30
Rosenmayer, Elisabeth 156
Rotenstreich, Nathan 151
Rougemont, Denis de 52, 55, 73, 105, 154
Rouvier, Jean 35
Różewicz, Tadeusz 124
Rubbia, Carlo 189
Rueff, Jacques 77
Rusch, Wolfgang 23f.

Sackenheim, Jörg 23, 90
Salcher, Herbert 183
Sallinger, Rudolf 161
Sandys, Duncan 52

Santer, Jacques 203
Sartre, Jean-Paul 115
Sassen, Saskia 216
Schelsky, Helmut 99
Schiske, Karl 84
Schmeller, Alfred 152
Schmidt-Erfurth, Ursula 211, 222
Schmitz, Wolfgang 131, 135, 144f.
Scholl, Sabine 157
Scholz, Werner 29, 35, 53, 167
Schöpf, Alois 154
Schrems, Rainer 205
Schrödinger, Erwin 49, 66f., 70–72, 91, 107, 208
Schroeder, Renée 190
Schupp, Franz 140
Schwarzenberger, Georg 66
Schwertsik, Kurt 119
Schönwald, Rudolf 11, 86
Sergent, René 75
Sermon, Lucien Léandre 75
Šik, Ota 128
Silone, Ignazio 106
Simson, Otto Georg von 67
Sinjawskij, Andrej Donatowitsch 157
Sinowatz, Fred 157, 160, 164f.
Skalnik, Kurt 47
Slavik, Felix 42
Sloterdijk, Peter 216
Smythies, J. A. 108
Solschenizyn, Alexander 150
Sontheimer, Kurt 126
Spinelli, Altiero 100
Stegmüller, Wolfgang 70
Stárek, Jiří 127
Steinberger, Jack 189
Steinbuch, Karl 125, 140
Steiner, George 123, 125
Stone, Shepard 102
Strolz, Matthias 205, 218f.
Stuckenschmidt, Hans Heinz 84
Surányi-Unger, Theo 30
Susini, Eugène 30, 33
Swetly, Peter 204
Syberberg, Hans-Jürgen 159
Szokoll, Carl 44

Tarn, Adam 124
Terzic-Auer, Alexandra 202
Thanner, Erich 42
Theuring, Günther 152, 178
Thirring, Hans 30, 72
Thomazo, (Lt. Col.) 27
Thorn, Gaston 144, 151, 175
Thun-Woźniakowska, Róża 180
Tigrid, Pavel 150

Tito, Josip Broz 44
Tlusty, Vojtech 114
Toliver, Zelotes Edmund 179
Topitsch, Ernst 140, 170
Torberg, Friedrich 96, 105, 107f., 152, 159
Torberg, Marietta 105
Touraine, Alain 114
Townes, Charles 189, 192
Traindt, Michael 218
Treichl, Heinrich 145
Tritsch, Walter 100
Tsien, Roger Y. 189
Turrini, Peter 154, 157, 159

Urbanner, Erich 84

Van Eerden, Albert 38
Varagnac, André 100
Veinstein, André 124
Verdroß-Droßberg, Alfred 57, 99
Vesely, Herbert 79
Vogg, Herbert 179
Volcker, Paul 144
Vranitzky, Franz 175, 194

Wagner, Manfred 206
Waldheim, Kurt 152, 160, 170f.
Wallnöfer, Eduard 161, 165
Wallraff, Günter 159
Walser, Martin 180
Waltz-Urbancic, Elisabeth 31, 35, 38
Wandruszka, Adam 47f.
Wanke-Czerwenka, Maria-Elisabeth 202
Warhol, Andy 159

Weibel, Peter 156
Weiler, Max 200
Weilguni, Romana 157
Weingartner, Wendelin 206, 213
Weiß, Paul A. 108
Weisskopf, Victor 200
Wellesz, Egon Joseph 66
Wenter, Josef 32
Wessely, Paula 29
Wiener, Barbara 157
Wilczek, Frank 189
Winkler, Günther 49
Wittgenstein, Ludwig 48
Wodak, Ruth 169
Wogenscky, André 79
Woinowitsch, Wladimir 180
Wolfe, Thomas 24
Wolff von Amerongen, Otto 130f., 134, 145–147, 182
Wotruba, Fritz 36, 57, 92, 153, 176

Young, Wayland 116

Zapotoczky, Klaus 137, 162, 203
Zappa, Frank 158
Zbigniew, Herbert 156
Zeilinger, Anton 189–192
Zelený, Jindřich 124
Zemanek, Heinz 125
Zimmer-Lehmann, Georg 43f., 50, 52, 73, 112, 122f., 126, 129, 131, 133f., 182, 193
Zimmer-Lehmann, Inge 44
Zykan, Otto M. 84, 156